Hans-Michael Schulze
In den Wohnzimmern der Macht
Das Geheimnis des Pankower „Städtchens"

Hans-Michael Schulze

In den Wohnzimmern der Macht

Das Geheimnis des Pankower „Städtchens"

Mit einem Vorwort von
Prof. Wolfgang Leonhard

Berlin Edition

Die Deutsche Bibliothek – CIP-Einheitsaufnahme

Schulze, Hans-Michael:
In den Wohnzimmern der Macht : das Geheimnis des Pankower „Städtchens" / Hans-Michael Schulze. Mit einem Vorwort von Wolfgang Leonhard. - Berlin : Berlin Ed. in der Quintessenz-Verl.-GmbH, 2001
   ISBN 3-8148-0088-5

> All denen gewidmet,
> die mich unvoreingenommen
> unterstützt haben.
>
> *Hans-Michael Schulze*

Copyright © 2001 by Berlin Edition
in der Quintessenz-Verlags GmbH

Umschlaggestaltung: Uwe Friedrich (Foto Bundesarchiv)
Lektorat: Bernhard Thieme
Lithographie: ReggMedia, München
Druck- und Bindearbeiten: Bosch-Druck, Landshut
ISBN 3-8148-0088-5

Inhalt

Wolfgang Leonhard
Wir sagten immer nur „Ghetto"   7

Ein Villenviertel entsteht   13
    Niederschönhausen   13
    Parzellierung und erste Villen   14
    Die zweite Bebauungswelle   18
    Jüdische Nachbarn   20

Nach dem verlorenen Krieg   25
    Metamorphose zu einem „Ghetto"   25
    Goldener Käfig auch für Bohemiens   37
    Geschlossene Siedlungen   46
    Das Militärstädtchen   49
    Leben im Grünen   53
    Besatzungsrecht und Gerechtigkeit   55
    Immobilien als Sicherheit für eine
    kommunistische Partei   57
    Streit und Einvernehmen   62
    Menschliches unter Genossen   68

Das Regierungsstädtchen   75
    Die Gründung eines Staates   75
    Vom Wirken berühmter Männer   78
    Böse Menschen haben keine Lieder   85
    Folgsame Funktionäre   94
    Sicherheit und Sichtbarkeit   96
    Besuch, Hunde und anderer Ärger   101
    In diplomatischer Mission   106
    Im Spiegel der Macht   112

Kein Sonder(zu)zug nach Pankow	**131**
Beschwerden	131
Von Pankow nach Wandlitz	146
Sondergebiet Niederschönhausen	156
Straße der Witwen und Weisen	159
Der Untergang	170
Die Wende und wieder Wände	178
Nachbemerkung	**184**
Anmerkungen	**187**
Die Biographien der „Städtchen"bewohner nach 1945	**208**
Abkürzungen	**227**
Literatur	**229**
Editorische Notiz	**215**
Personenregister	**233**
Bildnachweis	**244**

Wir sagten immer nur „Ghetto"

Das vorliegende Buch „In den Wohnzimmern der Macht" von Hans-Michael Schulze ist für mich eine freudige Überraschung. Denn ich gehöre sicher zu den wenigen Überlebenden, die bereits in den ersten beiden Jahren, von Herbst 1945 bis Herbst 1947 dutzende Male in diesen Wohnzimmern im „Städtchen" zu Gast waren.

Seit Ende Juni 1945 war ich hauptamtlicher Funktionär im Zentralkomitee der KPD in der Wallstraße 76–79. Wir waren damals kein großer bürokratischer Apparat, sondern nur eine kleine Gruppe. Neben den vier führenden Mitgliedern Wilhelm Pieck, Walter Ulbricht, Franz Dahlem und Anton Ackermann des „Sekretariats" (der Begriff Politbüro existierte damals nicht) gab es noch 18 hauptamtliche Referenten und vier Sekretärinnen. In der ersten Augustwoche 1945 erfuhren wir, dass unsere „führenden Genossen" – also Wilhelm Pieck, Walter Ulbricht, Franz Dahlem und Anton Ackermann – in das Pankower „Städtchen" im Bereich der damaligen Viktoria- und Kronprinzenstraße zogen.

Seit Ende Oktober 1945 verfasste ich regelmäßig die zentralen Schulungshefte der KPD (damals „Vortragsdisposition" genannt). Das Thema erhielt ich meist vier Wochen vorher. Nach Fertigstellung des Manuskripts besuchte ich stets am Sonntagabend Anton Ackermann in der Viktoriastraße 24. Ackermann las sich mein Manuskript sorgfältig durch, nahm einige Korrekturen vor und bestätigte dies durch seine Initialen „A. A." Am Montagmorgen brachte ich dann das Manuskript in die Wallstraße 76–79, wo sich auch der KPD-Verlag „Neuer Weg" befand. Dort wurde es in einer großen Auflage gedruckt und an alle Grundorganisationen der KPD verschickt.

So kam ich jede Woche zu Anton Ackermann ins „Städtchen". In privaten Gesprächen – etwa mit Waldemar Schmidt, dem damaligen KPD-Vorsitzenden von Berlin als auch später mit Erich Gniffke vom Zentralsekretariat der SED – benutzten wir, gewiss etwas leger, das Wort „Ghetto". Das war schließlich nicht übertrieben, denn das „Städtchen" war hermetisch abgeriegelt, mit rot-weiß gestreiften Schlagbäumen, rot-weiß bemalten Wächterhäuschen, bewacht von sowjetischen Soldaten und Offizieren (später kamen noch Volkspolizisten hinzu). Hinein kam man nur mit einem *Propusk*, also einem besonderen Ausweis, auf dem penibel die genaue Uhrzeit der Ankunft eingetragen wurde und auf dem auch der jeweilige führende Genosse das Ende des Besuches bestätigen musste.

Meine Besuche bei Anton Ackermann fanden, wie gesagt, stets am Sonntagabend statt – nach einem netten Abendessen mit ihm und seiner damaligen Frau Elli Schmidt; die anschließende Durchsicht des Manuskripts dauerte nie länger als eine Stunde, und seine Korrekturen hielten sich in Grenzen.

Unvergesslich bleibt mir jedoch ein Besuch bei Anton Ackermann Ende November oder Anfang Dezember 1945. Ich merkte, dass er bei der Durchsicht des Schulungsheftes gar nicht bei der Sache war. Fast mechanisch zeichnete er sein A. A. oben rechts auf die erste Manuskriptseite, um mir plötzlich, sichtlich erregt, zu erklären: „Wolfgang, wir stehen vor einer totalen Neuformulierung unserer gesamten Zielsetzung." Er arbeite jetzt an einem längeren Aufsatz zu diesem Thema unter dem Titel „Gibt es einen besonderen deutschen Weg zum Sozialismus?" Einen Teil des Manuskriptes hatte er bereits vor sich liegen und las mir mit sichtlicher Anteilnahme daraus Auszüge vor.

Noch nie hatte ich Anton Ackermann so glücklich erlebt wie an diesem Abend. Er begann seinen Artikel mit Hinweisen auf Marx und Engels, wonach es keineswegs nur einen revolutionären Weg zum Sozialismus gäbe, sondern in einigen Ländern, darunter England und Amerika, ein demokratischer Weg zum Sozialismus durchaus möglich sei. Dies war bis dahin in der KPD niemals so klar zum Ausdruck gebracht worden. Anschließend las er jene Stelle vor, in der Lenin vor einer Übertreibung der Allgemeingültigkeit russischer Erfahrungen für andere Länder warnte und mehrmals darauf hinwies, dass unterschiedliche Wege zum Sozialismus in unterschiedlichen Ländern möglich seien.

Daher, so Ackermann, sei auch ein eigenständiger demokratischer Weg zum Sozialismus in Deutschland durchaus möglich. Dieser Weg, der sich auf die besonderen Bedingungen, Erfahrungen und Traditionen Deutschlands stützt, so Ackermann, würde beträchtlich leichter sein als der Weg, den Russland nach 1917 beschritten hatte. Erstens hätten wir in Deutschland durch unser hoch entwickeltes Facharbeiterpotenzial die Chance, den Wohlstand der Bevölkerung schneller zu entwickeln, als das in der Sowjetunion der Fall war. Zweitens ist damit zu rechnen, dass in Deutschland, im Unterschied zur sowjetischen Entwicklung, die Auseinandersetzungen und Konflikte nicht so hart und tragisch sein würden. Der Weg zum Sozialismus würde daher weniger opferreich sein; zudem bestehe die Möglichkeit, schneller eine sozialistische Demokratie zu entwickeln

Diese – für die damaligen Verhältnisse äußerst weitgehenden – Thesen Anton Ackermanns wurden Ende Januar/Anfang Februar 1946 in der Zeitschrift „Einheit" veröffentlicht und spielten während der Vereinigungskampagne eine große Rolle – nicht nur für viele Sozialdemokraten, sondern auch für manche nachdenklichen kritischen Kommunisten. Wir setzten damals große Hoffnungen in die Ackermann-Thesen und waren erfreut, dass bei der Gründung der SED im April 1946 diese Ansicht vom eigenständigen deutschen Weg zum Sozialismus bekräftigt worden war. Umso größer unsere Enttäuschung, ja unser Entsetzen, als im September 1948, nur zweieinhalb Jahre später, Anton Ackermann zu einer Selbstkritik im „Neuen Deutschland" gezwungen wurde und er – sicher wider besseres Wissen – die Erklärung abgab, es gäbe nur einen Weg zum Sozialismus, den Weg, wie ihn die Sowjetunion unter Lenin und Stalin zurückgelegt hätte.

Nach der Gründung der SED im April 1946 setzten sich meine regelmäßigen Besuche bei Anton Ackermann fort. Anstelle der früheren KPD-Vortragsdispositionen traten nun die „Sozialistischen Bildungshefte", die, in verbesserter äußerer Aufmachung, im Dietz-Verlag erschienen. Für die Bildungshefte waren eigentlich zwei SED-Spitzengenossen – Anton Ackermann von der KPD und Otto Meier von der SPD – zuständig, aber Meier hatte verzichtet. So kam ich wie früher regelmäßig zu Anton Ackermann in die Viktoriastraße 24, um meine Manuskripte für das jeweilige „Sozialistische Bildungsheft" durchlesen und sanktionieren zu lassen.

Bei unseren Begegnungen war Anton Ackermann wie früher freundlich und zuvorkommend, aber ich bemerkte doch bei ihm – ausgeprägter allerdings noch bei anderen Spitzenfunktionären – eine beginnende Wandlung. Die SED-Führer, von der übrigen Bevölkerung in ihrem „Städtchen-Ghetto" sorgfältig abgeschottet und mit zunehmender Macht ausgestattet, wurden selbstbewusster, bürokratischer, härter.

Selbst Anton Ackermann blieb davon nicht verschont. Einmal übte ich in einem Gespräch mit ihm Kritik an dieser Situation im „Städtchen": „Ich verstehe ja, dass Sicherungsmaßnahmen notwendig sind, aber müssen es unbedingt Sowjetsoldaten sein? Natürlich braucht ihr eine geräumige Wohnung, aber muss es gleich eine pompöse Villa sein? Bei der allgemeinen Not der Bevölkerung könnte diese Bevorzugung Kritik und Proteste hervorrufen." Anton Ackermann lächelte ironisch. „Was würdest Du denn machen?" „Ich würde vorschlagen, dass alle Mitglieder der SED-Führung sich Drei- oder meinetwegen Vier-Zimmerwohnungen irgendwo in Arbeiterbezirken nehmen. In den unteren Geschossen könnte man vertrauensvolle Genossen einquartieren, die für die Sicherheit genauso gut sorgen würden wie die Sowjetsoldaten." Ackermann wurde ernst. „Von dir hätte ich solch rückständige Auffassungen nicht erwartet. Das bedeutet, vor der gegnerischen Propaganda zurückzuweichen. Es ist nichts anderes als ein Rückfall in kleinbürgerliche Gleichmacherei." Aber ich gab nicht sofort auf: „Sogar der alte Külz von der Liberal-Demokratischen Partei begnügt sich mit einer Drei-Zimmerwohnung in einem Miethaus." Darauf Ackermann: „Manchmal habe ich den Eindruck, dass du trotz deiner verantwortungsvollen Stellung etwas von einem revolutionären Schwärmer in dir hast." Er sagte das mit der kalten Überheblichkeit eines hohen Parteifunktionärs. Ich schwieg.

Die Villen im „Städtchen" blieben, die sowjetische Überwachung auch – und es blieben auch die kritischen Bemerkungen in der Bevölkerung. Selbst bei manchen Genossen.

Nur Wilhelm Pieck schien seine frühere schlichte Jovialität bewahrt zu haben. Im Dezember 1945 sollte meine Vortragsdisposition Nr. 22 „Der Spartakusbund und die Gründung der KPD" erscheinen – ein Ereignis, das Wilhelm Pieck persönlich miterlebt hatte. Er bat mich zu sich – in die Viktoriastraße 12/13, später Majakowskiring 29 –, las mein Manuskript durch, gab es mir mit ein paar kleinen Korrekturen, verbunden mit seiner Zustimmung, zurück. Ich war beeindruckt, denn in meiner ganzen Zeit als Autor der Schulungsmaterialien hatte sich kein einziger Spitzenführer außer Anton Ackermann für irgendeines dieser Hefte interessiert.

Meine zweite Begegnung mit Wilhelm Pieck 1947 in seinem Haus war persönlicher Natur. Unerwartet kam er auf meine Mutter zu sprechen: „Wie ist das eigentlich mit deiner Mutter, ist die noch im Lager oder in Verbannung?" Meine Mutter, eine Freundin von Karl Liebknecht und Mitglied des Spartakusbundes seit 1916, kannte seitdem auch Wilhelm Pieck sehr gut. Im Oktober 1936 war sie in der Sowjetunion unter Stalin verhaftet worden, verbrachte zehn Jahre im Lager Workuta und war, als mich Wilhelm Pieck nach ihr fragte, in der Verbannung in Kalmanka, einem kleinen Ort in Ost-Kasachstan. „Ich denke oft an deine Mutter", sagte Pieck zu mir; „gib mir doch mal ein paar Hinweise. Ich werde versuchen, mich für sie einzusetzen." Und das tat er auch. Meine Mutter kam dann im Sommer 1948 frei und übersiedelte nach Deutschland.

Nun erfahre ich im Sommer 2001, mehr als 50 Jahre später, in dem Buch „In den Wohnzimmern der Macht" endlich das ganze Geheimnis über das Pankower „Ghetto". Weit über meine sporadischen Erinnerungen der ersten Jahre hinausgehend, lerne ich nunmehr die gesamte Geschichte des „Städtchen" kennen: die früheren Bewohner; den Einmarsch der sowjetischen Truppen; den Beschluss, hier ein *gorodok* nach sowjetischem Vorbild für die *Nomenklatura* zu errichten; die steigende „Bewohner"zahl nach der Gründung der DDR im Oktober 1949; die zunehmend kälter werdende Atmosphäre als Folge der Schauprozesse in Osteuropa; die Hysterie, sich von Feinden umzingelt zu wähnen und die Auswirkungen des Politbürobeschlusses vom 21. November 1950 über „verstärkte Sicherheitsmaßnahmen" für führende Genossen.

Für die im „Städtchen" lebenden Politbüromitglieder, weit vom Leben der einfachen DDR-Menschen entfernt, kam der Volksaufstand vom 16.–19. Juni 1953 völlig überraschend. Zum ersten Mal hatten viele der im „Städtchen" lebenden Funktionäre wirklich Angst vor dem Volk. Die Schreckensvorstellung völliger Machtlosigkeit führte letztlich dazu, die

Sicherheitsmaßnahmen noch einmal drastisch zu verstärken. Doch auch die harten innerparteilichen Auseinandersetzungen in der SED-Führung prägten die zunehmende Atmosphäre der Angst und Verunsicherung im „Städtchen". So der Selbstmord Gerhart Zillers im Dezember 1957 und der Konflikt Ulbrichts mit Schirdewan.

Nach der Revolution in Ungarn im Herbst 1956 entstand die Idee, ein neues, möglichst abgelegenes Wohngebiet für die höchsten Repräsentanten der SED zu schaffen. Anfangs fiel die Wahl auf ein Gelände in Hoppegarten östlich von Berlin, weil es über die Autobahn einen nahen Fluchtweg nach Osten gab. Schließlich entschied sich die SED-Führung für ein Gelände im Bernauer Forst nahe dem Dorf Wandlitz. Ende März 1958 begann der Bau dieser Funktionärssiedlung in Wandlitz mit einem Innenring für die höchsten SED-Funktionäre und einem Außenring für die Wohnung der Angestellten. Bis 1961 erfolgte der Umzug von Pankow nach Wandlitz. Doch das „Sondergebiet Niederschönhausen" existierte weiterhin als Villenviertel für Funktionäre – und auch für die wachsamen Genossen des MfS. Erst mit der politischen Wende 1989 wehte ein frischer Wind durch die Straßen der Witwen. Das „Ghetto" ist heute zugänglich für jedermann – und vielleicht begegnete der eine oder andere beim Hindurchschlendern Lotte Ulbricht oder Egon Krenz. Auch für sie, die sich wohl nie über ihre früheren Privilegien Gedanken gemacht haben, dürfte diese Geschichte wichtig und interessant sein.

Wolfgang Leonhard
Manderscheid/Eifel, Juli 2001

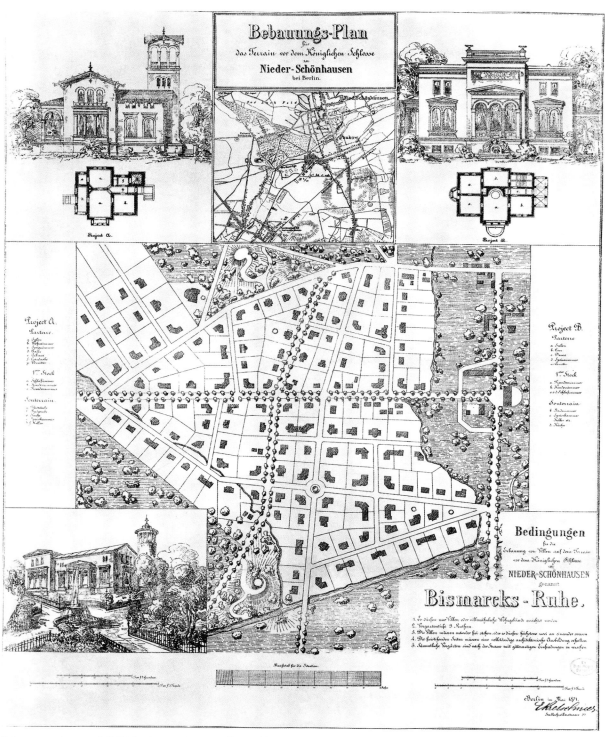

Bebauungsplan von 1871 für eine Pankower Villensiedlung am Schloss Schönhausen mit dem ebenso vielversprechenden wie verpflichtenden Namen Bismarcks-Ruhe.

Ein Villenviertel entsteht

Niederschönhausen

Zwischen den Dörfern Pankow und Niederschönhausen gab es von alters her einen direkten Verbindungsweg, dessen heutiger Verlauf der jetzigen Ossietzkystraße in Berlin-Pankow entspricht. Wer nach Niederschönhausen wollte, musste die Panke überqueren. Der „Fluss" war die natürliche Grenze zwischen den Gemarkungen. An dem Verbindungsweg, der bis ins 19. Jahrhundert hinein ungepflastert blieb, baute man ein Landhaus, das spätere Schloss Schönhausen. An dieser Stelle machte der Weg einen kleinen Bogen. Das Schloss blieb deshalb vom Durchgangsverkehr verschont. Später hieß dieser Umweg „Schlossstraßenbogen"; gleichzeitig durchschnitt eine befestigte „Westostachse" das Schlossgelände. Um das Terrain trockenzulegen, wurde dieser Verbindungsweg aufgeschüttet. Ein Damm mit beidseitig verlaufenden Kanälen und Gräben entstand[1]. Dieser Damm führte direkt zu einer zum Gut gehörenden Plantage.

Die Niederschönhausener Gemarkung um die Mitte des 19. Jahrhunderts.

Das gesamte umliegende Gebiet war Wiesen- und Auenland. Die Flur Richtung Niederschönhausen gehörte hauptsächlich der Gemeinde beziehungsweise den ansässigen Bauern, der Kirche des Ortes oder zur Domäne des Schlosses Schönhausen, auf dessen Ländereien der große Schlossgarten angelegt wurde. Das südwestlich vom Schloss gelegene Gelände zwischen dem aufgeschütteten Damm und dem heutigen Kreuzgraben gehörte dagegen nie zum Gut, sondern war Gemeindeland. Trotzdem musste es durch die damaligen Planteure aus Holland mit in das Entwässerungssystem einbezogen werden. Der Kreuzgraben bildete die Grenze zwischen Gutsbesitz und Gemeindeland und mündete wie auch der etwas südwestlicher fließende Zingergraben in die Panke. Der Bereich zwischen diesen Wasserläufen und der besagten „Westostachse" des Schlosses umschreibt genau das Areal, das in der zweiten Hälfte des 20. Jahrhunderts den Namen „Pankow" in der ganzen Welt bekannt machen sollte.

Anfang des 19. Jahrhunderts war Pankow jedoch nichts weiter als ein kleiner, etwas verträumter Ort vor den Toren Berlins. Die Panke war gerade erst begradigt worden – obwohl die Planungen dazu einhundert

Jahre in den Schubladen geschlummert hatten –, und auch noch so, dass plötzlich Niederschönhausener Gebiet jenseits des Flüsschens lag. Das Flurstück der Kirchgemeinde Niederschönhausen wurde verkauft und gehörte seitdem zu Pankow. Auf Pankower Seite wurde am alten Übergang der Panke nach Niederschönhausen das Lokal „Zum Pankgrafen" errichtet[2]. Hier konnte der Berliner Wochenend-Ausflügler nicht nur seinen Durst löschen, sondern auch in die „Fluten" der reißenden Panke tauchen, denn die führte damals wesentlich mehr Wasser als heute. Immerhin war an dieser Stelle eine der ersten Badeanstalten um Berlin entstanden. Dass das Baden allerdings schon recht bald wegen der Verschmutzung des Flusswassers durch die nahe gelegenen Rieselfelder Berlins unmöglich geworden war, ist eine andere Geschichte.

Parzellierung und erste Villen

Im ausgehenden 19. Jahrhundert zogen immer mehr gut situierte Stadtbewohner ins Berliner Umland. Das Leben in der beengten Metropole war zunehmend problematischer geworden. Frische Luft, Sonne und Natur hießen die Schlagworte jener Zeit. *Wie Pankow ... ist auch Niederschönhausen seit langer Zeit ein gesuchter Sommersitz der wohlhabenden Berliner Einwohner*[3]. Während die östlich und nördlich gelegenen Innenstadtbezirke Berlins mit Mietskasernen zugebaut wurden, erschloss man in den nahe gelegenen Landgemeinden die zukünftigen Baugrundstücke. Dazu gründeten sich meist Terrainaktiengesellschaften, die an der Berliner Stadtgrenze größere geschlossene Ländereien aufkauften, parzellierten und als Baugrundstücke wieder veräußerten. Für die Wirtschaftlichkeit jener Unternehmen war vor allem eine verkehrsgünstige Anbindung der Gemeinde an die Reichshauptstadt wesentlich; im Norden geschah das durch die Vorortbahnen Richtung Bernau und Oranienburg. Der XXVI. Amtsbezirk des Kreises Niederbarnim, in dem die Gemeinde Niederschönhausen lag, hatte dabei zunächst beste Voraussetzungen, denn seit der Mitte des 19. Jahrhunderts verkehrten Pferdeomnibusse in die anliegenden Gemeinden Berlins[4]. Das besagte Gebiet, westlich von Schloss und Park gelegen, war wie geschaffen für einen Erwerb zu Spekulationszwecken. *Viele Ländereien unseres Ortes gingen in die Hände der Spekulanten über*, bedauerte Ferdinand Beier das Schicksal Pankows[5]. Für Niederschönhausen darf wohl gleiches angenommen werden.

Eigentümer der westlichen Hälfte des schlossnahen Geländes an der Panke war zu dieser Zeit bereits Israel Machol. Den östlichen Bereich besaß Adolf Barth. Beide hatten das ehemalige Ackerland offensichtlich der Gemeinde Niederschönhausen abgekauft. Seit etwa 1871 existierten Pläne für eine Parzellierung und Straßenanlegung, wie das ein erhalten gebliebener Bebauungsplan beweist[6]. Diese geplante Anlage verrät noch den weiten Blick auf die Peripherie der wachsenden Metropole Berlin. Sie richtete sich – dabei barocken Vorbildern entsprechend – zunächst am Schloss Schönhausen aus. Die „Westostachse" stellte das Zentrum dar, in das nach einem lockeren Rastersystem die Straßen führten – insgesamt also eine offene Anlage. Doch verwarf man diese Pläne später wieder. Stattdessen wurden eine Ringstraße und zwei Verbindungen zur „Westostachse" des Schlosses angelegt, die bald darauf den Namen Kaiserin-Augusta-Straße (ab 1950 Tschaikowskistraße) erhielt, sowie die Zufahrt zur Lindenstraße (ab 1936 Grabbeallee) beziehungsweise Schlossstraße (ab 1946 Ossietzkystraße). Entstanden war damit eine der vielen geschlossenen Inseln, die ziemlich chaotisch um Berlin herum angelegt worden waren. Ihr fehlte die gestalterische Rücksichtnahme auf den Ort, von dem die Entwicklung ausgegangen war. Für sich genommen war es allerdings eine hübsche Anlage. Und das war ganz im Sinne der Zeit.

Von der Ossietzkystraße führte der Einfachheit halber ein Weg über den Kreuzgraben und das zum Schloss gehörende Land. Im Jahre 1905 gab es deshalb erhebliche Zwistigkeiten zwischen dem Sohn Adolf Barths, Gustav, und dem Schlossverwalter[7]. Schließlich wurde hier Krongut öffentlich genutzt. Nach zähen Verhandlungen überließ der zuständige Schlossverwalter die gesamte Parzelle für mindestens 90 Jahre der Gemeinde Niederschönhausen, die dafür den Weg befestigte. Eigentümer Gustav Barth zahlte zusätzlich an die Krone eine Entschädigung. Das erklärt, weshalb die Zufahrt von der Ossietzkystraße bis 1945 als „Privatstraße" bezeichnet worden ist.

Offenbar interessierten sich zunächst keine zahlungskräftigen Berliner für das Gebiet. Pankower und Berliner Bürger pachteten vor allem Land auf dem Macholschen Grundbesitz, um sich hier einen Garten anzulegen. Noch bis 1945 prägten „Laubenpieper" den Charakter des gesamten Geländes. Das betraf insbesondere die heute als Boris-Pasternak-Weg bezeichnete Verbindung vom Ring zur Tschaikowskistraße. An der Ecke zur Ringstraße stand sogar eine Molkerei mit 20 Kühen, die im Sommer täglich zur Tränke an die Panke geführt wurden. Diese Stelle lag ungefähr in Höhe der Einmündung des Zingergrabens in die Panke. Auf dem Barthschen Grundbesitz, also mehr zum Schloss hin gelegen, konnten dagegen Parzellen an Interessenten verkauft werden. 1903 war etwa ein Viertel der heutigen Grundstücke bereits mit Villen bebaut[8].

Im Scheitelpunkt der beiden diesen Ring bildenden Kronprinzen- und Viktoriastraße (heute Majakowskiring) kaufte 1900 der Fotograf Richard Kasbaum[9] das Grundstück und ließ es mit einer Landvilla im klassizistischen Stil bebauen, die bis heute das Wohngebiet prägt. Das Gebäude war malerisch gelegen, die Fassade aufwändig und auffällig gestaltet. Das dokumentiert der dreiachsige Portikus mit gequaderten Eckpfeilern, korinthischen Säulen und einem Giebelfeld mit weiblichen Allegorien der

Richard Kasbaum. Fotograf, Unternehmer, Visionär. Doch dass die „Villa Kasbaum" einmal einen deutschen Teilstaat repräsentieren würde, überstieg gewiss seine kühnsten Visionen.

Der Blick über die Villa Kasbaum (Majakowskiring 2) nach Südwesten. In den westlichen Medien fälschlicherweise stets als Wohnhaus Otto Grotewohls bezeichnet, wurde die ehemalige Kasbaumsche Villa zum architektonischen Synonym für „Pankoff" schlechthin.

schönen Künste Musik, Malerei und Bildhauerkunst. Kasbaum nutzte das Gebäude als Sommersitz und die Fassade als Kulisse für viele seiner Fotos. Auf der anderen Straßenseite, direkt an der ehemaligen Baumschule des Schlosses Schönhausen, erwarb Kasbaum 1904 zwei weitere Grundstücke (Majakowskiring 67 und 69), auf denen er einen großen Obstgarten anlegte. 1918, nach dem Tode seiner ersten Frau, ließ er in seinem Obstgarten ein wohnliches Blockhaus errichten und verkaufte die große Villa an den Ingenieur und Amateurmaler Richard Piechatzek, Fabrikbesitzer in Berlin-Wedding. Piechatzek bewohnte das standesgemäße Anwesen mit seiner Frau und seinen beiden Töchtern bis zum August 1945. Das Grundstück neben Kasbaums Obstplantage (Majakowskiring 71) wurde bereits vor 1900 mit einer großen Stadtvilla bebaut. Bauherr war hier Ferdinand Peters. Das von Barth erworbene Grundstück vergrößerte Peters durch von der Krongutverwaltung gepachtetes Land jenseits des Kreuzgrabens. Bis 1927 zahlte er für eine 2.844 qm große Parzelle[10] Pacht. Danach vergaß man offenbar die Angelegenheit, obwohl die Familie Peters das Land weiterhin nutzte. Sein Sohn Fritz vermietete 1908 die Villa an den Fürsorgeverein für hilflose jüdische Kinder e. V., der hier ein Heim mit 30 Betten für bedürftige Mütter unterhielt. Nach sieben Jahren gab der Verein diese Villa zu Gunsten eines anderen Standortes in Pankow auf[11].

An das Kasbaumsche Grundstück (Majakowskiring 6) grenzte ebenfalls ein großzügiges Haus, das der aus Greifswald stammende Fabrikbesitzer Dr. Carl Jacobsen für seine Tochter bauen ließ. Hanna Jacobsen hatte in Berlin Architektur studiert und später den Kunstmaler Wilhelm Philipp geheiratet. Möglicherweise hat sie das Haus sogar selbst entworfen. Im Erdgeschoss richtete die junge Familie ein Atelier für Lichtpausen ein: „Architektur, Reklame, W. & H. Philipp, Telefon 48 48 43, Berlin Niederschönhausen".

Auf dem durch den Ring eingeschlossenen Terrain erbaute sich Anfang des Jahrhunderts Polizeirat Hermann Fromm ein großes Zweifamilienhaus (Majakowskiring 60), dessen ansonsten schmucklose Fassade archaische Säulen zierten. 1935 erwarb der Kartoffelhändler Johannes Albrecht das Gebäude; ihm legten die Nazis nahe, sein Geschäft aufzugeben. Albrecht war ein eher unpolitischer Mensch und kein Freund der neuen Machthaber. Wer sich als Geschäftsmann nicht zu einer Mitgliedschaft in der NSDAP bereit fand, dem fiel es zunehmend schwerer, erfolgreich zu wirtschaften. Seit 1938 blieb Albrecht wohl deshalb Privatmann. Ein kleines Vermögen setzte ihn dazu in die Lage. Schräg gegenüber (Majakowskiring 63) hatte sich der Ingenieur Fritz Eichert eingekauft. Eichert lebte hier mit seiner Frau und seiner Tochter – er ist übrigens der Erfinder des Fahrraddynamos[12]. Auf Albrecht muss Eicherts Erfindergeist eine gewisse Faszination ausgeübt haben, denn als Ruheständler widmete er sich der Entwicklung eines „Treibhausschwimmbades". Im Garten seines Grundstückes baute Albrecht ein kleines Schwimmbecken – damals sagte man noch nicht Pool –, das so konstruiert war, dass es in der kalten Jahreszeit als Treibhaus genutzt werden konnte. Hier züchtete Albrecht dann Blumen oder bestimmte Gemüsesorten. Erst 1943 erinnerten sich die Nazis wieder des tüchtigen Mannes und machten ihn für die Organisation und den Vertrieb im „Fruchthof" Wedding verantwortlich. Da die meisten Männer zur Wehrmacht eingezogen waren und die Versorgung der Berliner Bevölkerung im beginnenden vierten Kriegsjahr Schwierigkeiten machte, mangelte es überall an Fachleuten.

Zwei Hausnummern neben dem Gärtner Albrecht (Majakowskiring 64) setzte sich Anfang der 30er Jahre Superintendent Ferdinand Beier in seinem neugebauten Haus zur wohlverdienten Ruhe. Er war seit 1890 der Pfarrer der alten evangelischen Gemeinde in Pankow gewesen und hatte das Zusammenwachsen Pankows mit Berlin als aufmerksamer Chronist begleitet[13]. Sein Bruder, Medizinalrat in Berlin-Mitte, lebte in der ersten Etage des Hauses[14]. Schräg gegenüber (Majakowskiring 59) residierte seit 1904 Bezirksschornsteinfegermeister Georg Arand, Spezialist für moderne Heizungen, die sich wegen des hohen Preises vor allem Besitzer von großen Stadtvillen und Geschäftshäusern oder Geschäftsführer Berliner Veranstaltungshäuser einbauen ließen. Sein wirtschaftlicher Erfolg ermöglichte ihm, sich solch ein großzügiges Haus bauen zu lassen. Die obere Etage hatte er allerdings vermietet.

Gruppenbild von Gründerzeitmöbeln mit bürgerlicher Dame um die Jahrhundertwende: das Wohnzimmer von Schornsteinfegermeister Georg Arand in der Kronprinzenstraße 8 (Majakowskiring 59).

Auf der anderen Straßenseite der Stillen Straße – zweite Zufahrt zur Tschaikowskistraße –, befand sich seit 1900 das Grundstück des Postsekretärs Bertold Jahnke. Der hatte den Maurer- und Zimmermeister Bruno Hansen aus dem nahe gelegenen Wilhelmsruh beauftragt, ihm und seiner Familie ein größeres Wohnhaus, dem Zeitgeschmack gemäß eher holländisch als brandenburgisch, zu bauen. Schon im Kaufvertrag des Grundstücks von 1899 hatte er sich zu diesem Schritt verpflichten müssen. Damit sollte für das öffentliche Interesse sichergestellt werden, dass die Grundstücke nicht anderweitig genutzt wurden.

Dieser – unvollständige – Überblick mag belegen, dass die kleine Wohnkolonie Anfang des Jahrhunderts locker mit mittelgroßen Häusern „im ländlichen Villenstil" bebaut worden war, nachdem man das Gebiet dafür erschlossen hatte. Typisch waren vor allem die vielen Gärten. Unternehmer, die im Niederbarnim oder im Norden von Berlin Betriebe gegründet hatten, wohnten somit in der Nähe ihrer Firma mitten im Grünen. Der alteingesessene Berliner bildete eher die Ausnahme. So blieb es bis etwa 1930.

Die zweite Bebauungswelle

Nachdem die Gemeinde Niederschönhausen ab 1920 im XIX. Verwaltungsbezirk Pankow zu einem Teil Berlins geworden war, fanden bald weitere erfolgreiche Unternehmer an dem schön gelegenen Wohngebiet Gefallen. Zugleich tat die Stadt Berlin etwas für die Infrastruktur. In der Wohnkolonie legte man neben dem Ring die Straße 109 an. Sie wurde ab 1937 mit der alten Prinz-Heinrich-Straße zum Eisenmengerweg[15]. Gleichzeitig asphaltierte man diese Straße, die noch heute als Rudolf-Ditzen-Weg stumpf endet. Weiterhin entstand am westlichen Ende der Viktoriastraße, dem südlichen Teil des heutigen Majakowskiringes, der Köberlesteig[16], am westlichen Ende der Kronprinzenstraße die Str. 106 (seit 1999 Boris-Pasternak-Weg). Der Weg vom Schloss Schönhausen zu den Plantagen, die „Westostachse", ist die heutige Tschaikowskistraße. Die Verbindung nach Niederschönhausen zur Hermann-Hesse-Straße wurde ab 1936 als Güllweg[17] eingetragen. Die Stille Straße ist quasi die Verlängerung des Rudolf-Ditzen-Weges und die Verbindung zwischen dem Ring und der Tschaikowskistraße.

In der Stillen Straße ließ sich der spätere Kommerzienrat Max Hensel nieder. Seine Villa ist auch heute noch eine der größten in der Wohnkolonie. Hensels Fabrik für Drehbühnen lag in Berlin-Wittenau, und er wollte nun ebenfalls nicht weit von ihr, aber in ländlicher Umgebung leben. Als Ingenieur für Maschinenbau hatte er 1910 ein Patent für Drehbühnenkonstruktionen entwickelt und es weltweit verkauft. Bis 1945 hatte die Firma in nahezu jedem Theater in Berlin – aber zum

Beispiel auch in Santiago de Chile – diese Fabrikate eingebaut. Hensel war also ein bekannter Mann, und damit er sich auch einmal unbeobachtet fühlen konnte, ließ er sein großes Grundstück mit einer hohen Mauer abgrenzen. Transparenz, wie sie eigentlich üblich ist unter Menschen, die gemeinsam einen Ort bewohnen, mochte er offensichtlich nicht und sollte damit bald nicht mehr allein bleiben. Bis allerdings später eine Mauer die gesamte Wohnkolonie abgrenzte, verging noch einige Zeit. Vorerst nahm erst einmal das Villenviertel allmählich Gestalt an.

Den angelegten Ring teilte eine Straße. An ihr lagen zwei Grundstücke, die von einem Käufer in kurzer Zeit erworben wurden. Die an Polizeirat Fromm angrenzende Parzelle war 1912 für 19.500 Mark in den Grundbesitz von Dr. med. Wilhelm Rohardt mit der Auflage gelangt, *ein Wohnhaus im ländlichen Villenstil zu errichten*[18]. Der erst im Dezember 1919 in den Besitz des Grundstückes gekommene Direktor Ewald Beumer konnte diese Auflage tatsächlich erfüllen. Direktor Beumer gehörte die damals führende Berliner Eisenhoch- und Brückenbaufirma Breest & Co. GmbH, Wollankstraße 54-56 in Berlin-Pankow, die um 1920 bei einer Fusion in der Steffens & Nölle A G. aufging[19], deren kaufmännischer Direktor Beumer wurde. Das anschließende, südliche Grundstück erwarb Beumer etwas später, um dort ein Gebäude mit einer Garage und einer kleinen Wohnung im Obergeschoss für den Chauffeur seines Automobils zu errichten[20]. Als Liebhaber und Sammler niederländischer Barockmalerei prägte dieser Stil auch das Häuschen. Zwischen beiden Gebäuden legte er einen Ziergarten an. Seine Sammlung von Kunstwerken erhielt in der eigens dazu entworfenen Bauernstube zur Straße eine galerieähnliche Präsentation. Hier fanden gelegentlich Herrenabende statt, die Beumer für seine politischen und gesellschaftlichen Freunde veranstaltete.

Damit war der Grundbesitz Adolf Barths etwa um 1920 vollständig verkauft. Auf dem Teil Israel Machols hatte Christian Zeller, einer von zwei vertretungsberechtigten Gesellschaftern der Firma RABOMA in Berlin-Borsigwalde, 1919 drei nebeneinander liegende Grundstücke erworben, auf denen er ein Wohnhaus errichtete. Ihm gegenüber baute der Berliner Architekt Wilhelm Schmitz eine Villa, die schließlich der Fabrikant Otto Rieth erwarb, nachdem sie bereits mehrere Male verkauft und sogar über ein Jahr sequestriert war. Rieth hatte seine Firma durch den Bau eines zweiten Werkes im nahe gelegenen Berlin-Rosenthal erweitert und fand hier zwischen den Gärten seinen idealen Wohnort.

Die Planungen für eine Weiterführung der U-Bahn über die Berliner Schönhauser Allee, Pankow und Niederschönhausen weiter nach Norden hatte diese Anlage an der Panke in ihre Streckenführung mit einbezogen. Der Erwerb und die Bebauung der Grundstücke war also nicht ohne Risiko. Die bereits dort Wohnenden wollten unter sich bleiben. Doch 1930 hatte sich die Situation plötzlich geklärt. Der erste und letzte

Die von dem Architekten Wilhelm Schmitz erbaute Villa Viktoriastraße 23 (das spätere Domizil Walter Ulbrichts Majakowskiring 28), in ihrem ursprünglichen Zustand vor dem Krieg. Durch ihre schlichte und dennoch beeindruckende Gestaltung gehörte sie zu den schönsten Häusern im Viertel.

U-Bahnhof von und zum Zentrum Berlins blieb erst einmal Pankow-Vinetastraße. Dies und die sich günstig abzeichnende finanzielle Situation vieler Mittelständler seit der Machtübernahme Hitlers führten zu einem Ausverkauf der Grundstücke. Zwischen den Villen entstanden in kurzer Zeit Ein- und Zweifamilienhäuser. Akademiker und Ingenieure bauten sich ihre Häuser zum Teil selbst. Die Bauauflagen waren in den 30er Jahren inzwischen ganz andere. Jeder Neubau musste beispielsweise mit einem Luftschutzbunker versehen werden. Als entwerfende Architekten der Häuser kamen vor allem die zu ihren Aufträgen, die sich in Pankow niedergelassen hatten und entsprechend preiswerte Angebote machen konnten[21].

Jüdische Nachbarn

Die Uferzonen der Panke, der so genannte „Acker an der Panke", hatte bereits 1917 der Berliner Stadtverordnete und Leimfabrikant[22] Carl Gronewaldt[23] gekauft, dessen „schlossähnliche Villa" jenseits der Panke in der Parkstraße lag. Aus dem gesamten Grundstück beidseitig der Panke machte er einen Park, in dem Pfauen und Truthähne zu Hause waren. Nach seinem Tod Anfang der 30er Jahre ließ jedoch seine Witwe den Park als Bauland erschließen. Die günstig am Wasser gelegenen Parzellen waren innerhalb eines Jahres verkauft und wurden bis zum Kriegsbeginn 1939 bebaut.

Den Macholschen Erben, wie Gronewaldt Juden, glückte nach 1933 der Verkauf des restlichen Landes. Mehrere Grundstücke (2.500 qm) am Scheitelpunkt der Ringstraßen (zur Grabbeallee) erwarb für 8,50 Mark pro Quadratmeter[24] der Brotfabrikant August Wittler. Der Inhaber der damals modernsten Brotfabrik Europas leistete sich neben den Grundstücken 1936 auch den Bau einer luxuriösen Villa. Doch damit nicht genug. Wittler verpflichtete sich zusätzlich im Kaufvertrag, die vielen Gartenpächter, die vorher das Land genutzt hatten, großzügig abzufinden.

Für seinen Fabrikbau bemühte Wittler den zu seiner Zeit erfolgreichen Architekten Kurt Berndt. Möglicherweise war Berndt auch der Architekt der Villa. Wittlers Betrieb setzte jährlich rund vier Millionen Reichsmark um[25], so dass Wittler gewiss nicht sparen musste. Wären die Macholschen Erben nicht von Verfolgung und massiver gesellschaftlicher Ausgrenzung betroffen gewesen, hätten sie gewiss ein gutes Geschäft gemacht.

Der Fabrikant Krohn dachte bei seinen Plänen, vorteilhaft zu wohnen, nicht nur an sich. Deshalb ließ er sich neben dem Grundstück von Max Hensel (Majakowskiring 55 beziehungsweise 55a) ein Gartenhaus und davor ein Mietshaus errichten. Die Wohnungen des Vorderhauses verkaufte er an Interessenten. Mitte der 30er Jahre kam es so zu einer für die Zeit etwas untypischen Mischung der Bewohner. In der Kellerwohnung des Hauses lebte der Hausmeister, ein wenig erfolgreicher Kunstmaler, dessen Tochter dem Kommunistischen Jugendverband Deutschlands Ortsgruppe Berlin/Niederschönhausen angehörte[26]. Die Wohnung darüber erwarb eine politisch indifferente Familie. Die erste Etage bezog SA-Sturmbannführer Hecht, dessen Frau Leiterin der NSDAP-Frauengruppe Niederschönhausen war. In der Mansarde lebte Elisabeth Röder, eine Jüdin, die nach 1935 das Haus nicht mehr verließ. Die Spannungen zwischen den Bewohnern müssen in jener politischen Atmosphäre entsprechend groß gewesen sein. Doch wohin sollte eine ältere Frau jüdischer Abstammung damals ziehen, zumal sie Inhaberin der Wohnung war und nicht nur Mieterin?

Der Brotfabrikant August Wittler.

Bis zum Ausbruch des Krieges herrschte im Viertel reges Bauen. Die Häuser allerdings gaben sich einfacher als zu Kasbaums Zeiten. Hier eine Baustelle in der Kronprinzenstraße – zwischen dem heutigen Majakowskiring 50–52 – im Jahre 1939.

Im XIX. Verwaltungsbezirk war der Anteil der Juden gemessen an der Berliner Gesamtbevölkerung nicht groß. In der Tschaikowskistraße 13 wurde 1911 vom Hilfsverein für jüdische Taubstumme in Deutschland e. V. ein 4.999 qm großes Grundstück erworben und mit einer dreistöckigen Villa bebaut. Hier entstand das Altersheim für jüdische Taubstumme[27]. Sogar eine ansprechende Synagoge richtete man im Haus ein. Der große Garten belieferte die Küche der rund fünfzig Bewohner mit Obst und Gemüse. Infolge der guten Vorbedingungen entwickelte sich hier ein viel besuchtes Begegnungszentrum für jüdische Taubstumme.

Im März 1940 kam es endgültig zur Räumung[28]. Nachdem der Verein bereits 1939 zwangsaufgelöst worden war, erwarb die Reichshauptstadt Berlin das Grundstück. Zu ähnlichen, oftmals nicht freiwilligen Eigentümerwechseln, ja der Enteignung der Häuser zu Gunsten der öffentlichen Hand sollte es in der Wohnkolonie nach 1945 noch öfter kommen. Hieran kann man nur die „Vorwehen" für einen im gesamten 20. Jahrhundert widerspruchsreichen Umgang mit Eigentum diagnostizieren.

Die Tochter von Emil Fiebeck (Majakowskiring 3), Ruth, hatte den Kaufmann Felix Kirchstein geheiratet. Die Kirchsteins lebten bis kurz vor Ende des Krieges in Niederschönhausen. Felix Kirchstein dagegen befand sich am 25. Januar 1942 auf dem 10. Transport nach Riga und zählt zu der Vielzahl der Opfer, die der antisemitische Terror in Deutschland bis 1945 forderte[29].

Neben dem Fabrikanten Eichert, dessen Fabrik in Berlin-Prenzlauer Berg mit Kriegsbeginn 1939 einer der vielen Rüstungsbetriebe wurde[30], wohnte Ende der 20er Jahre in dem schönen Haus am Majakowskiring 63 ein Rechtsanwalt Michaelis zur Miete. Er war jüdischer Abstammung, auch wenn er sich, wie viele, als Deutscher fühlte und ebenso nationalistisch dachte. Was aus ihm geworden ist, war nicht zu erfahren.

Auswahl der Hauseigentümer der Wohnkolonie vor 1945

heutiger Straßenname	alter Straßenname	Name/Beruf der Eigentümer
Boris Pasternak Weg 2a	Straße 106 Nr. 2 a	Otto Kutschmar (Stadtbaumeister)
Köberlesteig 8	Straße 54 Nr. 8	Georg Trautmann (Schlosser)
Köberlesteig 10	Straße 54 Nr. 10	Erich Arndt (Versicherungsagent)
Köberlesteig 12	Straße 54 Nr. 12	Wilhelm Meinerßhagen (Kaufmann)
Majakowskiring 1	Viktoriastraße 1	H. Strube (Arzt)
Majakowskiring 2	Kronprinzenstraße 28	Richard Piechatzek (Unternehmer)
Majakowskiring 8	Viktoriastraße 31a	Friedrich Hannemann (Ober-Telegrafen-Sekretär)
Majakowskiring 10	Viktoriastraße 31	Fritz Josef Lissig (Opernsänger)
Majakowskiring 12	Viktoriastraße 30	Albert Thieme (Möbeltischler)
Majakowskiring 13/15	Viktoriastraße 6/7	Emil Kuckuck (Fabrikdirektor)
Majakowskiring 16	Viktoriastraße 29	Fritz Stephan (Unternehmer)
Majakowskiring 19	Viktoriastraße 9	Otto Albert Süß (Oberzollsekretär)
Majakowskiring 21	Viktoriastraße 10	Max Geselle (Musiklehrer)
Majakowskiring 23	Viktoriastraße 11	Hermann Sohl (Privatier)
Majakowskiring 25	Viktoriastraße 11a	Emil Ehrlich (Kaufmann)

Majakowskiring 26	Viktoriastraße 24	Edgar Roedel (Oberfinanzrat)
Majakowskiring 28	Viktoriastraße 23	Otto Rieth (Unternehmer)
Majakowskiring 29	Viktoriastraße 13	Christian Zeller (Unternehmer)
Majakowskiring 32	Viktoriastraße 22	Wilhelm Matschke (Verwaltungsreferent)
Majakowskiring 33–35	Viktoriastraße 15–16	Theodor Kosch (Diplomingenieur)
Majakowskiring 34	Viktoriastraße 21	Karl Schwabe (Buchmacher)
Majakowskiring 36	Viktoriastraße 20a	Ernst Pohl (Kaufmann)
Majakowskiring 45	Kronprinzenstraße 15	Robert Kutzner (Hauptreferent beim Patentamt Berlin-Kreuzberg)
Majakowskiring 46/48	Kronprinzenstraße 19	August Wittler (Unternehmer)
Majakowskiring 50	Kronprinzenstraße 20	Ernst Funke (Fabrikant)
Majakowskiring 51	Kronprinzenstraße 12	Hans Steinhoff (Unternehmer)
Majakowskiring 52	Kronprinzenstraße 21	Johann Lechtenbrink (Ingenieur)
Majakowskiring 55 bzw. 55a	Kronprinzenstraße 10	Wilhelm Krohn (Fabrikant)
Majakowskiring 59	Kronprinzenstraße 8	Georg Arand (Schornsteinfegermeister)
Majakowskiring 60	Kronprinzenstraße 26	Johannes Albrecht (Unternehmer)
Majakowskiring 61	Kronprinzenstraße 7	Albert Schwanke (Gemüsehändler)
Majakowskiring 62	Kronprinzenstraße 25	Reinhold Rutzen (Lehrer)
Majakowskiring 63	Kronprinzenstraße 6	Fritz Eichert (Unternehmer/Erfinder)
Majakowskiring 64	Kronprinzenstraße 26	Dr. Ferdinand Beier (Superintendent)
Majakowskiring 66	Kronprinzenstraße 27	Eduard Schoening (Kaufmann)
Majakowskiring 71	Kronprinzenstraße 1	Ernst Peters (Ingenieur)
Rudolf-Ditzen-Weg 12	Eisenmengerweg 12	Georg Winkelstein (Klempnermeister)
Rudolf-Ditzen-Weg 13	Eisenmengerweg 13	Ernst Böttcher (Maurermeister)
Rudolf-Ditzen-Weg 14	Eisenmengerweg 14	Dr. Erich Wichmann (Zahnarzt)
Rudolf-Ditzen-Weg 15	Eisenmengerweg 15	Bernhard Rehbein (Postassistent)
Rudolf-Ditzen-Weg 17	Eisenmengerweg 17	Carl Aschmoneit (Stadtamtmann)
Rudolf-Ditzen-Weg 18/20	Eisenmengerweg 18/20	Willi Hoffmann (Lederfabrikant)
Rudolf-Ditzen-Weg 19	Eisenmengerweg 19	Otto Latendorf (Bauingenieur)
Rudolf-Ditzen-Weg 21	Eisenmengerweg 21	Paul Philipp (Taxibetrieb)
Rudolf-Ditzen-Weg 22	Eisenmengerweg 22	Friedrich Becker (Ingenieur und Regierungsrat)
Rudolf-Ditzen-Weg 24	Eisenmengerweg 24	Dr. Hans Bausch (Chemiker)
Stille Straße 4-5	Friedrich Wilhelm Straße 4	Max Hensel (Unternehmer)
Stille Straße 10	Friedrich Wilhelm Straße 8	Ernst Schiller (Pianofabrikant)
Stille Straße 12	Friedrich Wilhelm Straße 9	B. Wittekopf (Werkzeugmacher)

Diese Auflistung der Eigentümer mag Beleg dafür sein, dass die Gegend von einer gutbürgerlichen Atmosphäre geprägt war. Die Hausbesitzer ließen sich Gebäude errichten, die dem gehobenen Wohnstandard der 30er Jahre in Deutschland entsprachen.

Als der Krieg vorbei war, kamen auch die Kinder wieder und spielten in dem weitgehend vom Krieg verschont gebliebenen Viertel. Noch konnte man auf der Ringstraße ungestört toben. Doch das sollte sich ändern.

Nach dem verlorenen Krieg

Metamorphose zu einem „Ghetto"

Die letzten Wochen des Zweiten Weltkrieges verbrachten die Bewohner der Wohnkolonie vorwiegend in den Bunkern und Kellern ihrer Häuser. Durch die Bauauflage der 30er Jahre hatte der überwiegende Teil der Häuser einen eigenen Bunker. Die Kinder lebten infolge der „Kinderlandverschickung" oft nicht mehr bei ihren Eltern in Berlin. Manche Bewohner hatten angesichts der immer bedrohlicher werdenden Lage die Großstadt verlassen, andere wieder die Einrichtungsgegenstände ihrer Häuser ausgelagert. Ewald Beumer beispielsweise war mit dem Stadtkommandant von Pilzen, General a. D. Hermann befreundet. Da Beumer während des Krieges dort eine Fabrik aufgekauft hatte, ließ er noch 1944 seine Kunstgegenstände[1] auf das Betriebsgelände nach Pilzen bringen. Die meisten Männer waren zur Wehrmacht eingezogen. Die immer häufiger gewordenen Meldungen von ihrem Tod auf den Schlachtfeldern löste unter den Menschen in Deutschland große Depressionen aus. Der Krieg war verloren, ihr Sterben sinnlos. Das war in Niederschönhausen nicht anders. Und fast jede Familie war davon betroffen.

Von einer direkten Bombardierung blieb dieses Berliner Stadtgebiet weitgehend verschont. Vereinzelt verirrte sich eine Granate oder ein Granatsplitter hierher. Einige Häuser in der Ossietzkystraße waren schon 1943 bei einer der frühen Bombardierungen Berlins zerstört worden[2]. Es gab in den ersten beiden Maitagen 1945 noch einen letzten Versuch von Truppen der deutschen Wehrmacht, über die Schönhauser Allee und den Bezirk Pankow aus dem Innenstadtbereich auszubrechen. In Panzern drangen die Deutschen bis zum Park des Schlosses Schönhausen vor[3]. Bei den Kampfhandlungen oder durch den Beschuss mit Granaten der Deutschen aus dem Bunker Humboldthain in Berlin-Wedding wurde das Haus des Sanitätsrats Strube (Majakowskiring 1) so stark in Mitleidenschaft gezogen, dass es von diesem Zeitpunkt an unbewohnbar blieb und schließlich abgerissen werden musste. Das Zweifamilienhaus Majakowskiring 50 war bereits einen Monat vorher von einer kleinen Luftmine getroffen worden. Eine alte Frau überlebte die Detonation und stand noch stundenlang danach in der plötzlich wie eine Puppenstube anmu-

Christian Zeller, Eigentümer des Hauses Viktoriastraße 23 (Majakowskiring 29). Im Gegensatz zum Betrieb von Otto Rieth verdiente die RABOMA gut an der Rüstung.

Otto Rieth. Er hatte Glück. Weder war er „Pg" gewesen, noch wurden in seinem Metallbetrieb Rüstungsprodukte hergestellt. Doch sein Haus musste auch er räumen. Aufnahme aus den 60er Jahren.

tenden Wohnung. Der Dachstuhl Majakowskiring 36 wurde bei demselben Bombenangriff getroffen. Granaten detonierten hinter dem Gartenhaus des Grundstücks Majakowskiring 63, hinterließen aber keine größeren Zerstörungen[4]. Christian Zeller kam bei der Detonation einer Granate, bei der auch das Haus in Mitleidenschaft gezogen wurde, noch in den letzten Kriegstagen um. Geringere Schäden gab es an den Häusern im Bereich Stille Straße[5].

Die 1. Belorussische Front mit ihrer 3. Stoßarmee besetzte den Bezirk Pankow bereits mit Beginn ihrer Offensive am 21. April 1945. Kampfhandlungen sind für den Bereich um das Schloss Schönhausen nicht überliefert. Die russischen Soldaten übernahmen lediglich die Oberhoheit. Einzelne Häuser wurden sofort von der Roten Armee beschlagnahmt[6]. Bereits vier Tage nach der Machtübernahme war in Niederschönhausen eine Ortskommandantur unter Major Gusjew eingerichtet und der erste Amtsleiter[7] ernannt worden[8]. Dr. Johannes Kupke sprach sehr gut russisch und war bereits in den 20er Jahren Mitglied der KPD gewesen. Er genoss erst einmal das Vertrauen der zuständigen russischen Offiziere, eine antifaschistische Verwaltung in Niederschönhausen zu leiten.

Die Furcht anderer Deutscher vor den Russen wiederum war so groß, dass sie lieber den Freitod wählten. So erschoss die fünfundzwanzigjährige Tochter von Wilhelm Matschke (Majakowskiring 32), Ruth, zuerst ihre Eltern und dann sich selbst. Auch der Mieter in der zweiten Wohnung des Hauses, ebenfalls „Pg", wenn auch nicht Zellenleiter wie Matschke, nahm sich das Leben. Die Angst war natürlich nicht ganz unbegründet. Im Haus der Familie Albert Schwanke (Majakowskiring 61) arbeiteten während des Krieges russische Zwangsarbeiter. Unmittelbar vor dem Einmarsch der Roten Armee hatte Schwanke die Russen erschossen. Als die ersten russischen Soldaten das Haus betraten, wussten sie bereits von der schrecklichen Tat. Kurzerhand stellten sie ein Erschießungskommando zusammen, das die gesamte Familie hinrichtete. Danach suchte das Kommando nach SA-Sturmbannführer Hecht (Majakowskiring 55). Auch hier wurde die ganze Familie hingerichtet. Solche Hinrichtungen ohne genaue Prüfung der Umstände waren in Kriegszeiten zwar in allen Armeen üblich, machen dadurch jedoch im Nachhinein nicht weniger betroffen. In der Sowjetunion gab es allerdings seit dem 6. Februar 1945 einen Befehl des Volkskommissariats für Inneres (NKWD), in dem es hieß, dass nur noch *Terroristen und Diversanten an Ort und Stelle liquidiert* werden sollten[9]. Die ersten Russen waren jedoch Kampfverbände, die für keine Toten zur Verantwortung gezogen werden konnten. Wer wollte danach schon beweisen, dass die Deutschen keinen Widerstand geleistet hatten?

Die nachrückenden russischen Soldaten vergewaltigten deutsche Frauen und junge Mädchen. All die schrecklichen Kriegserlebnisse und

Entbehrungen hatten eine Verrohung der Soldaten zur Folge, wie sie in diesem Ausmaß bei den westlichen Alliierten nicht vorkam. Bei ihrem Vormarsch hatten die sowjetischen Truppen viele Internierungslager östlich Berlins befreit. Die dort unter unmenschlichen Bedingungen lebenden sowjetischen Kriegsgefangenen, sofern sie nur einigermaßen diensttauglich erschienen, rekrutierten die Russen sofort wieder in ihren Kampfverbänden an der Front⁽¹⁰⁾. Sie stellten einen großen Teil der Marodeure. In Wellen zogen betrunkene Männer durch die Straßen, so dass viele Frauen Dutzende von Vergewaltigungen über sich ergehen lassen mussten. Einige Frauen überlebten die schrecklichen Torturen nicht. Zwar ging die Zahl dieser Gewalttaten allmählich zurück, doch noch im ersten Halbjahr 1946 war es deswegen zu 13.000 Anzeigen im sowjetisch besetzten Gebiet gekommen. Eines dieser zahllosen Opfer war offensichtlich die Frau von Richard Piechatzek. Sie wurde am 11. August 1945 an der Panke im Bereich der Wohnkolonie tot aufgefunden.

Ein Bild aus glücklicheren Tagen: Richard Piechatzek mit Frau und den beiden Töchtern im Wohnzimmer seiner Villa in der Kronprinzenstraße 28 (Majakowskiring 2).

Dieser Ruf war den Russen vorausgeeilt, zudem wirkte die gezielt antisowjetische deutsche Propaganda. Marta Trautmann (Köberlesteig 8) beging mit ihrer gerade mal dreijährigen Tochter noch im April 1945 Selbstmord. Ihr Mann Georg gehörte auf Grund seiner Parteimitgliedschaft in der NSDAP zu den ersten Inhaftierten in der Gegend. Am 11. Mai 1945 wurden er, Richard Piechatzek⁽¹¹⁾, Otto Rieth und Ewald Beumer⁽¹²⁾ von Mitarbeitern des NKWD in ihren Wohnungen festgenommen⁽¹³⁾. Die restlichen „Pg" bemühten sich zunächst darum, nicht aufzufallen. Rieth wurde einige Tage nach seiner Verhaftung wieder frei gelassen. Er war kein Parteimitglied gewesen. Und auch sein metallverarbeitender Betrieb – äußerst selten im Berliner Raum – war nicht an der Rüstungsproduktion beteiligt.

Für die Menschen jener Wohngegend in Niederschönhausen begann bald wieder der normale Alltag, sofern man das in jenen Zeiten überhaupt so nennen kann. Zur Aufnahme von Ausgebombten kam es wahrscheinlich in den seltensten Fällen⁽¹⁴⁾. Das Solidaritätsgefühl der Deutschen untereinander bezog sich meist nur auf die eigene Ver-

Otto Latendorf. Chef der Berliner Baufirma Arido, ein bekanntes Spezial-Unternehmen für Grundwasser-Abdichtung. Der Bauingenieur wohnte im Eisenmengerweg 19.

27

Beschwerdeschreiben der Eigentümer vom August 1945 an den Magistrat über die Räumung ihrer Häuser.

wandtschaft. Der so oft beschworene Zusammenhalt der Volksgemeinschaft griff nicht. Der Krieg war verloren, das System untergegangen und jeder in erster Linie sich selbst der nächste.

Dr. Erich Wichmann (Rudolf-Ditzen-Weg 14) ließ somit am 30. Juli 1945 ganz normal von seinem Nachbarn Otto Latendorf einen Kostenvoranschlag für die provisorische Abdichtung des beschädigten Daches seines Wohnhauses anfertigen[15]. Doch zu den Arbeiten sollte es schon nicht mehr kommen.

In der leerstehenden Wohnung des achtzigjährigen Superintendenten Beier, der nach Bayern evakuiert worden war, und im Nachbarhaus (Majakowskiring 60) quartierten sich Anfang Mai russische Soldaten ein[16]. Das Haus von Beier wurde schließlich am 1. August 1945 für den Sekretär und Dolmetscher des Pankower Bezirkskommandanten Lukaschewitz beschlagnahmt. Die verbliebenen Bewohner waren somit obdachlos und hatten sich bei der zuständigen Behörde zu melden. Der Kommandant von Pankow, Oberstleutnant Petkun, requirierte die große Villa Max Hensels und bewohnte sie bereits seit Ende April 1945. Familie Hensel hatte zum Ende des Jahres 1944 die Wohnung verlassen, das große Haus stand leer. Das Wohnhaus nebenan, Stille Straße 7, musste ebenfalls Mitte Juli 1945 von allen Bewohnern für die Angestellten des Pankower Kommandanten und deren Familien geräumt werden[17]. Einer der beiden Angestellten namens Schäfer hatte zuvor als Pförtner in der Peterschen Villa (Majakowskiring 71) gearbeitet und zog jetzt von dort hierher[18]. War doch das Haus seines bisherigen Arbeitgebers ebenfalls für einen russischen Offizier geräumt worden.

Am 15. Mai 1945 sperrten nachmittags Posten der Roten Armee den gesamten Abschnitt der Tschaikowskistraße jenseits der Grabbeallee[19] ab. Die Bewohner konnten ihre Wohnungen nicht mehr betreten[20]. Als der Bereich Mitte August wieder frei gegeben wurde, waren die Wohnungen völlig ausgeräumt, zumindest das gesamte Inventar mutwillig zerstört. Die Deutschen konnten nur noch in unbewohnbare Unterkünfte zurückkehren[21]. Das für kurze Zeit geschaffene kleine Sperrgebiet wurde indes nur etwas „verlagert"[22].

Am 4. Juni 1945 flogen Walter Ulbricht, Anton Ackermann und Gustav Sobottka, die bereits einen Monat lang im sowjetisch besetzten Gebiet tätig gewesen waren und eine antifaschistische Verwaltung aufgebaut hatten, zur Parteiführung der KPdSU nach Moskau. Hier wurde in einem Gespräch mit Stalin, an dem auch der noch im sowjetischen Exil lebende Wilhelm Pieck teilnahm, beschlossen, die praktisch nicht mehr existierende KPD in Deutschland wieder neu zu gründen. Für Berlin und die sowjetische Besatzungszone (SBZ) erließ der Chef der Sowjetischen Militäradministration (SMAD) den Befehl Nr. 2, der die Gründung antifaschistisch-demokratischer Parteien zuließ.

Der inzwischen fast siebzigjährige Wilhelm Pieck war Parteivorsitzender der KPD. Das Führungsorgan der Partei, das Sekretariat des Zentralkomitees (ZK) der KPD, bestand vorerst aus Pieck, Ulbricht, Ackermann und Franz Dahlem[23]. Für die sowjetische Besatzungsmacht war es von Anfang an wichtig, den von ihnen eingesetzten beziehungsweise unterstützten Personen Häuser zur Verfügung zu stellen. So hatte die überwiegende Zahl der politischen Gegner der Nazis bis April 1945 keinen Wohnsitz mehr in Berlin. Sie waren entweder emigriert oder in Gefängnissen und Konzentrationslagern eingekerkert gewesen. Dass damit auch eine bewusste Einflussnahme verbunden war, zeigt eine Äußerung Ulbrichts in einem Schreiben an Generaloberst Serow vom 6. Mai 1945, in dem es heißt: *Man müßte prüfen, ob man ihm* (gemeint war der CDU-Politiker Dr. Hermes, d. V.) *nicht ein Wohnhaus zur Verfügung stellt, das in der sowjetischen Besatzungszone gelegen ist*[24] Ulbricht war bei Serow an der richtigen Adresse. Ihm unterstand der Sicherheitsapparat in der SBZ, sondern auch die ge_____ he Verwaltung einschließlich der Justiz[25].

In Potsdam-Babelsberg befand _____ artier der sowjetischen Staatssicherheit (NK_____ of tagte vom 17. Juli bis zum 2. August 1945 a_____ villkürlich waren dafür in der Potsdamer K_____ besonders repräsentative Villen direkt am Griebnitz_____ nmt worden. Sie dienten den Politikern der Vereinigten Sta_____ sbritanniens und der Sowjetunion als Unterkünfte[27]. Die Wahrun_____ er Gleichberechtigung der Staatsführer war wichtiger als eine intensive Überprüfung der Frage, ob der Eigentümer der jeweiligen Villa nun „Naziaktivist" gewesen war oder nicht. Für die Beschlagnahmung der Villen zeichnete der NKWD verantwortlich. Und der verfuhr nach dem Motto: Wer jetzt in einer deutschen Villa wohnt, war Parteigänger der Nazis. Eine staatliche Eigenständigkeit Deutschlands hatten die Siegermächte auf dieser Konferenz nicht vorgesehen. Der provisorische Charakter der Verwaltung Deutschlands würde zumindest die nächsten beiden Jahre andauern. Das hieß: solange konnten sich die Besatzungsmächte einrichten.

In dem kleinen Pankower Wohngebiet kam es am 12. Juli 1945 zu weiteren Verhaftungen[28]. Jetzt traf es die restlichen Mitglieder der NSDAP. Neben August Wittler waren das Carl Aschmoneit und Dr. Erich Wichmann. Wie die Bewohner der Wohnkolonie zuvor kamen auch sie ins Speziallager Nr. 1 des NKWD in Oranienburg, dem ehemaligen KZ Sachsenhausen. Inzwischen hatte der sowjetische Staatssicherheitsdienst

Ein nicht sehr scharfes Bild ist alles, was von dem sowjetischen Geheimdienstmann geblieben ist: Oberst Nikaschin vom NKWD wohnte im Eisenmengerweg 23. Archivalien und Dokumente über den Aufenthalt der Russen in dem Viertel sind äußerst spärlich.

gemäß den Weisungen seines Chefs Berija Lager für deutsche Kriegsgefangene errichtet und Einblick in die Akten nehmen können, um festzustellen, welche Personen in welchen Stellungen Angehörige der NSDAP gewesen waren. Auf der Grundlage des Befehls des NKWD Nr. 61 vom 6. Februar 1945 behandelten die Russen jetzt alle Angehörigen der Wehrmacht, des Volkssturms, der SS und SA als Kriegsgefangene und hielten sie in den dazu errichteten Lagern gefangen[29]. Es kann an dieser Stelle nur vermutet werden, dass in der Siedlung die „Pg" verhaftet wurden, um im Falle eines Sperrgebietes weniger Schwierigkeiten mit den Villeneigentümern zu haben. Zu diesem Schluss kann man deshalb kommen, weil es sich bei der zweiten Verhaftungswelle im Wohngebiet um Parteimitglieder der NSDAP handelte, die keinerlei politische Funktion ausgeübt hatten. Allerdings lässt sich eben auch kein einheitliches Vorgehen der sowjetischen Behörden in dem von ihnen besetzten Sektor Berlins nachweisen. Die Wohnungen der Verhafteten bezogen jedenfalls sofort sowjetische Offiziere.

Eine Woche nach dem Ende der Potsdamer Konferenz, am Abend des 9. August 1945, einem Donnerstag, ging ein Mitarbeiter aus dem Rathaus Pankow, das sich seinerzeit wegen der Nutzung des eigentlichen Gebäudes durch die SMAD in der ehemaligen Sichtvermerkstelle des Reichssicherheitshauptamtes[30] befand, durch die Häuser der Ringanlage und des Rudolf-Ditzen-Weges und teilte den Bewohnern mündlich mit, dass auf Befehl der sowjetischen Kommandantur sämtliche Wohnungen bis zum 12. August mittags zu räumen seien[31]. Die Eigentümer, sofern sie politisch unbescholten waren, erhielten das Recht, das ihnen gehörige Inventar mitzunehmen. In jedem Fall sollten Sonntag Mittag die Schlüssel außen im Schloss der Haustür stecken und das Haus selbst verlassen sein. Das Wohnungsamt Pankow[32] unterstützte die Aktion, indem es geeignete Ersatzwohnungen für die Bewohner zur Verfügung stellte und provisorische Transportmittel sowie Umzugshelfer schicken wollte. Da seit April viele Häuser im sowjetischen Besatzungssektor Berlins beschlagnahmt worden waren, gab es mittlerweile ein gewisses fatales Verständnis für solcherart Enteignungen. Die bisherigen Maßnahmen der SMAD hatten bereits einschüchternde Wirkungen hinterlassen. Jedenfalls fügten sich alle widerspruchslos in ihr Schicksal.

Die einzelnen Motive für die Auswahl des Wohngebietes als Sitz einer künftigen Nomenklatura sind heute im Detail nicht mehr nachvollziehbar. Bemerkenswert ist allerdings, dass die Pankower Wohnkolonie die letzte war, die zu einem sowjetischen Sperrgebiet in Berlin wurde. Alle anderen Sperrgebiete in Hohenschönhausen, Köpenick, Biesdorf, Karlshorst und Friedrichshagen waren im August 1945 bereits beschlagnahmt. Hintergrund dafür könnte sein, dass es sich bei den sowjetischen Militärs, für die ja die Häuser vor allem geräumt werden mussten, überwiegend um Mitarbeiter des sowjetischen Staatssicherheits- beziehungsweise Propagandaapparates handelte. Leider konnte bisher keine vollständige Liste der russischen Bewohner recherchiert werden. Bei den wenigen Namen, die als neue Bewohner ermittelt wurden, handelt es sich neben dem schon erwähnten Oberstleutnant Petkun um Oberstleutnant Tarakanow[33], Oberst Melnikow[34], Oberst Nikaschin[35] und Oberst Dalada[36]. Die Häuser sind offensichtlich für Offiziere besetzt worden, die wie Tarakanow zur Militärverwaltung in Pankow, wie Oberst Melnikow und Oberst Dalada zur Propaganda- beziehungsweise Politverwaltung oder wie Oberst Nikaschin zum NKWD gehörten. Wahrscheinlich waren auch Kulturoffiziere unter den neuen Bewohnern. Da es sich dabei vor allem um Offiziere handelte, die hinter der „Front" arbeiteten, erklärt sich, warum das Sperrgebiet zu den zuletzt beschlagnahmten Gebieten Berlins zählte.

Wuchtige Eichenmöbel, Holzpaneele, Parkett – alle ästhetischen Ingredienzen bürgerlich-behaglicher Innenarchitektur des ausgehenden 19. Jahrhunderts prägten die Einrichtung im Haus Majakowskiring 2, die von den sowjetischen Offizieren bevorzugt wurde.

Die Russen bevorzugten vor allem die großen Villen der Gründerzeit im Siedlungsgebiet. Nach der Verhaftung von Richard Piechatzek und dem Tod seiner Frau stand die im Stil des 19. Jahrhunderts eingerichtete Villa leer. Mit der Beschlagnahmung wurde sie zu einem Kasino. Der Flügel im Haus war den oft musisch gebildeten Offizieren höchst willkommen. Viele der sowjetischen Offizier kamen ja aus der Petersburger Intelligenz. In ihren Elternhäusern war eine Bibliothek ebenso selbstverständlich wie ein Flügel[37]. Es gibt zahlreiche Hinweise dafür, dass es sich vor allem um deutschsprachige Offiziere handelte, die in Pankow Wohnungen erhielten. Das Kasino wurde bald darauf im Schloss Schönhausen eingerichtet, in der Folgezeit ein beliebter Treffpunkt für die alliierten Soldaten. Im November 1945 ließ die Besatzungsmacht die Westfront des Schlosses zu einem Bierkeller ausbauen. Hier sollen abends abwechselnd die Militärtanzkapellen der Alliierten zum Tanz aufgespielt haben[38]. Prostitution und Schwarzhandel blühten. Angeblich habe sich auch jemand eine Konzession erschlichen und im Schloss eine Nachtbar eröffnet[39]. Der Flügel aus dem leer und offen stehenden Haus Majakowskiring 2 soll als Futterkrippe für Pferde genutzt worden sein. Warum ihn niemand ins Schloss brachte? Zumindest die anderen Möbel wanderten in die Wohnungen der Russen oder zu denen, die alles verloren hatten.

Otto Rieth (Majakowskiring 28) feierte gerade im Kreis der Familie seinen Geburtstag, als er aufgefordert wurde, die Villa zu räumen. Ein Geburtstagsgast erinnerte sich: *Vor dem Haus standen sofort zwei russische Wachposten. Innen halfen alle packen. Meinem Stoffhund wurde der Bauch aufgeschlitzt und Wertsachen, wahrscheinlich Schmuck, darin versteckt. Dann bekam ich den Frischoperierten wieder. Vom Boden wurde der alte Puppenwagen von den Riethschen Mädels geholt. Er stammte aus den 20er Jahren und hatte für damalige Zeiten ganz unmoderne hohe Räder, sein Geheimnis war aber ein doppelter Boden, der nun kräftig genutzt wurde. Mit diesem Vehikel und dem Stoffhund unter dem Arm wurde ich mehrmals*

an dem Wachposten vorbeigeschickt. Ich habe mich vor den russischen Soldaten mächtig geniert, weil der Puppenwagen so oll war.⁽⁴⁰⁾

Zu diesem Zeitpunkt lebten Rieth, seine Frau, seine beiden Töchter und der Angestellte Heinz Mielke in der Villa. Rieth war bekannt, dass der Bruder von Heinz der KPD angehörte und seit 1931 wegen eines Mordanschlages auf dem Berliner Bülowplatz⁽⁴¹⁾ gesucht wurde. Heinz Mielke hatte danach keinerlei Verbindungen mehr zu seinem Bruder gehabt. In den 20er Jahren hatte er in der Firma von Rieth eine kaufmännische Lehre begonnen. Bald war jedoch klar, dass er dazu kaum geeignet war. Stark sehbehindert, besaß er offensichtlich nicht genug Konzentrationsfähigkeit für diese Tätigkeit. Besondere Qualitäten entwickelte er jedoch als Gehilfe und Bote Rieths. Er war der Vertraute seines Chefs und dankte es ihm durch lebenslange Treue. Während der Kampfhandlungen 1945 wohnte er sogar bei Rieth im Haus. Da er mit seiner (Stief-)Mutter ausgebombt worden war, soll Rieth der Mutter eine Ersatzwohnung besorgt haben, die aber Heinz keinen Platz mehr bot. Zwischen Heinz und Erich Mielke hatte früher eine starke emotionale Bindung bestanden. Sie schliefen als Kinder zusammen in einem Bett, Erich war stets der Beschützer des jüngeren Bruders gewesen. Am 14. Juni 1945 kam Erich Mielke zurück nach Berlin⁽⁴²⁾. Zwar wurde er immer noch als Mörder gesucht, doch in den Nachkriegswirren und unter dem Schutz seiner Genossen wagte er den Schritt in seine Heimatstadt. Die Zeit der Emigration hatte er zuerst in der Sowjetunion, dann in Spanien und schließlich in Belgien und Frankreich verbracht. Heinz dürfte in den vergangenen 14 Jahren nichts von seinem Bruder gehört haben. Erich Mielke begann seine Parteiarbeit zunächst wieder im Heimatbezirk Wedding und nahm Kontakt zur hier tätig gewordenen Parteispitze der KPD auf⁽⁴³⁾. Auf Betreiben Ulbrichts und Ackermanns wurde Mielke am 15. Juli 1945 Leiter der Polizeiinspektion in Berlin-Lichtenberg, Normannenstraße 22⁽⁴⁴⁾. Kurz darauf besuchte Erich Mielke seinen Bruder Heinz in dem Haus von Rieth. Der „berühmt-berüchtigte" Bruder wurde zum Kaffee geladen und machte mit seiner neuen Uniform bei den Töchtern des Hauses „gewaltigen" Eindruck. Mielke war ein attraktiver Mann. Und sein kleiner Bruder war sichtlich stolz auf ihn, der

Wie so vieles verschwieg Erich Mielke in seiner späteren Kaderakte auch den jüngeren Bruder Heinz. Pikanterweise musste dessen Chef Otto Rieth – (vordere Reihe 3. v. l.) im Kreise seiner Angestellten, unter ihnen auch Heinz Mielke (hintere Reihe 3. v. l.) – sein Haus ausgerechnet für Walter Ulbricht räumen.

plötzlich auf der „richtigen" Seite stand. Der Mord vor Jahren schien vergessen. Heinz Mielke war für Otto Rieth gewissermaßen „Mädchen für alles". In gewisser Weise wurde Erich Mielke das auch für Walter Ulbricht. Und ausgerechnet für Walter Ulbricht musste Rieth im August 1945 sein Haus räumen. Für die Auswahl der Villenkolonie als Wohnbezirk für russische Offiziere und deutsche Kommunisten dürfte Erich Mielke aber noch nicht verantwortlich gewesen sein. Alles spricht dafür, dass Otto Winzer, der seit den 20er Jahren mit seinen Eltern in Niederschönhausen lebte, hierfür zuständig war. Als Stadtrat für Volksbildung und Kultur im neugebildeten Berliner Magistrat verfügte Winzer über die nötigen Informationen und Einflüsse.

Rieth war die Ausnahme von der Regel beim Prozedere der Enteignung: zum einen blieb ihm weniger Zeit, die Villa zu räumen, zum anderen stellte man ihm sofort ein Haus in der nahe gelegenen Seckendorfstraße 24 (heute Heinrich-Mann-Straße 24) zur Verfügung. Die meisten Häuser dieser Straße waren zuvor ebenfalls beschlagnahmt worden. Die Familie bezog die untere Etage, während der ausgebombte Bruder Rieths für seine Familie in der oberen Etage ein Dach über dem Kopf fand. In Rieths ehemaliges Heim zog nun Walter Ulbricht mit seiner Lebensgefährtin Lotte Kühn, verheiratete Wendt, ihrer zweijährigen russischen Adoptivtochter Beate, einer Haushaltshilfe und der Mutter sowie Schwester von Lotte Wendt[45]. Ulbricht, Mitglied der KPD-Führung, war am 30. April 1945 als Leiter einer Initiativgruppe, die bei der Übernahme der Verwaltung in Berlin behilflich sein sollte, direkt aus der russischen Emigration nach Berlin gekommen. Seit 1938 hatte er sich in der Sowjetunion aufgehalten und als ein in Deutschland Ausgebürgerter die sowjetische Staatsbürgerschaft erhalten. In Deutschland angekommen, bewohnte Ulbricht mit seinen anderen neun Mitarbeitern im Mai 1945 zunächst in Bruchmühle südöstlich von Berlin das dortige Haus Buchholzer Straße 8. In dieser Wohnung wurde hauptsächlich gearbeitet; sie bot also wenig Raum für Privates. Am 8. Mai 1945 fand die gesamte „Gruppe Ulbricht" in Berlin-Friedrichsfelde im Haus Einbeckerstraße 41 eine der sowjetischen Kommandantur näher gelegene und größere Unterkunft. Bis zum 11. Juli 1945 befand sich die sowjetische Zentralkommandantur Berlins an der Ecke Rosenfelder Straße/Alt Friedrichsfelde in Berlin-Lichtenberg[46].

Ulbrichts damalige Lebensgefährtin Lotte Wendt kam erst am 28. Mai 1945 in Berlin an. Ihre Arbeit begann sie als Chefsekretärin und Dolmetscherin in Ulbrichts Büro. Da die Politische Hauptverwaltung der 1. Belorussischen Front in Berlin-Karolinenhof eingerichtet worden war, zogen die beiden dort in die Rohrwallallee 7[47]. Zur Untermiete wohnten sie hier angeblich bei einem Kassierer des berühmten Varietés „Wintergarten" in der Potsdamer-Straße[48]. Direkt an der Dahme – hier Langer See genannt – im Süden Berlins gelegen, fand man zwar

Karl Grünberg, nicht nur eine imposante Erscheinung im Bund proletarisch-revolutionärer Schriftsteller, sondern auch ein zupackender Selbsthelfer nach dem Krieg. Und zudem in Wohnungsfragen erstaunlich selbstlos.

idyllische Verhältnisse vor, doch war die Wohnung sehr weit vom Arbeitsort entfernt. Die gesamte Wohnkolonie ähnelt übrigens bis heute der an der Panke. Die meisten kleinen Villen und Einfamilienhäuser waren ebenfalls in den 30er Jahren des 20. Jahrhunderts errichtet worden.

Das ZK der wieder gegründeten KPD war am 27. Juni 1945 in ein Gebäude in der Wallstraße 76–79 im Zentrum Berlins gezogen, die sowjetische Zentralkommandantur in die Luisenstraße 46 in Berlin-Mitte. In der völlig zerstörten Innenstadt war beispielsweise zu dieser Zeit Erich Honecker auch in der Wallstraße untergekommen. Man wohnte in diesem großen Verwaltungsgebäude quasi in seinem eigenen Büro, wenn man nicht Bekannte hatte, die einem eine Unterkunft bieten konnten.

Im Nachbarhaus des neuen Quartiers Ulbrichts (Majakowskiring 26) kam Ende August 1945 Eugen Hanisch mit seiner Frau Elli Schmidt und ihrer gemeinsamen kleinen Tochter unter[49]. Ein Vierteljahr war er wieder in Deutschland, jetzt hatte er im neu entstandenen Sperrgebiet endlich eine feste Adresse. Unter dem Parteinamen Anton Ackermann war er Leiter einer Initiativgruppe zur Unterstützung des Aufbaus der Verwaltung in Sachsen und hatte mit seiner Frau, Ulbricht und Pieck maßgeblich an den programmatischen Dokumenten der KPD für die Nachkriegszeit mitgewirkt. Es ist stets von einem „Dreierkopf" in der Zusammenarbeit von Pieck, Ulbricht und Ackermann gesprochen worden[50]. Nach der Wieder-Gründung der KPD wechselte er nach Berlin, um vor allem im alten „Arbeiterbezirk" Wedding die Partei zu organisieren und wieder aufzubauen[51].

Der unmittelbare Nachbar zur anderen Seite Ulbrichts war zunächst Karl Grünberg (Majakowskiring 32), der hier bereits seit wenigen Wochen wohnte. Nach dem Tod der Familie Matschke und ihres eigenen Mannes hatte die verbliebene Frau Dembek nur noch den Gedanken, das ihr inzwischen unheimlich gewordene Haus zu verlassen. Als ehemaliges Mitglied der KPD hatte der Arbeiterschriftsteller Grünberg vor April 1945 unter ständiger Polizeiaufsicht gestanden und war eine Zeit lang im KZ Sonnenburg inhaftiert gewesen. Das Kriegsende erlebte er jedoch in Berlin-Pankow. In einer Art Selbstinitiative hatte er sofort mit dem Ende der Kampfhandlungen ein „Volkskomitee für den Wiederaufbau" organisiert. Als er sich im Rathaus Pankow, das bis 1950 von der sowjetischen Armee als Kommandantur genutzt wurde, dafür verantworten sollte, wurde er mit den russischen Offizieren bekannt. Sein 1928 erschienenes Buch „Brennende Ruhr" war in der Sowjetunion übersetzt und sogar verfilmt worden. Die Russen zeigten sich hoch beglückt, dem Autor des ihnen bekannten Werkes zu begegnen. Aus dem selbstinszenierten Volkskomitee soll im Mai 1945 im Wesentlichen der erste Bezirksmagistrat Pankows hervorgegangen sein[52]. Grünberg stieg zum ersten Amtsgerichtsdirektor auf und war mit dem Aufbau des neuen Gerichtswesens in Berlin-Pankow beauftragt. Da er aber ab Anfang Juli 1945 mit der Übernahme der Kontrolle über die Verwaltung der Stadt Berlin durch die Alliierte Kommandantur und im Zusammenhang damit plötzlich nicht mehr im sowjetisch besetzten Sektor wohnte[53], wurde ihm ein Umzug dahin nahe gelegt[54]. So tauschte Frau Dembek mit der Familie Grünberg Mitte Juli 1945 die Wohnung im beiderseitigen Einverständnis. Grünberg war somit der erste deutsche Kommunist, der nach dem Krieg in die kurz danach beschlagnahmte Wohnkolonie zog. Doch blieb er hier nur etwa sechs Wochen[55]. Ab September 1945 bewohnte Franz Dahlem mit seiner Frau Käthe dieses Haus[56]. Noch am 26. Mai 1945 hatte Pieck vermutet, dass Dahlem

Ob Franz Dahlem jemals von der Tragödie, die sich in den letzten Kriegstagen im Haus Majakowskiring 32 ereignete, erfahren hat? Hier hatte im April 1945 Ruth Matschke erst ihre Eltern und dann sich selbst erschossen.

die KZ der Nazis nicht überlebt habe. Doch bereits Anfang Juni konnte er ihn in Moskau begrüßen[57]. Dahlems Einfluss auf die deutschen Kommunisten, die sich im In- und Ausland befanden, war immens. Er war neben Thälmann ein weiteres, führendes Parteimitglied, das in den Konzentrationslagern der Nazis inhaftiert gewesen war und am längsten die Verbindung zu den Kommunisten, die ins westliche Ausland emigriert waren, gehalten hatte. Seit Anfang Juli befand sich Dahlem wieder in Berlin[58].

In Pankow, genauer gesagt Niederschönhausen, lebte von nun an die gesamte Parteispitze der KPD. Denn gegenüber dem Haus von Ulbricht (kurz darauf flankiert durch Ackermann und Dahlem) erhielt Wilhelm Pieck die recht eindrucksvolle, aber kleine Villa Viktoriastraße 12/13 (Majakowskiring 29), die bis dahin noch von den beiden unverheiratet gebliebenen Töchtern Christian Zellers bewohnt worden war. Pieck kehrte erst am 1. Juli 1945 mit seiner Tochter Elly Winter, gleichzeitig seine Sekretärin, nach Berlin zurück. Elly Winter berichtete später über die Wohnsituation in der Villa, die sie „Häuschen" nannte: *In ihm gab es zwei größere Räume im Parterre: ein Arbeitszimmer für Vater und einen Wohnraum. Von der Diele aus kam man in die Küche. In der oberen Etage waren viereinhalb Zimmer. Vater bekam die beiden nach Süden gelegenen Räume mit Badezimmer. Ein ziemlich großer Raum wurde mein Reich, und das halbe Zimmer war mein Schlafraum. Das vierte Zimmer bekam unsere Haushälterin Franziska Muckenschnabel, die viele Jahre unsere treue Hausfrau war.*[59]

So komfortabel hatte bisher noch keiner der Genossen gewohnt. Pieck war in einer winzigen Wohnung geboren worden[60] und hatte vor 1933 lange Jahre in Berlin-Steglitz Schardenrute 2 in einer mittelgroßen Mietwohnung gelebt[61]. Auch Ulbricht kam aus einem ähnlichen Wohnumfeld: geboren in Leipzig in der Dachwohnung, Gottschedstraße 25. Die wirtschaftlichen Verhältnisse hätten es ihm nie ermöglicht, ein Landhaus mit Hausmädchen und Chauffeur für sich allein beanspruchen zu können. Und in der Tat lebten die KPD-Führer im Vergleich zu den anderen Parteiführern am komfortabelsten[62].

Das bedeutete aber nicht, dass der Ruf des Sperrgebietes unter den Genossen selbst unbedingt positiv war. Verwiesen sei hier auf das Vorwort von Wolfgang Leonhard und das dort Gesagte. Auch der unmittelbare Zeitzeuge Erich Gniffke sprach ja vom Pankower „Getto"[63]. Beweis dafür, dass die Parteifunktionäre zu dieser Zeit die räumliche Nähe der Sicherheitsbeamten nicht als angenehm empfanden und wahrscheinlich selbst keinen unmittelbaren Einfluss auf die Auswahl ihrer Häuser hatten. Wahrscheinlich wurden ihnen die Häuser vom sowjetischen Staatssicherheitsapparat in der SBZ zugewiesen. Dass die Vorarbeit von deutschen Genossen wie Otto Winzer geleistet worden sein kann, ist dabei nicht ausgeschlossen.

Leonhard berichtet übrigens, dass solche sonntäglichen Besprechungen immer mit einem Essen begannen, das die junge Haushaltshilfe der Familie Ackermann, Irmgard, gekocht hatte. Nachdem alle satt waren, forderte Ackermann seine Frau auf, die Männer doch in ihrem politischen Gespräch unter sich zu lassen und sich besser um den Haushalt zu kümmern. Immerhin war Elli Schmidt zu dieser Zeit keine ausgemachte Hausfrau, sondern die Leiterin der Abteilung Frauen im Zentralsekretariat der KPD und Vorsitzende des Zentralen Frauenausschusses beim Berliner Magistrat. Die Schulungshefte trugen Titel wie „Die Gleichberechtigung der Frau"[64], doch war das für Ackermann noch lange kein Grund, seine politisch äußerst rege Frau an seiner „Männerrunde" zu beteiligen. Auch bei den Genossen blieb die Stellung der Frau eher auf Althergebrachtes beschränkt.

Am 22. Februar 1946 starb der Brotfabrikant Wittler im Speziallager Nr. 1 des NKWD in Sachsenhausen bei Oranienburg an Unterernährung. Am selben Tag bezog Alexander Kotikow dessen schmucke Villa. Kotikow wurde am 1. April 1946 zum Chef der Garnison und Kommandant des sowjetischen Sektors Berlins ernannt. Sein Name verband sich mit dem so genannten „Kotikow-Essen", einem markenfreien Mittagessen in den Betrieben des sowjetischen Sektors von Berlin ab dem 1. Juli 1948. In seinen Erinnerungen heißt es: *Wir wohnten damals in einer Wohnkolonie mit Ulbricht, Pieck, Grotewohl, Wandel und vielen anderen Genossen, dort war auch die sowjetische Kommandantur, mit einem Haus, in dem sowjetische Genossen wohnten. Wir haben sie beschützt, sie entsprechend betreut,*

ihnen günstige Lebensbedingungen geschaffen, aber sie haben gehandelt.⁽⁶⁵⁾
In den damaligen Medien war Kotikow die politische Repräsentationsfigur der Sowjets. Ab 1947 lud der so genannte „Weiße General" (wegen seiner Vorliebe für weiße Uniformen und seinem blonden Haar) zu sich ins „Städtchen"; einmal auch eine Delegationen von Metallarbeitern der drei Westsektoren von Berlin mit dem Betriebsrat Reichard vom Brückenbaubetrieb Steffens & Nölle A. G.⁽⁶⁶⁾. Betriebsrat Reichardt hatte sicherlich keine Ahnung, dass der Firmengründer Beumer in nächster Nachbarschaft zu Hause gewesen war. Der Stadtkommandant war gelernter Kupferschmied, und die Medien stellten das Treffen als einen Erfahrungsaustausch heraus. Das politische Ziel jener Zeit bestand noch in einem bürgerlich-demokratischen Gesamtdeutschland, in dem die Kommunisten Gleiche unter Gleichen waren. Nicht der Sozialismus sollte aufgebaut, sondern der Faschismus unmöglich gemacht werden.

Zu einer stattlichen Erscheinung gehört auch ein stattliches Haus. Der sowjetische Stadtkommandant Alexander Kotikow wohnte nach August Wittler und vor Otto Grotewohl in der imposanten Villa Kronprinzenstraße 19 (Majakowskiring 46/48).

Goldener Käfig auch für Bohemiens

Bereits vor der großen Beschlagnahmungsaktion der Häuser des Niederschönhauser Wohnviertels im August hatte eine sehr energische Frau im Eisenmengerweg 19 bei dem Hauseigentümer Otto Latendorf geklingelt. Sie teilte Latendorf mit, dass sein Haus in Kürze von der Besatzungsmacht beschlagnahmt werden würde und sie gekommen sei, zu prüfen, inwiefern sein Haus ihren Ansprüchen und denen ihres Mannes genügen könnte. Latendorf erwiderte unwirsch, dass er sich nicht vorstellen könne, sein Haus für Deutsche zu räumen. Schließlich sei er kein „Pg" gewesen. Plötzlich will es niemand mehr gewesen sein, ereiferte sich die Frau. Die Remigrantin hatte gute Gründe für ihren Gefühlsausbruch. Seit 1936 war sie die Gefährtin von Johannes R. Becher. 1924/25 gehörte sie noch zu den Anhängern von Ruth Fischer, die zu dieser Zeit die Führung der KPD inne hatte und später von der Partei als linkssektiererisch, also parteifeindlich, eingestuft wurde. Diese Parteigruppierung ist sogar beschuldigt worden, einen Terroranschlag auf Stalin vorbereitet zu haben, ein Vorwurf, der für die ehemaligen Anhänger geradezu ein Todesurteil sein konnte. 1933 war Lilly Becher als junge Frau in die französische Emigration gegangen und nach einer angeblichen Verwicklung in eine Spionageaffäre schließlich in die Sowjetunion geflohen. Bereits in Paris war sie dem Lyriker und Kommunisten Johannes R. Becher begegnet; beide sollen 1938 in der Sowjetunion geheiratet haben⁽⁶⁷⁾. Das Ehepaar hatte die stalinistischen „Säuberungsaktionen" unter den deutschen Emigranten in Moskau überlebt, das war nicht selbstverständlich angesichts der komplizierten Vergangenheit Lilly Bechers. Jederzeit hätte sie verhaftet und zu einer langjährigen Haftstrafe oder gar zum Tode verurteilt werden können. In dieser schweren

Zeit lebte das Paar vor allem in der Lawruschinski-Gasse und bewohnte im Sommer eine Datsche nahe Moskau. 1942 zogen sie vorübergehend ins Hotel „Lux". Becher kam Mitte Juni 1945 in erster Linie als Vertreter eines anderen Deutschlands nach Berlin zurück. Ulbricht hatte bereits am 10. Mai 1945 in einem Telegramm den in Moskau weilenden Dimitroff um seine Entsendung gebeten. Nach dem Vorbild des Freien Deutschen Kulturbundes in England (1939) und Schweden (1944) sollte der einst so gefeierte Dichter des Expressionismus zur „geistigen Erneuerung des Volkes" einen Kulturbund in Deutschland gründen[68]. Für diese schon in Moskau konzeptionell vorbereitete Aufgabe schien Becher wie geschaffen. Während seines Empfangs beim Stadtkommandanten Bersarin erhielt er eine Wohnung in Berlin-Karlshorst zugewiesen[69]. Nach den Vorstellungen der Russen sollten Becher und dessen Vertrauter Heinz Willmann innerhalb des in Karlshorst seit Mai 1945 entstandenen Sperrgebietes wohnen. Sein ehemaliges Wohnhaus in der Reihenhaussiedlung am Hegewinkel in Berlin-Zehlendorf würde er nicht wieder beziehen. Für die Bildung eines Forums über weltanschauliche oder parteipolitische Grenzen hinaus erwies sich die räumliche Nähe zur sowjetischen Besatzungsmacht eher hinderlich und hätte die potenziellen Ansprechpartner zusätzlich misstrauisch gemacht. Gewiss war es deshalb klug, die leerstehende Villa des geflohenen Generaldirektors der Deutschen Bank[70] in der Pacelliallee 14–16 mit anderen Moskauer Remigranten wie Fritz Erpenbeck, Hedda Zinner und Heinz Willmann[71] zu beziehen. Einerseits war man räumlich den meisten in Berlin verbliebenen Intellektuellen näher, andererseits musste man bei der herrschenden Situation nicht befürchten, dass die bisherigen Bewohner zurückkehren würden. Zusätzlich besaß die Villa einen gewissen Symbolwert, den Becher in seiner Gründungsrede am 4. Juli 1945 als Bündnis von „Geist und Macht" bezeichnet hatte.

Der „Bürgersohn" Becher zog natürlich seine alte, ihm so vertraute Wohngegend vor. Bei seinem Einzug in die aufwendig gebaute Villa[72] war jedoch bereits klar, dass dieser Teil Berlins ab dem 1. Juli 1945 zum amerikanischen Sektor gehören würde[73]. Das herrschaftliche Haus wurde im Juli folgerichtig als Wohnhaus des amerikanischen Stadtkommandanten General Clay beschlagnahmt und blieb bis 1990 Residenz des amerikanischen Kommandanten in Berlin. Becher und die anderen Remigranten aus Moskau brauchten eine andere Unterkunft. Vorübergehend fand Becher bei Herbert Sandberg eine Bleibe, doch das war natürlich kein Dauerzustand. Da auch seine Frau Lilly nach Berlin gekommen war und er auf seinen Vertrauten Heinz Willmann in seiner unmittelbaren Umgebung nicht verzichten wollte, engten sich die Möglichkeiten ein. Noch am 13. Juli 1945 gab es im Bezirksamt Zehlendorf, in dem Klaus Gysi[74] tätig war, Überlegungen, Becher eine Villa am Wannsee anzubieten. Um das deutsche Bildungsbürgertum für die Sache des Kulturbundes zu gewinnen, sollte Becher als ideologisch neutral gelten. Genau dies brachte Becher wiederum das Misstrauen einiger russischer Genossen ein. Besonders Oberst Tulpanow zählte zu seinen schärfsten Kritikern. Ihm erschien die bürgerliche Attitüde Bechers eher verdächtig, denn dadurch entglitt er dem russischen Einfluss[75]. Becher wurde also kritisch beäugt. Es gibt Hinweise dafür, dass Lilly Becher wahrscheinlich mit dem NKWD zusammengearbeitet, zumindest die Ehe mit Becher auch als „Parteiauftrag" begriffen hatte[76]. Dies würde ihr unbescholtenes Überleben in Moskau erklären.

Wahrscheinlich klingelte Bechers Frau an Latendorfs Tür in Niederschönhausen, weil sie informiert worden war, dass ihnen in Kürze dessen Haus zugewiesen werden sollte. Offenbar hatte sie dafür zu sorgen, dass ihr Mann, dessen Festigkeit und Parteitreue man sich nie ganz sicher sein konnte, wenigstens in ein Sperrgebiet der sowjetischen Besatzungsmacht zog. Die Möglichkeit der unmittelbaren Einflussnahme sollte im Fall „Becher" weitestgehend erhalten bleiben. Das Haus des Bauingenieurs Latendorf jedoch genügte Becher nicht.

Beunruhigt durch den Besuch wandte sich Latendorf am 24. Juli 1945 an das Pankower Wohnungsamt und betonte in seinem Schreiben noch einmal ausdrücklich, dass er niemals Mitglied der NSDAP gewesen war[77]. Otto Latendorf war Spezialist für Abdichtungsverfahren. Er leitete die Firma Arido, ein in der Berliner Baubranche bekanntes Spezial-Unternehmen für Grundwasser-Abdichtung und wasserdichte Abdeckung, für das er ein provisorisches Büro in seinem Wohnhaus eingerichtet hatte[78]. Bis kurz vor Kriegsende war es Latendorfs wichtigste Aufgabe gewesen, den so genannten „Fuchsbau", einen Bunker der Waffen-SS bei Ketschendorf/Fürstenwalde, abzudichten. Dies mag auch der Grund gewesen sein, weshalb er nicht zur Wehrmacht eingezogen wurde[79]. Die Firma, also namentlich Latendorf, wurde nach dem Krieg sofort wieder zu Abdichtungsarbeiten der Tunnel im stark zerstörten U-Bahn-Netz von Berlin herangezogen[80]. Sein kleines Haus an der Panke mit Flachdach darf zwar als sein persönliches Meisterstück betrachtet werden, den Ansprüchen und Vorstellungen Bechers entsprach es jedoch keineswegs. Wenn er schon gänzlich nach Pankow ziehen sollte, dann bedurfte es einer komfortableren Unterkunft. Die wesentlich geräumigere Villa neben dem Schriftsteller-Kollegen Grünberg bot da ganz andere Möglichkeiten. Allein das Grundstück war 1.500 qm groß. Becher und sein neuer Nachbar Grünberg kannten sich aus der Zeit vor 1933 durch den Bund proletarisch-revolutionärer Schriftsteller[81]. Erbauen lassen hatte sich das luxuriöse, mit Einbauschränken und Gasheizung ausgestattete Haus 1936 der Buchmacher Karl Schwabe. Doch woher bekam man im Herbst 1945 Gas? Eines Morgens machten sich Frau Grünberg und Frau Becher mit einem Handwagen auf den Weg zum nahe gelegenen Garten der Grünbergs. Hier in der Laube stand noch ein kleiner Herd,

Otto Latendorf Ende der 30er Jahre im Garten seines Hauses Eisenmengerweg 19 (Rudolf-Ditzen-Weg 19).

Der Buchmacher Karl Schwabe – von den Nazis trotz seines stets beargwöhnten Berufes weitgehend toleriert – musste sein Mitte der 30er Jahre erbautes Haus für den zukünftigen Staatsdichter Johannes R. Becher räumen.

der jetzt in den Eisenmengerweg wechselte, so dass Frau Becher wenigstens kochen konnte. Den provisorischen Schornstein legten die beiden Frauen direkt aus dem Küchenfenster. Es war die Zeit des Improvisierens.

Ein anderer Grund, der für dieses Haus sprach, bestand in Schwabes Mitgliedschaft der NSDAP. Wahrscheinlich hatte er nur so seiner Tätigkeit nachgehen können, die ja auch unter den Nazis verpönt war. Trotzdem war es ein politisches Bekenntnis, ein Ja-Sagen zur nationalsozialistischen Ideologie. Und Schwabe hatte im April 1945 Berlin verlassen. Möglicherweise wollte er nur zu seiner Familie aufs Land, wo die Versorgung mit Lebensmitteln besser war. Damit hatte er sich verdächtig gemacht, zu den „Schuldigen" zu gehören. Latendorf war nie Mitglied der Partei gewesen, auch wenn er nicht völlig unbescholten war. Becher war offenbar über alle Zusammenhänge der beschlagnahmten Häuser genauestens informiert, immerhin hatte er zu dem damaligen Stadtrat für Volksbildung und Kultur im Berliner Magistrat, Otto Winzer, beste Verbindungen. Über ihn erhielt er gewiss auch Zugang zu anderen Akten[82]. Die Dokumente, die Hans Fallada als Vorlage für seinen Roman „Jeder stirbt für sich allein" dienten, gelangten über Becher an ihn. Aber wie bekam Becher überhaupt Fallada ins Sperrgebiet?

Das Einfamilienhaus Latendorfs war natürlich nicht vergessen. Becher war der treibende Keil für den Aufbau des Kulturbundes. Ihm schwebte vor, Künstler und Kulturschaffende, die sich nicht oder kaum mit dem untergegangenen System eingelassen hatten, in der Organisation zu vereinen. Noch im Salon der Stauss'schen Villa gründete sich am 26. Juni 1945 der Kulturbund zur demokratischen Erneuerung Deutschlands[83]. Aus Bechers Sicht gehörten dazu der Dirigent Wilhelm Furtwängler, die Schauspieler Ernst Legal und Paul Wegener, der Maler Karl Hofer, die Schriftsteller Gerhart Hauptmann und eben Hans Fallada. Becher hatte Fallada in den 30er Jahren kennen gelernt. Mit seinem Roman „Kleiner Mann – was nun?" war er weltberühmt geworden. Und Becher, der sich im russischen Exil als deutschsprachiger Dichter ganz und gar nicht wohl fühlte[84], hatte natürlich aufmerksam die Entwicklung der deutschen Literatur verfolgt. In Moskau wurde Becher Zeuge der Stalinschen Neuentdeckung des Patriotismus im Großen Vaterländischen Krieg und litt selber enorm an dem Verlust der Heimat⁽⁸⁵⁾. Er entwickelte geradezu eine Deutschtümelei, bis hin zur Beschwörung des deutschen Weihnachtsbaumes⁽⁸⁶⁾. Dass er in den sechs Jahren Emigration die russische Sprache nicht lernte, ist sicherlich ein Ausdruck dafür. In diesen Zeiten gehörte vor allem Hans Fallada neben Thomas Mann zu seiner Lektüre. Rudolf Ditzen alias Hans Fallada hatte die vergangenen zwölf Jahre in Deutschland verbracht. Im Frühjahr 1945 lebte er noch in Feldberg nördlich von Berlin. Dort hatte er am 1. Februar 1945 Ursula Losch geheiratet und war im September nach Berlin gezogen. Hier machte ihn Paul Wiegler, den er zufällig getroffen haben soll, mit Becher bekannt. Ihre erste Begegnung fand wohl am 11. oder 12. Oktober 1945 statt⁽⁸⁷⁾.

Möglich, dass Becher in dem etwa gleichaltrigen Fallada sein daheim gebliebenes „alter Ego" entdeckt hat⁽⁸⁸⁾. In beider Leben gibt es verblüffende Übereinstimmungen. Sowohl Johannes R. Becher als auch Rudolf Ditzen sind als Söhne von Justizbeamten geboren worden. Beide haben als Jugendliche einen Suizidversuch unternommen, den die jeweilige Freundin und Mittäterin nicht überlebte. Sogar die

Natürlich war Otto Latendorf ein weitgehend unpolitischer Mensch gewesen, und die Hakenkreuzfahne hisste ja dazumal wohl jeder.

daraus erwachsenen Folgen sind vergleichbar. In beider Leben gab es Drogen, bevor ihnen der Durchbruch als anerkannter Schriftsteller beziehungsweise Dichter gelang. Die letzten zwölf Jahre waren sowohl Becher als auch Fallada mit unterschiedlichen totalitären Systemen in Berührung gekommen, denen sie sich jeweils nur mit Mühe entziehen konnten. Und sie hatten die Zeiten überlebt, auch wenn dazu eine quälend verlaufene Anpassung gehörte. Nur, dass plötzlich der eine auf Seiten der Sieger stand und der andere als Verlierer unterzugehen drohte, unterschied sie. Fallada mag Becher als ein Abbild seiner Selbst erschienen sein, wenn er in Deutschland geblieben wäre. Das kann auch der Grund gewesen sein, warum sich der Kulturpolitiker mehr für ihn als für andere Künstler, die in Deutschland geblieben waren, eingesetzt hat.

Becher verschaffte jedenfalls Fallada und dessen Frau eine Wohnung, Kohlen und Arbeitsaufträge für Zeitungen, Filmgesellschaften und Verlage⁽⁸⁹⁾. Das Haus, das er vermitteln konnte, war das von Latendorf. Fallada bezog es am 6. November 1945. *Gottlob habe ich nun endlich in Berlin-Niederschönhausen die Villa zugesprochen bekommen und werde am 6. oder 7. ds. Mts. dorthin ziehen. Es ist eine ganz moderne Villa mit 7 Zim-*

An dem Schreibtisch, der noch von der Familie Latendorf stammte, schrieb Hans Fallada seinen letzten Roman „Jeder stirbt für sich allein" sowie die Artikel für die „Tägliche Rundschau".

mern. *Leider fehlen in ihr sowohl der Kohlenherd wie der Elektroherd, natürlich gestohlen ...,* ließ er von sich hören[90] und schilderte anschaulich die Situation. Offensichtlich wusste er nichts über den Besitzer, und er fragte auch nicht danach. Fallada wird davon ausgegangen sein, dass es sich um einen ehemaligen Nazi handelte. Er hätte es nicht ändern können. Und angesichts seiner eigenen Lage wäre jedes Infragestellen fast selbstmörderisch gewesen. Zeitweilig lebte er hier mit seiner jungen Frau, seinem Sohn, seiner Tochter und dem außerehelichen Sohn seiner Frau. Im Haushalt half die junge Frau Hermann, die mit ihrer Tochter auf diese Weise ihr Auskommen hatte[91]. Die Lebensumstände besserten sich für Fallada sichtlich. Er schrieb wieder Erzählungen und Zeitungsartikel und bereitete weitere Bücher vor[92]. Die ersten Monate ging es deutlich aufwärts. Insgesamt wurden angewachsene Schulden von etwa 35.000 RM abbezahlt[93]. Mit diesem Geld hätte Fallada, nebenbei bemerkt, auch das Haus samt Garten kaufen können[94], sofern Latendorf hätte verkaufen wollen.

Trotzdem bleibt es fraglich, ob es klug war, Fallada nach Niederschönhausen in eine „geschlossene" Wohnsiedlung zu holen. Ein guter Grund war sicherlich, dem labilen Schriftsteller Halt und eine Grundversorgung zu geben. Doch glücklich scheint er hier nicht geworden zu sein. *Nun geht er langsam auf das Haus zu, er schließt auf, tritt ein. Die Kinder wohnen jetzt hier allein, betreut von einer alten Aufwartung, aber im Augenblick sind sie in ihren Schulen: alles ist öde und leer. Schlimmer als das: alles ist liederlich und verkommen, unsauber oder staubig. Niemand nimmt sich in Liebe dieses Hauses, das ein Heim sein könnte, an. Im Zimmer des kleinen Mädchens ist jetzt, da es auf Mittag zugeht, das Bett noch nicht gemacht. Wäschestücke, saubere und schmutzige, liegen auf den Möbeln und der Erde. Ein überdimensionaler Teddybär, groß wie ein sechsjähriges Kind, hockt in der Ecke und sieht den Besucher mit seinen braunen Augen blöd an. Der steht unschlüssig vor dem weit offenen Kleiderschrank: soll er versuchen, ein bißchen Ordnung zu schaffen?*[95], so beschreibt Fallada eine bedrückende Situation im Haus, nicht ohne spürbare Sehnsucht nach einem Heim. Doch letztlich blieb ihm hier alles fremd. Nicht zuletzt deswegen lebte er exzessiv, war gezeichnet von Morphium und Alkohol. Durch die Absperrung war er isoliert, seine Nachbarn waren Funktionäre und russische Offiziere. Das entsprach nicht dem Umfeld, in dem sich der Schriftsteller Hans Fallada wohl fühlen konnte⁽⁹⁶⁾. Fallada beherrschte weder die russische Sprache, noch hatte er Erfahrung mit der Mentalität der Russen oder kommunistischer Parteifunktionäre. Eine Begegnung zwischen Wilhelm Pieck und Fallada in der neuen Wohnung Bechers Weihnachten 1945 schilderte Konstantin Fedin:

Ein Erlebnis steht mir vor Augen ... Die Zimmer waren von den Lichtern des Weihnachtsbaumes erhellt, und auf dem Tisch brannten Kerzen, die stets jede Wohnung zauberhaft mit Behaglichkeit erfüllen.

Die Berliner Wohnung, an die ich mich erinnere, war ungewöhnlich. Seit ganz kurzer Zeit lebte hier mit seiner Frau der deutsche Dichter Johannes R. Becher, der ein halbes Jahr zuvor aus der Emigration in die Heimat zurückgekehrt war. Das Jahr 1945 ging zu Ende, und nach zwölf Jahren Abwesenheit zündete Becher die Lichter des Weihnachtsbaumes wieder bei sich zu Hause an.

Die zu diesem Fest geladenen Gäste hatten Karten bekommen, auf denen vermerkt war, daß jeder eine Flasche irgendeines Weines mitzubringen habe; was aber das Abendessen betreffe, so würden es die Gastgeber besorgen. Und tatsächlich, nicht nur Salzkartoffeln wurden aufgetragen, sondern auch die aus Geschichtschroniken wohl bekannte Leckerspeise – heiße Bockwürste.

Es waren nicht viele Gäste da. Einige sind mir in Erinnerung geblieben: Hans Fallada mit Frau, der Sekretär des Kulturbundes Heinz Willmann und ein alter Journalist. Doch am stärksten hat sich mir bis auf den heutigen Tag ein anderer Gast eingeprägt – keiner außer den Gastgebern hatte bislang gewußt, daß er kommen würde, um mit uns zusammen das traditionelle Fest zu feiern.

Die Stimmen waren bereits lauter geworden, die Kerzenflammen auf dem Tisch flackerten lustiger, als Becher plötzlich aufstand und zur Tür ging, um einen neuen Gast zu begrüßen.

Ins Zimmer kam langsam Wilhelm Pieck herein ...

Nicht sogleich, aber ziemlich rasch spitzte sich das Gespräch über das wichtigste Geschehen – die Zerschlagung Hitlerdeutschlands, den Nürnberger Prozeß gegen die Hauptschuldigen am Kriege und über die Zukunft des deutschen Volkes zu einer Polemik zu, die sich an zwei Polen konzentrierte.

Der überreizte, krankhaft ungeduldige Hans Fallada sprach abgerissen, er stellte überraschend Fragen, war aber außerstande, die Antworten bis zu Ende anzuhören.

„Die einfachen Deutschen müssen wissen – was weiter? Der Nürnberger Prozeß ist ihnen unwichtig, sie wissen ohnehin, daß sie betrogen worden sind, sie hassen die Vergangenheit, aber da sie jetzt keine Zukunft sehen, wieso soll denn die Zukunft besser sein als die Vergangenheit?" Wilhelm Pieck antwortete gemächlich, bereit, seinen Gedanken ausführlich darzulegen, und gutmütig bestrebt, die Unterhaltung in logische Bahnen zu lenken. „Gerade weil der einfache Deutsche, der Arbeiter, der Bauer, die Vergan-

Eigenhändig und auf Deutsch verfügte Oberstleutnant Tarakanow, Hans Fallada das Haus Eisenmengerweg 19 zu übergeben.

Konstantin Fedin muss an diesem Tisch im Empfangssalon des Hauses Viktoriastraße 21 (Majakowskiring 34) gesessen haben, als er zusammen mit Becher, Willmann, Fallada und Pieck Weihnachten 1945 feierte.

genheit haßt, will er und wird er keine schlechtere, sondern bessere Zukunft suchen. Aber eine bessere Zukunft, als er sich selbst geben kann, wird ihm keiner geben. Er selbst, seine Macht, wird ihm helfen, all das zu beseitigen, was ihm verhaßt ist, und das zu schaffen, was er für sich wünscht."

Fallada hatte diese für ihn viel zu ruhige Entgegnung längst unterbrochen: „Der durchschnittliche Deutsche urteilt ganz einfach: Mir hat man in all den Jahren so viele Dokumente gezeigt, daß ich an keinerlei Dokumente mehr glaube. Jedes Dokument kann man fabrizieren. Warum sollen mich die Nürnberger Dokumente überzeugen?" Wilhelm Pieck fuhr mit der verständnisvollen Gelassenheit eines Lehrers fort: „In Nürnberg werden nicht die Dokumente vorgelegt, mit denen die Nazis die Deutschen betrogen, sondern diejenigen, die sie vor den Deutschen versteckten und geheimhielten. In Nürnberg werden die Dokumente vorgelegt, die den Krieg herbeiführten, die das Unglück und die Schande über Deutschland brachten."

„Der durchschnittliche Deutsche sieht, daß wieder ein Wettkampf der Zeitungen begonnen hat, ein Krieg der Worte. Er bekommt nichts Positives. Er wartet auf Positives und auf nichts weiter!"

„Der durchschnittliche Deutsche – das ist das Volk. Das Volk darf nicht darauf warten, daß ihm jemand etwas gibt. Nur das Volk selbst, das deutsche Volk mit der Arbeiterklasse an seiner Spitze, kann sich etwas geben. Dieses ‚Etwas' ist seine Demokratie, das heißt – der Sozialismus."

Schließlich und endlich mußte der Schriftsteller Fallada dasjenige sagen, ohne das es noch nie einen Meinungsstreit zwischen einem Schriftsteller und einem Politiker gegeben hat: „Das alles ist weit davon entfernt, wofür der Mensch lebt. Der heutige Deutsche erkennt als Tatsache nur das an, was er sieht, und nicht das, was man ihm sagt. Sache des Politikers ist es, sich die Wirklichkeit unterzuordnen. Sache des Künstlers ist es, die Wirklichkeit so zu gestalten, wie sie ist."

Wilhelm Pieck schüttelte plötzlich mit sanftem Lächeln den Kopf.

„Gewiß, so ist es. Aber ist es denn dem Schriftsteller gleichgültig, welche Wirklichkeit er zeigt? Und wenn sich der Politiker die Wirklichkeit unterordnet, um sie schöner zu machen, würde es dann dem Schriftsteller nicht angenehmer sein, eine schöne Wirklichkeit zu zeigen als eine scheußliche, verbrecherische, he?" [97]

Diese äußerst einseitig ausgerichtete Erinnerung macht unmissverständlich klar, dass die Kommunisten nicht als „Gleichberechtigte" zurückgekehrt waren. Sie wähnten sich – logische Konsequenz der Geschichte – als die Elite im zukünftigen Gestaltungsprozess des neuen Deutschland. Damit blieb Fallada immer abhängig von Becher. Und das spürte er nur zu deutlich.

Im Frühsommer 1946 musste sich Fallada längere Zeit in stationäre Behandlung zu Dr. Johannes Kupke begeben, der ebenfalls ins Wohngebiet eingewiesen worden war, in den Rudolf-Ditzen-Weg 21, also in unmittelbarer Nachbarschaft. Vielleicht im Zusammenhang mit Falladas Zustand? Für Fallada hatte der damalige Eisenmengerweg auch so etwas wie einen Kurcharakter. Und er machte sich Mut: *Ich habe von den Russen ein nettes Häuschen mit Garten zur Verfügung bekommen, ich erhalte Feuerung, ab und an eine Sonderzuteilung von Lebensmitteln – ich kann nicht klagen.*[98] Gleichzeitig sah er sich seinen „Brotgebern" verpflichtet. Vor allem für die „Tägliche Rundschau"[99], die von den Russen herausgegebene Tageszeitung, schrieb er Kurzgeschichten. Dort war am 30. August 1946 „Der Ententeich" erschienen, der an ein fröhliches Dasein im Haus glauben lässt. Doch wahrscheinlich war das eine Wunschvorstellung Falladas. Zu sehr lastete der Erwartungsdruck auf ihm.

Zeitweilig hielt sich Becher mit seinen Besuchen zurück, zum einen, weil er selbst sehr viel Arbeit hatte, zum zweiten, weil er Fallada nicht mit Fragen nach seinen literarischen Plänen bedrängen wollte[100]. Becher erwartete insgeheim von Fallada den „deutschen Nachkriegsroman", wenn er wohl auch vorsichtig und sehr behutsam mit Fallada umgegangen sein soll. Der Roman „Jeder stirbt für sich allein" wurde schließlich auf der Grundlage von Gestapoakten, die ihm Becher zukommen ließ, im Oktober 1946 in nur 24 Tagen niedergeschrieben. Das Werk war allerdings nicht das geworden, was Becher vielleicht erwartet oder erhofft hatte. Wie denn auch?

Die Akten, die ihm Becher als Stoffsammlung übergeben hatte, waren nicht vollständig gewesen[101]. Der administrativ geprägte Kulturpolitiker Becher hatte genaue Vorstellungen, was der Roman Falladas beinhalten sollte und was nicht. Und so wie er es in den letzten Jahren selbst erfahren und gelernt hatte, entmündigte er den Autor und dessen Fähigkeit zur genauesten Psychologisierung seiner Helden, „funktionierte" ihn durch eine Überbetonung der ideologischen Tendenz so weit wie möglich zu einem Schriftsteller für die Sache des Kommunismus.

Im Februar 1947 schließlich stirbt der sensible und völlig erschöpfte Schriftsteller, förmlich von seinen Lebensverhältnissen „aufgefressen". Das Kapitel Fallada in Niederschönhausen findet ein jähes und konsequentes Ende. Oberst Kirsanow, Chefredakteur der „Täglichen Rundschau", bei der Fallada seine Artikel veröffentlichte, bezieht nunmehr das Haus[102].

Der Buchumschlag des im „Städtchen" beendeten und 1947 erschienenen Romans „Der Alpdruck" von Hans Fallada.

Geschlossene Siedlungen

In Dresdens Vorort „Weißer Hirsch", auf dem Meisenberg, hatte die sowjetische Besatzungsmacht die Villen eines Straßenzuges beschlagnahmt und hier die neue Prominenz angesiedelt. Es wohnten nebeneinander und gegenüber die Mitglieder des Landessekretariats der SED und die Mitglieder der Landesregierung. Anfang und Ende der Straße waren von Schlagbäumen abgeriegelt, die Schranken von Polizei bewacht, so daß nur ein besonderer Ausweis den Eintritt in das „Prominenten-Getto" freigab. Ausgenommen waren Besucher, die nach telefonischer Rückfrage Einlaß fanden. Die Mitglieder des Zentralsekretariats wohnten, sooft sie in Dresden zu tun hatten, hier bei ihren Freunden. Walter Ulbricht bei seinem Freund Kurt Fischer, ich vis-à-vis bei dem Landtagspräsidenten Otto Buchwitz und seiner Familie[103], erinnerte sich Erich Gniffke Jahre nach seinem Weggang als Mitglied des Zentralsekretariats der SED. Er hat nie in Pankow gewohnt, verkehrte aber ganz selbstverständlich hier und in anderen Sperrgebieten der Russen. Davon gab es einige in Berlin und anderen größeren Orten der SBZ.

Mit Ausnahme von Franz Dahlem waren die alten Genossen der KPD aus der russischen Emigration gekommen. Sie alle hatten in Moskau seit 1935 mehrere Jahre gemeinsam in der damaligen Gorkistraße 10 im Hotel „Lux" gewohnt[104]. Das Hotel diente allen Mitgliedern der Kommunistischen Internationale (KI) als Unterkunft. Für die in die Sowjetunion emigrierten Spitzenfunktionäre der kommunistischen Parteien war die 2. Etage mit großzügigen Apartments vorgesehen. Zu den Bewohnern im Hotel „Lux" zählten außer Pieck, Ulbricht und Ackermann beispielsweise auch Lothar Bolz, Karl Maron, Rudolf Herrnstadt, die spätere rumänische Außenministerin Ana Pauker oder die vietnamesische Symbolfigur Ho Chi Minh. In den Nebengebäuden teilte man sich allerdings durchaus zu dritt oder viert das Zimmer. Im Hotel waren auch verschiedene Institutionen untergebracht. Das sechsstöckige Gebäude kann als eine eigene kleine Körperschaft in Moskau beschrieben werden. *Es gab einen eigenen Speisesaal, eine eigene Wäscherei, eigene Kleider- und Schuhmacher-Werkstätten und eine eigene Poliklinik. Die im Hotel „Lux" wohnenden Mitarbeiter der Kommunistischen Internationale, nach deren Auflösung (1943, d. V.) „Institut Nr. 205" genannt, wurden gemeinsam in einem Bus zur Arbeitsstätte gebracht und dort auch wieder abgeholt. Im Hotel „Lux" gab es eine eigens eingerichtete Zweigstelle von Miliz und Militärbehörden, die alle Fragen der An- und Abmeldung regelten ...*[105]

Für den am 19. Mai 1945 eingesetzten Berliner Magistrat war ebenfalls eine geschlossene Siedlung gesucht und gefunden worden[106]. *Der Stadtkommandant (Bersarin, d. V.) wünschte, daß aus Sicherheitsgründen die Magistratsmitglieder in einer abgeschlossenen Siedlung beziehungsweise Straße gemeinsam wohnen.*[107] Im Gerstenweg in Biesdorf entstand die so genannte „Magistratssiedlung", die durch Patrouillen der Roten Armee kontrolliert wurde und den Magistratsmitgliedern ein sicheres und wohnliches Umfeld bieten sollte[108]. Da jedoch die enteigneten Hauseigentümer nicht alle Mitglieder der NSDAP, zum Teil sogar wirkliche „Antifaschisten" gewesen waren, gab es zu jener Zeit noch Bedenken und Unsicherheiten seitens des Magistrats, namentlich des zuständigen Stadtrats Arthur Pieck, dem Sohn von Wilhelm Pieck. Der Befehl Nr. 124 der SMAD, der dafür Regelungen schuf, trat erst am 30. Oktober 1945 in Kraft. Auf einer undatierten, handschriftlichen Liste Arthur Piecks finden sich für das Haus Gerstenweg 11 oder 13 die Namen Dahlem und Ackermann[109]. Offensichtlich hatte Arthur Pieck ohne vorherige Absprache mit den Genossen schon eine Vorentscheidung getroffen. Die Idee war offensichtlich, neben den Wohnungen der Berliner Magistratsmitglieder auch die jeweiligen Häuser für die Parteiführung der KPD an einem Ort zu konzentrieren. Unter der Adresse Gerstenweg 25 notierte Arthur Pieck den Namen Pieck, womit er gewiss nicht sich selbst gemeint haben kann. Bisher ist unbekannt geblieben, wo die Parteiführung der KPD den Monat nach ihrer Ankunft gewohnt hat. Es gibt Hinweise, dass es sich dabei tatsächlich um die Siedlung in Biesdorf gehandelt hat[110]. Für Ulbricht war das Haus Gerstenweg 41 vorgesehen[111]. Er bezog allerdings die Wohnung nicht und blieb bis zum Umzug nach Pankow in Karolinenhof[112].

*Der Biesdorfer Gerstenweg wurde im Mai 1945 die „geschlossene Siedlung" des Berliner Magistrats. In den Häusern Nr. 11 und 13 wohnten wahrscheinlich vorübergehend Anton Ackermann und Franz Dahlem.
Die Abbildung zeigt beide Häuser im Jahre 2001.*

Bei den Häusern in Biesdorf handelte es sich um eine Reihenhaussiedlung, die wie in Karolinenhof und Pankow vorwiegend in den 30er Jahren errichtet worden war[113]. Das ursprünglich für seinen Vater vorgesehene kleine Haus bewohnte Stadtrat Pieck seit Ende Juli 1945 selbst. Da es sich bei dem Eigentümer Alfred Gannoth eben um keinen „Naziaktivisten" handelte, wechselte er schließlich nach einem Jahr nahe der Siedlung im Bentschener Weg 26 in ein Haus, das einem „Pg" gehört hatte, für dessen Inanspruchnahme inzwischen der Befehl Nr. 124 die gesetzliche Grundlage geschaffen hatte[114]. Neben den Mitgliedern des ersten Berliner Nachkriegsmagistrats zogen in dieses Sperrgebiet übrigens auch die Kulturschaffenden Inge und Gustav von Wangenheim und dessen Vater Eduard von Winterstein.

Berlin-Hohenschönhausen — Dingelstädterstraße

Den „geschlossenen Charakter" der in den 20er Jahren meist unter SPD-Initiative erbauten Wohnsiedlungen kann man besonders gut in der Siedlung Dingelstädter Straße in Berlin-Hohenschönhausen erkennen.

Vor 1933 hatte es in Berlin bereits einige in sich geschlossene Siedlungen gegeben. Sie waren vor allem das Ergebnis der sozialdemokratischen Wohnungspolitik. Zur Minderung der Wohnungsnot gründeten sich gemeinnützige Baugenossenschaften. Die Gemeinnützige Heimstätten-Spar-und-Bau-AG (GEHAG) ließ unter ihrem Chefarchitekten Bruno Taut unter anderem die Hufeisensiedlung in Britz (Berlin-Neukölln), die Waldsiedlung „Onkel Tom" in Berlin-Zehlendorf, die Wohnstadt „Carl Legien" in Berlin-Prenzlauer Berg (heute Erich-Weinert-Straße) und die Siedlung in der Paul-König-Straße in Berlin-Hohenschönhausen errichten. Erich Wendt, auf den wir noch zu sprechen kommen, hatte 1930/31 ganz in der Nähe in der Siedlung der Kinderzeichen gewohnt[115]. All diesen Siedlungen war eine einheitliche Architektur sowie eine ausgebaute Infrastruktur eigen. Dadurch entstand jener typische „geschlossene Charakter". Oft handelte es sich bei den Betreibern um Baugenossenschaften, deren Mitglieder überwiegend der SPD oder KPD angehörten – oder nur diese Parteien wählten. Für politisch Andersdenkende blieben sie meist als Wohngegend tabu. Als ein Beispiel sei hier die Dingelstädter Straße an der Landsberger Allee[116] in Hohenschönhausen genannt. Sie entstand von 1926–29 durch die gemeinnützige Siedlungsgenossenschaft „Die Kinderreiche Familie" (DiKiFa) nach den Maßgaben des „Reichsbundes der Kinderreichen Deutschlands". Gebaut wurden insgesamt 102 Häuser mit jeweils Dreieinhalbzimmerwohnungen. Im Erdgeschoss der Häuser befanden sich die Spül- und Waschküche mit Bad, Wohnküche und Wohnstube. Elternschlaf- und Kinderzimmer unterteilten das Obergeschoss. Zu der Wohnanlage der ersten Bauphase gehörte ein 200 qm großer Garten. Anfangs stellten die Sozialdemokraten den Vorstand der Genossenschaft, ab 1929 die Kommunisten. Der Zwist beider Parteien in jener Zeit schlug sich auch in der sozialreformerischen Siedlung nieder, die bald „Klein Moskau" genannt wurde. Es kam zu hitzigen Debatten über die Führung der DiKiFa, die in den Parteiorganen „Vorwärts"[117] und „Rote Fahne"[118] ausgetragen und so in ganz Deutschland bekannt wurden. Das Unternehmen ging 1931 Pleite. Bis dahin jedoch nutzte die „Rote Hilfe", deren Vorsitzender Wilhelm Pieck war, die Möglichkeit, Wohnungen zu vermitteln[119]. Bewohner dieser Siedlungen waren der Arbeiterschriftsteller Karl Schrader, der enge Freund Karl Liebknechts Fritz Ausländer sowie die bekannten Kommunisten Otto Kühne und Arthur Becker.

Es ist anzunehmen, dass sich der eine oder andere Remigrant an die Atmosphäre dieser Siedlungen erinnerte. Ein enges nachbarschaftliches Miteinander, geboren aus einer andauernden politischen sehr harten Auseinandersetzung, bei der durch den gegenseitigen Schutz erst das Überleben gesichert wurde, war hier sicher vorgeprägt worden.

Das Militärstädtchen

Gleichzeitig mit der Beschlagnahme der Häuser erklärte die sowjetische Besatzungsmacht die gesamte Kolonie zum Sperrgebiet. An der Zufahrt von der Ossietzkystraße waren ein Wachhäuschen und ein Schlagbaum aufgestellt worden. Hans Fallada beschrieb die Situation folgendermaßen: *Nun biegt er von einer Hauptstraße in eine stille, grüne Villenstraße ein. Aber er kann nicht ohne weiteres hineingehen in diese Straße – da ist ein Schlagbaum, rot-weiß geringelt, und ein Schilderhaus, rot-weiße Schrägbalken, und an dem Schilderhaus stehen ein russischer Posten und ein deutscher Polizist Wache, daß niemand Unbefugtes in diesen Bezirk, in dem eigentlich nur Offiziere der Besatzungsmacht wohnen, eindringt.*[120]

Die Bewohner im Hotel „Lux" hatten einen Passierschein, einen so genannten „Propusk". *Den Privilegierten Propusk, leuchtend rot, kartoniert und mit Foto versehen; er war für die Mitarbeiter der Kommunistischen Internationale bestimmt, die im Hotel „Lux" wohnten. Mit ihm konnte man das Hotel jederzeit betreten. Ein zweiter Propusk, grau und wenig ansehnlich, galt für die Beschäftigten des Hauses, die für das Wohlergehen der Komintern-Mitarbeiter zu sorgen hatten.*

Hausfremde Besucher dagegen mußten zum „Stol Propuskow" gehen, einem Holzverschlag mit Fenstern, die sich meist erst nach langem Warten

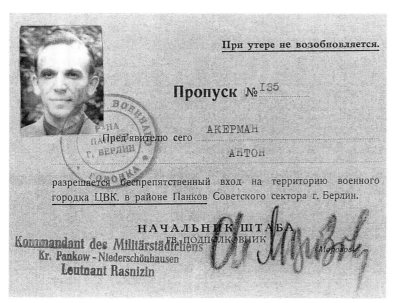

Ohne ihn kam man nicht hinein und schon gar nicht heraus: der Propusk Anton Ackermanns zum Betreten des „Städtchens".

öffneten. Den weißen Einlaßzettel erhielt man, nachdem die Beauftragten bei einem Hotelbewohner angerufen und die Erlaubnis, den Besucher passieren zu lassen, erhalten hatte. Der weiße Propusk enthielt den Namen des Besuchers, Namen und Zimmernummer des im Hotel „Lux" wohnenden Funktionärs, Datum und Uhrzeit. Der Personalausweis beziehungsweise Paß mußten abgegeben werden und wurde nach Rückgabe des Propusk, auf dem erneut die Uhrzeit eingetragen wurde, ausgehändigt.[121]

An der Grabbeallee gab es einen kleineren Zugang zu dem Sperrgebiet nur für Fußgänger. Sowjetische Soldaten und Angehörige der im Juni 1945 gegründeten Polizei kontrollierten an beiden Zugängen Personen, die das Sperrgebiet betreten wollten. Die deutschen Polizisten standen zu dieser Zeit noch unter der vollen Verfügungsgewalt der sowjetischen Militärverwaltung, so dass ausgeschlossen werden kann, dass sie speziell die Deutschen im Sperrgebiet zu schützen hatten[122]. Vielmehr oblag ihnen, die Kommunikation mit der deutschen Bevölkerung im Sinne der Russen zu sichern. Wie im Hotel „Lux" oder anderen Sperrbezirken in der Sowjetunion mussten die Bewohner, Angestellten und Handwerker einen speziellen Pass vorweisen. Einen unterschiedlichen „Propusk" für die deutschen kommunistischen Funktionäre und die Handwerker, die im Wohngebiet tätig waren, gab es nicht. Für Besucher entsprach das Prozedere jedoch dem des von Wolfgang Leonhard geschilderten weißen Propusk: sie mussten sich im Kontrollbuch eintragen lassen. Gegen Abgabe des Ausweises bekamen sie einen Passierschein ausgestellt. Ein Soldat begleitete den Gast zum Haus und holte ihn dort auch wieder ab. Alfred Kantorowicz besuchte Johannes R. Becher im Januar 1947 in dessen Villa und erinnerte sich: *Vor der kriegsmäßig verbarrikadierten Siedlung in Niederschönhausen war ein Wachthaus errichtet. Russische Soldaten umringten uns und führten uns hinein. Zum Glück sprach mein Begleiter, der in Gefangenschaft gewesen war, ein paar Worte Russisch. Ich lernte das umständliche Propuskwesen kennen, das schließlich in der Übersteigerung durch die gerade solche Mitbringsel hegenden und pflegenden Ulbricht-Funktionäre fast tobsüchtige Kapriolen schlug. Zwar hatte Becher, beziehungsweise sein Sekretär Willmann, der die russische Sprache ziemlich fließend beherrschte, bereits mit dem Wachhabenden telefoniert und uns angekündigt. Dennoch mußten wir* erst umständlich den Passierschein ausfüllen, auf dem Name, Ausweisnummer, Uhrzeit und wer weiß was noch anzugeben war. Dann rief der Wachhabende bei Becher zurück, er mußte selber mit seinem Sonderausweis ans Gatter kommen und uns unter Bedeckung in seine Villa geleiten.[123]

Der Propusk für das Sperrgebiet wurde vom „Kommandanten des Militärstädtchens" Kreis Pankow-Niederschönhausen, Leutnant Rasnizin, ausgestellt, der sicher selbst in einem der Häuser wohnte. Die Wachposten an den Zugängen trugen zu dieser Zeit offensichtlich die Paradeuniform, die durch weiße Handschuhe ergänzt wurde. Vor der von Pieck bewohnten Villa war Anfang September 1945 ein schwarz-rot-gelbes Schilderhäuschen aus Holz errichtet worden. Der Parteivorsitzende erfreute sich also einer Ehrenwache. Belegt ist ebenfalls, dass vor dem Wohnhaus des damaligen Oberbürgermeisters Arthur Werner in der Magistratssiedlung in Berlin-Biesdorf, Königstraße 5, ein Wachhäuschen mit einer Wache eingerichtet war[124].

Die Bewachungssituation konnte sich allerdings auch ins Gegenteil verkehren und für die „Schutzbefohlenen" zur Lebensgefahr werden. Am 25. Januar 1946 wandte sich Becher an Oberst Tulpanow: *Am 24. Januar abend gegen 7 Uhr wollte ich in dem abgesperrten Rayon von Niederschönhausen zu Genossen Ackermann gehen und wurde vor dem Haus des Genossen Pieck von dessen Begleitoffizier, dem Leutnant Balakirow, angehalten mit den Worten „Hierher, du deutsches Schwein". Nachdem ich bemerkt hatte, dass der Leutnant vollkommen betrunken war und dieser ausserdem nach seiner Pistole griff, ging ich zu ihm und versuchte, mich auszuweisen. Den Ausweis schlug er mir aus der Hand und sties mich zwei-, dreimal vor die Brust, wobei er die Worte „Deutsches Schwein" und verschiedene Mutterflüche wiederholte. Als aus dem Haus des Genossen Pieck dessen Tochter kam, gelang es mir, in die Wohnung des Genossen Pieck zu flüchten, wobei der Leutnant weitere Flüche ausstiess und versuchte, gewaltsam in die Wohnung einzudringen.*[125]

Der Posten vor dem Haus hatte zu der Zeit nicht allein symbolischen Wert. Während die Zufahrten zwar abgesperrt waren, konnte dennoch jeder über andere Wege unbemerkt ins Wohngebiet gelangen. So war der Sohn Otto Latendorfs, der gerade aus der Gefangenschaft zurück-

Wilhelm Pieck selbst besaß (trotz zweier Garagen) keinen Führerschein. Der Vorkriegs-DKW war sein erster Dienstwagen, der ihn regelmäßig jeden Morgen zu den Sitzungen ins Zentralsekretariat fuhr. Aufnahme von 1946.

Der Stil des Schreibens war so lapidar wie der Vorgang ungeheuerlich. So wie die Familie Bausch erhielten auch die anderen Bewohner der beiden ringförmigen Straßen ihre Räumungsaufforderung.

gekehrt war, über die Panke ungehindert in sein Elternhaus gelangt. Die Familie Meinerßhagen durfte in ihrem Haus im Köberlesteig 12 nach der Beschlagnahmung wohnen bleiben und hatte durch eine kleine Brücke über den Zingergraben sowohl Zugang zur angrenzenden Nachbarkolonie (die Paul-Franke-Siedlung) als auch ins Sperrgebiet selbst. Diese Unsicherheitsfaktoren wurden Ende 1946 bereinigt. Die verbliebenen Bewohner und die Familien aus der Stillen Straße, dem heutigen Boris-Pasternak-Weg, sowie des Abschnitts der Tschaikowskistraße zwischen Schloss Schönhausen und Grabbeallee erhielten noch kurz vor Weihnachten 1946 vom Amt für Bau- und Wohnungswesen ein Schreiben, das sie über die Beschlagnahmung ihrer Häuser ab Januar 1947 in Kenntnis setzte[126]. Im Laufe des Jahres beschlagnahmte die Militär-Kommandantur von Pankow noch die Häuser am Güllweg und die zum Wohngebiet hin liegenden Häuser auf der Grabbeallee. Um das gesamte Gebiet zwischen Panke und Tschaikowskistraße beziehungsweise Grabbeallee und Schloss Schönhausen wurde ein mit grünem Karbolineum gestrichener, etwa zwei Meter hoher Bretterzaun[127] gezogen. Sogar der Bürgersteig der Grabbeallee gehörte seitdem zum Sperrgebiet. Die vierstöckigen Mietshäuser in der Grabbeallee dienten entweder als Unterkunft für sowjetische Soldaten oder für das mittlerweile im Sperrgebiet tätige deutsche Personal.

Das gesamte Sperrgebiet nannte sich offiziell „Militärstädtchen". Die Bezeichnung „Städtchen" kommt aus dem Russischen und ist bereits auf den „Propuski" von 1945 zu finden[128]. Das russische Wort „gorodok" oder „gorodschka" bezeichnet abgesperrte Kolonien für Angehörige einer sozialen, meist auf beruflichen oder sonstigen Gemeinsamkeiten beruhenden Gruppierung mit ihren Familien[129]. Diese Siedlungen sind nach außen abgeschottet und besitzen eine eigene Infrastruktur. Bis in unsere Tage sind solche geschlossenen Bezirke in Russland auch unter dem Begriff „Briefkasten" bekannt, weil man sich an die Bewohner nur postalisch wenden kann und dazu eine Postfachnummer kennen muss. Der russische Präsident und Mitglieder der russischen Regierung können sich mit ihren Familien hierher zurückziehen. Da die Siedlungen für Fremde unzugänglich bleiben und gehobene Lebensverhältnisse herrschen, haben sich inzwischen auch Vertreter der deutschen Wirtschaft hier mit ihren Familien niedergelassen. Bemerkenswert ist die Gemeinsamkeit mit den Mitarbeitern des Ministeriums für Staatssicherheit (MfS) der DDR, die zwischen 1960 und 1989 in der berühmten Siedlung bei Wandlitz als Angestellte der dort lebenden Nomenklatura der DDR arbeiteten. Ihre Postadresse lautete: 1280 Bernau, PF 35(130).

Leben im Grünen

Zu einer funktionierenden Infrastruktur im Pankower „Städtchen" gehörte, dass in der Stillen Straße 7 ein „Magazin", die so genannte Verkaufsstelle für Lebensmittel, eingerichtet wurde, um eine bevorzugte Versorgung der Bewohner zu gewährleisten(131). Ein weiterer Verkaufsladen befand sich im Vorderhaus Majakowskiring 61(132). Hier gab es auch bald einen Frisör und im Gartenhaus einen Schuhmacher und einen Schneider. Im Majakowskiring 10 soll in der ersten Etage ebenfalls zeitweilig ein Frisör existiert haben(133). Bei der Recherche sind Rechnungen für Reparaturarbeiten in einer Sauna im Boris-Pasternak-Weg gefunden worden, ohne dass bisher geklärt werden konnte, wo diese genau zu lokalisieren ist(134). Den Lebensgewohnheiten der Russen entspräche allerdings eine solche Einrichtung.

Der Pankower Gartenamtsleiter Johannes Albrecht. Er sorgte sich nicht nur um die Gemüseversorgung in schwieriger Zeit, sondern auch darum, dass Unter den Linden wieder ebendiese Bäume angepflanzt wurden.

Am 27. April 1946 wandte sich Johannes R. Becher an den Pankower Bürgermeister Mätzchen: *Gestatten Sie, dass ich Ihnen heute drei Bitten vortrage: 1. Wir haben für die engeren Mitarbeiter des Kulturbundes bisher von der Garbaty-Zigarettenfabrik, Herrn Direktor Limberger, eine kleine Anzahl Zigaretten bekommen, aber wie uns Herr Limberger mitteilen liess, soll diese Lieferung schon im Mai eingestellt werden. Wir bitten Sie doch sehr, Herr Bürgermeister, Herrn Limberger dahingehend zu beeinflussen, dass er seine liebenswürdige Spende fortsetzt. 2. Möchte ich persönlich darum bitten, dass meine Frau und ich einige Bezugsscheine erhalten. Solche haben wir seit der Rückkehr nach Deutschland noch nie bekommen und unsere Kleidung, Wäsche etc. ist ausgesprochen ersatzbedürftig. 3. Möchte ich Sie nochmals darauf aufmerksam machen, dass unsere Hausangelegenheit (die Zuweisung) noch immer nicht erledigt ist.*(135) Der Brief zeigt anschaulich die Situation. Auf der einen Seite hatte Becher die Möglichkeit, im Gegensatz zur gewöhnlichen Bevölkerung auf eine bessere Versorgung Einfluss zu nehmen, auf der anderen Seite bestand für ihn als eine in der Öffentlichkeit stehende Persönlichkeit ein den Umständen geschuldeter besonderer Mangel.

Noch auf Anweisung von Dr. Johannes Kupke als Niederschönhausener Amtsleiter wurde Johannes Albrecht kommissarischer Leiter des durch den Tod Schwankes herrenlos gewordenen Gartenbaubetriebes. Albrecht war politisch gänzlich unbelastet und sprach zudem fließend russisch. Seine Kenntnisse als Gärtner waren in der zerstörten Großstadt und besonders in dem Sperrgebiet gefragt. Nur vereinzelt waren vor der Kapitulation Deutschlands Überlegungen angestellt worden, wie es denn nach der Beendigung des Krieges weitergehen sollte. Die letzten Tage des Krieges waren stattdessen von zerstörungswütigem Fanatismus und dem Verlust der zivilen Ordnung geprägt. Die in sowjetischer Emigration lebenden Kommunisten dagegen hatten sehr genaue Vorstellungen einer neuen Lebensordnung. Die Mitglieder der „Initiativgruppe Ulbricht" besetzten sofort sämtliche Schlüsselpositionen der neuen Verwaltung. *Es muß demokratisch aussehen, aber wir müssen alles in der Hand haben*, soll sich Walter Ulbricht geäußert haben[136]. Um der drohenden Hungersnot für den kommenden Winter in der Stadt zu entgehen, brauchte man Männer wie Albrecht. Der Gemüseanbau beispielsweise musste fachkundig organisiert werden. Schon auf seiner ersten Sitzung beschäftigte sich der Magistrat mit der Lebensmittelversorgung; um sie drehte sich buchstäblich alles[137].

Die Gemüseversorgung für Berlin war schon deswegen gestört, weil sie zu *70 % früher aus den westlichen Provinzen* kam, *die heute naturgemäß völlig ausfallen*[138]. Allerdings war diese Selbstversorgung nur ein Tropfen auf dem heißen Stein, gemessen an dem Bedarf der Berliner Gesamtbevölkerung. Die Versorgung der russischen Offiziere und der durch sie privilegierten Deutschen war so aber gesichert. Aus der ehemaligen Gärtnerei Schwankes verkaufte man direkt Obst und Gemüse. Auch Blumenanbau und die Dekoration der Häuser zu bestimmten Anlässen wurden schnell zur Aufgabe von Albrechts Tochter.

Mit der Bildung des Bezirksmagistrats in Pankow bestellte man Albrecht zum Gartenbauamtsleiter in Pankow. Im Sommer 1946 erreichte sein Gemüseanbau die Hälfte der Gesamtmenge für Berlin[139]. Dabei ging Albrecht behutsam und weitsichtig vor. Freiflächen in der Stadt, wie Tennisplätze oder Parkanlagen, erhielten eine Mutterbodendecke, die später eine unaufwendige Rückgewinnung als Sportanlage möglich machte. Auf Grund seiner daraus resultierenden Stellung musste Albrecht erst Ende 1947 sein Haus verlassen. Anfang 1948 bezog er am nahe gelegenen Bürgerpark das so genannte Herrenhaus der Familie Killisch von Horn[140]. Gleichzeitig erhielt er Order, die gartenarchitektonische Gestaltung des Bürgerparks und anderer Freiflächen in Pankow vorzunehmen. Sein guter Kontakt zu den im Sperrgebiet wohnenden Russen und den für den Neuaufbau verantwortlichen Deutschen brachte ihm schließlich eine weitere ehrenvolle Aufgabe ein. Es war Johannes Albrecht, der den Auftrag erhielt, die Linden der nach ihnen benannten Prachtstraße in Berlin-Mitte zu pflanzen[141].

Als Verantwortlicher für die Gärtnerei besaß er ein Propusk, der ihm jederzeit den Zutritt zum abgeschotteten Wohngebiet garantierte. Solche Ausweise erhielten auch alle dort tätigen Handwerker. Die Koordination dafür übernahm ein speziell von der sowjetischen Zentralkommandantur eingerichtetes Büro mit Sitz in der Brunnenstraße 19/21 in Berlin-Mitte[142]. Innerhalb des „Städtchens" hatte die sowjetische Zentralkommandantur in der Tschaikowskistraße 12 ein Büro[143]. Auf dem Gelände war vorher eine Firma „Classen & Co Lötmittel" ansässig gewesen[144].

Besatzungsrecht und Gerechtigkeit

Die Mitgliedschaft zur NSDAP und die daraus resultierenden Folgen waren in der Nachkriegszeit ein heiß diskutiertes Thema. Während einige Hausbesitzer im Pankower Wohngebiet vorübergehend festgenommen wurden, erhielten andere sogar „Anerkennung" und den Schutz durch die SMAD. Ein besonderes Beispiel ist Hans Bausch, Professor für Gärungschemie. Er blieb als ehemaliger „Pg" völlig unbescholten. Als exzellenter Fachmann auf seinem Gebiet anerkannt, sahen die zuständigen Behörden großzügig über das frühere politische Bekenntnis des Wissenschaftlers hinweg. Er wohnte weiter mit seiner Familie in seinem Eigenheim Rudolf-Ditzen-Weg 24, und auch Frau Arndt als ehemalige Frauenschafts-Zellenleiterin durfte nach dem August 1945 aus bisher ungeklärten Gründen ihr Haus im Köberlesteig 10 nach kurzer Zeit wieder beziehen[145]. Da aber das Haus benötigt wurde, kam Frau Arndt später doch noch in das Speziallager Nr. 1 des NKWD in Oranienburg, aus dem sie nicht wieder zurückkehrte. Professor Bausch dagegen musste innerhalb des Sperrgebietes mit seiner Familie nur umziehen. Ab Januar 1946 wohnte er in der Grabbeallee 46. Die Lebensmittelkartenzuteilung, bei der als „Pg" eingestufte Personen besonders schlecht weg kamen, war seitdem kein Problem mehr. Wer im „Militärstädtchen" wohnen blieb, genoss die Versorgungsvorteile der sowjetischen Besatzungsmacht. Je nach Stellung erhielten die Bewohner so genannte „Pajoks", Pakete mit Nahrungs- und Genussmitteln[146] und hatten freien Zugang zum „Magazin" oder zur Gärtnerei. Das „Pajok-System" der sowjetischen Militärverwaltung waren die Privilegien, die in Hungerzeiten niemand ablehnte. In regelmäßigen Abständen gab es Zigaretten, Schnaps, Kaviar, Butter, Kondensmilch, Schinken, Schokolade und ähnliche Dinge, die auch zum Tausch gegen andere dringend benötigte Waren benutzt werden konnten; Lebensmittel, die man in den 40er Jahren, wenn überhaupt, nur auf dem Schwarzmarkt zu Wucherpreisen bekam[147]. Damit waren die Empfänger gleichzeitig von den Mühen der Lebensmittelbeschaffung befreit, jedoch durch die Menge der Genussmittel „beeinflussbar". Die Eitelkeit spielte dabei eine wichtige Rolle. Der Inhalt entsprach dem Rang

Prof. Hans Bausch kam 1946 im Gegensatz zu vielen anderen ehemaligen „Pg" auch in den Genuss der besonderen Versorgungsvorteile für die „Städtchen"bewohner. Aufnahme aus den 60er Jahren.

Oberfinanzrat Edgar Roedel durfte beim Auszug aus seinem Haus Viktoriastraße 24 (Majakowskiring 26) alle Möbel mitnehmen. Als Anton Ackermann mit seiner Familie das direkt neben Ulbricht gelegene Haus bezog, holte er sich das fehlende Mobiliar aus Latendorfs Wohnung. Das war dem gar nicht recht.

oder der Bedeutung des Empfängers. Das Nahrungspaket eines Wissenschaftler war dabei wesentlich kleiner als das eines Parteifunktionärs.

Der damalige Bürgermeister von Berlin-Köpenick schrieb am 10. Juli 1945 an Oberbürgermeister Karl Maron: *Auf Grund einer Anweisung des Stadtkommandanten von Berlin sind die Bezirksämter dazu übergegangen, zur Behebung des augenblicklichen Notstandes auf dem Gebiet des Wohnungswesens Wohnungen beziehungsweise Teile von diesen, die bisher von ehemaligen Faschisten bewohnt wurden, zu Gunsten von Wohnungssuchenden einschließlich der dazu gehörigen Möbel in Anspruch zu nehmen ... Wir schlagen daher folgende Anordnung vor:*

Betrifft Inanspruchnahme von Wohnungen ehemaliger Faschisten. Seitens der Stadt sind in Anspruch zu nehmen:

1. Wohnungen von aktiven Faschisten. Unter aktiven Faschisten sind zu verstehen:

a. Parteimitglieder, die ein Amt in der Partei hatten bis herunter zum Blockleiter

b. Alle Angehörigen der SA, SS, des SD und der Gestapo

c. Die Funktionäre der Parteigliederungen

2. Wohnungen von Nichtspg.´s, die sich besonders für den Nationalsozialismus eingesetzt haben.

Die Inanspruchnahme der Wohnungen kann derart erfolgen, daß die Wohnung ganz oder nur teilweise zu Gunsten eines Bedürftigen beschlagnahmt wird. Eine entsprechende Regelung gilt auch für Geschäftsräume. Auf Grund vorstehender Anordnung ist die Stadt berechtigt, zu Gunsten Bedürftiger von dem vorstehenden Personenkreis in Anspruch zu nehmen:

a. die Einrichtung von den beschlagnahmten Wohnungen beziehungsweise Teilen von ihnen.

b. Einrichtungsgegenstände von nicht beschlagnahmten Wohnungen.

Die Beschlagnahmung erfolgt auf Zeit oder endgültig. In letzterem Fall ist für die Eigentumsübertragung eine billige Entschädigung auf Grund einer amtlichen Taxe festzulegen. Die so festgelegte Entschädigung ist von dem zu zahlen, zu dessen Gunsten die Beschlagnahmung erfolgt ist. Der Erlös ist an die Stadtkasse abzuführen.

Vorstehende Anordnung gilt auch für Angehörige von Faschisten beziehungsweise Faschistenanhängern. Hierzu gehören: der Ehegatte sowie

Angehörige, die nicht bloß vorübergehend im Haushalt leben. Gegen Maßnahmen auf Grund vorstehender Anordnung ist der Rechtsweg ausgeschlossen[148].

Wahrscheinlich sahen sich die meisten Remigranten auch in einem existenziell-moralischen Recht. Sie waren in den vergangenen Jahren gezwungen gewesen, ihre Heimat zu verlassen, hatten Verfolgungsängste erlebt und oftmals nicht nur ihre deutsche Staatsbürgerschaft verloren. Keiner der Deutschen, die bis dahin in ihren Eigenheimen wohnen bleiben konnten, hatte sich gegen dieses offensichtliche Unrecht gewandt. Keiner dieser Deutschen hatte die massiven Judenverfolgungen, die sichtbare Ausgrenzung politisch Andersdenkender zu verhindern gesucht. Vielleicht hatten sie das alles sogar gut geheißen und sich damit direkt gegen die Verbannten entschieden. Und jetzt kamen diese Männer und Frauen mit einem Koffer, der ihr ganzes Vermögen barg, zurück, hatten zehn Jahre ihres Lebens eingebüßt, für viele die wichtigsten, um eine Familie zu gründen, Kinder zu haben. Warum sollten die Hauseigentümer jetzt dieses Schweigen oder gar politische Bekenntnis nicht mit einem vorübergehenden Verlust ihrer darauf beruhenden Privilegien „bezahlen"? Sollte da nicht Gleiches mit Gleichem vergolten werden?

Immobilien als Sicherheit für eine kommunistische Partei

Nicht nur Verbitterung bestimmte das Handeln der Kommunisten. Am 7. Februar 1946 schrieb Wilhelm Pieck an den Kassenwart der KPD, Alfred Oelssner: *Wir haben schon einmal überlegt, ob es nicht zweckmäßig wäre, die von den vier Genossen bewohnten Grundstücke käuflich zu erwerben. In diesem Falle müssten aber noch bei uns gewiße Abmachungen unter Hinzuziehung eines Juristen getroffen werden.*[149] „Hinzugezogener Jurist" war die Rechtsanwältin Ingeburg Gentz, die in der Bayerischen Str. 31 in Berlin-Wilmersdorf ihr Büro hatte. Sie arbeitete als Notarin und vertrat in dieser Zeit nachweislich sowohl Ackermann, Ulbricht als auch Pieck in rechtlichen Dingen. Am 18. Juni 1946 verkaufte Otto Rieth sein Haus samt Inventar im Majakowskiring 28 für 101.100 RM an die Fundament Gesellschaft für Grundbesitz m.b.H., eine für diese Zwecke durch Pieck und Ulbricht am 25. Februar 1946 gegründete Partei-Institution[150], vertreten durch die beiden Abteilungsleiter Rudolf Appelt[151] und Erwin Brillke[152]. Zu dieser Zeit wurde die Partei paritätisch geführt, und so traten stets zwei Abteilungsleiter auf, der Kommunist Appelt und der Sozialdemokrat Brillke. Die ganze Summe musste allerdings nicht gezahlt werden. Der erste frei gewählte Magistrat von Groß-Berlin genehmigte nämlich nur eine Verkaufssumme von 69.500 RM, wie es der am 12. Mai

Im Vergleich zu der Aufnahme aus den 20er Jahren hatte sich das Haus Walter Ulbrichts Majakowskiring 28 in den 40er Jahren kaum verändert. Die Partei „verschönte" ihr Eigentum jedoch mit einem schockierenden braunen Farbanstrich.

1947 datierte Nachvertrag aussagt[153]. Da es sich um die Stadtverordnetenversammlung handelte, in der die Schlüsselpositionen nicht mehr von der SED eingenommen wurden, darf Machtmissbrauch durch diese Partei ausgeschlossen werden.

Das Wohnhaus von Franz Dahlem (Majakowskiring 32) konnte von der SED beziehungsweise der Fundament Gesellschaft für Grundbesitz m.b.H. jedoch nicht erworben werden. Wie die Häuser von Piechatzek (Majakowskiring 2), Schwabe (Majakowskiring 34), Wittler (Majakowskiring 46/48), Beumer (Majakowskiring 58), Hensel (Stille Straße 4-5) und dem Zahnarzt Wichmann (Rudolf-Ditzen-Weg 14) wurde es auf der Grundlage des Befehls Nr. 124 der SMAD beschlagnahmt. *Um den Raub und anderen Mißbrauch des Eigentums, das früher dem Hitlerstaat, den Militärbehörden, den durch das sowjetische Militärkommando verbotenen und aufgelösten Gesellschaften, Klubs und Vereinigungen gehört hat, zu verhindern, sowie um dieses Eigentum am rationellsten für die Bedürfnisse der örtlichen Bevölkerung und der Besatzungstruppen auszunutzen,* befahl Generalmajor Schabalin *das Eigentum, das sich auf dem von den Truppen der Roten Armee besetzten Territorium Deutschlands befindet und ... Personen, die von dem sowjetischen Militärkommando durch besondere Listen oder auf andere Weise bezeichnet werden, gehört, als beschlagnahmt zu erklären.*[154] Dazu gehörte neben den Immobilien auch das bewegliche Eigentum (ausgenommen waren ausdrücklich Haushaltsgegenstände

Sitzung des Politbüros im Jahre 1950, die von den beiden Parteivorsitzenden Wilhelm Pieck und Otto Grotewohl paritätisch geleitet wurde.

und Kleidung!). Die besonderen Listen sollten von *Sozialdemokraten, Kommunisten und anderen Antifaschisten* erstellt werden. Voraussetzung für die Erfassung der genannten Personen auf solchen Listen war in erster Linie die Mitgliedschaft in der NSDAP.

Allerdings sollte vorerst kein grundlegender Eigentümerwechsel stattfinden, weshalb auch die Häuser im Wohngebiet mit Inventar zwar genutzt, aber eben nicht gekauft werden konnten. In diesem Sinne informierte Otto Winzer am 16. November 1946 den Leiter der Abteilung Parteibetriebe, Erich Gniffke, und nahm indirekt Bezug auf die durch die Genossen bewohnten Häuser. In dem Schreiben betonte Winzer ausdrücklich: *Eine Eigentumsübertragung an die „Fundament" kann ... nur auf dem üblichen bürgerlich rechtlichen Wege erfolgen. Es ist aber durchaus denkbar, dass die öffentliche Hand in Gestalt des Magistrats einer Stadt, der sich überwiegend aus SED-Mitgliedern zusammensetzt, eine Eigentumsübertragung ihm übergebener, früher sequestrierten Eigentums an die SED oder die „Fundament" beschließt, entweder unentgeltlich oder auch entgeltlich*[155]. Für eine Inanspruchnahme von Grundstücken durch den Magistrat im Sinne des öffentlichen Interesses sollte es, wie in jedem bürgerlichen Staat, Möglichkeiten geben.

Das wirft die Frage auf, warum man unbedingt Eigentümer der Immobilien werden und nicht bloß Nutzer bleiben wollte? Ursache hierfür kann ein Minderwertigkeitsgefühl der ehemaligen Mitglieder der KPD

Franz Dahlem (rechts im Bild) und der ehemalige SPD-Mann Max Fechner galten Anfang der 50er Jahre als Ulbrichts stärkste Konkurrenten.

gegenüber den ehemaligen Mitgliedern der SPD gewesen sein. Am 21./22. April 1946 hatten sich Teile der SPD mit der KPD zur Sozialistischen Einheitspartei Deutschlands (SED) vereinigt. Der erste Parteivorstand, genauer gesagt das Zentralsekretariat, setzte sich aus zwölf Mitgliedern zusammen, jeweils sechs aus einer der Parteien. Die SED sollte paritätisch geführt werden, weshalb es zwei Parteivorsitzende gab. Bei den wöchentlichen Sitzungen im „Haus der Einheit"[156] herrschte eine strenge paritätische Sitzordnung. Dort saß Pieck neben Grotewohl und Ulbricht neben Max Fechner. Dahlem war mit Erich Gniffke, Ackermann mit Otto Meier, Paul Merker mit Helmuth Lehmann und Elli Schmidt mit Käthe Kern gemeinsam für jeweils ein Sachgebiet zuständig. Die in Deutschland verbliebenen Genossen hatten sogar teilweise ihre Eigentumswohnungen, ihre Büroeinrichtungen und andere wichtige Dinge über die zwölf Jahre Naziherrschaft gerettet. Besonders die SPD hatte vor 1933 – immerhin war sie mehrmals Regierungspartei gewesen – bessere Möglichkeiten, Vermögen zu schaffen. War sie von Beschlagnahmungen durch die Nazis betroffen, konnte sie oft unkompliziert dieses Eigentum nach 1945 wieder geltend machen[157]. Erich Gniffke gehörte mit der Firma „Heibako" gar ein Unternehmen mit dazugehörigen Büroräumen, das während der Naziherrschaft ihm und Grotewohl mehr als nur den Broterwerb gesichert hatte. Die Moskauer Remigranten und befreiten Insassen der faschistischen Lager und Gefängnisse verfügten nicht mehr so unkompliziert und selbstverständlich über ein Equipment, das sie jetzt dringend benötigten. Wohnungen hatten die meisten erst recht nicht. Sie waren gezwungen, sich jetzt anders zu behelfen. Max Fechner brachte beispielsweise die Möbel aus seinem Büro in der Behrenstraße in Berlin-Mitte mit ins „Haus der Einheit"[158]. Ulbricht im Nebenbüro blieb nichts anderes übrig, als sich eine moderne Büroeinrichtung anfertigen zu lassen. Die wiederum fiel so aus, dass es Fechner als Fauxpas empfand[159]. Seiner Meinung nach war nun die Gleichberechtigung nicht mehr augenscheinlich[160]. Versteckte sich hinter diesem frühen und gewiss sehr subjektiv empfundenen Unbehagen das Gefühl, dass Ulbricht sich letzlich überall durchsetzte und die Parität eine fragile Sache war? Argwohn herrschte auf beiden Seiten. Als Erich Gniffke sich bemühte, das Parteivermögen allein zu verwalten, argwöhnte Pieck in einer Zentralsekretariatssitzung, dass *bei einer Spaltung der Partei die KPD leer ausginge*[161]. Die alten KPD-Mitglieder der Parteiführung sahen in einem anzulegenden Parteivermögen eine wichtige Grundlage für ihre politische Zukunft.

Doch nicht jeder konnte sich Möbel anfertigen lassen. Leichter war es da zweifellos, sich des zahlreichen, herrenlos gewordenen Mobiliars zu bedienen. Die Organisation dieser Dinge übernahm Eleonore Pieck, verheiratete Springer, die zweite Tochter von Wilhelm Pieck[162]. Zwar waren sämtliche erworbenen Parteigüter Alfred Oelssner unterstellt, doch solange nichts bezahlt werden musste, war sie zuständig[163].

Diese Parteivermögensbildung gestaltete sich jedoch schwieriger als erhofft. Im Juni 1945 hatte bereits Oberbürgermeister Karl Maron im Fall der Magistratssiedlung in Biesdorf, in der ja nicht nur Magistratsmitglieder sondern auch andere Genossen untergekommen waren, versucht, nach der Beschlagnahmung der Häuser vollendete Tatsachen zu schaffen. Er betrieb beim Amtsgericht eine Grundbuchumschreibung des Grundstückseigentums zu Gunsten des Berliner Magistrats. Der zuständige Grundbuchrichter lehnte dies allerdings ab, weil von der Besatzungsmacht kein ausdrücklicher Befehl dafür vorlag[164]. Vor dem 30. Oktober 1945 gab es keinen festgelegten Umgang mit den Grundstücken, weder in Bezug auf ehemalige NSDAP-Mitglieder noch bei der Inanspruchnahme durch den Magistrat.

Nach der ersten Berliner Kommunalwahl nach dem Krieg am 20. September 1946, aus der nicht, wie erhofft, die SED als Sieger hervorgegangen war, war Eile geboten. Ab Dezember 1946 sollte ein SPD-dominierter Magistrat regieren. In den letzten Tagen der eigenen Machtbefugnis musste also eine rechtliche Absicherung erfolgen, damit die für den ersten „antifaschistischen Magistrat" durchgeführte Beschlagnahme nicht in einer ersten Amtshandlung wieder rückgängig gemacht werden konnte. Immerhin war der Hinweis, dass die Führer der SED ihre Privatsphäre durch Mauern schützen ließen, die von der sowjetischen Besatzungsmacht bewacht wurden, zu einer Wahlpropaganda der SPD geworden. Die SPD gab sich damit volksverbundener und gewann schließlich nicht zuletzt deswegen die Wahlen. Deshalb hatte am 17. Oktober 1946 die Rechtsanwältin Ingeburg Gentz noch einmal die Sachlage zu prüfen. Ihr Fazit: Wenn Grundstücke nicht auf der Grundlage des Befehls 124 enteignet, sondern nur beschlagnahmt worden waren, konnten sie der Fundament Gesellschaft für Grundbesitz m.b.H. übereignet werden[165]. Das geschah dann auch offensichtlich bei dem Wohnhaus Ulbrichts. Vielleicht verkaufte Otto Rieth nicht freiwillig? Hatte man ihm gedroht, dass er unentgeltlich enteignet werden könnte? Doch die von Winzer erhoffte Eigentumsübertragung konnte schließlich in der Kürze der Zeit nicht mehr verwirklicht werden. Inanspruchnahmen im Sinne des „öffentlichen Interesses" erfolgten erst wesentlich später. Das mag seine Ursache sicher auch in der besonderen besatzungsrechtlichen Situation Berlins gehabt haben, die Winzer vielleicht unter-

Vom Mai 1945 bis Dezember 1946 war Karl Maron erster stellvertretender Oberbürgermeister des Berliner Magistrats und Leiter der Personalabteilung. Sein Versuch, durch Grundbuchumschreibung vollendete Tatsachen zu schaffen, scheiterte vorerst.

schätzt hatte. In Groß-Berlin hatten alle vier Besatzungsmächte für die gesamte Stadt die Besatzungshoheit gemeinsam und einheitlich wahrzunehmen. Eine eigenständige besatzungsrechtliche Position der Sowjetunion im Ostsektor Berlins, wie für eine Eigentumsübertragung Voraussetzung, bestand nicht. Vielmehr bedurfte es immer einer gemeinsamen Direktive von Seiten der Alliierten Kommandantur. Durch den Kontrollrat der Alliierten Kommandantur wurde zwar der Befehl 124 am 12. Oktober 1946 in seiner Direktive Nr. 38 bestätigt. Diese Direktive regelte noch einmal, welcher Personenkreis unter welchen Voraussetzungen wegen Kriegsverbrechen und nationalsozialistischer Aktivitäten bestraft werden sollte und unter welchen Voraussetzungen Vermögenseinzug als „Sühnemaßnahme" in Betracht kam. Bei so genannten „Minderbelasteten" war allerdings ein Vermögenseinzug nur vorgesehen, wenn die entsprechenden Vermögenswerte durch Ausnutzung politischer Beziehungen oder besonderer nationalsozialistischer Maßnahmen wie Arisierung und Aufrüstung erworben worden waren[166]. Eigentumsübertragungen an den Magistrat oder gar an die SED waren nicht vorgesehen. Als die Stadtverordnetenversammlung von Berlin am 27. März 1947 ein Gesetz zur Einziehung von Vermögenswerten der Kriegsverbrecher und Naziaktivisten in Kraft setzte, legte die Alliierte Kommandantur dagegen gar ihr Veto ein. Erst am 8. Februar 1949, nachdem sich die beiden Stadthälften Berlins politisch getrennt hatten und jede Besatzungsmacht für den von ihr besetzten Sektor allein verantwortlich war, konnte der damalige Oberbürgermeister des Magistrats von Groß-Berlin, Friedrich Ebert, dieses Gesetz für den sowjetisch besetzten Sektor in Kraft setzen. Die Grundstücke der „Naziaktivisten und Kriegsverbrecher" sind dann ohne weitere Prüfung in Volkseigentum übergegangen. Die von den Mitgliedern des Magistrats und der Führung der SED benutzten Grundstücke blieben davon vorerst unberührt.

Damit fielen Mietzahlungen an. Während auf Piecks Weisung *die auf der beiliegenden Liste vermerkten Mietpreise für Becher und Fallada ... nicht zu unseren Obliegenheiten*[167] gehören, zahlte die Partei die Miete und die Gartenpacht für alle Mitglieder des Zentralsekretariats bis 1949.

Streit und Einvernehmen

In enger Zusammenarbeit mit der Zentralkommandantur stellte das Pankower Amt für Kriegsschäden- und Besatzungskosten Walter Nickel als Bauleiter ein. Er war für alle handwerklichen und baulichen Maßnahmen im Sperrgebiet verantwortlich[168]. Und die neuen Bewohner hatten natürlich, wie jeder Mieter in einer neu bezogenen Wohnung, eigene Wünsche und besondere Vorstellungen. An den Häusern sollten zuerst die Kriegsschäden beseitigt werden. Am Wohnhaus Piecks beispielsweise investierte die KPD für Reparaturarbeiten 20.000,- RM[169]. Da einige Häuser im Winter leer gestanden hatten, waren zusätzliche Schäden aufgetreten, besonders an den Zentralheizungen. Außerdem hatte der ständige Wechsel der Bewohner für die Wohnungen zu einem hohen Verschleiß geführt. In manchen Fällen dürften auch die mit den modernen Heizungssystemen unkundigen Russen die Schäden selbst verursacht haben. Zusätzlich kam es zu Diebstahl von Buntmetallen, Fensterflügeln, Elektroboilern oder ähnlichem durch die im Sperrgebiet verkehrenden Handwerker[170]. Bei Neubezug musste dafür Ersatz beschafft werden. Russische Offiziere hatten oft den Wunsch, Hühner zu halten, was zur Errichtung provisorischer Hühnerställe führte, allgemein „Befehlsbauten" genannt.

Da die neuen Bewohner für die Arbeiten selbst nicht zur Kasse gebeten wurden, „uferten" diese Arbeiten manchmal aus. Der Bruder Nickels, Paul Nickel, hatte in der Görschstraße 40 in Berlin-Pankow einen Malerbetrieb. Auch er war viel im „Städtchen" tätig. Die von den Firmen gestellten Rechnungen wurden allein vom Bauleiter gegengezeichnet und vom Bezirksamt Pankow beglichen. Um die Magistratsverordnung, dass nur der Bürgermeister Rechnungen über 5.000 Mark genehmigen konnte, scherte sich im Fall „Militärstädtchen" eh niemand. Was lag näher, als fingierte Rechnungen zu stellen, wo doch die Zentralkommandantur allmächtig war? In die Amtszeit des Sozialdemokraten Erich Ryneck (SPD) als Pankower Bürgermeister fiel der Prozess gegen Mitarbeiter des Bezirksamtes sowie der Brüder Nickel wegen Unterschlagung und falscher Bauabrechnungen[171]. Allein Nickels Firma hatte dadurch 143.000 Mark zusätzlich kassiert. Während sich Paul Nickel in den britischen Sektor absetzte, erhielt Walter Nickel drei Jahre Gefängnis und eine Geldstrafe von 1.500,- Mark[172]. Bürgermeister Ryneck floh in den Westteil Berlins und beschwerte sich von dort bei Oberbürgermeister Friedensburg[173]. Er hatte schließlich zu befürchten, selbst eingesperrt zu werden. Seine bisherige Stellvertreterin Änne Saefkow übernahm daraufhin das Amt, womit nun in Pankow die „richtige" Partei die Geschäfte führte. Durch den Prozess entledigte man sich also gleich mehrerer Probleme, wenn

Mieter und Mietzins der von Funktionären bewohnten Häuser per 30. Dezember 1945.

Flugblatt von 1949. Waren die falschen Bauabrechnungen nur ein Vorwand, um vollendete Tatsachen zu schaffen?

nicht sogar davon ausgegangen werden muss, dass die Missstände schon länger bekannt waren und für die Schaffung politisch genehmer Tatsachen benutzt wurden.

Dieser Prozess beschäftigte die Alteigentümer der Häuser im „Städtchen" natürlich sehr. Nach der Beschlagnahmung waren sie auf Wohnungen in der Umgebung verteilt worden. Da ihnen nicht verborgen blieb, dass Deutsche in ihren Häusern wohnen sollten, wandten sich 18 Hauseigentümer bereits am 14. August 1945 mit einer Eingabe an den Magistrat. Sie baten um Überprüfung der Angelegenheit, auch weil kein schriftlicher Räumungsbefehl vorlag. Von den Eigentümern, in deren Häusern tatsächlich Deutsche wohnten, gehörten nur Otto Latendorf und Edgar Roedel zu den Unterzeichnern. Ihre Häuser waren nacheinander Anton Ackermann und dessen Frau Elli Schmidt zugewiesen worden. Im Haus von Latendorf wohnte die Familie Ackermann/Schmidt nur zehn Tage[174]. Dann bezog sie direkt neben Ulbricht das Haus von Roedel[175]. Da die Familie Roedel ihr Inventar mitnehmen konnte, möblierte Ackermann das neue Haus mit dem Inventar von Latendorf. Dazu holte er sich ordnungsgemäß die Genehmigung des Militärkommandanten von Pankow[176]. Latendorf fand das alles andere als rechtmäßig. Im Oktober 1945 hatte er offensichtlich noch einmal Zutritt zu seinem Haus gehabt[177]. Nach Anfrage beim zuständigen Bezirksamt Pankow wurde ihm mitgeteilt, dass ein gewisser „Heinrich Ackermann" sein Eigentum mitgenommen habe. Latendorf suchte bei Ackermann um die Sachen nach. Dieser beauftragte Ingeburg Gentz, sich darum zu kümmern. Ihre Antwort vom 25. März 1946: *Herr Heinrich Ackermann, Berlin-Niederschönhausen, Viktoriastrasse 24 hat mir ihr Schreiben vom 5. 3. 1946 zur Erledigung übergeben. Es ist zu treffend, dass sich unter dem Inventar Viktoriastraße 24 ein Buffet, eine Anrichte und 2 Lampen aus Ihrem Haus Eisenmengerweg 19 befinden. Ein Ofen liess sich nicht feststellen, doch stellt Ihnen Herr Ackermann gern anheim, die Räume Viktoriastrasse 24 zu besichtigen, um festzustellen, ob sich ein Ofen oder sonst Ihnen gehöriger Gegenstand dort befindet. Auch bittet Sie mein Auftraggeber, die Ihnen gehörigen Sachen, sofern Sie sie benötigen, bei Gelegenheit abzuholen und ihm vorher den Abholungstermin mitzuteilen, da er für die Sachen keine Verwendung hat.*[178] Das war schon recht zynisch, zumal sich die Rechtsanwältin den Vorwurf machen lassen muss, dass sie über die Sachlage genaustens Bescheid wusste[179]. Latendorf hätte natürlich, auch wenn er wollte, Ackermann kaum besuchen können. Unerklärlich bleibt auch, warum sie die falsche Namensnennung ihres Mandanten nicht richtig stellte. Ackermann benutzte als Parteinamen in Moskau den Vornamen „Peter" und in Berlin von Anfang an „Anton", niemals Heinrich. Und Latendorf hatte allen Grund, wenig Verständnis zu haben. Die Eigentümer erhielten die Möglichkeit, beim Amt für Kriegsschäden- und Besatzungskosten einen Antrag auf Ermäßigung ihrer Grundsteuer zu stellen.

Daraufhin erhielten sie ein Schreiben, das praktisch die Befreiung von den Kosten der Grundsteuer und der Straßenreinigung bedeutete. Latendorfs Antrag dagegen lehnte man ab, weil es sich bei seinen „Mietern" um Deutsche handelte[180]. Nach Auffassung des Amtes sollte sich Latendorf um die Miete selbst kümmern, obwohl Oberstleutnant Tarakanow Bürgermeister Mätzchen direkt angewiesen hatte[181]. Darüber ist gleichzeitig Hans Fallada als Nachmieter von Seiten des Amtes informiert worden[182]. Anzunehmen ist, dass sich Latendorf in seiner Art kühn an Fallada wegen der Miete gewandt haben wird. Ob Fallada jemals Miete an Latendorf gezahlt hat, ist bis heute nicht nachgewiesen, aber wahrscheinlich. Finanziell war ihm das durchaus möglich. Neben der Miete stand Latendorf eine Entschädigung für die Nutzung des Gartens zu, aus dem die Familie Ditzen Pfirsiche und Kirschen erntete[183]. Und auch Frau Ditzen scheint wegen ihrer Morphiumsucht Teile des Inventars als wertvolle Tauschobjekte benutzt zu haben. Doch auch in diesem Fall zahlte Fallada an die Leihgeber korrekt 10.000 RM für eine chinesische Deckelvase, 2 Pelzmäntel und 1 Herrenmaßanzug[184]. Erst nach dem Auszug von Frau Ditzen[185] im Juni 1947 kann Latendorf mit der bald darauf erfolgten Zuweisung Oberst Kirsanows endlich die Grundstückssteuerermäßigung in Anspruch nehmen.

Auch Ulbricht, Becher und Pieck hielten persönlichen Kontakt zu den Villenbesitzern. Ulbricht bestellte Rieth noch im September 1945 zu sich. Mit einigem Befremden musste er an seiner eigenen Haustür klingeln. Ulbricht öffnete selbst und soll Rieth sofort angeherrscht haben, wo denn der Staubsauger geblieben sei. Da im Vestibül ein heller Teppich lag und manche Arbeitssitzung mit den russischen Genossen bei ihm stattfand, war er persönlich sehr an dem damals modernen, aber genauso nützlichen Gerät interessiert. Rieth hatte den Staubsauger im Juni gegen Lebensmittel eingetauscht, wofür der damit verwöhnte Ulbricht nun gar kein Verständnis hatte. Aber im Großen und Ganzen verstand man sich gut. Rieth bat um seine Einweckgläser, um bestimmte Möbel und sonstige persönliche Dinge und Ulbricht gab manche nach einigem Überlegen heraus. Bei anderen wiederum meinte er, dass sich seine „Lotte" davon schon nicht mehr trennen könne.

Otto Rieth mit seiner Familie Anfang der 40er Jahre. Im gutbürgerlichen und – gemessen am Zeitgeschmack – durchaus mit dem Sinn für Details eingerichteten Wohnzimmer wird sich die „Macht" erst fünf Jahre später breit machen.

Zwischen den Töchtern Christian Zellers, Hilde und Liselotte, und Wilhelm Pieck entwickelte sich geradezu eine herzliche Beziehung. Zuerst sorgte Pieck dafür, dass die beiden im Haus lebenden Frauen in die nahe gelegene Wohnung ihrer gemeinsamen Schwester Waltraut ziehen konnten. Diese war mit dem ehemaligen SA-Obersturmführer Günther Küsgen verheiratet und lebte in der Mühlenstraße 2a in Pankow[186]. Pankow war aber für die Familie Küsgen „ein heisses Pflaster" geworden, weshalb sie nach Wandlitz bei Bernau im Norden von Berlin zog. Aus der Wohnung in der Mühlenstraße kamen die beiden Frauen des öfteren noch zu Pieck, der ihnen beispielsweise gestattete, im Garten die vergrabenen Weinflaschen zu holen. Im Juli 1946 war Pieck in Braunschweig, wo er die vierte Zeller-Tochter kennen lernen sollte. Sie bat ihn, die Möbel aus dem Sommerhaus der Familie in der Gürgenstraße am Wandlitzsee zu ihr nach Braunschweig schaffen zu lassen[187]. Dabei war ihnen Pieck behilflich. Auch als eine der beiden Schwestern von der Mühlenstraße in die Paracelsusstraße ziehen wollte, vermittelte Pieck dazu die entsprechenden Kontakte. Grundsätzlich verstand sich Wilhelm Pieck 1945/46 noch als Mieter. Er selbst zahlte die Miete für das Haus und für die Benutzung der Möbel bis etwa Mitte 1946 bar. Am 23. Juni 1946 schrieb Elly Winter an Liselotte Zeller: *Heute habe ich eine große Bitte. Können Sie mir nicht sagen, wo der Schlüssel für den Mottenschrank sein kann? Vielleicht haben Sie ihn?*[188] Man hatte sich also eingelebt. Auf dem Boden des Hauses entdeckte Pieck Studien der Hobbymalerin Hilde Zeller, kleine Impressionen, die die Umgebung zeigten. Der alte Pieck ließ sie rahmen und soll sie sich ins Schlafzimmer gehängt haben. Ansonsten veränderte sich wenig in dem Haus. Als Grotewohl in die Stille Straße 4-5 zog, gab Pieck Ende April/Anfang Mai 1946 im familiären Kreis einen Empfang in seiner Villa[189]. Die Weihnachtsfeier wurde 1946 schließlich auch nicht mehr in Bechers Villa gefeiert. Stattdessen kamen der Oberbürgermeister Berlins Arthur Werner mit Frau, Willi Borchert mit Frau Liesel[190] und Piecks Sohn Arthur mit Frau, Tochter Lore und deren Lebenspartner Richard Staimer, mit dem sie schon im Hotel Lux zusammengelebt hatte[191]. Eine Mischung aus Familientreffen und offiziellem Besuch.

Natürlich war das Haus für zwei Personen und eine Haushälterin überhaupt viel zu groß. Doch Pieck nutzte es von Anfang an auch als Unterkunft für verschiedene Freunde und Genossen, die nach Berlin kamen. Anläßlich des „1. Deutschen Volkskongresses für die Einheit Deutschlands und gerechten Frieden" fand vom 6.–10. Dezember 1947 bei Pieck der Politische Leiter der KPD Bremen, Heinrich Schramm, Quartier[192]. In Bremen stand die politische Wiege Piecks, und er hatte zeitlebens enge Kontakte dorthin. Aber auch ausländische Gäste kamen nach Pankow. Zum II. Parteitag der SED am 20. September 1947 schliefen im Hause des Parteivorsitzenden Roger Roucaute und Pierre Hentges aus Paris,

Sandor Nogradi mit Frau Hilde sowie Käte Farkas, Oskar Betlen, Lazlo Balo aus Budapest und Kiril Dramaljeff aus Sofia[193]. Der Vorsitzende der Kommunistischen Partei Frankreichs, Maurice Thorez, war im November 1947 mit seiner Frau und zwei Mitarbeitern auf der Rückreise von Moskau nach Paris zwei Nächte Gast von Wilhelm Pieck[194].

Karl Schwabe, Eigentümer der Villa, die Becher bezogen hatte, war 1945 zu seiner Familie nach Holzsußra (Thüringen) in die damals noch amerikanisch besetzte Zone gegangen. Bei den Pankower Behörden hinterließ er allerdings ordentlich seine neue Adresse. Diese sandte ihm 1947 einen vorgedruckten „Antrag zur Erlangung einer Bescheinigung, daß die Möbel gemäß Befehl 124 der Sowjetischen Militäradministration (SMAD) nicht beschlagnahmt worden sind". Das Haus blieb zwar beschlagnahmt, doch nicht mehr die Möbel[195]. Die Zusammenhänge und Hintergründe verstand Schwabe offenbar nicht, denn er schrieb zurück: *Ich bitte also um Nachricht aus welchem Grunde ich die Fragebogen ausfüllen soll, dh. warum soll ich einen Antrag stellen, den ich nicht stellen will.*[196] Er machte sich anscheinend wieder Hoffnung auf sein Pankower Grundstück mit einem Einheitswert von 56.000 RM und bat, die Möbel im Haus zu lassen, da er weder Möglichkeiten für einen Transport noch für eine anderweitige Unterbringung sah. Dass mit der Weigerung, den Antrag zu stellen, praktisch der Anspruch auf die Möbel erlosch, war ihm nicht bewusst. Bürgermeister Mätzchen verfügte, das Mobiliar des Kinderzimmers, das weder von Willmann noch der Familie Becher genutzt wurde, kostenlos an ein Kinderheim nach Berlin-Blankenburg zu geben[197]. Die bis dahin genutzten Möbel dagegen taxierte die Behörde. Schwabe wandte sich gleichzeitig noch einmal schriftlich an Becher und betonte, dass er eine Entfernung der Möbel aus dem Haus nicht billigen würde[198]. Becher gab sich allerdings ahnungslos[199]. Als „Opfer des Faschismus"[200] hatte er von dieser Seite eine besondere Vergünstigung zu erwarten. Becher genoss nicht die Vorteile der Mitglieder des Zentralsekretariats der SED. So hatte er sich selbst ein Jahr lang beim Bürgermeister Pankows um eine Zuweisung in die Villa bemühen müssen[201]. Statt der „Einweisung" wollte er eine „Zuweisung", weil das die Voraussetzung für den Abschluss eines Mietvertrages war[202]. Mit der Treuhandstelle hatte er ab Juni 1946 zumindest eine geregelte Mietzahlung vereinbaren können[203]. Vorher war er für alle Kosten im und am Haus selbst aufgekommen, was auf die Dauer teurer wurde als ein fester Mietzins.

Als Karl Schwabe so unbeschwert im Garten seiner Villa saß, hätte er es in der Tat absurd gefunden, einmal einen Antrag zu stellen, „den ich nicht stellen will".

Mit dem Abschluss eines Mietvertrages zahlte er dann die ortsübliche Miete, die bereits vor dem Krieg galt, nämlich rund 1 RM pro Quadratmeter. Die Höhe der Miete änderte sich auch nach der Währungsreform nicht mehr. Getreu der Maßgabe, dass in der DDR die Mieten stabil bleiben sollten, war der Mietpreis über die Jahre konstant.

Erst drei Jahre später wurde Becher für die Möbel und andere Einrichtungsgegenstände mit 9.701 DM zur Kasse gebeten, allerdings erfolgte die Zahlung zu Gunsten der zuständigen Grundstücksverwaltung[204]. Schwabe verlor somit sein Haus samt Inventar völlig entschädigungslos.

Menschliches unter Genossen

Heinz Willmann hatte es wesentlich eiliger mit dem Erwerb der Möbel Schwabes. Bis Anfang 1948 bewohnte er das erste Geschoss der Villa und war seinem Freund Becher Vertrauter und Gesprächspartner. Zwischenzeitlich hatte er aber, mittlerweile 42 Jahre alt, die junge Johanna Lange kennen gelernt und geehelicht. Mit ihr bezog er am 20. Januar 1948 in der Borkumstraße 23a eine gemeinsame Wohnung. Das Ehepaar erhielt nach der Währungsreform für 600 DM[205] die bis dahin von Willmann genutzten Möbel[206]. Becher soll über den Weggang seines Freundes erbost gewesen sein. Wahrscheinlich wurde es ihm zu einsam in der großen Villa. Menschliche Kontakte zu seinen Nachbarn, allesamt Funktionäre, deren persönliche Gefühle stets hinter dem politischen Kalkül zurückstehen mussten, gab es so gut wie nicht. Becher war als Präsident des Kulturbundes an anderen Orten tätig als die Zentralsekretariatsmitglieder. Allein mit Pieck und Ackermann hatte er über den „Dienst" hinausgehende Kontakte. Die Wochenenden verbrachten viele Zentralsekretariatsmitglieder mit ihren Frauen gemeinsam auf dem Jagdschloss Liebenberg im Norden von Berlin, dem so genannten „Seehaus"[207]. Zu den Russen hatte Becher nie eine tiefere Beziehung aufbauen können, allein schon, weil er die Sprache kaum beherrschte. Derart vereinsamt, musste Becher den Schritt seines Freundes Willmann als persönlichen Affront empfinden. Die Folge waren zunehmend Affären mit Frauen. So brachte er die Schauspielerin Ann Höling einmal im Kofferraum seines Wagens für ein Wochenende mit ins „Städtchen", während seine Frau Lilly in Ahrenshoop war[208].

In Ahrenshoop an der Ostsee und in Bad Saarow bei Berlin befanden sich die Wochenend- und Sommersitze der Bechers. Verschiedentlich versuchte der Dichter der Enge des „Städtchens" zu entfliehen. Angeblich fühlte er sich von der eigenen Frau „beschattet" und bat Bekannte am Bodensee, für ihn in den Sommermonaten ein kleines Haus zu mieten[209]. Doch solche Pläne konnten bei der sich abzeichnenden Teilung Deutschlands in zwei Lager und dem Misstrauen der eigenen Genossen ihm gegenüber nicht mehr verwirklicht werden. Ernsthafte Versuche, ganz aus dem Sperrgebiet auszuziehen, gab es von Bechers Seite seit 1948 nicht mehr.

Willmann dagegen nutzte den Beschluss des Parteivorstandes der SED vom 11. Februar 1948, der mit „Intellektuelle und Partei" überschrieben war. Plötzlich schien es zu einer Aufwertung der Genossen zu kommen, die auf kulturellem Gebiet arbeiteten, zu einer Abkehr von der traditionellen Intellektuellenfeindlichkeit innerhalb der allein durch Funktionäre dominierten Partei[210]. Während Becher wieder in den Parteivorstand der SED aufgenommen wurde, nutzte Willmann diese Atmosphäre, sich – zumindest räumlich – von der Parteispitze zu distanzieren.

Andere Genossen wie Alexander Abusch und Erich Wendt, beide leitende Kulturfunktionäre, hatten bei der sowjetischen Zentralkommandantur Anfang 1948 zusammen einen Antrag auf Zuweisung in das Haus Stille Straße 12 gestellt[211]. Wie sie auf die Idee kamen, ist nicht bekannt. Eine räumliche Nähe der Intellektuellen zur Parteiführung schien plötzlich gewünscht. Am 15. März 1948 bezogen Abusch und Wendt mit ihren Familien gemeinsam das große Haus in der Stillen Straße 10, das zuvor ein Jahr lang von einem russischen Oberfeldwebel mit seiner Frau bewohnt worden war[212]. Erich Wendt, bei der Redaktion von Radio Moskau unabkömmlich, war erst im März 1947 nach Deutschland zurückgekehrt. Ulbricht hatte ihn am 9. Mai 1945 bei Dimitroff für die Vorbereitung einer antifaschistisch-demokratischen Zeitung für Berlin angefordert[213]. Und auch Pieck hatte ihn als einen der ersten Heimkehrer vorgesehen[214]. Nach seiner späten Rückkehr wurde er Leiter des Aufbau-Verlages. Die ersten Monate wohnte er, wie schon die anderen Genossen vor ihm, in der Wallstraße 76–79[215]. Zehn Tage vor dem Einzug hatte er Lotte Treuber[216] geheiratet, die er 1941 in Moskau kennen gelernt hatte.

Für viele heimkehrende Genossen begann in Pankow nach den schrecklichen Jahren der Emigration ein privater Neuanfang. Wendts beide vorherige Ehen waren gescheitert. Seine erste Frau hieß ebenfalls Charlotte und wohnte jetzt nur ein paar Schritte von ihm entfernt als Lebensgefährtin Walter Ulbrichts. Da Ulbricht immer noch mit einer Frau in Leipzig verheiratet war, lebte man aus kleinbürgerlich-moralischer Sicht in sehr bedenklichen Verhältnissen. Doch 1948 störte das niemanden, so dass Ulbricht sich um eine Scheidung nicht bemühte. Erich Wendt, Sohn eines Fleischers, hatte offensichtlich andere Moralvorstellungen und erreichte sofort die Scheidung von seiner zweiten Frau Else vor dem Einzug in eine gemeinsame Wohnung mit Lotte Treuber[217]. Ulbrichts Unbedenklichkeit in dieser Hinsicht war nicht die Ausnahme. Auch Anton Ackermann hatte seine Frau verlassen, um im Majakowskiring 59 mit der wesentlich jüngeren Irmgard – sie war gerade zwanzig geworden – eine gemeinsame Wohnung zu beziehen[218]. Sogar Otto Grotewohl trennte

69

Nichts Menschliches war den Genossen fremd – warum auch. Erst später mischte sich die Partei stärker in private Dinge ein und achtete auf einwandfreie Moral. Anton Ackermann mit Familie kurz vor der Trennung von seiner Frau Elli Schmidt.

sich um diese Zeit von seiner Frau Martha, um mit seiner bisherigen Sekretärin Johanna zusammenzuleben.

Alexander Abusch war mit der Tochter Richard Aßmanns, dem ehemaligen Vorsitzenden des Reichsbanners in Berlin-Köpenick, der 1933 von den Nazis ermordet worden war, verheiratet. Er sollte und wollte es auch bleiben. Mit Hildegard Aßmann, die er 1940 in Frankreich kennen lernte, hatte er eine Tochter, die zeitlebens pflegebedürftig blieb. Dieses Kind verband offenbar die beiden Ehepartner. Abusch war zusammen mit Paul Merker und Georg Stibi nach einer abenteuerlichen Reise über Wladiwostok am 16. Juli 1946 in Berlin angekommen. Wegen seiner Verbindung zur Parteiführung wurde er Mitarbeiter des SED-Parteivorstandes und Mitglied des Präsidialrates des Kulturbundes. Die Russen setzten ihn als Chefredakteur der „Weltbühne" ein. In dieser Zeit wohnte er in der Westerlandstraße 9 in Berlin-Pankow. In der Wohnung darunter lebte damals übrigens Wolfgang Leonhard und im Haus gegenüber, Westerlandstraße 15, wohnte Alfred Kantorowicz. Der Umzug in die Wohnsiedlung der Parteispitze fiel zeitlich mit Abuschs Aufnahme in den SED-Parteivorstand zusammen. Eine Zeit lang ging es der Familie Abusch wirklich gut. Neben dem Einkommen für die Parteifunktionen erhielt Abusch für seine Publikationen beim Aufbau-Verlag großzügige Honorare[219]. Mit Wendt zusammen zahlte er für das Haus nur eine Miete von 315,– RM[220] an die Verwaltung.

Neben den Kulturfunktionären wurde 1948 auch den Zentralsekretariatsmitgliedern, die nicht in der sowjetisch besetzten Zone Deutschlands oder im sowjetischen Sektor Berlins lebten, nahe gelegt, umzuziehen. *Die Freunde, erklärte Pieck, legten großen Wert darauf, daß die Spitzenfunktionäre im sowjetischen Sektor wohnten. Meine Einwände, daß ich dann mein eigenes Haus aufgeben müsse und ein Umzug besonders meiner Frau nicht leichtfallen würde, fruchteten nicht. Pieck legte Wert auf einen Beschluß des Zentralsekretariats. Gegen zwei Stimmenthaltungen (außer mir hatte sich Otto Meier der Stimme enthalten) wurde der Beschluß gefaßt ... ich behielt das Haus am Ithweg und mietete eine Zweitwohnung in Groß-*

Glienicke, wo ich die letzte Kriegszeit illegal gelebt und den Einmarsch der Russen erlebt hatte, erinnerte sich Erich Gniffke[221]. Vielleicht verschwieg er uns, dass auch ihm ein Haus im „Städtchen" angeboten worden war. Dadurch, dass er erst später seine Erinnerungen zu Papier brachte, mag er vergessen haben, dass er auf einer Sitzung des Zentralsekretariats folgenden Punkt mit beschlossen hatte: *Matern wird beauftragt, mit der sowjetischen Stadtkommandantur wegen der Überlegung ausbaufähiger Wohnblocks Verhandlungen zu führen*[222] War damit nicht indirekt das Pankower Sperrgebiet gemeint – zumindest eine ähnliche Vorstellung davon? Da sich in solchen gemeinsamen „Wohnblocks" aber ein Gefühl ständiger Kontrolle nicht vermeiden ließ, zog Gniffke ein Dorf in Brandenburg vor. Ihm reichten wahrscheinlich die gemeinsam verbrachten Wochenenden auf Schloss Liebenberg. Gniffke hat schließlich noch im selben Jahr sein Haus in Berlin-Zehlendorf, Am Ithweg, wieder bezogen; Ausdruck für seinen Bruch mit der SED, vor allem deren Parteiführung[223]. Andauernde Differenzen über den Parteikurs veranlassten Gniffke, die Partei zu verlassen. Die Rückkehr in seine Eigentumswohnung kam einer Flucht in den Westen gleich.

Besonders gegen die Umwandlung der SED in „eine Partei neuen Typus"[224] hatte Gniffke starke Bedenken. Grundlage dafür war die Ansicht Stalins, die Partei könne nur als homogenes Ganzes unter Verzicht auf Individualität und persönliche Freiheit durch ihre Mitglieder die höchste Form von Handlungsfähigkeit erreichen[225]. Für die Genossen der SED hatte das tragische Folgen. Denn das bedeutete praktisch die Unterdrückung von unterschiedlichen Auffassungen in der Partei und die Entmündigung ihrer Mitglieder. Außerdem wurde es dadurch leichter, einzelnen Genossen eine bestimmte „Linie" aufzuzwingen. Auseinandersetzungen mit gegensätzlichen Auffassungen wurden nicht mehr theoretisch und politisch geführt, sondern durch administrative Disziplinierungen und Bestrafungen, bis hin zum Ausschluss. Im September 1948 kam es zur Bildung der Zentralen Parteikontrollkommission (ZPKK), die an Stelle der im Statut von 1946 vorgesehenen Schiedsgerichte trat und ein wichtiges Mittel zur Disziplinierung der Mitglieder wurde[226].

In letzter Konsequenz bedeutete das auch, die bisherige paritätische Führung in der SED personell zu verändern. Ulbricht übernahm de facto die Parteiführung in dem aus acht Mitgliedern bestehenden Politbüro[227]. Das Zentralsekretariat verlor seine Bedeutung als bislang entscheidendes Führungsorgan. Zusätzlich schuf der Parteivorstand das so genannte „Kleine Sekretariat des Politbüros"[228] unter dem Vorsitz von Walter Ulbricht. Mit diesem Gremium konnte Ulbricht künftig darauf Einfluss nehmen, was im Politbüro überhaupt besprochen wurde.

Mit dem Jahr 1948 verbindet sich auch der Beginn politischer Gespräche im Wohnhaus Piecks, die vorher hauptsächlich im Sperrgebiet in Karlshorst, im „Haus der Einheit" oder in der Wallstraße 76–79 statt-

Ölbild Wilhelm Piecks von Werner Hartung. Das ursprünglich runde (alte) Parteiabzeichen am Revers des Präsidenten wurde übrigens später wegen der Ähnlichkeit zu dem runden NSDAP-Abzeichen übermalt und dem neueren ovalen angeglichen.

gefunden hatten. Pieck war um diese Zeit nach wie vor der wichtigste Ansprechpartner der verantwortlichen sowjetischen Genossen wie dem Chef der SMAD, Tschuikow und dessen politischem Berater Semjonow[229]. Grund für den Ortswechsel mag die zunehmende gesundheitliche Instabilität Piecks gewesen sein. Am 24. Februar 1949 um 20 Uhr luden Pieck und Grotewohl zu einem Abendessen, dass die Raumkapazität der Villa sprengte. Erschienen waren Tulpanow mit Frau, Semjonow mit Frau, der polnische Brigadegeneral Jakub Prawin mit Frau, der polnische Botschaftsrat Hubert Meller mit Frau, der tschechoslowakische Presseattaché Dr. Snedarek, der bulgarische Handelsrat Stefan Jotoff mit Frau, der rumänische Legationsrat Sucui, der rumänische Konsul Sabo und Dr. B. Brügel. Dazu kamen von gegenüber Ulbricht mit Lebensgefährtin Lotte, Dahlem mit Frau Käthe sowie Paul Merker, Ebert mit Frau Maria, Grete Keilson, Josef Orlopp mit Frau und schließlich aus Potsdam Heinrich Rau mit Frau Elli[230]. Ein politisches Treffen, das eine gewisse Koordinierung verlangte, womit Elly Winter allein gewiß überfordert war. Da es sich zumeist um Politiker handelte, könnte man es auch für ein Staatsbankett halten. Nur einen Staat gab es noch nicht.

Wirtschaftlich war die Spaltung Deutschlands bereits vollzogen, die politische Trennung der beiden Stadthälften Berlins war nur Ausdruck dessen. Am 30. November 1948 wurde in einer „Außerordentlichen Stadtverordnetenversammlung" Friedrich Ebert zum Oberbürgermeister „gewählt", während man den bisherigen Magistrat unter Dr. Ferdinand Friedensburg für abgesetzt erklärte. Dieser Magistrat und die anhängige Stadtverordnetenversammlung tagten von nun an in den Westsektoren und begründeten eine eigene Stadtregierung. Politisch war Berlin seitdem in zwei Hälften gespalten. In der sowjetisch besetzten Zone Deutschlands und im sowjetischen Sektor Berlins begann ein administrativer Stil der Gleichschaltung, Stalins Reaktion auf die Amerikanisierung der Westzonen. Aber auch der zügellose Machthunger des übereifrigen Ulbricht auf dem Wege zu einem sozialistischen Deutschland – wenn auch nur in einem Teil – mag hierfür eine Ursache gewesen sein. Die Kooptierung neuer Mitglieder in die Parteispitze zog jetzt automatisch die Zuweisung einer Wohnung in Pankow nach sich. In unmittelbarer Nähe des „Städtchens" wurde Friedrich Ebert Nachbar von Hermann Matern und Karl Grünberg, die bereits in der Leonhard-Frank-Straße[231] wohnten.

Im Oktober 1948 eröffnete Pieck, der vielleicht die Visionen Ulbrichts nicht teilte, aber die Doktrin Stalins pflichtgemäß erfüllte, in seinem Wohnhaus eine Reihe von Treffen mit Kulturschaffenden, um sie für den „besseren" Teil Deutschlands zu gewinnen. Er hatte die Intendanten des Deutschen Theaters, Wolfgang Langhoff, des Theaters am Schiffbauerdamm, Fritz Wisten, und des Kindertheaters Lichtenberg, Hans Rodenberg, sowie den Direktor der Staatsoper, Clemens Herzberg, zu sich geladen[232]. Am 6. November 1948 um 20 Uhr waren Paul Wandel, Becher, Ackermann und dessen Frau sowie Wolfgang Langhoff, Ernst Legal, Ernst Busch mit Frau Eva, Jacob Walcher und die gerade erst nach Deutschland in die SBZ zurückgekehrten Bertolt Brecht[233] und Helene Weigel zum Abendessen geladen[234]. Thema des Abends war die Zukunft Brechts in Berlin, wenn nicht sogar der aktuelle Anlass selbst. Zwei Wochen später war Ernst Fischer mit seiner Frau zu Gast[235]. Den Autor expressionistischer Dramen kannte Pieck noch aus der Zeit im Hotel „Lux". Dort hatten sie nicht das beste Verhältnis zueinander gehabt, aber 1948 schöpfte Pieck alle Möglichkeiten aus, ein neues, ein propagandistisches Theater in Berlin aufzubauen. Dass da die Künstler nicht immer so wollten, wie es sich die „Auftraggeber" dachten, mag der Grund gewesen sein, dass es zu keiner Zusammenarbeit kam.

Wladimir Semjonow, der intelligente Statthalter der real existierenden Macht in der sowjetisch besetzten Zone. Er schaffte es sogar, in die Bundesrepublik zu gelangen – als Botschafter der Sowjetunion.

Im Wohngebiet traf man sich nur, um über Politik zu reden. Vorgespräche und Überlegungen für politische Entscheidungen fanden jetzt hier statt. Neben dem „Haus der Einheit" waren die Wohnungen der Funktionäre seit diesem Zeitpunkt Orte, an denen „Geschichte" gemacht wurde. Vom marxistisch-leninistisch-stalinistischen Standpunkt aus gesehen begriff man Kunst in ihrer gesellschaftlichen Funktion letztlich als Propaganda der eigenen Vorstellungen. Damit der Künstler diese Aufgabe erfüllen kann, also einen „parteilichen" Standpunkt einnahm, bedurfte er der Beratung durch die Führer jenes gesellschaftlichen Umwälzungsprozesses. Wilhelm Pieck sah sich in der Rolle eines künstlerischen Beirats. So wie Becher auf Falladas Schaffen Einfluss nahm (oder nehmen wollte), so geschah es jetzt durch Pieck. Er legte bei diesen Abendessen den Standpunkt der Partei dar und erinnerte die Künstler – völlig ungezwungen – daran, was toleriert beziehungsweise akzeptiert werden würde und was nicht. Man gab sich generös und wusste doch durchaus, was man von wem wollte.

Pieck war wegen seiner wöchentlichen Opern- und Theaterbesuche der beste Kenner der Kulturszene unter den Funktionären. Er hatte in der

Altberlin – Jungfernbrücke. Gemälde von Hans Baluschek 1927. Das Bild war der bestimmende Blickfang in dem zwar gediegen kleinbürgerlichen, aber schon etwas angestaubten Mobiliar der Familie Zeller, das Wilhelm Pieck „übernommen" hatte.

Staatsoper eine eigene Loge, die bei seinem Amtsantritt 1949 als Staatsoberhaupt der DDR „Präsidentenloge" wurde(236). Die Mittwoch-Abende verbrachte Pieck im Kino und sah sich dort die Filme an, die es zu dieser Zeit im deutschsprachigen Raum gab, vom Heimatfilm bis zum Kassenschlager mit Hans Albers. Auch für Einladungen in Kinos der anderen Berliner Sektoren hatte Pieck bis 1948 stets ein offenes Ohr(237).

Für diese Treffen wurde der Empfangsbereich der Villa Piecks etwas hergerichtet. Pieck musste schließlich als Kunstkenner wirken. Zum 73. Geburtstag Piecks überbrachte Fritz Ebert als frisch gebackenes Mitglied des Zentralsekretariats der SED und Oberbürgermeister von Berlin das Gemälde „Altberlin-Jungfernbrücke" von Hans Baluschek(238). Das Gemälde gehört zum Spätwerk Baluscheks und war im Auftrag des Magistrats von Berlin Ende der 20er Jahre entstanden. Da zu jener Zeit die innerstädtische Planung vorsah, die Reste der Berliner Altstadt abzureißen, hatte sie Baluschek in der Tradition der Stadtmalerei festgehalten. Baluschek stellte den „sozialdemokratischen Künstler par excellence" dar(239). Für die Zwecke Piecks war der Fund des Gemäldes im Depot des Stadtmuseums ein Glücksumstand. Mit der großen, deutlich lesbaren Signatur „HBaluschek" konnte eindeutig auf einen Künstler verwiesen werden, an dessen Traditionen man anzuschließen gedachte. War es auch der Bildinhalt, das einstige, 1798 erbaute technische Wunderwerk Altberlins, das als ein Vorbild für die erhoffte Industrialisierung der gesamten sowjetisch besetzten Zone hätte interpretiert werden können?

Das Regierungsstädtchen (1950–1960)

Die Gründung eines Staates

Im Sommer 1949 wurde die Ossietzkystraße für die Öffentlichkeit gesperrt[1]. Nach dem Krieg war der Verkehr der Straßenbahnlinie Nr. 47 wieder aufgenommen worden, die auf der Ossietzkystraße zwischen Pankow/Kirche und dem Friedensplatz in Niederschönhausen, direkt am Schloss und am Hauptzugang zum „Militärstädtchen" vorbei, verkehrte. Plötzlich war das nicht mehr möglich. Die Hauptzufahrt von Pankow nach Niederschönhausen wurde über die Grabbeallee gelegt. Was war geschehen?

Am 7. Oktober 1949 konstituierte sich der Deutsche Volksrat als provisorische Volkskammer, rief die „Deutsche Demokratische Republik" aus und nahm eine gesamtdeutsch konzipierte parlamentarisch-demokratische Verfassung an. Gleichzeitig bildete sich die „Nationale Front des Demokratischen Deutschlands"[2], ein Aktionsbündnis aller Parteien und Massenorganisationen in der DDR, das unter der Führung der SED die Parteien im Sinne einer sowjetischen „Rätepolitik" koordinierte und die Wahl von Wilhelm Pieck zum Staatspräsidenten der DDR am 11. Oktober 1949 und von Otto Grotewohl zum Ministerpräsidenten am nächsten Tag durch die Volkskammer durchsetzte. Grotewohl bildete eine Allparteien-Blockregierung[3].

Die SMAD übertrug sämtliche Verwaltungsbefugnisse an die neue Regierung, auch die der Deutschen Wirtschaftskommission (DWK)[4], die faktisch in dieser neuen Regierung aufging. Die Oberhoheit über Staat und Verwaltung übernahm nun die Sowjetische Kontrollkommission (SKK), die Nachfolgeorganisation der SMAD; letztlich eine Konsequenz aus der Entwicklung der letzten Jahre, die auf zwei getrennte deutsche Staaten hinauslief. Das Wohngebiet in Pankow wurde gleichzeitig als Siedlung auserkoren, in der möglichst viele Mitglieder der Regierung wohnen sollten. Vereinzelt waren bereits in den letzten Jahren Mitarbeiter der DWK in die Nähe russischer Offiziere und Parteifunktionäre gezogen, so auch nach Pankow. In diesem Zusammenhang war es zu weiteren Abschottungsmaßnahmen und zur Umlegung des Straßenbahnverkehrs gekommen. Anfang 1950 zogen weitere Verwaltungsbeamte zu den bisherigen Bewohnern ins Sperrgebiet.

Vier Tage vor der Regierungsbildung hatte man die SED-Mitglieder Otto Gotsche, Hans Tzschorn und Fritz Geyer von ihren jeweiligen Aufenthaltsorten in der sowjetisch besetzten Zone mit schwarzen Limousinen abgeholt. Verwandte und Freunde wurden nicht informiert. Otto Gotsche arbeitete damals als Ministerialdirektor im Ministerium des Innern der Landesregierung Sachsen-Anhalt. Vor kurzem erst war seine Frau gestorben. Hans Tzschorn kam direkt von der SED-Parteihochschule in Klein-Machnow südlich von Berlin, wohin er vor einem Jahr delegiert worden war. Hier diskutierten viele junge Genossen noch andere Wege zum „Sozialismus", wie beispielsweise den der sich selbstbewusst zeigenden Jugoslawen unter der Führung Josip Titos. Anton Ackermann hatte zwar mit seiner Schrift „Gibt es einen besonderen deutschen Weg zum Sozialismus?" im Februar 1946 einen eigenständigen Sozialismus bejaht, doch die harte Trennung der Lager in „Ost" und „West" machte inzwischen eine eigenverantwortliche und eigenständige Entwicklung unmöglich, den führenden sowjetischen Genossen erschien sie gar als Schwächung des eigenen Lagers. Die jugoslawischen Genossen ließen sich trotzdem auf diese gemeinsame Linie nicht ein. Dieses Unabhängigkeitsstreben veranlasste Wolfgang Leonhard, der an dieser Parteihochschule bis März 1949 an der Fakultät Geschichte lehrte, in die Föderative Volksrepublik Jugoslawien zu fliehen. Sein bisheriger Schüler Tzschorn empfahl sich zum einen durch seine Verwandtschaft mit Ingeburg Gentz[5], zum anderen befürwortete er einen relativ selbständigen Weg Deutschlands zum Sozialismus. In Grotewohl, der ihn bei einem Besuch auf der Parteischule kennen gelernt hatte, fand er seinen Fürsprecher, weshalb ihm bald eine große Zukunft beschieden sein sollte. Vor seinem Studium hatte Tzschorn als Ministerialrat in der Landesregierung Sachsen gewirkt. Bei dieser Tätigkeit war ihm Fritz Geyer begegnet. Der ausgebildete Jurist Dr. Geyer war dort Staatssekretär gewesen.

Gemeinsam mit Tzschorn und Gotsche sowie vier anderen Männern[6] erhielt Geyer von der Partei den Auftrag, alle nötigen Dokumente des neu zu gründenden Staates zu formulieren, der eine „antifaschistisch-radikaldemokratische Republik" werden sollte[7]. Infolge des angestrebten gesamtdeutschen Charakters der Verfassung gab es nur eine deutsche Staatsangehörigkeit. Das höchste Organ sollte das Parlament – die so genannte provisorische Volkskammer – sein. Sie berief und bestätigte die Regierung, verabschiedete Gesetze, wählte die Mitglieder des Obersten Gerichtshofes[8]. Über die Rechtswirklichkeit und die Rolle der SED sagte die theoretische Grundlage nichts aus[9]. Das Parlament sollte aber in seiner Machtstellung jederzeit handlungsfähig bleiben, damit nicht *das Parlament wieder zur Tribüne politischen Gezänkes und Ränkespiels wird.*[10] Es sollte nur noch Entscheidungen treffen, während die Entscheidungsfindung in den unteren Gremien stattfand.

Praktisch erwuchs jedoch aus dieser gesetzlichen Wirklichkeit eine außerordentliche Machtstellung der unteren Gremien, die durch eine geschickte Personalpolitik ausgenutzt werden konnte und wurde. Vom Sieg des Kommunismus in der Geschichte überzeugte Mitglieder der SED hatten die wichtigsten Positionen inne. Ihnen gegenüber war die Partei weisungsberechtigt, und sie selbst waren der Partei gegenüber rechenschaftspflichtig. Damit war die DDR zu einer von der SED geführten Gesellschaft geworden. Die genannten Autoren der Dokumente für die DDR-Gründung, Gotsche, Tzschorn und Geyer, waren nunmehr exponierte Vertreter dieser Macht.

Stille Straße 4/5 im heutigen Zustand. Einst gehörte das Haus, das sich Max Hensel bauen ließ, zu den markantesten des Viertels. Kurzzeitig von Grotewohl bewohnt, zog später der erste Minister des MfS Wilhelm Zaisser dort ein.

Zu diesem Zeitpunkt hatten im „Städtchen" drei Mitglieder der neuen Regierung ihren Wohnsitz. Neben Pieck und Ulbricht war das noch Otto Grotewohl. Grotewohl lebte seit Mai 1946 in der Villa von Max Hensel in der Stillen Straße 4-5[11]. Sein Sohn Hans Grotewohl erinnerte sich, dass unter den Teppichen jeweils ein Band klebte, auf dem in 50 cm Abstand zu lesen war: *Gestohlen bei Hensel*. Hensel hatte offenbar beim Bau seiner Villa nicht nur ein ausgeprägtes Schutzbedürfnis, sondern auch eine bemerkenswert prophetische Begabung bewiesen.

Nur wenige Tage nach der Vereinigung von KPD und großer Teile der ostdeutschen SPD zur SED im April 1946 bezog Grotewohl die Villa, die wegen der Rückkehr Oberstleutnant Petkuns nach Moskau leer stand[12]. Die Instandsetzung des Admiralspalastes in der Berliner Friedrichstraße, in dem die Vereinigung über die Bühne gegangen war, oblag übrigens der Firma Max Hensel[13]. 1933 war Hensel Handelsgerichtsrat und Mitglied des Finanzgerichts Groß-Berlins gewesen. Als Mitglied im Präsidium der Industrie- und Handelskammer gehörte er in jener Zeit zu denen, die besondere Privilegien genossen und sich den politischen Zielen der Nazis nicht verschlossen. In den letzten Kriegsjahren hatte seine Firma nur noch Eisenbahnwaggons produziert. Nach der Kapitulation war die vollständige Demontage des Betriebes erfolgt und dem NSDAP-Mitglied Hensel die Verfügungsgewalt über seine Firma entzogen worden. Der findige Mann suchte sich ein neues Tätigkeitsfeld. Als Theaterbauspezialist war er für die Instandsetzung der meisten Berliner Theater, die sich ja vor allem im sowjetisch besetzten Sektor befanden, bestens geeignet. Das waren bis 1948 das Theater am Schiffbauerdamm[14], das Metropol-Theater, die Komische Oper, der Friedrichstadtpalast und das

Corso-Theater. Ohne es zu wissen oder zu wollen, gab es somit für Grotewohl die unterschiedlichsten Berührungspunkte zu Kommerzienrat Hensel.

Mit seiner langjährigen Ehefrau Martha Grotewohl bezog der Parteivorsitzende die Sieben-Zimmer-Wohnung der Villa. Sein Sohn und dessen Familie ließ sich schräg gegenüber im Haus von Schwanke (Majakowskiring 61) nieder, das deswegen ebenfalls von einem russischen Offizier verlassen wurde. Grotewohls Entschluss, 1946 ins Sperrgebiet zu ziehen, bedeutete in erster Linie eine Sicherung der (Über-)Lebensverhältnisse für die gesamte Familie. Seine neuen Nachbarn, Pieck, Ulbricht und Dahlem, kannte er aus der Zeit vor 1933. Sie waren sich als Abgeordnete des Reichstages oder auf anderen politischen Veranstaltungen begegnet. Aufgewachsen war Grotewohl in einem armseligen Arbeiterviertel des „roten" Braunschweigs, zu dessen Alltag Wanzen, Kriminalität und eine hohe Kindersterblichkeitsrate gehörten[15]. Durch ein beachtenswertes Selbststudium wurde er ein belesener und hochgebildeter Sozialdemokrat. Als Buchdrucker gehörte er ohnehin zum „Adel" innerhalb der Arbeiterschaft. Doch weder als Minister oder Präsident der Landesversicherungsanstalt im Freistaat Braunschweig noch als Geschäftsführer und Bevollmächtigter der Firma Gniffke[16] in Berlin hätte er sich ein Haus diesen Ausmaßes leisten können. Die letzten Wochen der Hitlerdiktatur hatte Grotewohl zuletzt in einem illegalen Quartier in der Kronprinzenallee 320 in Berlin-Zehlendorf verbracht, um der Einberufung zum Volkssturm zu entgehen. Ende April 1945 war er wieder in seine Mietwohnung in der Motzstraße 22 in Berlin-Schöneberg zurückgekehrt[17].

Dass sich Grotewohl mit dem Schritt in ein Sperrgebiet den realen Lebensverhältnissen der Menschen in Berlin verschloss, war für ihn nicht ungewöhnlich. Markus Jodl schrieb in seiner Grotewohl-Biographie: *Die Sozialdemokratie hatte sich im Kaiserreich immer mehr zu einer Art „Subkultur" entwickelt, die ihre Mitglieder von der Wiege bis zur Bahre begleitete. Man kaufte in den Konsumgenossenschaften ein, las das örtliche Parteiorgan und verbrachte seine Mußestunden in einem der zahlreichen Freizeitvereine ...*[18]. Die Abschottung vor anderen Bevölkerungsteilen hatte also auch in der Sozialdemokratie eine gewisse Tradition.

Vom Wirken berühmter Männer

Mit der Staatsgründung kam es am 12. November 1949 zur Übergabe der Verwaltungsfunktionen der SMAD an den Magistrat für den sowjetischen Sektor Berlins. Damit erübrigte sich auch die Stellung eines russischen Stadtkommandanten. Und so wurde im Juni 1950 Generalmajor Kotikow nach Moskau zurückbeordert. Zu einer Annäherung zwischen

Grotewohl und Generalmajor Kotikow, aus der sich eine politische, aber auch private Männerfreundschaft entwickelte, war es bereits im Herbst 1945 in Halle/Saale gekommen[19]. In der Hallenser Wohnung Kotikows soll die erste Begegnung zwischen Ulbricht und Grotewohl nach dem Krieg stattgefunden haben. Freund Grotewohl hinterließ Kotikow 1950 seine Wohnung im „Städtchen". Das konnte er auch, da das „Landhaus" im Februar 1949 auf der so genannten Liste 3 B[20] stand und damit endgültig enteignet worden war. Die Erben Wittlers hatten wegen der rigorosen Haltung der SMAD gegenüber ehemaligen „Wehrwirtschaftsführern"[21] dagegen keinen Einspruch erhoben, zumal August Wittler erst einen Monat später durch den französischen Oberleutnant Brivois in Berlin-Wedding endgültig für „entnazifiziert" erklärt worden war. Grotewohls Sohn Hans studierte mit seiner jungen Frau zu dieser Zeit bei Professor Hans Scharoun an der Technischen Universität Berlin-Charlottenburg[22], die im britischen Sektor lag, Architektur.

Der Gartenarchitekt Reinhold Lingner arbeitete unmittelbar nach dem Kriege mit Hans Scharoun eng zusammen.

Scharouns Wirken war eng mit dem Baugeschehen Berlins im 20. Jahrhundert verbunden. Zwischen 1929 und 1932 war nach Entwürfen der Architekten Walter Gropius, Hugo Häring, Otto Bartning, Alfred Forbat und ihm selbst die Großsiedlung Siemensstadt in Berlin-Spandau entstanden. Während der Zeit des Nazi-Regimes hatte er sich auf den Bau von Einfamilienhäusern für Privatleute beschränken müssen – also eine ähnliche soziale Schicht, wie sie auch im Pankower Wohngebiet vorherrschte. Am 13. Mai 1945 wurde er Stadtrat für Bau- und Wohnungswesen des ersten Nachkriegsmagistrats[23]. Eine Wohnung in der Magistratssiedlung in Biesdorf lehnte er offensichtlich ab und verblieb im eigenen Domizil[24]. Zu seinen ersten Aufgaben zählte die Instandsetzung von Verkehrsbauten, so auch der Berliner U-Bahn, zu der Spezialisten wie Otto Latendorf herangezogen wurden.

In eine der von ihm entworfenen Wohnzeilen der Siemensstadt hatte sich bereits 1929 ein Mann eingemietet, der ihm jetzt beim Neuaufbau helfen sollte. Reinhold Lingner war einer der wenigen Gartenarchitekten, die die Zeit des Faschismus ebenfalls in Deutschland verbrachten und sich der Vereinnahmung durch die Nazis widersetzen konnten. Da er eine Kommunistin geheiratet hatte, brachen sein Vater und viele seiner potenziellen Arbeitgeber mit ihm. Das bedeutete, dass er nur unter großen Entbehrungen die Nazizeit überlebt hatte. Er selbst war nie Mitglied der KPD gewesen und hatte sich auch nicht politisch betätigt. Am 1. Juni 1945 wurde er von Scharoun als Leiter des Hauptamtes für Grünplanung beim Magistrat von Groß-Berlin eingesetzt. Im „Kollektiv Scharoun" war er wesentlich an der neuen Stadt- und Verkehrsplanung für Berlin beteiligt. Am 1. November 1947 ist er dann Leiter der Abteilung Landschaft im Institut für Bauwesen der kurz zuvor gegründeten Akademie der Wissenschaften (AdW) geworden, deren Direktor das Gründungsmitglied Scharoun war. Als Stadtrat engagierte sich Scharoun für die Wieder-

Otto Grotewohl beauftragte im Dezember 1949 Hans Scharoun, das ehemalige Haus August Wittlers nach eigenen Vorstellungen umzubauen Die Wandleuchten wurden nach Entwürfen von Sergius Ruegenberg gefertigt.

aufnahme des Lehrbetriebes an der Technischen Hochschule Berlin, die am 9. April 1946 als Technische Universität wieder eröffnet werden konnte und an der er den Lehrstuhl für Städtebau innehatte.

Da Grotewohl als Ministerpräsident der provisorischen Regierung der DDR getreu seinen politischen Vorstellungen davon ausging, dass Berlin die Hauptstadt eines Gesamtdeutschland werden würde, lud er am 18. November 1949 zu einer Diskussionsrunde ein, an der der Minister für Aufbau Lothar Bolz, Hans Jendretzky, Hans Tzschorn, Friedrich Ebert, Arnold Munter, Heinrich Starck und die Architekten Peter Friedrich, Kurt Liebknecht sowie Hans Scharoun teilnahmen[25]. Auf dieser Sitzung wurde der Vorschlag Scharouns, die zukünftige Bebauung Berlins von so genannten „Junggesellen-Bauten" [26] architektonisch bestimmen zu lassen, rigoros abgelehnt[27]. Das Stadtbild sollte vielmehr von großen gesellschaftlichen Bauten beherrscht werden. Als unabdinglich wurde die Mitwirkung sowjetischer und polnischer Experten erachtet[28]. Hier setzten sich offensichtlich die durch sowjetische Verhältnisse und Ästhetik geprägten Bolz und Liebknecht durch. Aber auch Grotewohl mögen bei seinen bisherigen Besuchen in Moskau diese monumentalen Gesellschaftsbauten überzeugt haben. Dafür beauftragte der Ministerpräsident im Dezember 1949 den Hochschullehrer seines Sohnes mit der Umgestaltung der noch von Kotikow bewohnten Villa. Scharoun schlug in seinem Gutachten vor, *das Innere so umzugestalten, daß die Räume repräsentativen Veranstaltungen des Ministerpräsidenten dienen können.*[29].

Die Ausführung der Interieurgestaltung auf 265 qm Wohnfläche, um die es vor allem ging, überließ Scharoun seinem Mitarbeiter Sergius Ruegenberg, obwohl eine vollständig vorhandene Inneneinrichtung der Villa aus Wittlers Zeiten existierte. Neu entwarf Ruegenberg eine Einbauküche, eine Flureinrichtung, ein Arbeitszimmer, ein Büfett, ein Schlafzimmer mit Einbauschrank und Wandleuchten[30]. Teilweise ging es nur um geschmackliche Veränderungen, wenn Scharoun schreibt: *Die vorhandenen Kassettenstuckdecken kommen in Wegfall und werden durch Stuckdecken mit eingearbeiteten Profilen ersetzt*[31]. Bekannt ist, dass Grotewohl, der sich als Gestalter verstand, direkt in die Planungen eingriff und es so den Fachleuten nicht gerade leicht machte. Während mit Scharoun und Ruegenberg die modernsten Gestalter ihrer Zeit von Grotewohl beauftragt wurden, zierten die Wände bald Landschaftsbilder und Stillleben des 19. Jahrhunderts. Obwohl oder gerade weil Grotewohl Hobbymaler war, hatte er hier keine sehr glückliche Hand bei der Auswahl. Sogar in Piecks altertümlicher Einrichtung hing ein interessanteres Gemälde. Die Vorliebe für Landschaftsbilder teilte Grotewohl mit Becher. Dieser bemühte sogar extra Max Lingner, der für ein Gemälde[32] von Gustav Palm aus dem „Nachlass Schwabe" ein Gutachten anzufertigen hatte, damit er es „regulär" erwerben konnte[33].

Für die Familie seines Sohnes ließ Grotewohl das ehemalige Chauffeurhaus ausbauen.[34] Doch der Ministerpräsident wollte mit seiner neuen Frau Johanna[35] nicht nur repräsentativ wohnen. *Auf nachträgliche Anordnung des Ministerpräsidenten soll auch der Garten umgestaltet werden. Das Sockelmauerwerk der bestehenden Pergola ist zu erneuern, die Pergola auszurichten, fehlende Teile zu ergänzen und instandzusetzen. Die verfallene Einfriedung hinter dem Nebengebäude ist durch eine massive Einfriedungsmauer zu ergänzen. Das Wasserbecken ist abzudichten. Trockenmauern sind in Verbindung mit der gärtnerischen Gestaltung anzulegen. Die Grasnarbe ist zu erneuern oder zum Teil einzusäen. Gehölze sind zu verpflanzen, die Sprengleitung zu erweitern, die vorhandene instandzusetzen. Sitzplätze und Wege sind mit Steinplatten abzudecken.*[36] Hier kam nun Scharouns Mitarbeiter Reinhold Lingner zum Einsatz, wenn auch nicht zur Entfaltung. Doch war dies nur eine erste Probe seiner Tätigkeit im „Städtchen". Denn Lingner wurde auch mit der Umgestaltung des Gartens auf Wilhelm Piecks Anwesen betraut[37]. Die Formensprache des Kollektivs Scharoun und insbesondere Lingners unterlag nicht der sowjetischer Vorbilder. Vielmehr schloss ihre Ästhetik nahtlos an die deutsche Architektur der frühen 30er Jahre an beziehungsweise nahm darauf Rücksicht. Und das entsprach zu dieser Zeit offenbar noch Grotewohls ureigenstem politischen Verständnis. Während allerdings Scharoun für sich in Berlin (Ost) bald keine Wirkungsmöglichkeit mehr sah, sich durch Grotewohl auch in jeder Hinsicht gegängelt fühlte und letztlich seine Tätigkeit als Hochschulprofessor für sinnvoller hielt, übertrug die Regierungskanzlei der DDR dem SED-Mitglied Lingner die Umgestaltung des Amtssitzes des Präsidenten im Schloss Schönhausen[38]. Der Präsident brauchte nicht nur einen repräsentativen Wohn-, sondern auch einen ebensolchen Amtsitz.

Familienidyll im Wohnzimmer des umgebauten Hauses Mitte der 50er Jahre. Otto Grotewohl (3. v. r.) mit Frau Johanna (3. v. l.), Schwiegervater G. Danielzig (1. v. l.), Sohn, Schwiegertochter und Enkeln.

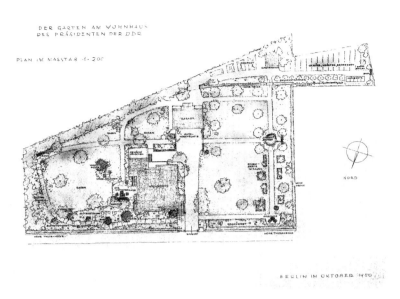

Der Gartenbauarchitekt Reinhold Lingner hatte schon mit Käthe Kollwitz zusammengearbeitet. Er entwarf nicht nur den Schlosspark Schönhausen, sondern auch den Garten am Haus Wilhelm Piecks im Majakowskiring. Hier die Planskizze.

Der Garten am Haus des Präsidenten wurde um einige Quadratmeter zum Köberlesteig hin erweitert. Lingner schuf Sichtachsen, an deren Anfang er Bänke aufstellen ließ. Er legte in beiden Gärten im „Städtchen" einen Rundweg an, den er mit Natursteinplatten bedeckte. In den Westmedien vermutete man, dass es sich um den dunklen Marmor von Hitlers Reichskanzlei handelte[39]. In den letzten Lebensjahren Piecks war der Garten ein Ort für Spaziergänge, der Präsident erfreute sich also ausgiebig an Lingners Werk. *Das schönste aber war der Garten*, soll Elly Winter später geäußert haben[40]. Wasserspiele und ein neuer Zaun zum Majakowskiring hin verliehen dem Wohnsitz einen modernen und wirklich repräsentativen Charakter. Da auch das massiv ausgeführte Schilderhaus mit einbezogen wurde, entstand eine beeindruckende Anlage.

Bei der Umgestaltung des Schlossparks war das leider nicht gelungen. Bereits 1946 hatte Pieck im Schloss seinen 70. Geburtstag gefeiert und damit bewiesen, dass ihn die Symbolhaftigkeit des Schlosses als ehemaliger Hohenzollernsitz nicht störte. Einzig die Aufstellung der Bronzeskulptur „Stahlgießer" [41] im Schlosspark sollte dem Besucher signalisieren, dass es hier zu einer „neuen" Nutzung gekommen war. Das Schloss selbst wurde im Stil des Rokoko restauriert – ein etwas verstaubter Rahmen für die Repräsentation des jungen Staates.

Bertolt Brecht schrieb daraufhin das Kinderlied:

> Willem hat ein Schloß
> Es heißt Niederschönhausen
> Von innen ist es schön
> Und schön ist es von außen
>
> Wenn die Republik
> Will sehn den Präsidente
> Kommt Willem in sein Schloß
> Und schüttelt viele Hände[42]

Etwa eine versteckte Kritik, dass der Präsident eines „Arbeiter- und Bauernstaates" wie ein König des 18. Jahrhunderts agierte?

Mit der neuen Funktion des Schlosses begann man 1949 aus Sicherheitsgründen die in Schlossnähe gelegenen Parkteile einzufrieden. Bisher hatte es im Schlosshof einen niedrigen Staketenzaun und einen provisorischen Bretterzaun gegeben, der jetzt durch eine Mauer ersetzt wurde[43]. Also auch hier ein starkes Bedürfnis nach Abschottung. Die Mauer wurde durch drei Torbauten unterbrochen, wobei das Westtor in das Sperrgebiet auf die Tschaikowskistraße führte, während das Südtor sich in Sichtweite des Schlagbaumes befand. Hier kam es zu eigenen Architekturentwürfen[44], reine Funktionsgebäude im so genannten „Heimatstil". Bezeichnend dafür sind die Kratzputzfassaden, die flach geneigten Walmdächer mit Überstand und die geböschte, nur vorgeblendete Eckrustizierung aus Kalkstein[45]. Bemerkenswert, dass hier auch so genannte Postenunterstände gebaut wurden, womit das Tor nicht nur symbolischen Wert signalisierte. Auch den „Städtchen"-Bewohnern war der Zugang zum Schloss nicht gestattet. Schloss und Sperrgebiet stellten zwei verschiedene Bereiche dar.

Da die ehemalige Peters'sche Villa für die Aufgaben einer Präsidialkanzlei viel zu klein war, entschloss man sich im Jahre 1950 zu einem Neubau. Wilhelm Pieck bei der Grundsteinlegung.

Mit dem für die Öffentlichkeit unzugänglichen Teil des Schlossparks schuf Reinhold Lingner eine typische Gartenanlage der fünfziger Jahre des 20. Jahrhunderts[46]. Der so genannte „innere Schlosspark" wurde wie das „Städtchen" streng bewacht; der „äußere Schlosspark" blieb weiterhin öffentlich zugänglich. Vor dem Südtor errichtete der Architekt Hanns Hopp zwei zweigeschossige Gebäude[47] und zwei weitere Torhäuser. Hanns Hopp rückte die als Verwaltungsgebäude geplanten Bauten dicht an die Mauer des „inneren Schlossparks" und bildete so einen Vorhof, indem er auch diesen ganzen Bereich westlich entlang des Kreuzgrabens einfriedete[48]. An den Komplex grenzte nach Südwesten das Grundstück zur ehemaligen Peters'schen Villa (Majakowskiring 71), von dem sogar 70 qm überbaut wurden[49]. In dieses Haus zog 1949 die Präsidialkanzlei. Chef der Präsidialkanzlei wurde zunächst Leo Zuckermann. Ihn löste zuerst Rolf Helm, dann Max Opitz ab, nachdem Zuckermann am 27. November 1950 wegen „prozionistischen Verhaltens"[50] auf eigenen Wunsch demissionierte. Im Dezember 1952 war er schließlich im Zusammenhang mit der zu dieser Zeit stattfindenden „Hetzjagd" auf ehemalige Westemigranten *mit Weib und Kind bei Nacht und Nebel aus seiner Villa in Niederschönhausen geflohen*[51]. Diskriminierungen und Verunglimpfungen machten auch vor den Mauern der Regierungssiedlung nicht halt, wie wir noch sehen werden. Es ist anzunehmen, dass auch Zuckermann im „Städtchen" wohnte, zumindest in dessen nächster Umgebung. Hinweise dafür wurden allerdings nicht gefunden. Wie die späteren Gepflogenheiten gezeigt haben, könnte es auch sein, dass er mit seiner Demissionierung das „Städtchen" verlassen musste und Kantorowicz zehn Jahre später nichts mehr davon wusste. Max Opitz zumindest bezog bei seiner Berufung nach Berlin das Haus Majakowskiring 51. Auch der Leiter der Privatkanzlei Piecks, Otto Winzer, war Anfang 1950 in das Haus Rudolf-Ditzen-Weg 13 gezogen.

Die Villa Majakowskiring 71 war als Präsidialkanzlei viel zu klein, weshalb außerdem die dahinter liegenden Neubauten genutzt werden sollten. Das dem Grundstück am nächsten gelegene Gebäude diente ab 1951 als neue Präsidialkanzlei, während das älteste Haus der Wohnkolonie bald verfiel und schließlich 1959 abgerissen wurde. In dem neuen Gebäude wurde die „Korrespondenzabteilung" für die zahlreichen Eingaben[52] an den Präsidenten eingerichtet. Ob der Flut hielt Wilhelm Pieck zusätzlich eine Bürgersprechstunde im Haus der Ministerien ab[53]. Dazu hatte ihm sicherlich Opitz geraten, der damit gute Erfahrungen während seiner Zeit als Oberbürgermeister in Leipzig gemacht hatte[54]. Im Obergeschoss des Neubaus befanden sich die eigentliche Präsidialkanzlei, die Privatkanzlei Piecks, die Rechtsabteilung sowie die Post-, Fernmelde- und Botenabteilung.

In der ersten Hälfte der 50er Jahre empfing Pieck im Schloss Schönhausen alle offiziellen Gäste der DDR. Dazu zählten Empfänge von ausländischen Staatsdelegationen, die Neujahrsempfänge des Diplomatischen Corps sowie die Akkreditierung der Botschafter und Gesandten. Auch Delegationen der Betriebe aus dem Inland wurden hier durchgeschleust. Begegnungen mit „Jungen Pionieren" oder anderen Kindergruppen wurden der Öffentlichkeit von den Medien überreich präsentiert. Verleihungen von staatlichen Orden und Auszeichnungen, die Vereidigung der Regierung zählten zu den Pflichten des Präsidenten an diesem Ort. Am 12. März 1952 wurde der Staatspräsident der Tschechoslowakischen Republik, Klement Gottwald, und am 28. Oktober 1952 der Ministerpräsidenten der Ungarischen Volksrepublik, Matyas Rakosi, empfangen. 1953 erkrankte Pieck schwer an einer Lungenentzündung und erholte sich wahrscheinlich auf Grund seinen hohen Alters nicht mehr vollständig, weshalb seit 1955 bestimmte Repräsentationspflichten nur noch in seinem Haus im Majakowskiring 29 wahrgenommen wurden. Pieck konnte teilweise auf Grund seines schlechten Gesundheitszustandes das Haus nicht mehr verlassen, so dass immer mehr Empfänge vom Amtssitz zum Wohnsitz verlagert wurden. Die obligatorischen Empfänge im Haus Majakowskiring 29 waren seit 1955 der Neujahrsempfang am 1. Januar, der Geburtstag Piecks am 3. Januar und der Gründungstag der DDR am

7. Oktober. Auf der CD-ROM sind einige dieser Empfänge aufgelistet. All diese Treffen wurden über die Präsidialkanzlei koordiniert[55]. Diese hatte vier Hauptabteilungen[56]. Unter der Hauptabteilung I gab es Verfassungs- und Verwaltungsangelegenheiten; die Abteilung Verwaltung war unter anderem für das Wohnhaus zuständig. Besonders der Geburtstag des Präsidenten verlief nach einem strengen Ritual. Der erste „Glücksbringer" am frühen Morgen war der Bezirksschornsteinfeger, darauf folgten die Familie, die Vertreter des Politbüros, dann der Regierung und so weiter.

Die Privatkanzlei des Präsidenten wurde zum Januar 1956 „abgewickelt" [57]. Max Opitz berichtete: *Seit 1958 wurden die zum Wohnsitz des Präsidenten und seit 1956 die zum Erholungssitz des Präsidenten gehörenden Grundstücke und Baulichkeiten in haushalts- und vermögensrechtliche Verwaltung der Dienststelle übernommen. Vor der Übernahme waren bedeutende Veränderungen und Verbesserungen, besonders an den Gebäuden durchzuführen. Wohn- und Erholungssitz des Präsidenten erfordern außer der baulichen Instandsetzung und Pflege der Inneneinrichtung, eine laufende Betreuung der zu beiden Objekten gehörenden großen Parks. In den vergangenen Jahren wurden die Parkanlagen teilweise neu gestaltet und bepflanzt*[58]. Die Präsidialkanzlei war so angetan von Lingners Wirken, dass sie ihn auch mit der Gestaltung des Sommersitzes in Prieros[59] beauftragte. Auch hier nahm der Präsident diplomatische Repräsentationspflichten wahr.

Böse Menschen haben keine Lieder

In der Nacht vom 9. zum 10. Oktober 1949 schlief Wilhelm Pieck äußerst schlecht. Das lag diesmal nicht an seinem Alter. Zu sehr war er mit einem Problem beschäftigt. Der neu geschaffene Staat mit dem gesamtdeutschen Anspruch hatte kein Wappen, kein Siegel, keine Fahne und keine Flagge, keine Symbole, die ihn erlebbar machten. Und, das Wichtigste, er hatte keine Hymne.

Mir ist in dieser Nacht, wo ich vor neuralgischen Schmerzen nicht schlafen konnte, folgender Gedanke über eine Hymne der Republik gekommen: Die Hymne sollte drei Verse mit je einem Refrain enthalten. Der 1. Vers sollte die Demokratie in Verbindung mit der Kultur haben.

Der 2. Vers die Arbeit in Verbindung mit dem Wohlstand des Volkes.

Der 3. Vers die Freundschaft mit den Völkern in Verbindung mit dem Frieden. Der Refrain sollte die Einheit Deutschlands zum Inhalt haben. Überlege Dir einmal diesen Gedanken. Wenn Du einen besseren hast umso besser.[60], schrieb er sogleich am nächsten Morgen an Becher, bevor er das Haus verließ. Wer, wenn nicht er sollte den Text zu dieser Hymne schreiben? Als Pieck an diesem Montag spät heimkehrte, klingelte er noch bei Becher. Er fand ihn beim Abspielen sämtlicher ihm zugänglichen

Nationalhymnen auf Schallplatte vor[61]. Der beauftragte Dichter wollte hinter die Wirksamkeit ihrer Texte kommen. Bereits am Mittwoch sandte Becher einen Textentwurf an den Komponisten Ottmar Gerster in Weimar. Diese Konzeption sah noch vier Strophen vor[62]. Ganz unvorbereitet kam der Brief Piecks mit dem Auftrag, einen Hymnentext zu verfassen, für Becher nicht. Auf der Politbürositzung vom 13. September 1949 hatte die Parteiführung beschlossen, dass Anton Ackermann den Dichter Becher und den Komponisten Hanns Eisler anregen möge, über eine Nationalhymne nachzudenken[63]. Deshalb mutet es seltsam an, dass Becher Gerster einen ersten Entwurf zukommen ließ[64]. Wollte hier ein Becher wieder ein wenig „ungehorsam" gegenüber der Partei sein? Doch bevor Gerster sich mit Becher zu einem Vorspieltermin treffen konnte, hatte dieser den Text schon wieder überarbeitet. Entstanden war ein schlichter Text, der den Gedanken Piecks ziemlich nahe kam.

> Auferstanden aus Ruinen
> Und der Zukunft zugewandt,
> Laß uns dir zum Guten dienen,
> Deutschland, einig Vaterland,
> Alte Not gilt es zu zwingen,
> Und wir zwingen sie vereint,
> Denn es muß uns doch gelingen,
> Daß die Sonne schön wie nie
> Über Deutschland scheint.
>
> Glück und Friede sei beschieden
> Deutschland, unserm Vaterland!
> Alle Welt sehnt sich nach Frieden!
> Reicht den Völkern eure Hand.
> Wenn wir brüderlich uns einen,
> Schlagen wir des Volkes Feind.
> Laßt das Licht des Friedens scheinen,
> Daß nie eine Mutter mehr
> Ihren Sohn beweint
>
> Laßt uns pflügen, laßt uns bauen,
> Lernt und schafft wie nie zuvor,
> Und der eignen Kraft vertrauend,
> Steigt ein frei Geschlecht empor.
> Deutsche Jugend, bestes Streben
> Unsres Volks in dir vereint,
> Wirst du Deutschlands neues Leben,
> Und die Sonne schön wie nie
> Über Deutschland scheint.

Auch Hanns Eisler hatte inzwischen eine Melodie auf den Text komponiert. Damit existierten ein Textvorschlag und zwei Melodien, da auch Gerster sehr schnell reagiert hatte. Am 5. November 1949 trafen sich die Politbüromitglieder⁽⁶⁵⁾ in Piecks Wohnung. Geladen waren ferner zwei Opernsänger, die beiden Komponisten und Becher. Man entschied sich für die Version von Becher/Eisler und informierte alle staatlichen Stellen über die neue „Nationalhymne der DDR"⁽⁶⁶⁾. Endgültig angenommen wurde sie am 8. Februar 1950 durch die provisorische Volkskammer in ihrer 10. Vollsitzung, übrigens an demselben Tag, als die Bildung des Ministeriums für Staatssicherheit (MfS) beschlossen wurde⁽⁶⁷⁾. In Übereinstimmung mit der DDR-Verfassung war auch die Hymne gesamtdeutsch intendiert⁽⁶⁸⁾. In den folgenden Jahren wurde das Lied in der DDR durch die eigenen Medien immens popularisiert und durch die westdeutschen Medien ebenso laut kritisiert⁽⁶⁹⁾. Besonders die Melodie Eislers, die in den ersten acht Tönen (die ersten beide Takte) Peter Kreuders Schlager „Good bye, Johnny" gleicht, wurde als Plagiat abgestempelt⁽⁷⁰⁾. Dem Lied als Nationalhymne der DDR tat dies jedoch keinen Abbruch. Bis zum Anfang der 70er Jahre wurde die Hymne zu allen wichtigen gesellschaftlichen Anlässen der DDR nicht nur gespielt, sondern auch gesungen. Doch dann war der Hymnentext von einem Tag auf den anderen plötzlich „unerwünscht", ja geradezu subversiv geworden. Die internationale Anerkennung der DDR 1973 hatte zu einer veränderten Auffassung und Politik der SED-Spitze in Bezug auf die nationale Frage geführt. Wie sollte man jetzt einen Hymnentext akzeptieren, der von einem einigen „Deutschland" ausging!⁽⁷¹⁾ Der Wunsch Piecks, *Der Refrain sollte die Einheit Deutschlands zum Inhalt haben*, von Becher mit der sprachlich sehr griffigen Sentenz *Deutschland, einig Vaterland* umgesetzt⁽⁷²⁾, war spätestens mit der Machtübernahme Erich Honeckers – 20 Jahre nach der „Premiere" der Hymne – obsolet geworden. Wieder 20 Jahre später wurde gerade diese Sequenz des Hymnentextes auf den Plakaten und in den Sprechchören der Demonstranten in der DDR erneut aufgenommen, Zeichen der Aktualität und Wirkung des Textes einerseits, andererseits aber auch der enormen Popularisierung des Liedes Anfang der 50er Jahre. Wäre es nicht 1990 eine Huldigung real entstandener Verhältnisse gewesen, wenn diese im „Städtchen" entstandenen Worte Teil einer neuen, gesamtdeutschen Nationalhymne geworden wären?

Die durch die Tatsachen vollendete Spaltung Deutschlands Anfang der 50er Jahre bescherte den beiden Schöpfern stürmischen Applaus in der DDR und absolute Ablehnung – bis hin zu ihrer Person – in dem anderen deutschen Staat. Eine künstlerische Akzeptanz in der Bundesrepublik oder in den westlichen Ländern war spätestens ab diesem Zeitpunkt für Eisler und Becher unmöglich geworden⁽⁷³⁾. Für Becher blieb das zwar ohne weitere Folgen, doch hat es ihn innerlich besonders tief getroffen.

Am Schreibtisch seines Arbeitszimmers Majakowskiring 34 schrieb Johannes R. Becher im Oktober 1949 den Text zu der Nationalhymne des soeben gegründeten zweiten deutschen Staates.

Das Haus Majakowskiring 6 hatte die SED eigentlich für Hanns Eisler vorgesehen. Während Bruder Hanns im Januar 1950 in die nahe gelegene Pfeilstraße umzog, wohnte Gerhart Eisler bis 1956 im „Städtchen". Aufnahme vor 1945.

Für den bis dahin zwischen Wien und Berlin pendelnden Eisler war das der Grund, endgültig in den sowjetischen Teil Berlins zu ziehen, was natürlich der SED nur recht sein konnte. Die Partei hatte für ihn wahrscheinlich bereits seit Ende 1948 ein Haus im „Städtchen", die ehemalige Anstalt für Lichtpausen, Majakowskiring 6, vorgesehen[74].

Hanns Eislers Bruder Gerhart war zu dieser Zeit noch in den USA. Seit 1941, als er auf dem Weg über die Vereinigten Staaten nach Mexico weiterreisen wollte, wurde er dort gegen seinen Willen festgehalten[75]. In den USA heiratete Gerhart Eisler seine Frau Hilde. Als im Laufe des Jahres 1945 durch antikommunistische Kampagnen liberale Hollywood-Künstler diskreditiert wurden, erfolgte 1947 auch Hanns Eislers Vorladung vor das „Kongresskomitee zur Untersuchung unamerikanischer Tätigkeit"; sein Bruder, angeblich Verbindungsmann zu sowjetischen Stellen und „roter Atomspion", wurde sogar verhaftet. Vor dem Ausschuss beschuldigte ihn seine Schwester Ruth Fischer, ein sowjetischer Agent und gefährlicher Terrorist zu sein[76]. Während man Hanns Eisler lediglich aus den Vereinigten Staaten auswies, wurde sein Bruder zu einer vierjährigen Haftstrafe verurteilt[77]. Hanns Eisler fühlte bei Pieck im Juni 1948 nach, inwiefern eine Rückkehr in die sowjetisch besetzte Zone Deutschlands, in Gerhart Eislers Situation die einzige Alternative, möglich wäre[78]. Im Dezember 1948 berief die Universität Leipzig Gerhart Eisler in Abwesenheit zum „Professor für politische und soziale Fragen der Gegenwart". Gegen eine Kaution von 20.000 $ kam er im Mai 1949 vorübergehend frei und floh mit Hilfe eines Piratenstücks, indem er sich als blinder Passagier auf dem polnischen Dampfer „Botary" versteckte, aus den USA. In Berlin angekommen, brauchte er zunächst eine Wohnung. Das Sekretariat des Zentralkomitees (ZK) der SED vermerkte am 17. Juni 1949 unter Punkt 21 des Sitzungsprotokolls: *Einrichtung des Hauses für Gerhart Eisler*[79]. Wahrscheinlich bot man Gerhart Eisler ein Haus in der nahegelegenen Pfeilstraße 9 außerhalb des Sperrgebietes an. Bis Anfang 1949 residierte in den Häusern der Pfeilstraße die jugoslawische Militärmission[80]. Infolge des Sonderwegs der Jugoslawen unter Tito und der sich abzeichnenden Gründung der DDR verließ die Militärmission die Einfamilienhäuser. In eine der frei werdenden Wohnungen, die ebenfalls unter der Verwaltung der sowjetischen Zentralkommandantur standen, sollte Eisler einziehen. Vorher mussten sie allerdings renoviert werden. Drei Jahre Nutzung als Militärbüro hatten Spuren hinterlassen. Der Vorteil der Häuser in der Pfeilstraße war, dass man ohne Sonderausweis in seine Wohnung gelangen und auch relativ unkompliziert Gäste empfangen konnte. „Beschützter" jedoch lebte man wohl hinter dem „grünen" Zaun, und das war ganz im Sinne des geschockten Gerhart Eisler. In Berlin operierte der amerikanische Geheimdienst ja auch. Er zog also in den Majakowskiring 6, das Haus Pfeilstraße 9 erhielt im Januar 1950 sein Bruder Hanns.

Gerhart Eisler trat bei seiner Rückkehr nach Deutschland sofort der SED bei und gehörte bis 1952 zum Parteivorstand. Gleichzeitig übernahm er das Amt des Leiters für Information der Regierung der DDR. Damit war er offiziell mehr Regierungsmitglied, als es sein Bruder Hanns jemals werden sollte und wollte. Gerhart Eislers Frau Hilde kam drei Monate nach ihm in Berlin an, wurde zunächst Mitarbeiterin der Zeitung „Friedenspost", gründete mit Hilfe ihres Mannes 1953 die „Wochenpost" und war von 1955 bis 1976 Chefredakteurin der Monatszeitschrift „Das Magazin".

Gerhart Eisler. Auch er kam im Verlaufe des Slansky-Prozesses wegen seiner „amerikanischen" Verbindungen zwischen die Mühlräder der Partei.

Ein Haus der Geschichte

In den letzten Monaten des Jahres 1949 gaben sich bei Wilhelm Pieck im Majakowskiring 29 die maßgeblichen Leute dieser Zeit die Klinke in die Hand. Für die sowjetische Besatzungsmacht war nach wie vor Wilhelm Pieck die Nummer Eins. Am 10. November 1949 um acht Uhr abends kam es zu einer Besprechung zwischen ihm, dem Chef der SKK Armeegeneral Tschuikow und dessen Stellvertreter Iljitschow. Tschuikow war außerdem Oberbefehlshaber der sowjetischen Besatzungstruppen in Deutschland, Iljitschow wohl der wichtigste Berater Stalins in Bezug auf Deutschland und Österreich. Einen Monat nach der Staatsgründung besprach man die Übergabe der Verwaltungsfunktionen an die entstandenen DDR-Behörden. Bereits vor dem 7. Oktober 1949 existierte die DWK, die den größten Teil der Verwaltung der sowjetisch besetzten Zone übernommen hatte. Aus ihren Mitarbeitern rekrutierte sich die neue Verwaltung. Tschuikow informierte Pieck darüber, dass die SKK weiterhin mit 4.000 Mitarbeitern in der DDR präsent sein würde; diese interne Information war eine Geste der Bevorzugung des Parteivorsitzenden gegenüber allen anderen politischen Kräften in der DDR[81]. Eine weitere wichtige Frage war die Auflösung der sowjetischen Lager und Gefängnisse in der DDR[82]. Die Gefängnisse sollten von deutschen Genossen übernommen werden. Dazu musste beim Ministerium für Justiz die Hauptabteilung Haftanstalten gebildet werden.

Wassili Tschuikow, Chef der sowjetischen Kontrollkommission. Neben Iljitschow und Semjenow Stalins höchster Repräsentant in Deutschland.

Ein Abend reichte nicht, um alle Fragen, die sich aus der Bildung der DDR ergaben, zu klären. Bereits am nächsten Tag um acht Uhr früh erschienen die beiden sowjetischen Offiziere erneut. Zu dieser Besprechung waren jetzt auch Grotewohl und Ulbricht gekommen. Ulbricht mag am Abend vorher gewiss einige Male misstrauisch die erleuchteten Fenster gegenüber beäugt haben: Was hatten die sowjetischen Genossen da ohne ihn zu besprechen? Jetzt erfuhren er und Grotewohl, dass die Regierung der DDR in Krisensituationen nur geringe Kompetenz besitzen sollte. Die sowjetische Regierung stellte unmissverständlich klar, dass die SKK „in Ausnahmefällen" für die DDR-Regierung verbindliche Anordnungen erlassen konnte[83], so beispielsweise das Recht, Gesetze der provisorischen Regierung aufzuheben. Insbesondere lastete die Wiedergutmachungspflicht – die Kriegsschuld gegenüber der Sowjetunion in Form von hohen Reparationszahlungen abzuleisten – auf dem jungen Staat[84]. Praktisch war die DDR damit zu einer Sowjetrepublik geworden, ohne dass sich die SKK wesentlich von der Alliierten Hohen Kommission, dem obersten Kontrollorgan Frankreichs, Großbritanniens und der USA für den anderen Teil Deutschlands unterschied. Um 12 Uhr empfing Tschuikow die deutschen Genossen dann offiziell in Berlin-Karlshorst[85] zur Abgabe einer Erklärung.

Bis Anfang 1953 sollten sich diese Treffen[86] wiederholen, bei denen Tschuikow von seinem Recht Gebrauch machte, *von der Regierung notwendige Informationen einzuholen*[87], aber auch Pieck als ersten zu informieren. Die Bevormundung und Belehrung Piecks durch die SKK und die Einflussnahme auf die Regierung der DDR nahm im Majakowskiring 29 ihren Ausgangspunkt. Hier wurden Entscheidungen getroffen, die das Leben so vieler Deutscher von Grund auf verändert haben. Die von Pieck hinterlassenen Aufzeichnungen belegen, dass alle Themenbereiche angesprochen wurden: die Arbeit der Partei, die Probleme in Industrie und Landwirtschaft, der gesamte Sicherheitsbereich, die Bündnis-, Kultur- und Bildungspolitik[88]. Auch die Forderung, einen Spionagedienst zu bilden, wurde Pieck hier am Abend des 20. Juli 1951 unterbreitet[89]. Das war die Geburtsstunde des Apparates, den Markus Wolf leiten sollte und der bald beachtliche „Erfolge" vorzuweisen hatte. Am 14. Februar 1952 regte Tschuikows Stellvertreter Semjonow eine Gebietsreform der DDR an, die schließlich zur Struktur in vierzehn Bezirke führte, die wiederum in Kreise unterteilt waren.

Doch fanden im Haus von Wilhelm Pieck nicht nur Treffen politischen Charakters statt. Pieck war – wie auch aus dem Vorwort von Wolfgang Leonhard ersichtlich – ein sehr kommunikativer Mensch, so lange er noch gesund war. Am 29. November 1949 lud Pieck den Schriftsteller Martin Andersen-Nexö mit seiner Familie zum Abendessen[90]. Vermittelt hatte dies der Direktor des Dietz-Verlags, Fritz Schälicke, der selbst im Sperrgebiet wohnte[91]. Andersen-Nexö spielte mit dem Gedanken, in die DDR

Das Dekor ist – bis auf die Bilder an den Wänden – nahezu identisch, die Personen dagegen nicht: Auf der oberen Abbildung feiert Christian Zeller (wahrscheinlich 1939) im Kreise seiner Familie Weihnachten. Nur wenige Jahre später genießt Wilhelm Pieck mit seinen Kindern Elly Winter (ganz links), Lore Staimer und Arthur an gleicher Stelle den Feierabend.

überzusiedeln und erhielt auch kurz darauf ein Haus in Dresden. Für die DDR war Andersen-Nexö ein willkommenes Aushängeschild, ein Schriftsteller von Weltruf. Die Verantwortlichen in der DDR taten alles, sich mit bekannten Künstlernamen zu schmücken und dadurch internationale Reputation zu gewinnen.

Aber in Piecks Villa wurde Kunst und Kultur nicht nur gefördert, sondern auch abgelehnt. So wie im Falle des Dramas „Die Verbündeten" von Alfred Kantorowicz. Das Stück behandelte das Problem der anhaltenden Vormachtstellung des deutschen Bürgertums über die Naziherrschaft hinaus, also ein durchaus in die Propaganda der DDR passendes Thema. Kantorowicz hatte daran seit 1944 geschrieben. Im November 1950 erwarb das Deutsche Theater Berlin unter Wolfgang Langhoff die Rechte an der Uraufführung des Stückes für die kommende Spielzeit[92]. Der Autor erhielt eines Tages einen Anruf von Walter Bartel. *Er sagte: „Kanto, der Alte (Pieck) hat von Paul (Wandel) gehört, daß du ein Stück geschrieben hast. Er läßt dich fragen, ob du nicht mal einen Abend rumkommen willst und es ihm vorlesen.*[93] Kantorowicz willigte ein. Schließlich zählte Pieck zu seinen alten Bekannten. Ob der Präsident in erster Linie eine besondere Form von „Problembewältigung" gesucht hatte oder schon an eine gezielte Einflussnahme auf das Stück selbst dachte, lässt sich heute nicht mehr klären. Verabredet hatte man sich für den 13. Februar 1951 um 20 Uhr. *In einem etwas muffig kleinbürgerlich eingerichteten Zimmer – der Wohnstube eines kleinen Beamten oder Handwerkers oder Gewerkschaftsfunktionärs im kaiserlichen Deutschland (1910) entsprechend – gab es ein paar Brote mit Wurst und Käse, dazu einen dünnen Tee.*[94] Pieck war nicht allein, neben Elly Winter saßen dort Hans Rodenberg, Otto Winzer, Egon Rentzsch. Winzer und Rentzsch waren nicht umsonst gekommen. Sie vertraten den Parteiapparat und hielten an diesem Abend das Stück für schlecht – Kantorowicz sollte es ändern. Da auch Pieck ein paar kleinere Änderungen wünschte, mit denen Kantorowicz sofort einverstanden war, nahm er ihnen den Wind aus den Segeln und meinte, sein Stück gerettet zu haben. Jedoch nicht für lange. Anfang Juni kam es zur Voraufführung, und die Presse bedachte das Stück überwiegend mit positiven Kritiken[95]. Doch bereits am 11. Juni 1951 fand die letzte Aufführung statt, eine geschlossene Veranstaltung. Offensichtlich war an diesem Abend Pieck im Deutschen Theater gewesen, denn Kantorowicz schrieb noch am selben Tag einen Brief: *Sehr verehrter und lieber Genosse Pieck, da Du an meinem Schauspiel „Die Verbündeten" freundlich Anteil genommen hast, so erlaube ich mir, Dir die Abschrift eines an Genossen Wandel, Holzhauer, Rentzsch, Langhoff, Engel, Besenbruch, Henselmann gesandten Briefs, der die Ergebnisse unserer kameradschaftlichen Diskussion über das Schauspiel zusammengefaßt, zuzustellen.*[96] Es war ein letzter, vergeblicher Versuch, denn das Stück blieb abgesetzt. Kantorowicz erklärte sich schließlich bereit, die Presseerklärung dazu selbst zu schreiben[97]. Die Funktionäre des ZK der SED hatten vorher keinen unmittelbaren Einfluss auf das Stück genommen. Genau das durfte keine Schule machen. Dass es sich letztlich um verletzte Eitelkeit handelte, beweist ein Brief Rentzschs an Pieck ein Jahr später, in dem er sich für eine Aufführung in den Theatern in Magdeburg, Erfurt und Dresden aussprach[98]. War die Absetzung des Stückes vielleicht doch nicht im Sinne Piecks gewesen und hatte er insgeheim dagegen opponiert?

Eine Einflussnahme durch die Partei stellte Pieck allerdings nie in Frage. Etwa einen Monat nach dem Treffen mit Kantorowicz, am 24. März 1951 um 11 Uhr, kam es zu einem weiteren kulturpolitischen Affront. Diesmal ging es um die Oper „Das Verhör des Lukullus" von Bertolt Brecht und Paul Dessau, und es ging auch nicht mehr nur um eine Einflussnahme im Vorhinein. Das Kind war bereits in den Brunnen gefallen, die Oper war abgesetzt worden. Zu dem Gespräch geladen waren Wandel, sowie Grotewohl und Ackermann[99]. Vom ZK erschien Hans Lauter, der sich einige Tage zuvor ausdrücklich gegen das Kunstwerk ausgesprochen hatte. Ihm ging es um den *Kampf gegen den Formalismus in Kunst und Literatur*[100], weil er meinte, dass die Kunst die Realität abbilden und nicht verfremden solle. Brecht und Dessau waren überzeugt, dass eine neue Gesellschaftsordnung einer Kunst bedürfe, die auch international auf der Höhe ihrer Zeit war[101].

Der Textautor Bertolt Brecht und der Komponist Paul Dessau bei der Arbeit zur Oper „Das Verhör des Lukullus". Das Verhör der beiden Schöpfer erfolgte im Hause Wilhelm Piecks. Danach durfte sie – textlich und musikalisch kaum verändert – als „Die Verurteilung des Lukullus" weiter aufgeführt werden.

Damit erlagen sie natürlich einem Irrtum. Die neue Gesellschaft wurde zuvor auf dem Papier verkündigt, aber nicht gelebt. Brecht war allerdings Diplomat genug, um es sich mit Pieck nicht zu verderben: *... ich möchte Dir und den anderen Genossen noch einmal herzlich für die Anregungen danken, die, den Lukullus betreffend, in der Aussprache vom 24. März gemacht wurden. Die Bearbeitung des Textes, die ich sofort vornahm, hat, wie ich hoffe, zur Beseitigung einiger möglicher Mißverständnisse geführt. Darüberhinaus hat das Werk auch dichterisch, wie ich glaube, sehr gewonnen. Ausserdem wird durch die Hinzufügung von 3 neuen Arien positiven Inhalts (und die von Dessau vorgesehene Umgestaltung einer schon bestehenden) eine Gewichtsverschiebung stattfinden, welche zusammen mit dem beabsichtigten optimistischen Ausklang viel ausmachen wird. Einen Antrag der Kölner Oper, das Werk in den Junifestspielen zu bringen, hat Dessau abgelehnt, da der Verdacht bestand, die Kölner könnten eine so rasche Aufführung zu einer Demonstration missbrauchen, er liess wissen, die Umarbeitung sei noch nicht fertig*[102]. Wie man sieht, unterließ Brecht eine versteckte Drohung nicht.

Die Villa Piecks war somit in dieser frühen Phase der DDR auch Stätte kulturpolitischer Gespräche geworden, die sich im Tenor von den folgenden Auseinandersetzungen in Fragen der Kultur nicht prinzipiell unterschied: es ging der Partei stets darum, den Künstler als Sprachrohr der eigenen Weltanschauung zu benutzen. Freilich entwickelte man im Laufe der Zeit subtilere Methoden, sich die Unbotmäßigen gefügig zu machen.

Folgsame Funktionäre

Mit Marschall Kotikow verließen Anfang 1950 sämtliche sowjetischen Offiziere das Wohngebiet und bezogen vielfach Häuser im Sperrgebiet von Berlin-Karlshorst oder kehrten in die Sowjetunion zurück.

Jetzt waren es vor allem die neuen Regierungsmitglieder, die ab Januar 1950 in die von den sowjetischen Offizieren verlassenen Wohnungen zogen. In eine *4-Zimmer-Wohnung im 1. Stock* Majakowskiring 8 wurde Dr. Fritz Geyer eingewiesen[103]. Nachdem die Dokumente zur Gründung der DDR verfasst waren, konnte er nicht, wie er eigentlich gehofft hatte, nach Dresden zurückkehren. Denn er war inzwischen zum Leiter der Regierungskanzlei unter Otto Grotewohl berufen worden. Da er in Berlin keine Wohnung hatte, zog er vorübergehend in ein Hotel am Alexanderplatz. *Es ... stand damals wie ein steiler Zahn, ausgehöhlt, ohne Stütze und einsam inmitten unübersehbarer Trümmer*, hatte sich später Otto Gotsche erinnert[104]. *Zugdicht war es auf keinen Fall und eine ordentliche Haustür besaß es ebenfalls nicht ... Man hatte ihn im Schlaf gestört. Da seine Zimmertür nicht fest schloß, stand um Mitternacht ein Fremder vor seinem Bett, flüsterte mit jemanden, der auf dem Flur zurückgeblieben war, und leuchtete den Schläfer mit einer Stablaterne an. Ein anderes Mal schimpfte man auf dem Flur, klopfte und rüttelte ärgerlich an der Tür, die mit der Waschkommode verstellt war und rief: „Lasst andere, die es genauso nötig haben, auch mal rein ..." Einen Polizeiposten hat es auch nicht gegeben, die Unterkunft suchenden Pärchen waren recht zudringlich und sprachen von einer sächsischen Invasion. – Dr. Geyer hatte sie böse und in unverfälschtem heimischen Dialekt abgewimmelt.*[105] Trotzdem erschien Geyer jeden Morgen pünktlich in der Regierungskanzlei[106]. Diese Art von Selbstausbeutung passte in die Zeit und zum stalinistischen Führungsstil der Partei. Dem Auftrag der Partei waren die Genossen total ergeben. Doch die schwierige Wohnsituation Geyers und seiner Kollegen dauerte nur ein Vierteljahr. Gotsche selbst war im Oktober 1949 bei seinem langjährigen Freund Karl Grünberg untergekommen, denn auch er hatte einen Parteiauftrag zu erfüllen. Er war persönlicher Referent von Ulbricht geworden und deshalb in Berlin unabkömmlich. Ihn und Hans Tzschorn, seit dieser Zeit persönlicher Referent bei Grotewohl, wies man ebenfalls Anfang 1950 ins „Städtchen" ein. Da Geyer, Tzschorn und Gotsche auch noch unmittelbare Nachbarn wurden, wiederholte sich die Situation von 1945 beim Zuzug der KPD-Führung. Zu den „Staatstheoretikern" und Gerhart Eisler gesellten sich in unmittelbarer Nachbarschaft die Journalisten Franze und Besenbruch sowie der Verlagsleiter des späteren Dietz Verlages, Schälicke[107]. Innerhalb des „Städtchens" konzentrierten sich die Wohnungen der Funktionäre mit ihren Familien nach ihrer Tätigkeit beziehungsweise Zuständigkeit. Diese kleinen Inseln innerhalb des Sperrgebietes sind Indiz dafür, dass hinter der Vergabe der Wohnungen ein System steckte beziehungsweise die Zuweisung in die Häuser offensichtlich genau geplant war. Wer bereits am Tage miteinander arbeitete oder sich in Arbeitsgremien traf, konnte sich auch am Abend gegenseitig ins Wohnzimmer schauen. Eine Privatsphäre scheint unter solchen Verhältnissen nur begrenzt möglich gewesen zu sein. Inwiefern das gewollt war, da diese Form des Zusammenlebens ja zur gegenseitigen Überwachung führte, kann nur vermutet werden. In der Partei herrschte geradezu Hysterie, sich von Feinden umzingelt zu wähnen. Eine wichtige Abwehrfunktion nach außen – nicht weniger nach innen – sollte das am 8. Februar 1950 gegründete Ministerium für Staatssicherheit übernehmen.

In der neuen Regierung gab es nicht nur SED-Mitglieder. Einer Zuweisung ins Sperrgebiet standen sie oftmals nicht so positiv gegenüber. Reinhold Lobedanz war Mitglied der CDU und wurde 1949 der Präsident der Länderkammer. Für ihn wurde nach Plänen von Hanns Hopp bereits die Villa Majakowskiring 13/15 ausgebaut, doch dann zog er es vor, eine andere Wohnung außerhalb des Sperrgebietes zu beziehen[108]. Auch sein Parteifreund und neuer Außenminister Georg Dertinger bezog die für ihn extra renovierte Villa Majakowskiring 5 nicht[109]. Allein das CDU-Mitglied Friedrich Burmeister als Minister für Post und Fernmeldewesen hatte keine Probleme mit dem ihm angebotenen Haus, das etwas abseits an der Panke stand[110]. Die SED-Mitglieder waren da schon weit „gehorsamer" und bezogen widerspruchslos die ihnen zugewiesenen Häuser. Das waren im Laufe des Jahres 1950 der Innenminister Karl Steinhoff; der Staatssekretär im Ministerium der Finanzen Willy Rumpf; der Staatssekretär im Ministerium für Schwerindustrie Kurt Gregor; der Generalstaatsanwalt Ernst Melsheimer; der Präsident der Kammer der Technik Hans-Heinrich Franck; die Abteilungsleiter im Ministerium für Aufbau Robert Siewert und Alfred Krause; der Leiter der Hauptabteilung Gesundheitswesen im Ministerium für Arbeit Carl Litke und der Abteilungsleiter in der Regierungskanzlei Heinz Eichler[111]. Bei der Verteilung dieses Personenkreises auf die Häuser ließ sich allerdings kein einheitliches System mehr erkennen.

Dass viele – die meisten – Mitglieder der neuen Regierung im Stadtbezirk Pankow wohnten, blieb den westlichen Politikern und vor allem den Medien nicht verborgen. Gerade aus westlicher Sicht war es schwer, von Berlin zu sprechen, weil dadurch immer eine Erklärung notwendig wurde, ob nun Berlin (Ost) oder Berlin (West) gemeint war. So bildete sich der Begriff „Pankow" heraus und wurde allmählich Synonym für die Regierung der DDR, ähnlich der Kurzform „Kreml" für Moskau oder „Weißes Haus" für Washington. Adenauer sagte rheinländisch „Pankoff", womit sich die Abhängigkeit von der Sowjetunion noch einmal untermalen ließ. Die Schlagzeilen der Boulevardpresse – aber auch der seriösen Zeitungen – waren von „Pankower Regierung" oder den „Pankower

Machthabern" bestimmt⁽¹¹²⁾. Das führte dazu, dass der Berliner Bezirk weltweit bekannt wurde und jeder meinte, ihn zu kennen, ohne dass man von ihm eine tatsächliche Vorstellung hatte. Bis heute trägt der Stadtbezirk daran schwer, denn die eigentlichen Machtzentralen der DDR befanden sich in Berlin-Mitte⁽¹¹³⁾. Pankow blieb der Privatsphäre der Mächtigen vorbehalten – wenn es eine solche je gegeben haben sollte.

Sicherheit und Sichtbarkeit

Neben der Parteiführung der SED, den Parteiintellektuellen und Ministern beziehungsweise Staatssekretären erhielten Wohnungen im Sperrgebiet ab Mitte 1950 vor allem Regierungsmitglieder, die dem Bereich der inneren Sicherheit der DDR zuzuordnen sind. Im einzelnen sind das Bernd Weinberger⁽¹¹⁴⁾; Herbert Grünstein⁽¹¹⁵⁾, Heinz Hoffmann⁽¹¹⁶⁾, Otto Walter⁽¹¹⁷⁾, Waldemar Verner⁽¹¹⁸⁾, Alfred Schönherr⁽¹¹⁹⁾, Josef Smolorz⁽¹²⁰⁾ und Rudolf Dölling⁽¹²¹⁾. Alle waren SED-Genossen.

Die Gegend kannte Erich Mielke durch den Kurzbesuch 1945 bei seinem Bruder Heinz bereits, das Interieur noch nicht: Gebaut hatte das Haus in der Stillen Straße 10 der Pianofabrikant Ernst Schiller. Und pikanterweise hatte vor Mielke sein später von ihm selbst angeworbener akribischer Informant Alexander Abusch darin gewohnt.

Der Hauptsitz der Deutschen Volkspolizei lag damals in der Cottastraße 2, also in unmittelbarer Nähe des „Städtchens"⁽¹²²⁾. Im März 1950 bezog die Volkspolizei auch noch die Heinrich-Mann-Straße 31⁽¹²³⁾. Überhaupt waren untere Gremien des Ministeriums des Innern neben ihrem Hauptstandort in der Luisenstraße 46⁽¹²⁴⁾ in Berlin-Mitte vor allem in Pankow untergebracht⁽¹²⁵⁾. Grund dafür könnte neben dem Sperrgebiet, das ja als besonders schützenswert galt, die Einrichtung von Residenzen und Botschaftsgebäuden in Pankow gewesen sein.

Das erste Wohnhaus Grotewohls im „Städtchen" wurde kurz nach dessen Auszug dem Chef der Hauptverwaltung für Ausbildung des Ministeriums des Innern, Wilhelm Zaisser, übergeben. Mit seiner Frau Elisabeth, die 1952 als Ministerin für Volksbildung das erste weibliche Regierungsmitglied werden sollte, lebte er nun doppelt und dreifach beschützt⁽¹²⁶⁾. Der Arbeitsort für Zaisser – wie auch für den Chef der Hauptverwaltung zum Schutze der Volkswirtschaft des Ministeriums des Innern, Erich Mielke – befand sich noch in Berlin-Wilhelmsruh, Kurze Straße 5/6⁽¹²⁷⁾, bevor mit Gründung des MfS in der Normannenstraße 22 in Berlin-Lichtenberg ein neues Domizil gefunden war. Mielke bezog schräg gegenüber von Zaisser das Haus, in dem zuvor Abusch und Wendt mit ihren Familien gewohnt hatten. Während Wendt eine Wohnung in Berlin-Johannisthal gefunden hatte, bemühte sich Abusch erfolgreich um eine kleinere Wohnung innerhalb des „Städtchens"⁽¹²⁸⁾. Sein Augenmerk war auf das Haus Majakowskiring 36 gefallen, gleich neben der Villa, die Becher bewohnte. Zu seinem Verhältnis zu Becher ist ja schon 1947 vermerkt worden: *Der einzige, den er* (Becher, d. V.) *gelten ließ, war Alexander Abusch, den er neben Willmann zu seinem Flügeladjutanten gemacht hatte.*⁽¹²⁹⁾ Also wandte sich Abusch an die Verwaltung und hatte Erfolg⁽¹³⁰⁾. Seine Wohnung wurde aber ab dem 3. Februar 1950 nicht das vorgeschlagene, sondern das Becher gegenüberliegende Haus. Ulbricht hatte Abusch zu einem Mitglied im so genannten „Kleinen Sekretariat des Politbüros" gemacht, also der entscheidenden Machtzentrale in der SED. Der Umzug in ein Haus gegenüber von Dahlem und Ulbricht und direkt neben Pieck war somit sichtbares Zeichen dieser Aufwertung. Am 9. Februar 1950 meldete Abusch Vollzug: *Wie telefonisch, möchte ich auch noch einmal schriftlich bestätigen, daß ich das Haus Viktoriastraße 15 im Städtchen Niederschönhausen, gemäß der Liste des Herrn Stellvertretenden Ministerpräsidenten Ulbricht, als Mietwohnung bezogen habe.*⁽¹³¹⁾

Die Liste, von der Abusch spricht, ist bisher nicht gefunden worden, aber sein Brief beweist, dass Ulbricht direkt auf die Vergabe der Häuser Einfluss nahm oder nehmen konnte. Ein anderes neues Mitglied des Kleinen Sekretariats war Horst Sindermann. Im Politbüro war er zuständig für Kaderfragen und bezog mit seiner Familie das Gartenhaus im Majakowskiring 55a, also das ehemalige Wohnhaus des Fabrikanten Krohn. Damit hatte er zwar eine schöne Wohnung, lebte aber außerhalb des engen Kreises der unmittelbaren Parteiführung. Die Verteilung auf die Häuser verlief wahrscheinlich auch manchmal unter ganz pragmatischen Gesichtspunkten. Mehr war eben direkt um Ulbrichts Dunstkreis nicht frei.

Zu den führenden Genossen des MfS kamen die Mitarbeiter des Personenschutzes (PS) für besonders wichtige Genossen. Als „Hauptabteilung Personenschutz" war sie eine dem MfS untergliederte Einheit. Am 21. November 1950 hatten die Genossen in einer Politbürositzung unter Punkt 7 beschlossen: *Verstärkte Sicherheitsmaßnahmen für führende Genossen: 1) Es sind ab sofort umfangreiche Vorkehrungen für die verstärkte Sicherheit der Genossen Pieck, Grotewohl, Ulbricht, Zaisser und Mielke zu treffen. 2) Für die Genossen Rau, Matern, Reimann, Jendretzky, Melsheimer und Benjamin ist je ein ständiger Begleiter zu stellen. 3) Bei öffentlichen Versammlungen und größeren Konferenzen ist für alle Mitglieder und Kandidaten des Politbüros und des Sekretariats des ZK Schutz zu stellen.*⁽¹³²⁾ Den „Bodygards" wies die Verwaltung vor allem die Häuser in der Tschaikowskistraße und im Güllweg zu, die noch innerhalb des Sperrgebietes lagen⁽¹³³⁾. Auch die Chauffeure der Funktionäre wurden ins

Völlig überrascht wird Horst Sindermann durch den bärbeißigen Brief gewesen sein, den ihm der Genosse Erich Mielke wegen des Genossen Franz Gold geschrieben hat.

Wohngebiet eingewiesen, so dass bei kurzfristigen Terminen lange Wartezeiten entfielen. Der erste Begleiter hatte mindestens den Dienstgrad Major erreicht, bei seinem Stellvertreter war der Dienstgrad Hauptmann möglich[134]. Jeder Begleiter war für den Funktionär verantwortlich[135]. Ab 1957 erhielten ebenfalls alle Mitglieder und Kandidaten des Politbüros einen ständigen Begleiter, wobei der Offiziersgrad des zweiten Begleiters bereits ein Oberleutnant sein durfte[136]. Gleichzeitig wurden die bisherigen Fahrer vom Fahrdienst der Regierung durch Offiziere des MfS ersetzt.

Da für so viele Personenschutzmitarbeiter das „Städtchen" nicht ausreiche, wurden auch außerhalb des Sperrgebietes Wohnungen bezogen. In die kamen Funktionäre und Regierungsmitarbeiter beziehungsweise die Verwandtschaft höherer Parteigenossen. Am 22. August 1956 beschloss beispielsweise das Politbüro der SED, von den neuen Wohnungsbauten in der Ossietzky-, Pestalozzi- und Parkstraße durch die Fundament Gesellschaft für Grundbesitz m.b.H. mindestens 20% der Wohnungen an Mitarbeiter des Partei- und Staatsapparates zu vermieten[137]. Bei Parteieigentum konnte man das ja auch. Im Laufe der Jahre entstand so ein „Speckgürtel", der das „Städtchen" auf eine „natürliche Art und Weise" zusätzlich schützte. Beispiele dafür sind Kurt Liebknecht in der Heinrich-Mann-Straße 34, die Schwiegereltern von Erich Mielke in der Ossietzkystraße 33[138], die 1949 von Grotewohl geschiedene Frau im Güllweg 14[139] oder der spätere 1. Stellvertreter des Ministers für Staatssicherheit, Bruno Beater in der Tschaikowskistraße 34. Die Pfeil-, die Homeyer- und Platanenstraße, auf der Westseite der Grabbeallee gelegen, gehörten sogar zur Zuständigkeit der Verwaltung, die das Sperrgebiet bearbeitete. Als Beispiel sei hier die Belegung der Häuser ab 1950 in der Pfeilstraße genannt:

    Pfeilstraße 9:   Hanns Eisler mit seiner Frau Lou
    Pfeilstraße 11:   Residenz des Außerordentlichen und Bevollmächtigten Ministers der Volksrepublik Bulgarien[140]
    Pfeilstraße 12:   Louis Fürnberg mit seiner Frau
    Pfeilstraße 13:   Paul Wandel
    Pfeilstraße 14a: Bruno Leuschner
    Pfeilstraße 18:   Käthe Kern
    Pfeilstraße 21:   Albert Norden
    Pfeilstraße 23:   Residenz des Außerordentlichen und Bevollmächtigten Ministers der Rumänischen Volksrepublik[141]

Nur acht Tage nach Gründung des MfS wandte sich Erich Mielke wütend an Horst Sindermann, dem zuständigen Genossen im Kleinen Sekretariat des Politbüros: *Den Beschluß des Sekretariats in der Angelegenheit des Genossen Gold bitten wir aus zwei Gründen aufzuheben; 1. Genosse Gold war durch den Leiter der Kaderabteilung, Genossen Daub und durch den*

Parteisekretär, Genossen Ulbricht, der damaligen Hauptverwaltung zum Schutze der Volkswirtschaft zugesprochen. Ohne vorherige Verständigung mit dem Leiter der Hauptverwaltung wurde Genosse Gold dem Rundfunk überwiesen. Nur durch Zufall erfuhren wir von dieser Versetzung. 2. Nach Rücksprache mit Genossen Walter Ulbricht wurde mir erklärt, daß Genosse Gold dem jetzigen Ministerium für Staatssicherheit ab sofort überwiesen wird. Bei einer nochmaligen Unterredung mit Genossen Gold erklärte dieser auf Befragen wörtlich; daß ein Ersatz bei seinem Ausscheiden vorhanden ist, er könne in wenigen Tagen diese Sache abwickeln, er erwarte nur den Beschluß der Partei. Er erklärte ferner, daß sogar einer seiner Mitarbeiter mitkommen möchte, worauf ihm erklärt wurde, daß das noch zu prüfen wäre, ob nicht dadurch eine zu große Lücke im Rundfunk gerissen würde. Ich bitte daher den Widerspruch, der entstanden ist in der Unterredung mit Genossen Sindermann und Gold einerseits und meiner Unterredung mit dem Genossen Gold andererseits, zu klären. Dem Beschluß des Sekretariats zufolge hat der Genosse Gold erklärt, daß er z. Zt. unabkömmlich wäre. Ich betrachte dieses Verhalten eines verantwortlichen Genossen als einen Verstoss gegen die einfachsten Regeln der Disziplin unserer Partei. Ich bitte, den Genossen Gold von seiner Funktion sofort zu entbinden und ihn dem Ministerium für Staatssicherheit zu überstellen.(142)

Franz Gold, der Stein des Mielkeschen Anstoßes. Er brachte es im MfS bis zum Generalleutnant und zog auch mit um nach Wandlitz. Offenbar war er für seinen Chef in der Tat Gold wert.

Was war so interessant an Franz Gold? Und wofür brauchte ihn Mielke? Und warum wollte es sich Gold mit Mielke nicht verderben, denn lieber wäre er ja wohl beim Berliner Rundfunk geblieben? Anfang 1941 war Franz Gold von der Wehrmacht zur Roten Armee übergelaufen, wo er auf den Politoffizier Lew Kopelew traf, dem er gleich zweimal das Leben gerettet haben soll. Kopelew wurde 1945 in der Sowjetunion zur Zwangsarbeit verurteilt und saß damals im Gefängnis[143]. Gold war Sudetendeutscher; er hatte zum einen erhebliche Schwierigkeiten, sich in Berlin zu integrieren, zum anderen wurde er vom „Adel" der Genossen scheel angesehen[144]. Mielke kamen solche „unsicheren" Kandidaten für den Aufbau des MfS gerade gelegen. Gold besaß Voraussetzungen, die unerlässlich waren, um eine effektive Hauptabteilung Personenschutz (PS) aufzubauen. Er hatte Organisationstalent, Durchsetzungswillen und eine gute militärische Ausbildung. Bereits 1944 war er Kommandeur einer Partisaneneinheit beim Slowakischen Nationalaufstand gewesen. In der Slowakei hatte er auch seine Frau Blačena, eine bekannte Partisanin, kennen gelernt. Als Chefinspektor und Leiter Hauptabteilung PS Berlin war er für den Schutz der Genossen des Politbüros in der Regierungssiedlung und dem Schlossbereich zuständig. 1952 bezog er deshalb eine Zweitwohnung in der Tschaikowskistraße 34[145] und 1954 eine Wohnung im Majakowskiring 55 und war damit ebenfalls „Städtchenbewohner".

Der Zuzug der frisch gebackenen Regierungsmitglieder hatte die Erneuerung und Ergänzung der Umwehrung des nun umbenannten

„Regierungsstädtchens" zur Folge. Der Schlagbaum wurde erneuert[146], fünf neue Schilderhäuser und ein massives Wachgebäude[147] an der Einfahrt von der Ossietzkystraße gebaut. In der Grabbeallee riss man den grünen Zaun weg und gab alle Wohnungen in den Häusern Grabbeallee 43, 46, 48 und 52, die vorher vor allem von russischen Soldaten bewohnt worden waren, für Deutsche frei[148]. Den Bretterzaun, an einigen Stellen bereits tüchtig verwittert, ersetzte man nach und nach durch eine Mauer. Die bisherige Unterkunft der Wachmannschaften im Majakowskiring 3 wurde wegen des desolaten Zustandes abgerissen. Die Soldaten erhielten in der Tschaikowskistraße 13, dem ehemaligen Altersheim für jüdische Taubstumme, eine neue Unterkunft.

Für die Bewachung des Sperrgebietes war das Wachbataillon zuständig, das im Oktober 1949 gebildet wurde und der Hauptverwaltung der Deutschen Volkspolizei unterstellt war. Es umfaßte 3–4 Kompanien und war eigentlich in Berlin-Johannisthal stationiert. Die spezielle Aufgabe des Bataillons bestand in der Sicherung aller Regierungsareale beziehungsweise -gebäude, so auch des „Städtchens". Zum Wachkommando des „Städtchens" gehörten etwa 30 Personen, die eine „Schicht" von 24 Stunden zu absolvieren hatten, bevor sie wieder abgelöst wurden. Die Soldaten standen drei Stunden auf Posten und legten dann jeweils eine zweistündige Pause ein. Vor den Häusern des Ministerpräsidenten, des Ministers des Innern und des Ministers für Staatssicherheit standen Schilderhäuser. Die Ehrenwache übernahmen ausschließlich Offiziere im Rang eines Oberleutnants[149]. Sie trugen weiße Handschuhe. Die Bewaffnung schrieb bei Pieck am massiven Schilderhaus eine Pistole vor, bei Grotewohl einen Karabiner. Da die überwiegende Zahl der Bewohner am Tage außerhalb des „Städtchens" arbeitete, sahen die Soldaten die Funktionäre selten. Sie bewachten überwiegend menschenleere Straßen, denn Durchgangsverkehr gab es ja nicht. Wenn im Hause Pieck am Abend Besuch erwartet wurde, unterrichtete der Präsident jedes Mal den zuständigen Posten davon. Sicherlich wollte er keine unangenehme Überraschung erleben, wie sie Becher 1946 geschildert hatte. Solche Treffen bezeichneten die Soldaten als „Rat der Götter"[150]. Das Wachbataillon wurde Ende 1951 aufgelöst, doch das gesamte Prozedere änderte sich dadurch nur geringfügig. 1952 wurde im MfS ein Wachregiment gebildet, das nunmehr die Aufgaben des Wachbataillons übernahm. Am 15. Dezember 1967 erhielt dieses Wachregiment den Namen „Feliks Dzierzynski". Die Uniformen waren bis 1955 analog zu denen der Deutschen Volkspolizei blau. Mit Gründung der Nationalen Volksarmee (NVA) 1956 wurden sie einheitlich grau und glichen der alten Wehrmachtsuniform. Ab dieser Zeit trugen die Wachposten weiße Handschuhe, Stiefelhosen und ein weißes Koppel. Die Posten am Eingang waren mit Pistole und Maschinengewehr bewaffnet. Im Unterschied zur NVA-Uniform hatten die Soldaten des Wachregiments rote Biesen und rote Streifen an den Schulterstücken, an den Absätzen und am Kragen. Das Mützenemblem war von außen nach innen schwarz, rot, gold. Die Soldaten waren überwiegend um die zwanzig und hatten sich verpflichtet, mindestens drei Jahre zu dienen. Zu ihrem Sold erhielten sie monatlich 100,– DM Postengeld[151]. Neben dem „Regierungsstädtchen" gab es in Berlin über zwanzig Objekte zu bewachen, für jedes Objekt war ein Kommandant verantwortlich. Dieser war generell nur für die Außensicherung des Objekts und die Vorkontrolle zuständig. Die Innenwache, das heißt die Einlasskontrolle, war Aufgabe des Personenschutzes des MfS. Der Objektkommandant war in jedem Fall ein Offizier, dem immer ein Unteroffizier und etwa 25 Mann unterstellt waren. Da es sich beim „Städtchen" und „Schloss Niederschönhausen" um zwei Objekte handelte, arbeiteten hier immer zwei Kommandeure zusammen. Bei Empfängen, Staatsbesuchen und ähnlichen Anlässen wurde die Sicherung verstärkt. Zumeist war ein Wachkommando längere Zeit für ein Objekt zuständig und wechselte dann. Die Ausweise der Chauffeure, der Haushaltshilfen, der Frauen und Kinder der Funktionäre mussten in regelmäßigen Abständen verlängert werden. Dabei kamen sogar so genannte „Falschstempel" zur Anwendung. Erst der fehlerhafte Stempel[152] war ein Indiz für die Richtig- beziehungsweise Gültigkeit des Ausweises. Die bekannten Persönlichkeiten wie Ulbricht, Fieck oder Grotewohl wurden natürlich nicht mehr kontrolliert. Zu Spannungen kam es deswegen vor allem mit Wilhelm Zaisser, der – obwohl weniger bekannt – ebenfalls Anspruch darauf erhob, von den Posten durchgewinkt zu werden.

Der Offizier zwischen den Bäumen ist kaum auszumachen. Aber es war verboten, das „Städtchen" zu fotografieren. Und selbst ein Weitwinkel brachte nicht alles an den Tag.

Besuch, Hunde und anderer Ärger

All die umfangreichen Sicherheitsmaßnahmen konnten nicht verhindern, dass während des Deutschlandtreffens in Berlin vom 26.–29. Mai 1950 eines Morgens die Straßen des Sperrgebietes mit Flugblättern übersät waren[153]. Es muss den Sicherheitskräften große Mühe gemacht haben, all das Papier einzusammeln. Auf der Flugschrift stand: *Denkt daran! Dies ist die Freiheit.* Im Hintergrund sah man die Ostsee, über der eine Geißel hing. Am Ende der einzelnen Geißelschnüre leuchtete jeweils

Der Dauerpassierschein für Prof. Hans Bausch mit der Unterschrift von Franz Gold.

ein Sowjetstern. Vor Bewaffneten strömten Gefangene in Richtung Osten. Wie konnten solche Druckerzeugnisse über die Mauer, vorbei an den Wachmannschaften und Hunden ins Wohngebiet gelangen? Das war der eigentliche Skandal, nicht etwa ein Nachdenken der Funktionäre über das Gezeigte. Die Sicherheitsmaßnahmen wurden verstärkt, war der Vorfall ja nachgerade Bestätigung der bisherigen Maßnahmen. 1955 installierten Mitarbeiter des MfS eine Alarmanlage[154].

In den frühen Morgenstunden des 23. April 1951, einem Sonntag, kam es zu einem tragischen Unglücksfall. Am Schlosseingang vor der Präsidialkanzlei wurde ein Wachposten durch einen anderen angeschossen. Auf dem Weg zum Krankenhaus starb der junge Mann, weshalb sich die Mordkommission einschaltete. Als ein Beamter der Kriminalpolizei in der Anmeldung vorsprach, wurde Staatssekretär Mielke geweckt und informiert. Der entschied, dass die Angelegenheit vom MfS selbst untersucht würde und der Beamte der Mordkommission das Sperrgebiet nicht betreten dürfe. Anhand dieses Vorfalls lässt sich ermessen, welchen Einfluss das MfS von Anfang an hatte. Die Akte wurde mit dem Vermerk geschlossen, dass der Soldat beim *unvorsichtigen Hantieren mit der Waffe sich selbst verletzt* habe. Gold informierte wegen *der starken Beanspruchung an diesem Tage* nicht einmal Minister Zaisser. War da vielleicht doch nicht alles mit rechten Dingen zugegangen? Dass Gold zu Jähzorn neigte und im Dienst dem Alkohol kräftig zusprach, geht ebenfalls aus den Akten hervor[155].

An Franz Gold kam niemand der „Städtchen"-Bewohner vorbei. Das sollte auch Johannes R. Becher erfahren. Am ersten Maiwochenende 1953 schrieb Becher einen Brief und beschwerte sich, dass sein Fahrer ständig zu spät zu sämtlichen Terminen erscheine. Neuerdings könne er nicht, wie gewöhnlich, den Eingang von der Grabbeallee benutzen, sondern müsse immer umständlich am Rathaus vorbei über die Ossietzkystraße zum Haupteingang laufen. Das sei wesentlich zeitaufwendiger. Zu dieser Zeit war der Ruf des MfS bereits so fragwürdig geworden, dass sich Becher direkt an die HV der VP wandte. Nur Wochen später wurde aus dem MfS ein dem MdI unterstelltes Staatssekretariat.

Leider sehe ich genötigt, mich in folgender Angelegenheit an Sie zu wenden. Am 14. Februar wurde von dem seit acht Jahren bei mir tätigen Kraft-

fahrer Max Rosenberg, Niederschönhausen, Friedrich Engelsstr. 13 der Passierschein für das Regierungsstädtchen, in dem ich seit 1945 wohne – und seit damals ist R bei mir beschäftigt – zwecks Verlängerung in der Wachstube abgegeben. Durch den Irrtum der dort tätigen Frau Schröder wurde der Ausweis jedoch nicht verlängert sondern vernichtet. Seit dem 13. März wurde von mir, meiner Frau und dem Fahrer Rosenberg immer wieder gebeten, nun endlich einen neuen Ausweis auszustellen. Vergebens. Seit nahezu drei Monaten wird der Fahrer gezwungen, sich täglich einen Passierschein ausstellen zu lassen, den ich täglich unterschreiben muss und täglich ist er gezwungen eine großen Umweg zu machen, da ihm – zum erstenmal nach achtjährigen zuverlässigen Dienst! – der direkte Zugang zu seiner Arbeitsstelle verwehrt ist. Ich finde es mehr als grotesk, dass eine derartige Angelegenheit drei Monate lang nicht zu ordnen ist. Ich frage mich Besorgnis, wie lange Ihre Dienststelle wohl zur Erledigung ernster Arbeiten brauche, wenn eine so einfache, klare und noch dazu durch Verschulden Ihrer Wachstube in Unordnung geratenen Sache wie die Ausstellung dieses Ausweises 11 (elf!) Wochen hingezogen wird. Ich hoffe, dass dieser Brief genügt, um festzustellen, wer bei Ihnen derartig bürokratisch-saumselig arbeitet und erwarte die unverzügliche Ausstellung des Ausweises.* (156)

Mit diesem „Sichtelement" an der Autofrontscheibe erhielt man ungehindert Ein- und Durchfahrt im „Städtchen".

Hintergrund war, dass Gold am 5. März 1953 neue Richtlinien für die Ausgabe von Ausweisen erlassen hatte, weshalb Rosenbergs alter Ausweis ungültig geworden war. Es gab seitdem den normalen Dauerausweis für die Bewohner, der zum ständigen Betreten beziehungsweise Verlassen aller Ein- und Ausgänge berechtigte; den Dauerausweis mit roten Querbalken für Besucher mit derselben Berechtigung, den Tages-Passierschein mit grünem Querbalken für Personen im dienstlichen Auftrag sowie den gewöhnlichen Passierschein für das einmalige Betreten des „Städtchens"(157). Da die Ausweise noch nicht gedruckt waren und Frau Schröder etwas voreilig handelte, hatte Rosenberg und vor allem Becher das Nachsehen. Doch nicht nur Becher bekam Schwierigkeiten, weshalb sich das Staatssekretariat zu ungewöhnlichen Schritten genötigt sah: *Die zuständige Abteilung wurde angewiesen für Minister und Staatssekretäre die im Objekt wohnhaft sind, bei der Ausstellung der Ausweise nicht zu warten bis ein Antrag gestellt wird, sondern diese Funktionäre aufzusuchen, um sich die erforderlichen Unterlagen zu beschaffen*(158). Das Ausweisunwesen trieb sogar die Mitarbeiter des MfS zur Verzweiflung. Da es keine ausreichende Zusammenarbeit zwischen den Gremien gab, durften 1954 vorübergehend die ständigen Begleiter der Funktionäre ihren „Observierten" nicht in die Versorgungseinrichtung für Regierungsmitarbeiter folgen[159].

Der spätere Moderator der ZDF-Sendung „Kennzeichen D", Fritz Schenk, war eben zu jener Zeit persönlicher Referent bei Bruno Leuschner und beschrieb das Einlaßprozedere folgendermaßen: *Wir fuhren die Schönhauser Allee und die Berliner Straße entlang bis zur Pankower Kirche und bogen in die Ossietzkystraße ein, die zum Amtssitz Piecks führte. Etwa 100 Meter vor dem Tor zum Präsidentenpalais hielt uns ein Doppelposten des Wachregiments an. An der linken Straßenseite, etwa 30 Meter von uns entfernt, bog eine Straße ab, die durch einen Schlagbaum gesperrt war. Dort stand ein weiterer Wächter, die Maschinenpistole lässig über die Schulter gehängt. Der eine Posten trat an unseren Wagen heran, legte die Hand an den Mützenrand und fragte durch das heruntergelassene Fenster: „Guten Abend, Genossen, Sie wünschen?"*

„Ich komme vom Vorsitzenden der Staatlichen Plankommission, Genossen Bruno Leuschner, und muß dem Genossen Ulbricht etwas übergeben."

„In Ordnung! Fahrer und Wagen müssen allerdings hier auf dem Parkplatz warten. Sie melden sich bitte beim Einlaßdienst."

Ich stieg aus, und der Soldat begleitete mich zu einem massiven Wachhäuschen. Hinter einem Schalter saß ein Hauptmann. Ich nannte auch ihm den Grund meines Kommens. Er notierte meine Angaben, dann sagte er, ohne aufzusehen: „Nehmen Sie bitte einen Augenblick Platz, Genosse, ich muß erst rückfragen."

Ich ließ mich auf dem angebotenen Sessel nieder und konnte von dort aus dem Gespräch des Wachoffiziers folgen. In Ulbrichts Wohnung hatte sich offenbar wieder ein Posten gemeldet, denn der Offizier redete seinen Gesprächspartner mit ‚Genosse Leutnant' an. Danach herrschte längere Zeit Schweigen, und erst als der Offizier nach einem kräftigen ‚Choroscho' den Hörer in die Gabel geworfen hatte, rief er mich wieder an den Schalter: „Darf ich Ihren Ausweis haben, Genosse?"

Der Mann versah sein Amt gewissenhaft. Er betrachtete das Paßbild auf meinem Ausweis unter seiner Schreibtischlampe und schaltete sie dann sogar aus, um mich besser sehen zu können. Danach füllte er einen Passierschein aus, reichte mir das Original durch die Scheibe und schob meinen Ausweis mit dem Durchschlag des Passierscheins in eine Sammelmappe. Bevor ich das Städtchen betreten durfte, gab es noch eine weitere Verzögerung. Der Offizier rief im Gebäude der Wachkompanie an, meldete sich mit ‚Einlaßdienst' und bestellte einen ‚Läufer'. Etwa 10 Minuten später erschien ein Soldat mit geschultertem Karabiner. Diesem mußte ich meinen Passierschein übergeben, worauf ich endlich an seiner Seite den Weg zu Ulbrichts Wohnung antreten konnte.[160] Offensichtlich hatte Bruno Leuschner es vermieden, das alles über sich ergehen zu lassen, denn er wohnte eigentlich nur ein paar hundert Meter weiter, nur eben außerhalb der „Festung"

Zur Farce steigerte sich das Ganze, als 1956 ein Brand in der Wohnung von Karl Schirdewan ausgebrochen war. Die aufgeregte Gisela Schirdewan rief telefonisch sofort die Feuerwehr. Als das Löschfahrzeug mit Martinshorn an der Einfahrt vorfuhr, führte kein Weg daran vorbei, dass die Kameraden erst einen Passierschein ausfüllen und ihre Personalausweise hinterlegen mussten, ehe sie zu ihrem Einsatzort weiterfahren durften. Zum Glück hielt sich der Schaden in Grenzen.

Becher reagierte stets besonders empfindlich auf die Sicherheitsmaßnahmen. Einmal wandte er sich an die Verwaltung wegen einer ständigen Ruhestörung: *Bitte darf ich Dich im Namen vieler Gequälter noch einmal bitten, dass das Hundegebell im „Städtchen" von 22 Uhr abends bis 7 Uhr früh dadurch verhindert wird, dass die Hundebesitzer verpflichtet werden, während dieser Zeit ihre Bestien innerhalb der Wohnungen verschlossen zu halten.*[161] Auf den Grundstücken der Häuser gab es genügend Platz. Warum sich also nicht den Luxus leisten, einen Hund zu halten?, dachte so mancher. Viele Funktionäre waren leidenschaftliche Jäger, auch dies meist ein „Mitbringsel" aus der Emigration in der Sowjetunion. Vor 1933 zeigte niemand solche Ambitionen. Selbst Grotewohl pflegte diese Leidenschaft. Otto Gotsche berichtete, wie er mit der Aussicht auf eine gemeinsame Jagd mit Kotikow Grotewohl zur Teilnahme an einer Versammlung überreden konnte[162]. Bis 1953 lag die Jagd ausschließlich in den Händen der Russen[163]. Für hohe SED-Funktionäre galt es als besonderes Privileg, „Gast" in den alten Jagdgebieten der Hohenzollern und der Nazi-Größen, den späteren Staatsjagdgebieten der DDR zu sein[164]. In den 60er Jahren erhielt fast jedes Politbüromitglied ein eigenes Jagdgebiet, wobei hier die Jagd nicht als „Pflege des Wildbestandes", sondern als Freizeitbeschäftigung begriffen wurde. Manch einer kokettierte auch nur mit einem angeblichen Jagdgelüst.

Becher besaß zwei Terrier, Peter Florin einen Deutschen Schäferhund, Fritz Ebert einen Irish-Setter und Otto Walter einen Deutsch-Drahthaar. Wilhelmine Schirmer-Pröscher lebte allein und hatte deshalb gleich zwei Schäferhunde, mit denen sie im Wintergarten des öfteren an einem Tisch sitzend gesehen wurde. Besonders für die Mitarbeiter der Volkspolizei und des MfS waren die Hunde wichtig, vielleicht auch nur zur Imagepflege. Mielkes Diensthund hieß Rolf und begleitete ihn überallhin[165].

Offensichtlich waren die Hunde von Johannes R. Becher so gut erzogen, dass sie andere Bewohner mit ihrem Gebell nicht belästigten.

Sogar Beißunfälle kamen vor! Rudolf Döllings Hund verletzte den Sohn seines Nachbarn Professor Bausch, der ab 1950 wieder mit Familie in sein Eigenheim ziehen durfte. Offensichtlich misstraute Dölling aber den überwiegend jungen Ärzten der DDR, weshalb er das Kind lieber ins Virchowklinikum nach Berlin-Wedding im damaligen französischen Sektor brachte. Zu dieser Zeit sahen also auch Regierungsmitglieder Berlin immer noch als eine Stadt!

Das wirklich Ärgerliche war aber, dass die Hunde auf so engem Raum lebten und als aufmerksame Wachhunde bei jedem Geräusch anschlugen. Grund dafür waren die Soldaten, die rund um das Sperrgebiet auf einem extra angelegten Weg zu zweit mit einem Wachhund patrouillierten. Den Hunden der Bewohner war deren Anwesenheit naturgemäß schwer zu „erklären"!

In diplomatischer Mission

Nicht alle Häuser konnten 1949/50 von den Russen freigegeben werden. Die Sowjetunion schickte mit Georgi Puschkin einen Chef ihrer Diplomatischen Mission in die DDR, der bereits am 4. November 1949 Präsident Pieck sein Beglaubigungsschreiben überreichte. Da das alte Gebäude der russischen Botschaft in den letzten Kriegstagen zu großen Teilen zerstört worden war, residierte Puschkin bis zu dessen Neuaufbau im „Städtchen". Das Beumersche Landhaus im Majakowskiring 58 schien für diese Zwecke wie geschaffen[166]. Mit der Bauernstube verfügte es sogar über geeignete Empfangsräume. Und so nahm die Siegermacht auch nach der Gründung der DDR die „Trinkstube" der einst Mächtigen weiterhin in Beschlag. In den Majakowskiring 50 zog der Handelsvertreter der Sowjetunion, Borris Martynow mit seiner Frau[167]. Sein Stellvertreter Alexej Tschetschenko war sein Nachbar im Haus Majakowskiring 52[168]. Aus der Zentralkommandantur in der Brunnenstraße 19/21 in Berlin-Mitte war vorübergehend die Handelsvertretung der Sowjetunion geworden. Die Villa in der Tschaikowskistraße 12, zuvor Büro der sowjetischen Zentralkommandantur im Sperrgebiet, wurde das eigentliche Botschaftsgebäude. Zusätzlich standen noch weitere Häuser zur Verfügung: Güllweg 12c[169], Güllweg 18[170], Tschaikowskistraße 4, 7, 8, 9, 11, 13[171]. Im Sommer 1951 bezog der Botschafter schließlich den Neubau der russischen Botschaft unter den Linden 55–65; gleichzeitig erhielt er ein Sommerhaus am Rande Berlins[172].

Ein Problem des neuen Staates war die internationale Anerkennung. Obwohl man wegen des selbst verschriebenen provisorischen Charakters der DDR vorerst nur diplomatische Missionen errichten konnte, nahmen die Volksrepublik Bulgarien, die Republik Polen, die Tschechoslowakische Republik, die Ungarische Volksrepublik, die Rumänische Volksrepublik, die Volksrepublik China, die Koreanische Volksdemokratische Republik und die Volksrepublik Albanien noch 1949 diplomatische Beziehungen auf[173]. Sogar Finnland und die Schweiz erwogen die diplomatische Anerkennung der DDR, was die Westmächte allerdings verhinderten.

Für all diese Staaten mussten Botschaftsgebäude, Gebäude für Handelsvertretungen und Residenzen zur Verfügung gestellt werden. Dies geschah 1949/50 im Umfeld der Regierungssiedlung. Allein die Missionen der Chinesen und der Ungarn[174] erhielten ihre Dienstgebäude und Residenzen nicht in Pankow. Auch die Albaner und Koreaner richteten sich erst später in der Nähe der Botschaft der Volksrepublik China in Berlin-Karlshorst ein. Das Jahr 1956 war schließlich von einem kleinen außenpolitischen Erfolg der DDR gekennzeichnet. Auch die Föderative Volksrepublik Jugoslawien schickte einen Gesandten. Außerdem kamen aus der Republik Ägypten ein Handelsrat und aus der Republik Finnland ein Legationsrat.

Die Volksrepublik Bulgarien erhielt 1950 als Dienstgebäude ihrer Diplomatischen Mission in der Berliner Straße 127 eine große Villa[175]. Gleich daneben in der Berliner Straße 120/121[176] befand sich der Sitz der polnischen Botschaft. Dem ersten Außerordentlichen und Bevollmächtigten Minister Bulgariens, Georgij Kostoff, stellte das Ministerium für Auswärtige Angelegenheiten (MfAA) eine Residenz in der Pfeilstraße 11 zu Verfügung. Das Haus Pfeilstraße 23 übergab man als Residenz an die Rumänische Volksrepublik, während das Dienstgebäude auf der anderen Seite der Panke (also in Sichtweite des „Städtchens") in der Parkstraße 8a eingerichtet wurde. Der Gesandte der Tschechoslowakischen Republik, Dr. Otto Fischl, sollte in die Homeyerstraße 28 ziehen. Doch da gab es anfangs einige Probleme. Fischl war ein cholerischer Typ. Vom 17. März 1950 datiert ein Schreiben, in dem es heißt: *Seit zwei Tagen kein Mörtel, Sitzstreik der Maurer. Fischl erklärt, wenn nicht heute die Arbeit aufgenommen wird, dann wird er morgen das Loch zuschütten mit Hinzuziehung der Pressefotografen und der Öffentlichkeit.*[177] Hintergrund war die anfangs nicht geklärte Finanzierung der Bauten. Die Verwaltung beauftragte mitunter Firmen oder Fachkräfte aus den Westsektoren der Stadt oder diese bezogen Material daher, was zu großen Problemen führte.

Mit zunehmender diplomatischer Anerkennung der jungen DDR besuchten jetzt auch verstärkt ausländische Staatsgäste „Pankow". Im Majakowskiring 63 wurde die Koordinierungsstelle für Staatsbesuche eingerichtet.

Zum Zeitpunkt der Aufnahme Anfang der 40er Jahre war noch nicht daran zu denken, dass die alte Kasbaumsche Villa einmal das erste Gästehaus der DDR und der bevorzugte Aufenthaltsort von Chruschtschow werden würde.

Das „Städtchen" selbst avancierte zur ersten diplomatischen „Bühne" der DDR. Für mögliche Staatsbesuche standen der Regierung 1949 kaum geeignete Räume zur Verfügung. Aus diesem Grunde wurden die Häuser Majakowskiring 61, Majakowskiring 5[178], Majakowskiring 2[179] und Majakowskiring 11 gründlich renoviert. Hier war wenigstens eine gewisse Infrastruktur vorhanden. Im Haus Majakowskiring 63 befanden sich neben dem Dispatcher-Dienst zur Koordinierung eine Schneiderei, ein Frisör und eine Schuhmacherei, die den Besuchern Tag und Nacht zur Verfügung stehen sollte[180]. Die Einrichtung der Häuser war hier überdurchschnittlich gut, teilweise sogar luxuriös. Zur Wartung der Gästehäuser wies die Verwaltung den zuständigen Leiter Erich Kuhnert[181] und den Hausmeister Mertens gleich mit ins „Städtchen" ein. Die Chefin des Personals vom VEB Gästehäuser der Regierung hieß Emmy Appelt[182]. Sie war die Frau von Rudolf Appelt, der uns bereits als rechtlicher Vertreter der SED beim Kauf des Hauses Majakowskiring 28 begegnet war und 1949 zum Leiter der Mission der DDR in Moskau ernannt wurde. Keiner der ernannten Leiter von Missionen der DDR besaß natürlich diplomatische Erfahrungen. Dementsprechend wurde der junge Staat in der westlichen Welt auch belächelt. Sollte man nun internationalen Gepflogenheiten entsprechen oder neue Maßstäbe setzen? Das Vorbild „Sowjetunion" bestimmte auch hier Takt und Melodie. Aber gemessen wurde auf dem diplomatischen Parkett nach dem alten Maß.

Die Mitteilung, daß ihm die protokollarische Pflicht gelegentlich auch vorschreiben wird, einen Frack tragen zu müssen, ging auch Pieck regelrecht unter die Haut. Er, ein Arbeiter, einen Frack anziehen? Nein! hat er gesagt. Gegen den Frack als Kleidungsstück hatte er nichts. Aber der Frack galt ihm bedeutungsgleich für Leute, die nicht auf seiner Seite der Barrikade im Klassenkampf standen. Das war's, was ihn am Frack störte. Doch dann siegte der Verstand über das Gefühl: Äußerlich Gleiches ist nicht Gleiches, auf den Inhalt kommt es an. Und das gilt auch für den Frack, also ließ sich Pieck vom Schneider einen Frack anmessen.[183] So zeichnete die DDR-Geschichtsschreibung die Situation nach, die dazu geführt haben mag, dass Pieck und Grotewohl beispielsweise zum Neujahrsempfang 1952 im Schloss Schönhausen beide einen Frack trugen. Es war jedenfalls ein ungemein rutschiges Parkett, auf dem sich die Genossen bewegten, und das zeigte sich auf allen Ebenen.

Auch der Zustand der Gästehäuser ließ zu wünschen übrig, obwohl bis 1956 insgesamt vier Staatsoberhäupter und zwei Außenminister des Ostblocks die DDR besucht und im „Städtchen" übernachtet hatten. Dabei schien nicht alles glatt gelaufen zu sein, weshalb sich am 21. August 1953 der Chef der Präsidialkanzlei Opitz an Staatssekretär Geyer wandte: *Die Gästehäuser im Städtchen Niederschönhausen sind in einem Zustand, der, wenn überraschend Gäste des Präsidenten untergebracht werden müssen, die größten Schwierigkeiten bereitet. Die Renovierungsarbeiten sowie die geplanten Veränderungen wurden wiederholt bei Herrn Arthur Pieck angemahnt, aber bis jetzt ist nichts unternommen. Die dazu bereits bewilligten Mittel sind nach Auffassung des Herrn Arthur Pieck aufgebraucht. Jetzt ist für einen Arzt ein Haus neu eingerichtet worden. Die Möbel dazu wurden aus den Häusern Majakowskiring 63 und 5 entnommen. Sie wissen, daß repräsentative Delegationen nach wie vor, weil anderweitig keine Möglichkeit besteht, im Städtchen untergebracht werden müssen, aber wenn der Außen- und auch Innenzustand der Häuser keine Besserung erfahren, ist die Unterbringung solcher obengenannten Delegationen in Frage gestellt. Herr Arthur Pieck, der für die Veränderungen und die Erhaltung der Häuser verantwortlich ist, hat angeblich für diese notwendigen Dinge kein Geld zur Verfügung.*[184]

Zum 80. Geburtstag Wilhelm Piecks allerdings meldeten sich der chinesische Marschall Zhu De[185] und der Vorsitzende des Staatsrates der Republik Polen Aleksander Zawadzki[186] an, die als besonders schützenswerte Personen das Privileg genossen, im „Städtchen" unterzukommen. Neben den Polen und Chinesen blieben die Gästehäuser im „Städtchen" vor allem den Russen vorbehalten. Die Vertreter der anderen Volksrepubliken wurden nur in Ausnahmefällen hier untergebracht. Da der hochrangige Vertreter der Sowjetunion zu Piecks Geburtstag ausblieb, konnten Zawadzki und Zhu De die Gästehäuser problemlos nutzen.

Schon bei den Vorbereitungen im Dezember 1955 wurden die Unterkünfte neu bestückt: *Für die Gästehäuser im Städtchen wurde nach Auskunft der Architekten 6–8 mtr. Bücher benötigt. Die erste Bestellung der Bücher wurde von Kollege Franke in der Zentralbibliothek vorgenommen, während eine weitere von Kollege Behnke durchgeführt wurde. Beim Einräumen in die Gästehäuser stellte sich heraus, daß die Anzahl noch nicht einmal für Haus 2 im Städtchen ausreichte. Es machte sich somit eine weitere Bestellung von Büchern notwendig, die auch am 30. 12. 1955 erfolgte. Die Bücher wurden noch am gleichen Tag in die Gästehäuser eingeräumt.*[187]. Dass die ausländischen Gäste bei dem für sie vorgesehenen Programm weder zum Lesen kamen noch des Deutschen mächtig waren, übersah der eifrige Herr Behnke völlig. Bücher gehörten eben in eine gutbürgerliche Wohnung und schließlich ging es doch wohl mehr darum zu zeigen, welche wirtschaftlichen Erfolge die DDR zu verzeichnen hatte. Staatsratsvorsitzender Zawadzki sah sich deswegen gar mit *zwei Fernsehempfänger(n) nebeneinander* konfrontiert[188]. Seine Begleiter hatten

109

allerdings bald einen ganz anderen Eindruck: *Es war z. B. zuerst nicht möglich, einige Türen (Bad, Toilette usw.) abzuschließen, da die Schlüssel nicht in Ordnung waren. Die Anbringung der Zugstangen an den Gardinenstangen war äußerst flüchtig geschehen und muß überprüft werden. Es kam vor, daß beim Schließen der Übergardinen im Zimmer oben links die Zugstange mitsamt der Übergardine abfiel*[189], hieß es danach im Bericht. Der siebzigjährige Marschall Zhu De bestand auf drei „Krankenschwestern", die ihm Tag und Nacht zur Verfügung stehen sollten[190]. Für deren Unterbringung im „Städtchen" war aber kein Platz, weshalb sein Wunsch dem Dispatcher-Dienst ein Höchstmaß an Improvisationsvermögen abverlangte. Unzufriedenheit mit der Einrichtung im Majakowskiring 61 gab es ebenfalls: *Die Bettlampe hängt hoch über dem Bett, so daß der Gast, wenn er sie ausmachen will, erst aufstehen muß*[191]. All diese Dinge wurden eiligst geändert, denn für den 26. Juni 1956 hatte sich der erste Gast aus dem „nichtsozialistischen" Ausland angemeldet, der Kronprinz des Königreich Jemen, Emir Seif ul-Islam Mohammed el-Badr. Da der Prinz mit Turban und kurzem Säbel auftrat, beeindruckte er die Kinder der „Städtchen"-Bewohner ganz besonders. In ihren Traumwelten lebte in der weißen Villa ein Märchenprinz.

Gab es keine anderen Wünsche, war das Gästehaus des obersten Repräsentanten stets die Villa Majakowskiring 2. Vielleicht wurde sie deshalb in den Westmedien ständig als „Grotewohl-Villa" gezeigt[192]. Nach dem Tode Stalins, der die DDR selbst nie besucht hatte, war der KPdSU-Chef und Vorsitzende des Ministerrates der UdSSR Nikita Chruschtschow der mächtigste Mann im östlichen Imperium. Als er im August 1957 das erste Mal in dieser Funktion die DDR besuchte, wohnte er in dieser Villa. Mit ihm reisten der sowjetische Außenminister Andrej Gromyko und Chruschtschows Stellvertreter Anastas Mikojan, denen der Majakowskiring 61 vorbehalten war[193]. Da die Regierungsdelegation auch in der DDR herumreiste, wurden die anderen hotelartigen Unterkünfte darüber informiert, was der hohe Staatsgast wünschte: *Im Gästehaus werden die Zimmer ausgestattet, wie die Gästehäuser im Städtchen (z. B. Bademantel im Appartement, Schreibmappe, Toilettenartikel, Erfrischungen). Ein Schneider wird im Haus sein*[194]. Insgesamt fünf Mal besuchte Chruschtschow die DDR, zuletzt anläßlich des 70. Geburtstags Walter Ulbrichts, zu dem auch der tschechoslowakische Präsident Novotny und der Chef der Polnischen Vereinigten Arbeiterpartei (PZPR), Gomulka, angereist waren[195]. Chruschtschow wohnte immer in der Villa Majakowskiring 2. Im Schlosspark wurde dann immer eine große Funk- und Telefonanlage aufgebaut, damit der Kremlchef von Pankow aus auf die Weltgeschehnisse Einfluss nehmen konnte – falls das hätte notwendig werden sollen.

Damit während des Aufenthaltes der Gäste in der DDR neben einer erstklassigen Betreuung auch ein unkomplizierter Kontakt zu Mitarbeitern

Mitte der 30er Jahre konnten Christian Zeller und seine Frau beim besten Willen nicht ahnen, dass gut 20 Jahre später in ihrem Eckchen im Wintergarten einmal der mächtigste Mann der östlichen Welt sitzen würde (v.l. Wilhelm Pieck, Nikita Chruschtschow, Walter Ulbricht).

des Ministeriums für Auswärtige Angelegenheiten (MfAA) möglich war, wohnten in unmittelbarer Nähe der Gästehäuser einige Vertreter. Peter Florin war nach einem Studium an der Leipziger Universität Leiter der Hauptabteilung für politische Angelegenheiten im MfAA geworden und besonders den russischen Diplomaten bestens bekannt. Auch sein Abteilungsleiter Max Keilson erhielt eine Zuweisung ins Sperrgebiet (Majakowskiring 55), schräg gegenüber der Residenz des russischen Botschafters.

Natürlich schickte die DDR auch Diplomaten in die befreundeten Länder. Da in den jeweiligen Ländern nicht immer die Voraussetzungen vorhanden waren, dass die Kinder der Diplomaten dort unkompliziert weiter zur Schule gehen konnten oder die Ehepartner ihre Funktion in der DDR deshalb aufgeben konnten oder wollten, erhielten die Familien Wohnungen in Pankow. Sowohl für die Regierungsmitglieder als auch die ausländischen Diplomaten waren hier bereits genügend Strukturen geschaffen. Zu den Diplomaten, deren Familien in das „Städtchen" selbst einzogen, gehörte der Leiter der Mission der DDR in China, Hans König, die Leiterin der Mission in Bulgarien beziehungsweise seit 1951 in Polen, Änne Kundermann und der Leiter der Mission in Ungarn, Stefan Heymann. Auch als Sepp Schwab Heymann in Budapest ablöste, weil dieser wiederum Botschafterin Kundermann in Warschau ersetzte, wies man ihm ein Haus im „Städtchen" zu. Als 1956 schließlich Schwab und Winzer zu Stellvertretern des Außenministers Lothar Bolz geworden waren, wohnten die wichtigsten Mitarbeiter des Ministeriums ganz in der Nähe der Staatsgastunterkünfte.

Im Spiegel der Macht

Mit Gründung des MfAA wurde Anton Ackermann dort Staatssekretär. Damit war ein Politbüromitglied der SED leitender Mitarbeiter des Ministeriums. Das sollte nicht immer so bleiben, und auch Ackermanns Aufgabengebiet umfasste getreu den Anweisungen der sowjetischen Genossen mehr die Auslandsspionage als die Außenpolitik. Georg Dertinger, 1949 bis 1953 Minister für Auswärtige Angelegenheiten, verfügte über ausgezeichnete Kontakte zu den politischen Führungskräften der Bundesrepublik. Die Außenpolitik der DDR trug in jener Zeit noch einen betont gesamtdeutschen Charakter. Gleichsam sollten die Kontakte zur Bundesrepublik zu Spionagezwecken ausgenutzt werden. Mit der Übernahme des Postens beim MfAA erhielt Ackermann eine Zuweisung in den Rudolf-Ditzen-Weg 18/20 und wurde so Nachbar von Rudolf Dölling und Heinz Hoffmann.

Als Ackermann sich von seiner Frau Elli Schmidt wegen der Haushaltshilfe Irmgard scheiden ließ, hatte er die gemeinsame Wohnung im Majakowskiring 26 verlassen und ein neues Domizil im Majakowskiring 59 erhalten, der stattlichen Gründerzeitvilla des Schornsteinfegermeisters Arand. Hier lebte er mit Generalstaatsanwalt Ernst Melsheimer und dem Präsidenten der Kammer der Technik Hans-Heinrich Franck zusammen in einem Haus. Ackermann erhob Anspruch auf immer mehr Zimmer, weshalb Franck bald wieder auszog. Die junge Familie Ackermann bekam Nachwuchs, und das Kindergeschrei belästigte die unmittelbaren Nachbarn. Zum Schluss belegte Ackermann mit seiner jungen Frau sieben Zimmer auf den verschiedenen Etagen, und der Umzug in das große Haus hinter der Villa von Pieck kam gerade recht. In seiner Tätigkeit war Ackermann zunehmend mit Richard Stahlmann in Berührung gekommen, der etwa seit dieser Zeit ihm gegenüber sein erstes Domizil im Sperrgebiet bezogen hatte. Damals ließ es sich Eugen Hanisch ja noch gefallen, „Heinrich Ackermann" genannt zu werden. Und so wie Hans Fallada eigentlich Rudolf Ditzen hieß und Alexander Kirsanow in der „Täglichen Rundschau" seine Leitartikel gern mit dem berühmt-berüchtigten Pseudonym „Orlow" unterschrieb, so war „Richard Stahlmann" nur der Parteiname Artur Illners. In einem Fragebogen für MfS-Mitarbeiter von 1953 gab er auf die Frage, warum er seinen Namen geändert hatte, an: *Aus Zweckmäßigkeit*[(196)]. Es handelte sich um die Frage Nr. 10 des Vordrucks. Die Verwendung anderer Namen war in der KPD, besonders in der Zeit der Illegalität, nicht ungewöhnlich. Auch „Lenin" und „Stalin" waren ja nur Pseudonyme. Und Stahlmann gehörte seit seinem Parteieintritt in die KPD 1917 immer zu den hochgradig gefährdeten Genossen, weil er die heikelsten und gefährlichsten Aufträge der Partei zu übernehmen hatte. Der Partei opferte er alles, sein Leben, den Kontakt zu seinen Geschwistern und die Möglichkeit, eine Familie mit Kindern zu haben. Er hatte in der Sowjetunion, in China, in Spanien und in Schweden gelebt, kannte die gesamte jetzige Parteiführung meist persönlich, aber auch Ernst Reuter und Herbert Wehner. Stahlmann war sozusagen ein „Weltbürger"! Eigentlich machte einen Genossen solch eine Vergangenheit eher „verdächtig", doch Stahlmann schien seine Verbindungen nie zu nutzen, um Einfluss in der Partei zu gewinnen. Er kam niemanden in die Quere und mischte sich nie in die Machtkämpfe zwischen den Genossen ein. Vielleicht war das sein Überlebens-Prinzip.

Noch immer wohnte Johannes Kupke als der Sperrgebiets-Arzt im Nebenhaus, Rudolf-Ditzen-Weg 21. Mit der schwerkranken Frau Stahlmanns bekam er eine neue Patientin. Erna Stahlmann hatte die Zeit der Haft in französischen Internierungslagern zwar aufrecht, aber nicht unbeschadet überlebt und litt unter Depressionen. Eine schleichende Erblindung und zunehmende Unbeweglichkeit der Beine waren nicht mehr zu heilen. Kupke konnte nichts weiter tun, als ihre Leiden zu lindern. Sie gehörte zu den vielen Menschen, die erst nach dem Ende des Hitlerfaschismus sein Opfer wurden.

Richard Stahlmann, Abenteurer mit weltmännischem Flair und alles andere als kontaktscheu. Mit Ernst Reuter und Herbert Wehner genauso bekannt wie mit Erich Mielke und Franz Dahlem. Alle Säuberungen überstand er anscheinend unbehelligt.

Stahlmann war dafür verantwortlich, die illegale Verbindung zur KPD in der Bundesrepublik sicherzustellen. Als Berufsrevolutionär und Spezialist für gefährliche Operationen war er dazu prädestiniert, denn diese Verbindung wurde von sämtlichen Geheimdiensten scharf beäugt. Mit der Bildung zweier deutscher Staaten hatten sich zwei Lager herauskristallisiert. Die KPD in Westdeutschland galt dabei als Störfaktor. Dass es bei dieser Tätigkeit Überschneidungen mit den Aufgaben Ackermanns gab, lag auf der Hand. Einer der ersten Aufträge Stahlmanns wurde die Entführung des KPD-Vorsitzenden Kurt Müller. Doch damit nicht genug. Müllers Stellvertreter Fritz Sperling hatte die „Absetzung" Müllers gebilligt und dessen Position besetzt[197].

Bei seinen Besuchen in Berlin (Ost) kam Sperling wahrscheinlich im „Städtchen" unter. Zumindest findet sich sein Name auf einer „Städtchenkarte" zum Haus Stille Straße 12, also neben dem Wohnhaus Mielkes[198]. Der KPD-Fraktionsvorsitzende im Deutschen Bundestag, Max Reimann, bezog 1950 ebenfalls ein Haus im Regierungsviertel. Es handelte sich um das Eigenheim des Hauptreferenten beim Patentamt Berlin Kutzner, Majakowskiring 45. Reimanns Anwesenheit unterlag strenger Geheimhaltung. Damit nutzte man das „Städtchen" wie schon für Gerhart Eisler als besonders sichere „Burg". Dass eine Bedrohung von KPD-Führungsmitgliedern aber auch seitens der DDR vorlag, war 1950 den Betroffenen nicht bewusst. Sperling nutzte ganz selbstverständlich Einrichtungen in Berlin (Ost) wie das Regierungskrankenhaus in der Scharnhorststraße in Berlin-Mitte, um für sich und seine Frau ärztliche Versorgung zu erhalten. Aus diesem Krankenhaus ist er dann auch am 26. Januar 1951 von Stahlmann verhaftet worden und erst nach fünf grauenhaften Jahren aus den Fängen der Mielke-Schergen wieder frei gekommen. Grauenhaft wohl auch deshalb, weil Sperling von den eigenen Genossen misshandelt wurde. Er lebte nach den Torturen nur noch zwei Jahre. Seine vermutliche Gästeunterkunft aber wurde im Laufe des Jahres 1951 einem Mitarbeiter Ackermanns, Staatssekretär Gerhard Heidenreich, zugewiesen. Mit Heidenreich kam auch Herbert Hentschke, ebenfalls für Aufgaben im neugegründeten Außenpolitischen Nachrichtendienst (APN) unter Ackermann aus Thüringen nach Berlin gerufen.

Wieso verschleppte der Mann, dessen Frau an den Folgen einer unmenschlichen Haft litt, KPD-Führer in Haftanstalten des MfS, in der sie teilweise grausam behandelt wurden – und das von den eigenen Genossen, mit denen Stahlmann ja meist in engster Nachbarschaft lebte?[199] Zwölf Jahre Naziherrschaft hatten Opfer gefordert. Viele Kommunisten waren aus Deutschland vertrieben oder eingekerkert worden, die Inhaftierten härtesten Proben ausgesetzt – sowohl menschlich, physisch als auch psychisch. Im gleichen Monat, in dem Stahlmann den KPD-Führer Kurt Müller gewaltsam nach Berlin (Ost) verschleppte, verschwand aus dem Wohngebiet plötzlich ein Mann, der hier bereits seit 1948 lebte[200].

Ernst Busse arbeitete in Berlin als Mitglied des agrarpolitischen Ausschusses beim ZK der SED. 1946 noch Innenminister der Landesregierung Thüringen, beanspruchte er bei seinem Wechsel nach Berlin dieselben Privilegien wie die anderen Genossen. Er sah, wo und wie die neue Parteiführung lebte und bat Dahlem um eine Zuweisung ins „Städtchen"[201]. Am 29. März 1950 wurde er plötzlich nach Berlin-Karlshorst bestellt und dort von sowjetischen Sicherheitsorganen verhaftet. Bereits 1947 hatte Mielke im Auftrag von Ulbricht versucht, Einsicht in die Materialsammlung zur Untersuchung über die Buchenwald-Häftlinge zu nehmen[202]. Dies scheiterte zu dieser Zeit am Widerstand von Franz Dahlem, der selbst seit 1943 im Konzentrationslager Mauthausen gewesen war und dort als Mitglied des internationalen Lagerkomitees gewirkt hatte. Diese Tätigkeit hatte die Männer in eine ungeahnte Machtstellung gebracht, der nicht alle gewachsen waren. Busse, im Konzentrationslager Buchenwald Blockältester, Lagerältester sowie Kapo im Krankenbau, hatte Entscheidungen darüber zu treffen, welchen der Häftlinge welches Schicksal traf. Die SS-Schergen überließen es Männern wie Busse, unter den Gefangenen für Ruhe und Ordnung zu sorgen. Die Mitglieder der illegalen Lagerkomitees wiederum versuchten ihre Exponiertheit für eine politische Einflussnahme zu nutzen. Damit bestimmten sie aber über Leben und Tod anderer. Busse hatte damals auch russische Häftlinge in den Tod geschickt, weshalb er von einem Militärtribunal der sowjetischen Garnison in Berlin als „Kriegsverbrecher" zu lebenslänglicher Lagerhaft verurteilt wurde und 1952 im Sonderlager Nr. 6 in Workuta starb[203]. Da auch Robert Siewert, ebenfalls Kapo in Buchenwald, unmittelbar nach ihm seiner Ämter enthoben wurde, ist in der Aburteilung Busses ein planmäßiges Vorgehen zu sehen[204]. Der Parteiführung waren die ehemaligen Buchenwaldhäftlinge, die ohne jede Anleitung von „außen", allein auf sich gestellt, Entscheidungen getroffen hatten, schon länger suspekt. Siewert hatte das „Städtchen" mit seiner Amtsenthebung sofort zu verlassen. Selbst wenn man annehmen darf, dass Busse von Dahlem und sicher auch von anderen Einwohnern des „Städtchens", die die Bedingungen in den Konzentrationslagern aus eigenem Erleben kannten[205], Verständnis entgegengebracht wurde – sein Schicksal war durch die „Freunde" bereits besiegelt.

Dies alles erlebte Stahlmann in seiner nächsten Umgebung. Stahlmann, mit Dahlem befreundet, pflegte im Unterschied zu Funktionären wie

Der gemäßigte Flügel innerhalb der SED-Führung zu Gast bei Franz Dahlem im Majakowskiring 32: Heinrich Rau, Franz Dahlem, Otto Grotewohl, Wilhelm Pieck (v. l. n. r.). Aber auch ihnen war natürlich bekannt, was mit Busse, Müller, Sperling geschah.

Ulbricht oder Mielke einen intensiven privaten Kontakt. Es war nicht ungewöhnlich, dass Stahlmann abends noch vom Rudolf-Ditzen-Weg, in den Majakowskiring einbog, an Piecks und Ulbrichts Häusern vorbeischlenderte, um bei Dahlem zu klingeln, der, da seine Enkelkinder bei ihm lebten, einen großen Haushalt führte. Worüber die beiden wohl gesprochen haben mögen?

Doch nicht nur ehemalige Häftlinge der Konzentrationslager gerieten jetzt ins Visier der Parteiführung. Auf der anderen Straßenseite wohnte Alexander Abusch, mit dem Dahlem gemeinsam im so genannten „Kleinen Sekretariat" saß. Am 10. Juli 1950 schied Abusch plötzlich aus dem „Kleinen Sekretariat" aus. Noch am selben Tag steckte er im Nachbarhaus ein Schreiben in den Briefkasten von Pieck: *...mir wurde heute mitgeteilt, daß ich aus dem Sekretariat entfernt worden bin auf Grund einer Kombination von Anschuldigungen, zu denen ich mich vorher nicht äußern und sie widerlegen konnte. Sie sind in ihrem Hauptpunkt frei erfunden. Ich lege darüber eine Abschrift meiner Erklärung an die ZPKK bei. Ich bin in einer verzweifelten Situation. Du kennst mich seit Jahrzehnten – und ich bitte Dich inständig um eine kurze Unterredung und Deinen Rat.*[206]

Gewiss kannte Pieck Alexander Abusch seit Jahrzehnten, aber über die Zeit, die sein Nachbar nicht in seiner unmittelbaren Nähe in Moskau verbracht hatte, wusste er offensichtlich zu wenig. Da vertraute er doch lieber den Genossen Ulbricht und Matern. Letzterer hatte als Vorsitzender der ZPKK der SED Abusch acht Tage nach dessen Ausschluss jegliche leitende Parteifunktion untersagt. Lag der Schwerpunkt der Ausgrenzung von Parteigenossen der SED bis 1949 auf ehemaligen Sozialdemokraten, so änderte sich das mit Gründung der DDR. Neben den ehemaligen Buchenwald-Häftlingen waren es nun vor allem die Westemigranten. Dies geschah im Zusammenhang des „Einschwörens" der gesamten Partei auf das Vorbild in der Sowjetunion und begann mit dem Aufstöbern von „Abweichlern" innerhalb derer, die nicht nach Moskau emigriert waren und die sowjetischen Verhältnisse nicht hautnah erlebt hatten. In den nun einsetzenden Strudel, der die ehemaligen Westemigranten erfassen sollte, geriet Abusch. Inkriminierend für Abusch wurde die Bekanntschaft zu einem amerikanischen Kommunisten, Noël Field, der vielen Emigranten 1941/42 die Überfahrt nach Mexiko finanziert hatte. Beauftragt mit dem Aufstöbern war vor allem Mielke, der 1943 selbst Geld über Field erhalten hatte, damit also die Zusammenhänge bestens kannte, aber diese Tatsache vor der Partei verschwiegen hatte[207]. Abusch konnte zwar kein direkter Kontakt zu Field nachgewiesen werden, dennoch blieb sein verzweifeltes Schreiben an Ulbricht unbeantwortet: *Ich habe mich noch nie mit einer Bitte an Dich gewandt. Heute muß ich es in der schwierigsten Situation meines Lebens, – ich muß Dich bitten, für die Beschleunigung des Verfahrens zu sorgen, für die schnelle Gegenüberstellung mit denjenigen, die falsche Behauptungen über mich aufstellen. Sonst bin ich politisch ver-*

nichtet, bevor noch die Dinge geklärt sind. Mit der Bitte um baldige Antwort und besten Gruß, Ernst[208].

Für Pieck und Ulbricht war die Lage, in die Abusch geraten war, vergleichsweise geringfügig, konnte er doch von Glück reden, nicht verhaftet worden zu sein. Beide hatten vor zehn Jahren die „Säuberungsaktionen" innerhalb der Partei im Moskauer Hotel „Lux" mit- und überlebt, was hieß: Jede Nacht trampelnde Soldatenstiefel auf dem langen Hotelflur, dann irgendwo ein Klopfen. Jede Nacht wurde ein anderer Genosse abgeholt oder entzog sich vorher durch Selbstmord der drohenden Verhaftung und Verurteilung zum Tod durch Erschießen oder zu langjährigen Haftstrafen in Arbeitslagern. Damals wurden die Freunde und Genossen nicht nur politisch, sondern auch physisch vernichtet. Und jeder beteiligte sich daran, denunzierte, verdächtigte, verschwieg, um möglichst nicht selbst in den tödlichen Sog zu geraten.

Piecks private Kalendernotizen[209] verraten uns auch, dass sein Wohnhaus zunächst Bekannten aus dieser schlimmen Zeit in Moskau offen stand. Am Sonnabend, dem 27. Mai 1950, dem Tag der Eröffnung des 1. Deutschlandtreffens der Jugend in Berlin, begrüßte er zum Nachmittagskaffee um 17 Uhr Otto Fischl nebst Gattin und Bedřich Geminder, anwesend war auch Margarete Keilson. Wilhelm Pieck kannte insbesondere Bedrich Geminder gut. In der sowjetischen Emigration hieß er Fritz Glaubauf und spielte in der Komintern eine wichtige Rolle. Seit Sommer 1943 hatte er im Institut 205 gearbeitet, die Einlassscheine trugen seine Unterschrift. Nur 18 Monate später wurden Otto Fischl und Bedřich Geminder verhaftet und im November 1952 in einem Schauprozess in Prag unter falschen Anschuldigungen als „trotzkistisch-titoistische Zionisten, bürgerlich-nationalistische Verräter, Feinde des tschechoslowakischen Volkes und des Sozialismus im Dienste der amerikanischen Imperialisten" angeklagt und im Dezember 1952 hingerichtet. In dem Prozess war vor allem Rudolf Slánsky angeklagt, der den mit Abusch aus den Führungsgremien der Partei ausgeschlossenen Genossen Paul Merker belastete. Paul Merker wurde daraufhin am 30. November 1952 ebenfalls verhaftet. Mit anderen sollte er in einem ähnlichen politischen Schauprozess wie dem in Prag in der DDR angeklagt werden. Zu solch einem Prozess kam es dann zwar nicht, doch drohte Abusch anfangs ein ähnliches Schicksal wie Geminder und Fischl.

Mitleid konnte Abusch von Genossen, die so etwas am eigenen Leibe erlebt hatten, nicht erwarten. Sie waren schon froh, dass sein Leben gerettet war. Abusch saß plötzlich tätigkeitslos in seinem Haus herum. Es machte keinen Sinn, morgens aufzustehen, denn wohin sollte er gehen? Er sah die schwarzen Limousinen morgens vorfahren, die Ulbricht, Pieck, Dahlem und Becher zu ihren Arbeitsstätten brachten. Für ihn fuhr kein Wagen mehr vor. Seine Nachbarin Elly Winter grüßte plötzlich nicht mehr, wenn sie sich zufällig im Garten sahen. Dieselben misstrauischen

Alexander Abusch, der Intellektuelle und „Flügeladjutant" von Johannes R. Becher, geriet in die Mühlen der Macht und wurde zermahlen. Am Ende war er nur noch ein willfähriger Zuträger von angeblichen „Geheimnissen".

Das Anwesen Paul Merkers in Biesdorf, bevor er aus dem Politbüro ausschied. Aufnahme von 2001.

Blicke, wenn Abusch zur HO einkaufen ging. Alles war plötzlich fremd. Mag sein, dass Freund Becher noch zu ihm gehalten hatte, aber ohne Einfluss auf die Geschehnisse. Finanzielle Probleme hatte Abusch erst einmal keine, denn er konnte durchaus von den Honoraren seiner Publikationen beim Aufbauverlag leben[210]. Schätzungsweise über 10.000 Mark standen ihm zur Verfügung. Die plötzlich ausbleibende Unterstützung aus der Parteikasse für Mietzahlungen und das fehlende Einkommen ließ sich damit gut überbrücken[211].

Doch die Einsamkeit blieb, bis plötzlich eines Tages der Genosse Mielke bei ihm klingelte. Er kam mit einem Angebot und wollte ein deutliches Signal setzen, dass die ständigen Bittschreiben an Pieck, Matern und Ulbricht zu unterbleiben haben. Abusch könne sofort wieder in den „Schoß der Partei" zurückkehren, wenn er bereit wäre, als „Geheim-Informant" des MfS zu arbeiten. Abusch willigte angesichts der immer noch bestehenden tödlichen Bedrohung ein, sich regelmäßig mit Bruno Beater zu treffen und Berichte zu schreiben. Beater wiederum hatte seinerseits Berichte von den Treffen zu verfassen, in denen er von *misteriösen* Fällen zu berichten wusste. Als der Hauptverdächtige Paul Merker mit Abusch schriftlich in Kontakt treten wollte, hat er *diesen Brief sofort noch in der gleichen Stunden dem Gen. Pieck persönlich in seiner Wohnung im Städchen Niederschönhausen übergeben.*[212]

Zwischen den vielen orthographischen Fehlern in den Berichten des Stasi-Offiziers lässt sich herauslesen, dass spätestens seit 1951 das Sperrgebiet auch im Visier der Mitarbeiter des MfS lag. Inspekteur Beater hatte es auch nicht weit, er wohnte in der Tschaikowskistraße 34. Abusch rettete der Kontakt zu Beater zumindest seine politische Karriere. Anderen Genossen bereitete er allerdings durch seine Informationsgespräche und -berichte immense Schwierigkeiten. Am Anfang hatte er noch versucht, nur Genossen zu belasten, die seines Wissens bereits vom MfS verhaftet worden waren. Jedoch bald schrieb er in seinen Berichten über die, mit denen er aus welchen Gründen auch immer in einem angespannten Verhältnis stand. Auch von anderen Genossen wurden Befragungen durch die entsprechenden Gremien benutzt, um „alte Rechnungen" zu begleichen. Max Opitz beispielsweise gab nach der Inhaftierung von Kurt Müller von der westdeutschen KPD seinen Nachbarn Reimann als dessen wichtigsten

Vertrauensmann während der gemeinsamen Zeit im KZ Sachsenhausen an[213]. Eine Aussage, die in jedem Fall nachteilig für Reimann ausfiel.

Mielkes Angebot rettete, wie gesagt, Abuschs politische Karriere. Anfang 1953 wurde Abusch im ZK der SED in der Abteilung Kultur die Aufsicht über das gesamte Verlagswesen der DDR übertragen, eine Aufgabe, für die er gut vorbereitet wurde. Was das Angebot nicht beinhaltete war, dass Ulbricht am 19. Mai 1953 dem Politbüro eine Liste präsentierte *über Personen, die aus dem Regierungsstädtchen auszusiedeln* (sic!) *sind*.[214] Abusch war dort als Nr. 6 vermerkt und schlicht als *Schriftsteller* erwähnt. Offensichtlich wohnten in der Regierungssiedlung zu viele Personen, die dort nach Ulbrichts Ansicht nicht hin gehörten. In erster Linie handelte es sich um Chauffeure oder Haushaltshilfen von Funktionären. Vermutlich hatte es auch Differenzen zwischen Ulbricht und seiner eigenen Haushaltshilfe gegeben, denn unter Nr. 14 befindet sich auch deren Name. Mitarbeiter des MfS und der Hauptverwaltung standen ebenso auf der Liste, wobei sie vermutlich in das weitaus größere Sperrgebiet am Orankesee in Hohenschönhausen ziehen sollten[215]. Bezeichnenderweise findet man dort auch den Namen von Gerhart Eisler. Also störten die ehemaligen Westemigranten doch. Dahlem stand nicht auf der Liste. Er wurde gerade aller seiner Parteifunktionen entbunden und hatte auch ohne Liste sein Haus neben Ulbricht und Becher sofort zu verlassen. Berlin-Biesdorf, Roßlauer Straße 35 hieß seine neue Adresse[216]. Stahlmann dagegen blieb in Pankow wohnen, die Interessen der Partei standen über freundschaftlichen Gefühlen.

Für Dahlem kam Herbert Warnke, der ebenfalls eine große Familie zu versorgen hatte. Nachdem Dahlem – obwohl sich die Vorwürfe als haltlos erwiesen hatten – aus dem Politbüro ausgeschieden und nicht wieder ins „Städtchen" zurückgekehrt war, wurde Warnke Mitglied der Parteiführung. Ulbricht fiel er als strenger Verfechter seiner eigenen politischen Linie auf. Außerdem besaß er nicht die Popularität Dahlems, die diesen zu seinem schärfsten Rivalen gemacht hatte. So wie es 1950 eine Liste Ulbrichts über die Belegung der Häuser im „Städtchen" gab[217], wird er wohl auch direkt den Zuzug Warnkes beeinflusst haben. Mit der wechselnden Belegung der Villen kann symbolhaft nachvollzogen werden, wer auf der Achterbahn der Macht gerade oben oder unten war.

Die „Schwarze Liste".

Franz Dahlem mit seiner Frau Käthe nach dem Ausscheiden aus dem Politbüro in Berlin-Biesdorf.

Das Wohnhaus von Rudolf Herrnstadt in Berlin-Biesdorf, heute Otto-Nagel-Straße 9. Aufnahme von 2001.

Dabei verrät Ulbricht die Wortwahl. Bereits zwei Jahre vorher hatte er ein Schreiben an die Verwaltung zum Haus Majakowskiring 58 aufsetzen lassen: *Mit Herrn Botschafter Puschkin habe ich gesprochen und vereinbart, daß er die Gebäude im Gebiet des Städtchens einschließlich der Wohnungen und der Garagen an mich übergibt, sobald er das neue Botschaftsgebäude bezieht.*[218]

Die Affäre, in die Abusch geraten war, betraf in erster Linie das Politbüromitglied Paul Merker. Nach dem Ausschluss der beschuldigten Genossen mussten neue Kandidaten und Mitglieder aufgenommen werden, wozu Rudolf Herrnstadt und Wilhelm Zaisser gehörten. Von den 15 Mitgliedern und Kandidaten waren nur noch drei ehemalige Sozialdemokraten übrig geblieben: Otto Grotewohl, Fritz Ebert und Erich Mückenberger. Der überwiegende Teil hatte die Emigration in der Sowjetunion verbracht. Dazu zählten auch Rudolf Herrnstadt und Wilhelm Zaisser. Beide gehörten in Moskau jedoch nicht dem „Pieckwick-Club" an, wie sich Zaisser selbst auszudrücken pflegte[219]. Ihre Aufnahme in das oberste Machtgremium geschah auf ausdrücklichen Wunsch der „Freunde". Herrnstadt hatte beobachtet, dass zu den Machtinsignien ein Haus im „Städtchen" gehörte. Er war als Sohn eines Rechtsanwaltes in einem kleinen Häuschen in Gleiwitz in Oberschlesien groß geworden. Wie für Becher, Hilde Benjamin, die Brüder Eisler, Bolz, Melsheimer war ihm eine bürgerliche Lebensweise nicht fremd. Anfang 1948 musste Herrnstadt sein Haus im Gerstenweg 31 in Berlin-Biesdorf wechseln[220], das er 1945 im Zuge der Beschlagnahmung für die Magistratsmitglieder bezogen hatte, weil der Eigentümer nachweislich ein „Antifaschist" gewesen sein soll[221]. Herrnstadt hatte mit seiner russischen Frau Valentina zwei kleine Mädchen, die Familie lebte komfortabel in der Königsstraße 9[222], als er in das ZK der SED und zum Kandidaten des Politbüros gewählt wurde[223]. Eine Zuweisung erhielt er dadurch nicht, und so wandte er sich selbst ein Jahr später an die Verwaltung: *Ich würde gerne im Herbst diesen Jahres ins Städtchen in Pankow übersiedeln. Wenn die Möglichkeit besteht, in das gegenwärtig vom Botschafter Puschkin bewohnte Haus zu ziehen, würde ich, vorausgesetzt, das sich dieses Haus als für mich nicht zu groß erweisen sollte, daran interessiert sein.*[224] Die Verwaltung wiederum war recht ratlos, weil ja Ulbricht einen Monat vorher angekündigt hatte, dass das Haus ihm zu übergeben sei⁽²²⁵⁾. Nichts geschah also nach den Wünschen Herrnstadts, weshalb er ein Vierteljahr später erneut nachhaken musste: *Ich wäre Dir dankbar, wenn Du mir noch einmal Gelegenheit geben würdest, das von uns besichtigte Haus näher anzusehen. Ausserdem wäre ich Dir dankbar, wenn ich vielleicht einige andere Häuser sehen könnte. Gen. Zaisser macht mich darauf aufmerksam, dass die Zimmerverteilung in dem besichtigten Haus ungünstig sei, verglichen mit einer Reihe anderer Häuser, die nach seiner Angabe frei stehen oder jetzt frei werden.*⁽²²⁶⁾ Freund Zaisser war schließlich als unmittelbarer Beobachter bestens informiert, als dass Herrnstadt mit dem Argument „Überbelegung" abgespeist werden konnte. Aber wahrscheinlich ging Herrnstadt von seinem Vorhaben, in die Residenz des russischen Botschafters ziehen zu wollen, nicht ab. Puschkin verließ erst Anfang 1952 die Villa, so dass Herrnstadt sie endlich am 4. April 1952 belegen konnte⁽²²⁷⁾.

Rudolf Herrnstadt, Hoffnungsträger eines „anderen" Kurses als jener, den Walter Ulbricht verfocht. Letzterer ging jedoch aus diesem Machtkampf als Sieger hervor. In der Frage seines Wohnhauses allerdings gab Herrnstadt nicht nach.

Nun saß er fest im Sattel und konnte sein ehrgeiziges Ziel verfolgen, selbst zu „Ruhm und Ehre" zu kommen. Dafür hatte Herrnstadt gute Vorbedingungen. Er war kein typischer kommunistischer Funktionär, der zu den Vertrauten Ulbrichts gehörte⁽²²⁸⁾. Nachdem Ulbricht auf der II. Parteikonferenz *den planmäßigen Aufbau des Sozialismus* verkündet hatte, brachen die wirtschaftlichen Probleme der DDR offen auf. Es kam zu einer Massenflucht aus der DDR, was ein Umdenken und vielleicht auch eine neue Parteiführung notwendig gemacht hätte. Im März 1953 starb Stalin, worauf in Moskau der Machtkampf um seine Nachfolge entbrannte. Herrnstadt besaß außergewöhnlich gute Kontakte zu führenden Funktionären in Moskau, vor allem zu Semjonow, die bei einem dringend notwendig empfundenen „Neuen Kurs" auf ihn setzten⁽²²⁹⁾. Am 16. Juni 1953 wurde dieser „Neue Kurs" im Politbüro beschlossen, während gleichzeitig bereits zehntausend Menschen in Berlin streikten⁽²³⁰⁾. Am nächsten Tag begaben sich die Politbüromitglieder wie jeden Morgen in das „Haus der Einheit", wurden aber von sowjetischen Sicherheitskräften geschlossen nach Berlin-Karlshorst zu Semjonow gebracht. Zwischen dem Strausberger Platz und dem Haus der Ministerien in der Leipziger Straße kam es zu Demonstrationen von etlichen zehntausend Menschen. In Pankow wurde davon allerdings nichts bemerkt. Die „Siedlungspolitik" der vergangenen Jahre trug ihre ersten Früchte. Wer in der DDR eine höhere Position innehatte, wohnte hier und war überwiegend als „systemtreu" zu bezeichnen. Seltsam war nur, dass an diesem verregneten Tag alle Zugänge zum „Städtchen" mit sowjetischen Panzern verstärkt worden waren und die verbliebenen Regierungsmitglieder und ihre Angehörigen das Sperrgebiet nicht verlassen durften. Wie an vielen anderen Orten in der DDR ging der „17. Juni" 1953 ohne weitere bemerkenswerte Ereignisse vorüber, während im Stadtzentrum Berlins (Ost) geschossen wurde. Die Menschen auf den Straßen artikulierten dabei zunehmend politische Forderungen. Die ständige Präsenz westlicher Medien ließ die Sicherheitskräfte und SED-Funktionäre äußerst nervös werden. Da in Moskau die Nachfolge Stalins noch nicht ausgefochten war, reagierte die Besatzungsmacht schnell und erstickte den Aufstand im Keim, bevor er zu einem Volksaufstand werden konnte. Doch die Folgen waren immens. Viele der Politbüromitglieder hatten zum ersten Mal wirklich Angst gehabt, hatten sich Sorgen machen müssen um ihre Angehörigen, die natürlich im „Städtchen" bestens beschützt waren. Sie hatten den ganzen Vormittag des Tages zur Untätigkeit verurteilt bei Semjonow in Berlin-Karlshorst herumgesessen. Viele SED-Funktionäre, die Kräfte des MfS und der Volkspolizei waren von der Demonstration völlig überrascht. Dies sollte nicht wieder vorkommen! Fortan geisterte die Schreckensvorstellung der völligen Machtlosigkeit vom 17. Juni in den Köpfen herum. Die ohnehin schon ausgeprägten Sicherheitsmaßnahmen und der Ausschluss aller Eventualitäten wurden in den Folgejahren noch einmal verstärkt. Im Grunde genommen begann erst jetzt die Machtverfestigung der SED in der DDR schlechthin[231].

Und auch Ulbricht ging aus dem 17. Juni hervor wie Phönix aus der Asche. Zwar legte Herrnstadt ihm zehn Tage nach dem Ereignis noch einmal nahe[232], die *unmittelbare Anleitung des Parteiapparates abzugeben*[233], doch der, in dessen Auftrag Herrnstadt handelte, Berija, wurde gleichzeitig in Moskau von Schukow und Chruschtschow verhaftet und kurz darauf hingerichtet. In nur wenigen Tagen konstruierte Ulbricht die so genannte „Fraktion Herrnstadt/Zaisser" und erreichte, dass beide am 16. Juli 1953 aus dem ZK der SED ausgeschlossen und ihrer Funktionen enthoben wurden. Für die Krise vom Juni waren Schuldige gesucht und gefunden worden. Und Ulbricht konnte seine Position durch die Ausschaltung seines schärfsten Widersachers retten und danach festigen. Die üblichen Untersuchungen durch die ZPKK in Person von Matern folgten. Die offenbarten dann, dass Herrnstadt, Zaisser und auch Ackermann Anfang Juli sich in ihren Wohnungen im „Städtchen" mehrere Male getroffen hatten und ganz offen über verschiedene neue Positionen an der Parteispitze nachgedacht hatten[234]. Deshalb griff Ulbricht auch die Sympathisanten an. Es gelang ihm, dass Ackermann und dessen geschiedene Frau Elli Schmidt aller leitenden Funktionen enthoben wurden.

Der Umzugswagen rollte jetzt gleich mehrere Male ins „Städtchen". Herrnstadt hatte bereits einen Monat nach der Entmachtung sein Haus besenrein übergeben und lebte seitdem mit seiner Familie in Merseburg, wo er als wissenschaftlicher Mitarbeiter des Deutschen Zentralarchivs arbeitete[235]. Sein Haus, das ja Ulbricht persönlich übernommen hatte, erhielt nun Erich Honecker, der hier mit seiner ersten Frau Edith Baumann einzog. Er hatte sich in der ganzen Zeit vorbehaltlos zu Ulbricht gestellt und erhielt jetzt seinen Dank. Honecker kam als 1. Sekretär des Zentralrates der Freien Deutschen Jugend (FDJ) in der DDR viel herum und traf dabei eine Menge junger und hübscher FDJlerinnen[236]. Wolfgang Seifert berichtete, dass Wolfgang Steinke über Jahre hinweg die fälligen Alimentezahlungen für Honecker getätigt haben soll. Schließlich gab es da auch noch die Affäre mit Margot Feist, damals jüngste Abgeordnete der Volkskammer. Schlussendlich ließ sich Honecker ein Jahr später von Edith Baumann scheiden. Dann bezog er zusammen mit Margot Feist das Haus von Heinz Hoffmann, der bei der Gründung der NVA Anfang 1956 und nach dem Krebstod seiner Frau nach Strausberg[237] bei Berlin verzogen war. Mit dem bald darauf erfolgten Auszug der Baumann aus der Villa konnte Ulbricht die Wohnung an ein weiteres Politbüromitglied weiterreichen. Seit Ende 1955 wohnte im Majakowskiring 58 Fred Oelssner mit seiner Frau Dora und ihrer gemeinsamen Tochter[238]. Honecker und Oelssner hatten neben Matern und Mückenberger Ulbricht bei der erneuten Verfestigung seiner Position als Generalsekretär und seiner Durchsetzung gegen die „Russen" Herrnstadt und Zaisser geholfen[239].

Im Ditzenweg 14–16, dem ehemaligen Haus des Zahnarztes Erich Wichmann, genoss Erich Honecker mit seiner Frau Margot junges Glück.

Mit Zaissers Wegzug Ende des Jahres kam Friedrich Ebert zu der großen Villa in der Stillen Straße[240]. Warum das geschah, ist nicht ganz klar. Während der Hetzkampagne gegen Herrnstadt und Zaisser war er bis zuletzt kritisch geblieben. Darf man es vielleicht als eine Art „Anerkennung" Eberts durch Ulbricht sehen, weil dieser ihm als Einzelkämpfer ohne Hausmacht[241] niemals gefährlich werden konnte? Oder war Ebert durch Grotewohl geschützt, der ebenfalls auf die Vergabe der Häuser Einfluss nahm? Zumindest deutete Herrnstadt in seinem Bericht über die Politbürositzungen im Juni/Juli 1953 eine engere Verbindung zwischen Ulbricht und Grotewohl an[242]. Während der Kampagne gegen Zaisser und Herrnstadt hatte Ebert noch erwogen, freiwillig aus dem Politbüro auszuscheiden[243]. Nach der Affäre mag Grotewohl Ebert bestärkt haben, im Politbüro zu bleiben. Von Ulbricht forderte er möglicherweise für seine Unterstützung als zukünftiger Erster Sekretär des Politbüros die Loyalität zu Ebert. Und Ebert ließ sich „bestechen".

Sowohl das Ehepaar Zaisser als auch Ebert wohnten in den sieben Räumen ohne Kinder. Die Wohnung war größer als die des Präsidenten und das dürfte zumindest Eberts Ego geschmeichelt haben. Sogar der Ehrenposten mit Schilderhäuschen blieb für den Oberbürgermeister stehen, und wegen Zaisser scheint er dann jedenfalls keine Skrupel mehr gehabt zu haben.

Hier irrte Markus Wolf gründlich. Zwar mochte der gelernte Tischler Walter Ulbricht durchaus eine Vorliebe für gutbürgerliches Mobiliar mit gedrechselten Verzierungen haben, doch die Möbel, an die sich Markus Wolf erinnerte, hatte Walter Ulbricht mitnichten selbst ausgewählt. Das hatte einst Otto Rieth getan.

In direkter Absprache mit den sowjetischen Genossen beauftragte Ulbricht im Sommer 1951 eine kleine Gruppe, zu der auch Richard Stahlmann und Anton Ackermann gehörten, die DDR-Auslandsaufklärung aufzubauen[244]. Dieser Außenpolitische Nachrichtendienst (APN) erhielt die Tarnbezeichnung Institut für wirtschaftswissenschaftliche Forschungen (IWF) und wurde zunächst von Anton Ackermann geleitet, ehe ihn bereits im Dezember 1952 Markus Wolf übernahm; Ackermann blieb aber weiterhin Staatssekretär.

Das Verhältnis zum MfS war schwierig. Insbesondere Erich Mielke war gegen einen Aufklärungsdienst außerhalb „seines" MfS. Mit Hilfe von Staatssekretär Ernst Wollweber gelang es ihm schließlich, die Parteiführung zu bewegen, den Dienst aus dem Außenministerium herauszulösen. Ende September 1953 wurde er als Hauptabteilung XV (HA XV) in das zwischenzeitliche Staatssekretariat eingegliedert. *Wir saßen in einer ehemaligen Schule im Stadtteil Pankow, nicht weit vom Sperrgebiet, in dem die Partei- und Staatsführung wohnte*[245], erinnerte sich Wolf an die Anfangszeit seiner Tätigkeit als Agent. Er selbst wohnte ganz in der Nähe seines Arbeitsplatzes: Heinrich-Mann-Platz 16. Sein Zuzug ins „Städtchen" empfahl sich 1953 und erfolgte wahrscheinlich auf Drängen Erich Mielkes bei Walter Ulbricht. Gleichzeitig verließ die Hauptabteilung XV ihr Domizil in Pankow und arbeitete andernorts verdeckt weiter[246]. Ulbricht tat das für ihn bequemste und bot Wolf das verlassene Haus Herrnstadts an. Doch das war Wolfs Frau Emmi zu groß. So tauschte er mit Ackermann das Haus und wurde Nachbar von Stahlmann, der von Mielke aus dem aktiven Dienst im MfS hinausgedrängt worden war.

Wolf lernte auch Ulbrichts Villa von innen kennen. *Nach langen Beratungen zog ich eines Tages an der Seite Ackermanns, die große Papierrolle unterm Arm, zu Ulbrichts Wohnung in Pankow. Ulbrichts Einrichtung verriet die Vorliebe des gelernten Tischlers für gutbürgerliches Mobiliar mit gedrechselten Verzierungen*[247], schrieb Wolf später über dieses Treffen und den Ort. Wusste er wirklich nicht, dass Ulbricht auf die Möblierung der Villa so gut wie keinen Einfluss genommen hatte?

Noch Mitte des Jahres 1953 verließ auch Elli Schmidt das Haus neben Ulbricht. Wie Ebert aus der nahegelegenen Leonhard-Frank-Straße kommend, zog jetzt Hermann Matern hinzu. Matern hatte sich als einer der schärfsten Verfechter der Ulbrichtschen Linie geoutet. Da er bereits in Pankow und in unmittelbarer Nähe des „Regierungsstädtchens" wohnte, erklärt sich sein Zuzug eigentlich nur aus der Erfüllung der Vorstellung, dass die wichtigsten Parteiführer auf engstem Raum gemeinsam wohnen sollten. Seine Zuweisung war mittlerweile eine Geste des absoluten Vertrauens.

Das Politbüro bestand nach der Krise von 1953 aus Ulbricht, Ebert, Grotewohl, Matern, Oelssner, Pieck, Heinrich Rau, Karl Schirdewan, Willi Stoph[248] und den Kandidaten Jendretzky, Honecker und Mückenberger. Nachdem Karl Steinhoff als Minister des Innern durch Ulbricht entlassen worden war, hatte er natürlich auch sein Haus im „Städtchen" frei zu machen. Der neue Innenminister wurde Willi Stoph, seit dieser Zeit bereits „Städtchen"-Bewohner. Damit entfiel für Ulbricht die Aufgabe, ihn in die Regierungssiedlung zu holen, als er 1953 auch noch ins Politbüro aufstieg. Für Erich Mückenberger, Heinrich Rau und Karl Schirdewan folgten die Zuweisungen 1954. Rau hatte in der Puschkin-Allee 34 in Berlin-Treptow eine hübsche Wohnung und „zierte" sich ein wenig. Als es aber des öfteren vorkam, dass dort die Fenster eingeschlagen wurden und die Täter sich zumeist schnell zur nahe gelegenen Sektorengrenze begaben, stimmte er der „Sicherheitsmaßnahme" zu. Vor allem seine Angehörigen waren von den Angriffen betroffen. Erich und Johanna Mückenberger zogen in ein Haus, dass der Leiter der Hauptverwaltung Arbeit und Sozialfürsorge der DWK, Gustav Brack, schon bewohnt hatte[249]. Sowohl Brack als auch Mückenberger waren über die SPD in die SED gekommen. Brack musste sein Haus am 31. August 1951 für Waldemar Verner frei machen, weil er bei der Deutschen Versicherungsanstalt Direktor der Bezirksdirektion Gera geworden war[250]. Solche „Versetzungen" erfolgten 1950 meist, um die alten SPD-Funktionäre aus dem unmittelbaren Machtzentrum herauszubekommen. Verner wiederum war wegen eines Admiralslehrganges nach Moskau gegangen, weshalb das Haus 1954 zur freien Verfügung stand.

Familie Schirdewan begab sich vorerst in den „Speckgürtel" des „Städtchens", in die Elisabethstraße 10, und konnte von dort das Sperrgebiet von außen betrachten. Doch als Abusch der Forderung der „schwarzen Liste" Ulbrichts vom Mai 1953 nachkam und ein halbes Jahr danach zum Heinrich-Mann-Platz 13 verzog, also immer noch in das nähere Umfeld der Regierungssiedlung, drängte Ulbricht Schirdewan, so dass dieser ein viertes Mal in drei Jahren[251] seine Sachen packte und Anfang 1954 die frei gewordene Wohnung nahm[252]. An Ehrgeiz stand Schirdewan dem gestürzten Herrnstadt um nichts nach. Doch als er ins „Städtchen" zog, wurde er zum ersten Mal mit dem ganz privaten Umfeld der Funktionäre konfrontiert und vermerkte später: *Erschrecken erfaßte mich auch nicht selten angesichts der spießig-kitschigen kulturellen Prägung so mancher Verantwortlicher in der Partei. Für mich gehörte zum*

Aufbau einer befreiten Gesellschaft auch die Entfaltung einer gleichermaßen modernen wie reichen Kultur, vor allem der des Alltags. Eine Nachahmung des protzigen Lebensstils ehemals herrschender Kreise ging mir absolut gegen den Strich. Doch bestimmte stalinistische Führer faszinierte offenbar mehr das Ambiente des Feudalabsolutismus oder der Aufstiegsära des Großbürgertums. Sie vergötterten die Macht um der Macht willen, und zu diesem pervertierten Machtverständnis gehörte der Prunk. Teils unfähig, teils zu faul zu nachhaltiger kultureller Bildung, blieben vielen von ihnen die fortschrittlichsten Ideen auf diesem Gebiet verschlossen, und nur billige Plagiate vergangener Epochen beherrschten ihre kulturell-ästhetische Welt.[253] Hier fiel einem etwas auf, was der Bevölkerung und vielen Parteigenossen verborgen blieb. Die alten Führungsgenossen waren unfähig, einen neuen Lebensstil zu entwickeln und stellten so das ganze „Experiment" vom Aufbau des Sozialismus in Frage. Nur wenige Genossen zeigten sich offen für eine neue Kultur, die bis ins Private hinein reichte. Und so schaute Schirdewan eher abfällig auf den immer greiser werdenden Pieck, dem er die „Gründerzeitmöbel" und vielleicht auch das Schloss noch verzieh. Doch da auch die meisten sowjetischen Parteifunktionäre eine dem 19. Jahrhundert verhaftete und äußerst konservative Lebenskultur pflegten, blieben alle durch sie geprägten deutschen Genossen Schirdewan darin fragwürdig, wenn er sie nicht sogar dafür verachtete. Nur Grotewohl hielt er für aufgeschlossen. Denn der schien der humorlosen und biedermeierlich-kleinbürgerlichen Funktionärswelt wenigstens hin und wieder auch eine komische Seite abzugewinnen: *Zum fünften Jahrestag unserer Republik – also 1954 – hatten sowjetische Filmschaffende einen Film über die Deutsche Demokratischen Republik gestaltet, und Sowjetexportfilm wollte die Meinung der Parteiführung diesmal vor der Synchronisation des Films entgegennehmen. Ich bekam also den vorbereiteten russischen Kommentartext, übersetzte ihn ins Deutsche und las ihn während der Vorführung vor. Diese fand im Haus Otto Grotewohls statt, die Parteiführung war beisammen, nur Walter Ulbricht kam später. Er war gerade von seinem Besuch in der Volksrepublik Bulgarien zurückgekehrt und erzählte in bester Stimmung von der Herzlichkeit, mit der er dort aufgenommen worden war. Zum Abschied hätten die bulgarischen Genossen das Flugzeug mit Weintrauben förmlich vollgestopft. Einige Stiegen hatte er gleich mitgebracht. „Das ist ausgezeichnet", sagte Genosse Grotewohl, dem der Schalk in den Augen saß. „Ich habe auf der Hofseite wilden Wein am Haus. Daran binde ich ein paar Trauben. Mal sehen, was meine Frau morgen für Augen macht."*[254].

Auf Betreiben sowjetischer Genossen verbrachten im Sommer 1954 Grotewohl und Schirdewan ihren Urlaub gemeinsam auf der Insel „Krim"; seit Jahren eine absolute Ausnahme, dass zwei Politbüromitglieder sich gemeinsam erholten[255]. Zwischen dem ehemaligen Sozialdemokraten und dem ehemaligen Kommunisten kam es zu einer gewissen An-

War es mehr als nur ein entspannter Urlaub auf der Krim, der die beiden verband? Otto Grotewohl (rechts) mit Karl Schirdewan (Mitte).

näherung, die über das Politische hinausging. Der selbstherrliche Führungsstil Ulbrichts, den Herrnstadt und Zaisser hart kritisiert hatten, änderte sich auch nach ihrem „Rausschmiss" aus der Parteiführung und dem „Städtchen" nicht. Lotte Ulbricht hatte 1953 ihrem Mann die Selbstkritik nur aus taktischen Gründen geraten, nicht etwa weil sie grundsätzlich davon überzeugt war. Der Versuch, Ulbricht zu einem anderen Führungsstil zu bewegen oder die Parteiführung abzugeben, wurde nun vor allem von Schirdewan betrieben. Die Auseinandersetzungen waren hart und das ein oder andere Mal dürfte es Ulbricht bereut haben, Herrnstadt durch ihn ersetzt zu haben. Zunehmend verlagerten sich bestimmte Gespräche vom „Haus der Einheit" ins „Städtchen". Im Gegensatz zu Herrnstadt suchte und fand Schirdewan Gleichgesinnte. Dazu zählte Gerhart Ziller. Schirdewan kannte Ziller bereits seit den 20er Jahren[256]. Da war er Ingenieur und KPD-Mitglied. Unter den Nazis war er ein Jahr im Zuchthaus Waldheim und zuletzt im KZ Sachsenhausen gewesen. Das illegale Lagerkomitee in Sachsenhausen, besonders Max Opitz, misstrauten ihm aber. Zu sehr soll er hier gemeinsam mit SS-Ingenieuren bei der Entwicklung eines Panzerlüfterrades involviert gewesen sein[257]. Dann kannte er die als Agenten verdächtigen Kurt Selbmann und Kurt

Gerhart Ziller, der Techniker und Schöngeist, zu dessen Freunden auch Erich Kästner zählte. Der ewigen Anfeindungen der Hardliner müde, nahm er sich im Dezember 1957 das Leben.

Sindermann[258] gut. Letztlich verfügte Ziller nie über die besten Kontakte zur Parteiführung. Und doch war er am 11. November 1950 auf Grund seiner Fähigkeiten zum Minister für Maschinenbau berufen worden und hatte das Haus von Superintendent Beier im Majakowskiring 64 zur Verfügung gestellt bekommen. Zuvor war er in Dresden Mitglied der sächsischen Regierung gewesen und hatte im Sperrgebiet „Auf dem Meisenberg" gewohnt. Nachdem mit dem „planmäßigen Aufbau des Sozialismus" in der DDR-Wirtschaft das Hauptaugenmerk auf die Schwerindustrie gelegt worden war, wurde Ziller Minister für Schwermaschinenbau. Ziller war ähnlich wie der „Gefühlsmensch"[259] Grotewohl ein weltoffener Typ, ein Schöngeist. Seit Jahren sammelte er Kunst, vor allem Drucke von Honoré Daumier hatten es ihm angetan[260]. 1946 hatte er im Sachsenverlag eine Monographie zu Daumier und 1949 zu Frans Masareel veröffentlicht. Ziller war mit vielen Intellektuellen und Künstlern befreundet[261], Verlage schickten ihm ihre Neuveröffentlichungen, so dass seine Söhne wegen der vielen Bücher von manchem Schulfreund beneidet wurden. Im Frühjahr 1951 war Ziller im „Städtchen" umgezogen. Im Majakowskiring 55a, seinem neuen Heim, besuchte ihn kurz nach dem Umzug auch Erich Kästner.

Schirdewan und Ziller disputierten häufig über einen reformierten Sozialismus. Beide konnten – in eine Diskussion vertieft – den Ring hin und wieder gemeinsam stundenlang umrunden. Dieses Vertrauen Schirdewans sollte tragische Folgen haben. Argwöhnisch interpretierten die anderen Politbüromitglieder solch eine private Nähe zwischen den Genossen in höheren Positionen als „Fraktionsbildung". Also wurden am 13. Dezember 1957 Fritz Selbmann und Ziller beim Politbüro vorgeladen[262]. Schirdewan hatte man „vergessen", zu dieser außerordentlichen Sitzung zu laden. In leicht angeheiterter Runde hatten nämlich Ziller und Selbmann laut über die zukünftige Parteispitze nachgedacht[263]. Das war zu viel! Während Schirdewan von Ulbricht schon lange misstrauisch beobachtet wurde, ging es in diesem Fall zur Sache. Die Kritik war hart, und Ziller merkte wohl, dass jetzt er am Pranger stand. Sein Ausweg aus der Situation macht klar, wie es wohl manch anderem Genossen in ähnlichen Situationen gegangen sein mag. Gerhart Ziller hat sich in der darauf folgenden Nacht in seinem Wohnhaus im „Städtchen" erschossen. In seinen letzten Minuten verfasste er noch einen Brief, nicht an Ulbricht, nicht an Schirdewan gerichtet, sondern an Grotewohl, auf den er seine ganze Hoffnung gesetzt hatte: *Es ist schwer, das Vertrauen der Genossen zu verlieren. Nach dem, was mir gesagt wurde, muß ich annehmen, daß man glaubt, ich hätte mich parteischädigend verhalten. Alles, was ich tat, das tat ich für unsere gemeinsame große Sache, für die Partei. Da ich eine schwere, verantwortliche Arbeit in der Partei leisten mußte, hätte ich auch mehr kollektive Hilfe benötigt. Ich hatte sie aber nicht. Lange habe ich darüber nachgedacht, was jetzt noch zu tun ist. Es widerspricht mir, kritische*

Diskussionen zu führen, die in ihrem Ergebnis die Partei nur schwächen könnten. Ich halte auch nichts von einer Selbstkritik in diesem Fall. Wir stehen einem noch immer mächtigen Feind gegenüber, der schonungslos innere Fehler und Versäumnisse gegen uns nutzt. Außer dem, was man mir vorgeworfen hat, kann ich nicht bestätigen. Es würde uns allen, der ganzen Partei und unserem sozialistischen Land sehr nützen, worin wir eine vertrauensvolle, wirklich kollektive Arbeit in der Leitung entwickelten. Das werden wir noch lernen müssen. Da ich das Gefühl der bitteren Einsamkeit und der ohnmächtigen Uneinigkeit nur zu gut seit dem Jahre 1936, als ich von den Nazis aus dem Zuchthaus entlassen wurde, kenne, will ich es nicht noch einmal hinnehmen. Damals wagten die Freunde nicht mit mir zu sprechen bis ich endlich wieder Kontakt hatte und illegal arbeiten konnte. Jetzt bin ich zu überanstrengt, ich ertrage es nicht, denn es ist meine Welt, die ich mit erträumt und erkämpft habe, und es sind meine Genossen und Freunde, die sich so verhalten würden. Also Genossen, verzeiht die Schuld liegt bei mir.(264)

Dieser Brief wurde am nächsten Tag in der Politbürositzung vorgelesen, so zumindest sah es die vorbereitete Tagesordnung vor. Es mutet allerdings als absolute menschliche Kälte an, wenn man in der Tagesordnung als unmittelbar folgenden Punkt lesen kann: *Für die nächste Sitzung des Politbüros ist in der Angelegenheit des Genossen Selbmann ein Beschlußvorschlag vorzulegen, wonach Genosse Selbmann 1. wegen seines überheblichen Auftretens, seines nicht richtigen Verhältnisses zur Rolle der Partei und seines Auftretens beim Essen nach der Vorstandssitzung der Wismut am 9. Dezember 1957, eine Verwarnung erhält; 2. als Mitglied des Vorstands der Wismut abberufen wird und Genosse Stoph kommissarisch in den Vorstand eintritt.*(265) Diese Stellen sind auf der Sitzung noch einmal handschriftlich durchgestrichen worden. Doch nun war Schirdewan selbst dran. Im Politbüro hatte er nicht mehr viele Freunde. Neben Grotewohl, der sich aber als viel zu schwach erwies, waren da noch Fred Oelssner. Oelssner hatte den „Feldzug" gegen Herrnstadt und Zaisser entscheidend unterstützt. Doch zu ihm ging Schirdewan nicht mehr. Zu sehr hatte er bemerkt, dass Gedanken, die er im Haus Majakowskiring 33 ausgesprochen hatte, Ulbricht auch kannte(266). Deshalb verlegte er seine Gespräche auch auf Spaziergänge, die er vornehmlich in sich wiederholenden Rundgängen auf dem Majakowskiring unternahm. Was Schirdewan sicherlich nicht wusste, war, dass er in einem

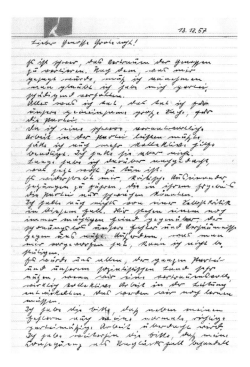

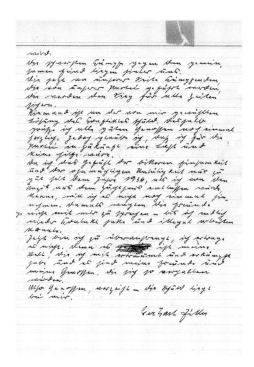

Der Abschiedsbrief Gerhart Zillers.

Haus wohnte, das bereits intensiv observiert worden war. Da die Türen der Häuser im „Städtchen" niemals abgeschlossen wurden[267], hatte Beater fünf Jahre vorher gewiss keine großen Schwierigkeiten, eine Abhöranlage zu installieren. Eventuell wurde diese sogar weiter genutzt, so dass Schirdewans Eindruck nicht dem allgemeinen Verfolgungswahn zugeschrieben werden darf. Wie 1953 startete Ulbricht wieder eine Hetzkampagne, diesmal gegen Schirdewan und all seine Sympathisanten. Auf der 35. Tagung des ZK der SED am 3. Februar 1958 wurde Schirdewan schließlich abgeurteilt. An die Zeit im Wohngebiet unmittelbar danach erinnerte er sich später so: *Meine Familie bekam das bald zu spüren. Wir wohnten nach meinem Ausschluß aus dem Zentralkomitee allgemein isoliert noch einige Wochen im Pankower „Städtchen". Ich wurde auf der Straße nicht mehr beachtet, und meine Frau erlebte, wenn ihr die Ehefrau eines anderen Funktionärs begegnete, wie diese überlegte, ob sie zurückgrüßen sollte, viele wechselten auf die andere Straßenseite. Sie hatten Angst, der politischen Karriere ihrer Ehemänner zu schaden.*[268]

Seine Frau sagte 1991: *Das Schlimmste für mich war also, wir hatten ja 'ne Parteiorganisation, wir Frauen unter uns in dem Städtchen. Als die erste Versammlung nach dem Ausschluß meines Mannes war, da wurde ich gefragt, wie ich zu meinem Mann stehe, was ich dazu sage usw. Nun hat mich mein Mann vorher praktisch instruiert. Du sagst, Du stehst auf dem Boden des demokratischen Zentralismus. Die Mehrheit hat das gewollt, also hast Du nichts mehr zu sagen.*[269]

Der Auszug erfolgte prompt: *Am 10. Mai zogen wir in unser neues Potsdamer Quartier. In der Tizianstraße wurde uns ein Haus zugewiesen. Nie vergesse ich den Augenblick, als wir auf der Fahrt nach Potsdam eine Wiese sahen. Wir, Gisela und ich, hielten an und legten uns ins Gras, wir sahen den blauen Himmel über uns, und eine Ruhe überkam mich, wie ich sie in den letzten Wochen nicht mehr erlebt hatte. Endlich heraus aus der muffigen Atmosphäre des „Städtchens", in dem die hohen Parteifunktionäre gleichsam kaserniert zu leben gezwungen waren.*[270]

Und natürlich rückte sofort jemand für Schirdewan nach. Diesmal ging Ulbricht auf „Nummer Sicher" und holte einen Mann, dem die SED-Bezirksleitung Frankfurt/Oder vier Jahre zuvor bescheinigt hatte: *Es besteht aber die Gefahr, daß Genosse Grüneberg ohne immer selbst durchdacht zu haben, die Meinung anderer als feststehend aufgreift und danach bereits ein Urteil bildet.*[271] Ihr 1. Sekretär Gerhard Grüneberg wurde trotzdem oder gerade deswegen einer der Genossen, der die Lücken von Oelssner und Schirdewan im Politbüro schloss. Zusätzlich erhielt er Schirdewans Wohnhaus. Oelssner war nach Abusch der erste, der nach seinem politischen Sturz im Wohngebiet verblieb. Entsprechend schwer dürfte er es gehabt haben. Ob er ebenfalls von den Offizieren des MfS besucht wurde?

Kein Sonder(zu)zug nach Pankow

Beschwerden

Nach der Gründung der DDR hofften die Eigentümer, dass die Zeit der Besetzung ihrer Grundstücke vorüber sei. Stattdessen übergab die Besatzungsmacht die beschlagnahmten Grundstücke in allen Berliner Stadtbezirken, unter ihnen auch die Häuser im „Städtchen", erst einmal an den Leiter des neu gebildeten Hauptamtes für Personalwesen im Ministerium des Innern, Arthur Pieck.

Ein Großteil der 1945 beschlagnahmten Liegenschaften wurden jedoch nicht benötigt, da der überwiegende Teil der Regierungsbeamten aus Berlin kam. Die meisten Grundstückseigentümer erhielten ihren Besitz zurück. Das betraf allerdings nicht das „Städtchen", die Siedlung am Orankesee in Berlin-Hohenschönhausen und am Wendenschloss in Berlin-Köpenick. Arthur Pieck gründete eine Liegenschafts- und Häuserverwaltung unter dem Vorsitz eines Genossen Pisternik, die zunächst die Sanierung der Häuser zu den jeweiligen Zwecken koordinieren sollte. Ein Herr Abendroth als Leiter der Abteilung Ausschreibung und Kalkulation vom Ministerium für Aufbau übernahm die praktische Realisierung dieser Aufgabe. Die Deutsche Investitionsbank (DIB) bewilligte Anfang 1950 für das *Regierungsstädtchen 300.000,– DM*[1]. Die verhältnismäßig geringe Summe für den Um- und Ausbau erklärt sich daraus, dass im Unterschied zu den anderen Gebäuden der Staat nicht als Eigentümer auftrat. Das hätte Überschuldung zur Folge haben können, und somit war die Verwaltung gezwungen, eine Eigenbewirtschaftung einzuführen. Mitunter wurde nur mit *5 Facharbeiter(n) und 2 Hilfskräfte(n) auf der Baustelle und zum Teil nur an einem Etagenausbau gearbeitet. Die Realisierung der angeforderten Materialien erfolgt schleppend und ohne genügende Eigeninitiative*[2]. Dabei sollten schnellstens 22 Wohnungen ausgebaut werden[3]. Die Ansprüche der neuen Regierungsmitarbeiter dagegen waren sehr hoch. Es bestand also dringender Handlungsbedarf.

Am 27. Juli 1950 beschloss der Ministerrat der DDR ein Aufbaugesetz und eine Aufbauverordnung für den planmäßigen Aufbau insbesondere des kriegszerstörten Berlins zu schaffen. Gebraucht wurden vor allem Wohnungen. Da aber viele der Grundstücke, auf denen in Berlin große

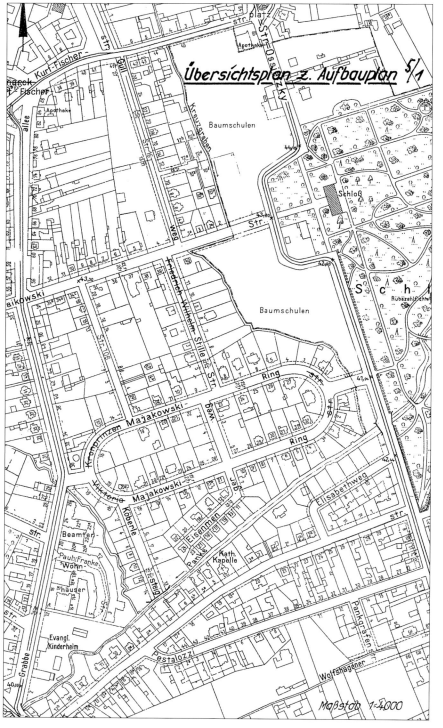

Neben der stark zerstörten Ossietzkystraße gehörte auch der nicht zerstörte Majakowskiring mit zum Aufbauplan.

Häuser entstehen sollten, in privater Hand waren und aus sehr kleinen Parzellen bestanden, enteignete der Staat die Eigentümer im Sinne des öffentlichen Interesses entschädigungslos. Die stark zerstörte Ossietzkystraße wurde so zum „Aufbaugebiet 5/2" [4].

Beim Ministerium für Aufbau verfiel man auf die Idee, das „Städtchen" gleich mit zum „Aufbaugebiet 5/1" erklären zu lassen, um die damit verbundene bevorzugte Belieferung mit Baumaterial zu sichern. Da aber hier keine neuen Häuser auf den Privatgrundstücken errichtet wurden, entfiel die sonst übliche (entschädigungslose) Enteignung. Sie wäre wohl auch in dem so gut wie nicht zerstörten Wohngebiet schwer zu begründen gewesen. Diese Verfahrensweise führte jedoch dazu, den Eigentümern eine Aufbaugrundschuld aufzubürden. Schönheitsreparaturen oder individuell gewünschte Umbauten, wofür die Aufbaugrundschuldenforderung nach geltendem Recht nicht hätte zu Grunde gelegt werden dürfen, flossen in die Aufbaumaßnahmen mit ein. Im Klartext hieß das: die Hauseigentümer hatten die Sonderwünsche der ihnen zugewiesenen

Mieter zu finanzieren. Die verauslagte Summe der DIB wurde mit den Mieteinnahmen zurückgezahlt, mit denen die Aufbaugrundschuld der Eigentümer getilgt wurde.

Die über das Hauptamt für Personalwesen im Ministerium des Innern zugewiesenen Mieter erhielten eine Mieteinstufung für die von ihnen genutzte Wohnung. Willy Rumpf, dem frisch ernannten Staatssekretär im Ministerium der Finanzen, wies man mit seiner Frau Ella das Haus Boris-Pasternak-Weg 4a zu. Bei ihm waren die Staatsfinanzen offensichtlich in den richtigen Händen, denn mit der Höhe seiner Miete war er überhaupt nicht einverstanden und reagierte mit mehreren Beschwerdeschreiben. Etwas unverständlich, denn es gab eine Weisung Wilhelm Piecks, der Ministern 200,- Mark, Staatssekretären 150,- Mark und anderen Regierungsbeamten 100,- Mark als Mietzuschuss gewährte[5]. Wollte Willy Rumpf etwa mietfrei wohnen? Oder ärgerte ihn, dass die Mieter ihre Zahlungen auf ein Konto des Ministeriums der Finanzen überweisen mussten?[6] Die Mietzahlungen wurden von der Verwaltung mit aufgelaufenen Rechnungen ausgeglichen. Eine doppelte Subventionierung, denn auch im „Städtchen" waren die ortsüblichen Mieten zu zahlen, die nach der sozial gemeinten Politik der Regierung der DDR dem Stand von 1930 entsprachen. Teilweise belasteten noch Hypotheken die Häuser, hinzu kamen die Aufbaugrundschuld und die falschen Bauabrechnungen von 1947 unter dem damaligen Bauleiter Nickel[7], die nicht als unrechtmäßig anerkannt wurden. Die Eigentümer waren somit weit über das Doppelte ihres monatlichen Einkommens hinaus verschuldet. Für die überwiegend wegen ihres fortgeschrittenen Alters und sozialen Status nur die Mindestrente beziehenden Eigentümer eine ausweglose Situation. Das Selbstverständnis der Funktionäre, im Namen „der Arbeiter und Bauern" zu regieren und für das Volk nur das Beste zu wollen, machte diese Regierungsmitglieder in den Augen der Eigentümer vollends unglaubwürdig. Zwangsläufig wurden sie zu Gegnern des verordneten gesellschaftlichen Umwälzungsprozesses der SED.

Die Verwaltung wiederum sah in dieser von Misstrauen geprägten Haltung eine „kleinbürgerliche Einstellung", und das rangierte nach damaliger Wertschätzung gleich hinter „asozial". Für die unrechtmäßigen Bauabrechnungen und die Aufbaugrundschuld war der Magistrat von Berlin zuständig. Arthur Pieck wollte die Eigentümer wenigstens von den falschen Bauabrechnungen vor 1949 entlasten. In einem Brief an Oberbürgermeister Ebert vom 11. April 1950 äußerte er: *Bei den hier zu führenden Vertragsverhandlungen mit Privateigentümern von Grundstücken, die für Regierungszwecke benutzt werden, werden immer wieder von diesen Eigentümern lebhafte Klagen über die Belastungen ihrer Grundstücke mit Aufwendungen vorgetragen, welche tatsächlich oder auch nur angeblich für Investierungen im Interesse der Besatzungsmacht entstanden sind. Abgesehen davon, dass es den Grundstückseigentümern nicht möglich gewesen*

Friedrich Ebert. Der Sohn des ersten deutschen Reichspräsidenten wurde der erste Oberbürgermeister von Ost-Berlin.

ist, einen genauen geldmässigen Nachweis der in ihren Häusern vorgenommenen baulichen Massnahmen zu erhalten, wird darüber geklagt, dass die tatsächlichen Aufwendungen z. T. für zweckfremdende Maßnahmen erfolgt sind, von denen die Eigentümer nicht nur den mindesten Vorteil sondern sogar den Nachteil haben, hinterher auf ihre Kosten den alten Zustand des Gebäudes seiner ursprünglichen Zweckbestimmung entsprechend wieder herstellen lassen zu müssen. Als besonders krasses Beispiel soll hierbei auf jenen Fall im so genannten Städtchen Pankow hingewiesen werden, in dem ein Einfamilienhaus zu einer Sauna umgebaut und dem an der Nutzung seines Eigentums behinderten Eigentümer noch obendrein die Kosten von annähernd 20.000,– DM aufgebürdet wurden. Auf die bedauerlichen Ereignisse im Verwaltungsbezirk Pankow, bei denen die Eigentümer mit den Kosten überhaupt nicht ausgeführter Umbauten belastet wurden und die zu einem Straf-Prozess Veranlassung gegeben haben, soll bei dieser Gelegenheit nur verwiesen werden. Bei diesem Verfahren ist es garnichts Seltenes, dass Hausgrundstücke mit einem Einheitswert von 90.000,– DM mit 170.000,– DM oder über 200.000,– DM aus den vorstehenden Ursachen heraus besonders belastet worden sind. Der für dieses Verfahren massgebende Befehl 46 der Alliierten Kommandantur vom Februar 1947 ist hier bekannt. Er hindert unseres Erachtens aber keineswegs daran, eine den einfachsten Grundsätzen von Recht und Billigkeit entsprechende Regelung dieser Angelegenheit herbeizuführen, die über solche Erwägungen hinaus eine hohe politische Bedeutung hat. Wenn auch eine, an sich wünschenswerte, gleichmässige Belastung aller Angehörigen des Deutschen Volkes mit den Folgen des verlorenen Krieges praktisch niemals erreichbar sein wird, so sollte jedoch angestrebt werden, die Lastenverteilung wenigstens nicht allzu ungleichmässig zu gestalten. Wir halten es deshalb für richtig, folgende Grundsätze für die Verteilung der vorstehend behandelten Lasten aufzustellen: a) Die betroffenen Grundstückseigentümer werden mit denjenigen Kosten belastet, die sie bei Erhaltung der Zweckbestimmung und bei pfleglicher Unterhaltung ihres Eigentums zur Erhaltung der Vermögenssubstanz auch hätten aufwenden müssen und darüber hinaus mit solchen Aufwendungen, welche als wesentlich wertsteigernd angesehen werden müssen z. B. Einbau von Zentralheizung, einer Fahrstuhlanlage oder dgl. b) Die Darüber hinaus vorgenommenen Investierungen werden von der Allgemeinheit übernommen. Wir bitten, hierzu möglichst bald eine Grundsätz-

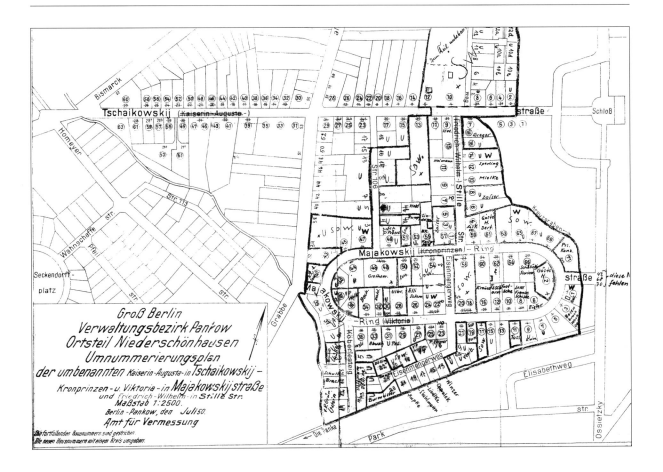

Der Belegungsplan des „Wirtschaftsunternehmen Wohnbauten" sah schon die – handschriftlich eingetragenen – zukünftigen Mieter für den Majakowskiring vor.

liche Stellungnahme herbeizuführen und bemerken, dass von Seiten der Regierung für die von ihr vorgenommenen Investierungen bereits entsprechend verfahren wird.(8)

Der Magistrat von Berlin hatte sich auch mit einem anderen Problem im „Städtchen" zu beschäftigen. Den Präsidenten des „Arbeiter- und Bauerstaates" störte sehr, dass sein Wohnsitz in einer Straße mit *militaristischen und monarchistischen Namen* lag. Also wandte er sich an den Oberbürgermeister Friedrich Ebert und schlug vor, den gesamten Ring in „Gorkistraße" umzubenennen. Da ihn die Verhältnisse im Wohngebiet offenbar sehr an die Emigrationszeit im Hotel „Lux" in der Moskauer Gorkistraße erinnerten, fiel ihm nichts Sinnfälligeres ein. Ebert gab aber seinem Amt gemäß(9) zu bedenken: *Ich hatte bereits die Ehre, Ihnen mitzuteilen, dass der von Ihnen geäusserte Wunsch, die im Ortsteil Niederschönhausen liegenden Strassen Viktoria- und Kronprinzenstr. in Gorkistr. umzubenen, schlecht durchführbar ist, da es in Berlin-Tegel bereits eine Strasse dieses Namens gibt.* Da wurde noch Rücksicht auf ein Groß-Berlin genommen! Deshalb schlug er vor, *dem durch diese beide Strassen gebilde-*

ten Strassenzug den Namen Majakowskistrasse zu geben.[10] Wahrscheinlich hatte er sich dafür irgendwo Rat geholt. Maxim Gorki war ein russischer Schriftsteller, also bedurfte es eines ebenbürtigen Vertreters der russischen Literatur. Der russische Kulturoffizier Alexander Dymschitz vermutete später, dass Johannes R. Becher in einer Straße wohnte, *die offenbar auf seine Initiative hin den Namen Majakowskis erhielt*[11]. Wie kam er darauf? Becher hatte Wladimir Majakowski ins Deutsche übersetzt, das wußte Dymschitz. Aber Becher verband noch mehr mit diesem russischen Dichter. Galt nicht Becher gar als der deutsche „Majakowski", als „Sänger der Revolution"? Beide Dichter waren überzeugte Kommunisten, ja Propagandisten für die Sache des Kommunismus, doch hatte die Partei mit ihnen ihre Schwierigkeiten. Becher benahm sich hin und wieder wie ein ungezogener Junge, so dass Wilhelm Pieck unter dem Datum 23. 3. 1951 handschriftlich vermerkte: *Becher Anni gehauen*[12] und hatte mehrere Male versucht, freiwillig aus dem Leben zu scheiden. Majakowski litt unter ähnlichen Depressionen, nur war ihm der Versuch, seinem Leben ein Ende zu setzen, gelungen. Selbstmord war undenkbar für einen Kommunisten und bedeutete, sich der Verantwortung vor der Partei zu entziehen. Zu Lebzeiten Stalins war Majakowski in der Sowjetunion nach seinem Tode deshalb nicht opportun. Insofern konnte man in der Namensgebung eigentlich einen Affront sehen, den ein ahnungsloses, ehemaliges SPD-Mitglied verursacht haben mochte. In der DDR herrschten in vergleichsweise kleinen Dingen eben doch noch etwas andere Verhältnisse. Ebert sicherte sich jedenfalls ab und bat Pieck um *seine ausdrückliche Bestätigung*[13].

Pieck gab zwei Tage später zu Protokoll: *Ich habe die Ehre, Ihnen ausdrücklich zu bestätigen, dass ich mit Ihrem Vorschlag einverstanden bin, die Viktoriastrasse – Kronprinzenstrasse in Majakowskistrasse umzubenennen. Ich wurde darauf aufmerksam gemacht, dass innerhalb des Städtchens es noch die Kaiserin-Augusta-Strasse (in der sich gegenwärtig die Sowjetische Botschaft befindet) und die Friedrich-Wilhelm-Strasse gibt. Vielleicht könnten diese beiden Strassen gleichzeitig mit anderen Namen versehen werden. Für die Kaiserin-Augusta-Strasse würde ich den Namen Tschaikowski vorschlagen und für die Friedrich-Wilhelm-Straße den Namen Kleine-Strasse.*[14] Also auch Pieck bürdete sich die Entscheidung mit auf. Doch verwirrte dieser Brief den persönlichen Referenten Friedrich Eberts, Herrn Schwieger, besonders durch den letzten Satz. Etwas verunsichert rief er beim Referenten des Leiters der Privatkanzlei Wilhelm Piecks, Otto Winzer, an und fragte nach, um wen es sich bei dem Namen „Kleine" handelte[15]. Erst danach schien ihm klar geworden zu sein, dass der Name „Kleine Straße" nur eine kleine Straße bezeichnete. Sicherheitshalber hakte Winzer bei Abteilungsleiter Friedrich von der Präsidialkanzlei aber noch einmal nach: *Ich bitte Dich, setze Dich mit Herrn Schwieger in Verbindung und stelle fest, ob die Sache „Umbenennung der Friedrich-*

Wilhelm-Straße in Kleinestrasse" geregelt ist oder ob er noch eine ausdrückliche schriftliche Bestätigung dafür braucht.[16] Mit dieser dritten nunmehr kursierenden Schreibform war die Verwirrung vollends perfekt. Der zuständige Stadtrat Arnold Munter schlug am Donnerstag, dem 4. Mai 1950 in der 74. Magistratssitzung in Abwesenheit von Oberbürgermeister Ebert unter dem Protokollpunkt 2 in der Vorlage 418 Straßenumbenennungen vor, *wie es der Präsident Pieck gewünscht hatte*. Nur die Friedrich-Wilhelm-Straße sollte *ihrem Charakter entsprechend den Namen Stille Strasse erhalten*[17].

Damit war allerdings kein Ende der fehlerhaften Schreibweise erreicht. Die Tageszeitung „Der Morgen" schloss sich am folgenden Tag der Schreibweise der Magistratsvorlage an, während es für die „Berliner Zeitung" seitdem eine „Stillestraße" in Niederschönhausen gab[18]. Dass die Majakowskistraße heute Majakowskiring heißt, erscheint zwar logisch, einen Magistratsbeschluss gab es dazu jedoch nicht. Durch die Umbenennung kam es zwangsläufig auch zu einer Umnummerierung. Da der Maler August Eisenmenger ein von Hitler persönlich favorisierter Künstler war, erschien auch der nach ihm benannte Weg bald nicht mehr vorteilhaft. Anderthalb Jahre nach der Umbenennung der Ringanlage wurde daraus der „Majakowskiweg"[19]. An Gorki dachte dabei niemand mehr, obwohl die Möglichkeit, ihn als Namenspatron eines Weges zu wählen, bestand. Für die Verwaltung war die entstandene Doppelung eher schwierig, weil es nun zu Verwechslungen der Häuser mit derselben Nummer kommen konnte und auch kam.

Im Oktober 1950 gründete sich schließlich das „Wirtschaftsunternehmen Wohnbauten der Regierung der Deutschen Demokratischen Republik" als Anstalt des öffentlichen Rechts mit Sitz in der Klosterstraße 64 in Berlin-Mitte, das der Regierungskanzlei der DDR direkt unterstand. Damit musste Arthur Pieck mit Staatssekretär Fritz Geyer zusammenarbeiten. Arthur Pieck war für die Zuweisung in die Unterkünfte verantwortlich, die Abteilung Liegenschaften unter Fritz Geyer für den Zustand der Wohnungen. Zwischen den beiden Genossen kam es bald zu Streitigkeiten, da sich Arthur Pieck für den Spezialisten im treuhänderischen Umgang mit Privatbesitz hielt, während Geyer als sächsischer Verwaltungsbeamter in seinen Augen nicht das nötige Fingerspitzengefühl mitbrachte[20]. Die Unstimmigkeiten zwischen den beiden Männern belastete bald die Beziehung zwischen Wilhelm Pieck und Otto Grotewohl, die ihre jeweiligen Fürsprecher waren, und führte letzlich zu einem ständigen Kompetenzgerangel[21]. In dieser Struktur musste das Unternehmen bald scheitern. Zuvor jedoch bestellte man als Direktor des Wirtschaftsunternehmen Wohnbauten das langjährige KPD-Mitglied Oskar Neumann. Er hatte dreißig Angestellte unter sich, die erst einmal damit beschäftigt waren, sich eine Arbeitsgrundlage zu verschaffen. Zu jedem Haus wurde eine Akte angelegt und die Eintragung

Die Verwaltungsmitarbeiter des „Städtchens" bei einer Feier in der Stillen Straße 12.

im Grundbuch überprüft. Die aus der Zeit der Verwaltung durch die Zentralkommandantur der sowjetischen Besatzungsmacht unbezahlten Handwerkerrechnungen konnten nun endlich von einem Mitarbeiter des Berliner Magistrats, Herrn Schloßhauer[22], für die Eigentümer abgewiesen werden.

Meist fehlte es den Verwaltungsmitarbeitern an grundsätzlichen Erfahrungen. Entweder wurden – erfahrene – höhere Verwaltungsbeamte in der DDR wegen ihrer Position im Dritten Reich nicht mehr eingestellt oder sie waren in den anderen Teil Deutschlands abwandert. Unter Oskar Neumann und seinem Nachfolger arbeiteten deshalb auch Angestellte, die nicht Mitglieder der SED waren. Allein ihre Fähigkeiten und ihre Arbeitsmoral waren ausschlaggebend für ihre Einstellung.

Eine rechtliche Erläuterung, wie und weshalb die Häuser weiterhin einer Verwaltung unterlagen, gab die Behörde infolge ihres eigenen Erklärungsnotstandes gegenüber den Eigentümern nicht. Nachdem das Wirtschaftsunternehmen von der Klosterstraße in ein größeres Haus in der Kronenstraße in Berlin-Mitte umgezogen war, das damals übrigens nicht einmal mehr Fensterscheiben besaß, informierte es alle Eigentümer der weiterhin genutzten Grundstücke darüber, dass *Ihnen jede Verfügung über das Grundstück untersagt bleibt, da in dem Beschlagnahmezustand keine Änderung eintritt. Selbstverständlich kann auch ein Klageweg nicht beschritten werden, weil es sich bei der Erfüllung unserer Aufgabe um Rechte handelt, die von der sowjetischen Kontrollkommission auf uns übergegangen sind*[23]. Für die Administration gab es eigentlich keine gesetzliche

Grundlage zum Besitz der Häuser, also berief man sich schlichtweg auf die Besatzungsmacht. Weder sah eine Verordnung vor, wie die Eigentümer gegenüber der Verwaltung gleichberechtigt gestellt waren, noch wie eine Einrichtung wie das Wirtschaftsunternehmen Wohnbauten zu arbeiten hatte. Nach der neuen Verfassung[24] sollte das private Eigentumsrecht gewahrt bleiben. Doch über dieser Verfassung gab es plötzlich eine Instanz, die diese außer Kraft setzte. Den Eigentümern war es nicht einmal erlaubt, ihren Besitz überhaupt zu betreten.

Das entsprach einer Mentalität, wie sie in der Sowjetunion gang und gäbe war. *Nichts gehört dem Menschen in diesem System. Stalin schaffte es, diesen Mechanismus so zu vervollkommnen, daß seinen Kampfgenossen nicht einmal ihre Frauen gehörten. Sie gehörten ebenfalls dem System*[25]. Im Bereich des „Städtchens" waren es insgesamt zehn Grundstücke, die nach geltendem Recht auf der Grundlage der Liste 3 B als ehemals privates Grundeigentum[26] in Volkseigentum übertragen werden konnten. Dazu kamen die Grundstücke, die sich im Eigentum der Stadt Berlin befanden[27]. Für diese Grundstücke wurde 1950 vom Hauptamt Verwaltung der Regierung der DDR auch die Rechtsträgerschaft übernommen. Doch die Eigentumsverhältnisse änderten sich bei über 80 % mitnichten. Allein die treuhänderische Verwaltung sollte diesen Zustand nun etwas ausgleichen.

Die Hausbesitzer selbst reagierten darauf mit eine Flut von Beschwerden und Eingaben. Hans Steinhoff wohnte seit 1945 in der Grabbeallee 35 und konnte aus seinem Küchenfenster jeden Tag sein Haus Majakowskiring 51 einsehen, das ab 1950 der Chef der Präsidialkanzlei, Max Opitz, bewohnte. Am 23. Oktober 1953 wandte er sich schließlich an Wilhelm Pieck und schilderte äußerst anschaulich die Situation der Hauseigentümer: *Gestatten Sie, daß ich mich der großen Anzahl der friedliebenden Bürger der DDR anschließe und Sie zu Ihrer Wiederwahl zum Präsidenten herzlich beglückwünsche. Die Gratulation erlaube ich mir mit einer Bitte zu verbinden, die ich an Sie als den Hüter und Beschützer unserer Verfassung zu richten wage, in der Hoffnung, daß Sie mir, sehr geehrter Herr Präsident, Ihre Hilfe in der Abstellung eines Unrechts, welches mir zugefügt wurde, und welches offenbar wohl erhalten bleiben soll, nicht verweigern werden. Ich erbaute mir im Jahre 1939 ein Einfamilienhaus, die Ersparnisse eines arbeitsreichen Lebens (ich bin von Beruf Kolonialhändler) benutzte ich, um einen langgehegten Traum, den Besitz eines eigenen Heimes im eigenen Gärtchen zu verwirklichen. Das Haus war noch nicht ganz fertig, da begann Hitler seinen verbrecherischen Krieg. Wie durch ein Wunder blieb mein Haus von Bomben verschont, allerdings musste ich es Ende Juli 1945 für Angehörige der Befreiungsarmee räumen. Erfüllt von der Überzeugung, daß das deutsche Volk in seiner Gesamtheit sich gegenüber dem russischen in schlimmer Schuld befand, nahm ich die Beschlagnahme gelassen hin, obwohl ich mir persönlich keiner Schuld bewusst war. Ich war immer ent-*

Hans Steinhoff, Inhaber des 1818 gegründeten Unternehmens „Steinhoff Colonialwaren engros", brachte in seiner Beschwerde die Dinge auf den Punkt.

schiedener Antifaschist und hatte nichts zu tun mit den Hitlerbanditen und ihrer braunen Partei. Ende des Jahres 1949 wurde mein Haus von den Herren Offizieren geräumt und von hohen Beamten unserer Regierung bezogen. Auch hiermit fand ich mich ab, zumal mir von den mit der Verwaltung beauftragten Angestellten der Stelle „Wohnbauten der Regierung der DDR" in Berlin W, Kronenstr. 11 versichert wurde, es handelt sich nur um eine vorübergehende Maßnahme. Man werde in nächster Zeit intensiv mit Häuserbauten beginnen, und ich werde dann bald über mein Eigentum, welches mir ja nach Artikel 22 unserer Verfassung gewährleistet ist, verfügen können. Dieser Versicherung schenkte ich Glauben; inzwischen sind jedoch, sehr geehrter Herr Präsident, 4 Jahre vergangen. Mein Haus wird immer noch von anderen deutschen Menschen, die es nicht wie ich, mit ihren Spargeldern erbauten, bewohnt, und die sich auch bestimmt meines von mir angelegten Gartens erfreuen. Ich frage Sie, sehr geehrter Herr Präsident, mit Bitterkeit im Herzen, ob denn keine Möglichkeit besteht, mir entweder mein Eigentum nach 8 Jahren zurückzuerstatten, oder aber mir ein anderes Einfamilienhaus mit Garten zur Verfügung zu stellen. Es sind doch inzwischen hunderte von solchen Eigenheimen hier in Niederschönhausen errichtet worden (Heinrich-Mann-Straße, Homeyerstraße, Treskowstraße, Waldstraße u. a.). Ich wäre durchaus geneigt, mit einem wesentlich einfacheren Haus fürlieb zu nehmen, meines im Majakowskiring hat außer dem Dachgeschoß zwei Etagen und 5 1/2 Zimmer. Ich wäre mit einer Etage und 3 1/2 Zimmer sehr zufrieden, einen Garten würde ich mir herzlich gern wieder selbst anlegen und wäre ein glücklicher Mensch. Ich bin mir bewusst, sehr geehrter Herr Präsident, daß es immer mal im Leben vorkommt, daß diesem oder jenem Unrecht geschieht; es jedem recht zu machen, ist eine Kunst, die niemand kann. Daß es sich aber in meinem Falle um kein erträgliches und gewöhnliches Unrecht, sondern um ein außergewöhnliches und recht schmerzliches handelt, wird offensichtlich, wenn man sich die „Nutzungsentschädigung" betrachtet. Von der oben angeführten Stelle in der Kronenstraße bekomme ich monatlich DM 45,- auf mein Postscheckkonto überwiesen; da ich aber noch rechtlich Eigentümer des Grundstückes und Hauses mit einem Einheitswert von 36.200,- DM bin, muss ich jährlich, respektive 60,- DM monatlich zahlen. Also: 60,- minus 45,- macht DM 15,-, die ich monatlich zuzahle. Ich werde also de facto garnicht „entschädigt", sondern außer der Zerschlagung meines Lebenstraumes noch mit einer regelmäßigen Geldbuße bestraft. Nebenbei möchte ich noch bemerken, daß ich mit vielen tausend Mark für Reparaturen belastet bin, die zur Beseitigung von Schäden notwendig wurden, als das Haus über einen längeren Zeitraum unbenutzt leerstand und bestimmt nicht erforderlich gewesen wären, wenn ich selbst mein Haus hätte bewohnen und pflegen können[28].

Es ist zu bezweifeln, dass Wilhelm Pieck selbst diesen Brief gelesen hat. Auch Opitz, den die Sachlage ja unmittelbar betroffen hätte und der gleichzeitig für die schriftlichen Eingaben in der Korrespondenzabteilung zuständig war, hat das Schreiben innerhalb der Masse der Zuschriften an den Präsidenten wahrscheinlich nicht zur Kenntnis genommen. Stattdessen verfuhren die Mitarbeiter der Präsidialkanzlei damit, wie in jedem anderen Fall auch. Sie leiteten das Schreiben weiter an das Wirtschaftsunternehmen Wohnbauten. Ein von Steinhoff angeregter Tausch von Grundstücken oder Häusern lag nicht in den Möglichkeiten der Hauptverwaltung, wie diese auch keinen Einfluss auf die Vermögenssteuer nehmen konnte, so dass Steinhoff weiterhin für seinen Besitz monatlich 15,- Mark und zusätzlich Miete für seine Wohnung in der Grabbeallee zahlte.

Max Opitz, Chef der Präsidialkanzlei, besucht Wilhelm Pieck und dessen Tochter Elly Winter in deren Garten.

Die einflussreichen und durchsetzungsgewohnten Repräsentanten der Regierung hatten es mit dem „Wirtschaftsunternehmen Wohnbauten" in anderer Hinsicht auch nicht leicht. Am Morgen des 29. April 1953 lag auf dem Schreibtisch des Abteilungsleiters, der für das „Städtchen" zuständig war, Herrn Gawronski, folgendes Schreiben: *Hierdurch mache ich auf folgende Mängel in meiner Wohnung aufmerksam, die zum Teil bereits dem Verwalter, Herrn Schmidt, seit Monaten mitgeteilt sind, ohne dass eine Abänderung erfolgte: 1.) Auf dem Grundstück befindet sich keine Klopfstange; es erscheint überflüssig zu betonen, dass eine Klopfstange nun einmal notwendig ist. 2.) Es war bisher nicht möglich zu erreichen, dass der Gärtner wenigstens den wildesten Teil der Hecke im Garten beschnitt. 3.) Die Wände des Balkons nach dem Majakowski-Ring zu sind abgeblättert, schmutzig, mit Kinderzeichnungen beschmiert. Es ist notwendig, dass die Balkonwände gestrichen werden, damit der Balkon in angemessener Weise benutzbar ist. 4.) Zum Schutz gegen die Sonne ist es erforderlich, dass an den Fenstern der nach Osten und Süden gelegenen Zimmer Jalousien angebracht werden. 5.) Die Vorrichtung auf den Balkons für eine Markise ist in Ordnung zu bringen. Ich erwarte, dass Sie Herrn Schmidt veranlassen, sich umgehend um die Erledigung dieser Dinge zu kümmern. Ich sage offen, dass ich nach der bisherigen Tätigkeit Ihrer Verwaltung es für erforderlich halte, Sie auf die Notwendigkeit, für die einfachste Ordnung im Hause zu sorgen, ausdrücklich hinzuweisen. Ihre Mitteilung, innerhalb welcher Frist Sie die notwendigen Arbeiten vornehmen lassen, erbitte ich bis zum Sonnabend, dem 2. Mai. gez. Dr. Benjamin*[29].

Hilde Benjamin, wegen ihrer rigorosen Prozessführung die „rote Hilde" genannt, war wohl die umstrittenste Politikerin der DDR.

Hilde Benjamin war im November 1952 in das erste Geschoss der Villa Majakowskiring 59 gezogen, nachdem Anton Ackermann in den Rudolf-Ditzen-Weg 18/20 eingewiesen worden war. Seit 1949 war sie Vizepräsidentin des Obersten Gerichtes der DDR. Generalstaatsanwalt Melsheimer, mit dem sie ständig zusammenarbeitete, wechselte seine Wohnung innerhalb der „Städtchens" und zog in den Güllweg 8[30]. Damit stand ihr das ganze Haus zur Verfügung, in dem auch ihr Sohn Michael und ihr Chauffeur Willi Richter unterkamen[31]. Vor Hilde Benjamin lag eine glänzende gesellschaftliche und fachliche Karriere. Erst wenige Monate vor ihrem Beschwerdeschreiben hatte sie an der Humboldt-Universität Berlin den Titel „Dr. jur." erhalten. Sie gehörte der Volkskammer an und war dort Leiterin der Gesetzgebungskommission zum Gerichtsverfassungsgesetz. Die 1952 beschlossene Strafprozessordnung der DDR war in erster Linie unter ihrer maßgeblichen Beteiligung entstanden. Allein in diesem Jahr wurden unter dem Vorsitz von Hilde Benjamin zehn Urteile gesprochen[32]. Die von ihr geführten Prozesse, die in den DDR-Medien vor allem zu propagandistischen Zwecken genutzt wurden, besuchten zahlreiche Zuschauer, so dass Hilde Benjamin in ganz Deutschland bekannt war[33]. Obwohl unter ihrem Vorsitz nur zwei Todesurteile gefällt worden waren, erhielt sie auf Grund ihres Auftretens und der Verhängung besonders harter Strafmaße im Verhältnis zu den Delikten den Beinamen „Rote Hilde". Ihre Prozessführung orientierte sich an den Schauprozessen in der Sowjetunion, in denen die Angeklagten um ihre menschliche Würde gebracht und als moralisch verkommene Handlanger des Imperialismus vorgeführt werden sollten[34]. Ziel der Teilnahme der Öffentlichkeit an bestimmten Prozessen war es auch, Hilde Benjamin als Vertreterin der Staatsmacht einprägsam zu etablieren. In dieser Rolle ging sie geradezu auf und beeindruckte tausende Menschen, besonders Frauen in der DDR. Doch all das ging nicht spurlos an ihr vorüber. Da ihre Angst vor Anschlägen stieg, sie selbst ihre Arbeit für „schmutzig" hielt und die Bedrohung gewiss auch real war, forderte sie ständige Begleiter an. Im Rahmen dieser verstärkten Sicherheitsmaßnahmen muss ihr Zuzug ins „Städtchen" gesehen werden. Hilde Benjamin neigte übrigens bald zu heftigen Wutanfällen gegenüber ihren Bekannten und engsten Mitarbeitern. Nicht nur die Angeklagten in den Prozessen, auch die ihr Untergebenen zitterten vor der kleinen energischen Frau[35].

Dies alles wusste Gawronski offensichtlich nicht – oder es beeindruckte ihn kaum, denn in wenigen Minuten hatte er folgende Antwort verfasst:
Auf Grund Ihres Schreibens vom 27. 4. 53 hat unser Kollege Schmidt auf unsere Veranlassung sofort die von Ihnen aufgezeigten Mängel mit Ihrer Wirtschafterin, Frau Richter, besprochen, die Sie inzwischen wahrscheinlich unterrichtet haben wird. Wegen der Beschaffung einer Teppichklopfstange bemüht sich unser Kollege Schmidt bereits seit längerer Zeit. Teppichklopfstangen aus Holz dürfen wegen des bekannten Engpasses bei diesem Baustoff

nicht hergestellt werden. Sobald die Möglichkeit besteht, werden wir eine eiserne Klopfstange fertigen lassen. Wir sind aber auch hier von der Materialbeschaffung abhängig, da wir nur auf entbehrliches Altmaterial zurückgreifen können. Wir müssen Sie daher bitten, sich ggf. etwas zu gedulden. Der Garten ist Ihnen zusammen mit der Wohnung vermietet worden. Für die Pflege desselben müssen Sie daher bitte selbst sorgen. Wie uns aber unser Koll. Schmidt mitteilt, ist der zur Wartung der nichtvermieteten Flächen des Regierungsstädtchens angestellte Gärtner Langhoff gern bereit, Ihnen nach Arbeitsschluss behilflich zu sein. Er wird sich bei Ihnen melden, sofern dies nicht inzwischen bereits geschehen ist. Bei dem Balkonanstrich handelt es sich um die malermässige Instandhaltung der Wohnung, die nach dem Mietvertrag Sache des Mieters ist. Falls Sie den Neuanstrich des Balkons auf Ihre Kosten vornehmen lassen wollen, lassen Sie bitte unseren Koll. Schmidt unterrichten, der Ihnen sofort einen Maler schicken wird. Wegen der Komplettierung der Markisevorrichtung und der Anbringung von Brettchenjalousien an den Fenstern Ihres Schlafzimmers wird unser Verwalter unverzüglich die dafür notwendigen Kosten ermitteln. Sofern die uns zur Verfügung stehenden Mittel ausreichen, um die Arbeiten ausführen zu lassen, werden wir sie in Auftrag geben. Wir bitten aber zu berücksichtigen, dass es sich hier um von uns verwalteten privaten Grundbesitz handelt, der bereits mit sehr hohen Instandsetzungskosten belastet ist, die durch eine Aufbaugrundschuld zugunsten der Deutschen Investitionsbank besichert sind. Die Bewirtschaftungskosten und die Zins- und Tilgungsleistungen an die DIB lassen nur einen geringen Betrag für die laufende Instandhaltung aus den Einnahmen des Grundstücks frei, die kaum für die Werterhaltung ausreichen. Trotzdem werden wir bemüht sein, Ihren berechtigten Wünschen Rechnung zu tragen.[36]

Majakowskiring 59, das Haus Hilde Benjamins. Obwohl sie wusste, dass Sonderwünsche von den Mietern selbst beglichen werden mussten, stritt sie kleinlich um jeden Pfennig.

Die Mitarbeiter des „VEB Wirtschaftsunternehmen Wohnbauten", wozu die Verwaltung im April 1952 umgewandelt worden war[37], hatten untereinander ein sehr kollegiales Verhältnis, das zum Teil fast familiäre Züge annahm. Dies und ein starkes Gerechtigkeitsempfinden veranlassten die Mitarbeiter immer wieder zu Zurückweisungen der überzogenen Ansprüche der Mieter[38]. Sie wussten schließlich auch um die andere Seite der Medaille. Inzwischen hatte nämlich Präsident Pieck angewiesen, dass Sonderwünsche der Mieter von denen selbst vergütet werden müssten[39].

Da die Verwaltungsmitarbeiter meist keine SED-Mitglieder waren, konnten sie allein über den arbeitsrechtlichen Weg belangt werden. Während ihrer Tätigkeit bekamen sie arge Zweifel, ob die Situation der Hauseigentümer den rechtlichen Normen der DDR entsprach. Andererseits waren sie natürlich auch darum bemüht, dass die Menschen, die die Geschicke des jungen, hoffnungsvollen Staates lenkten, unbelastet und ihren Stellungen entsprechend wohnten.

Hilde Benjamin wandte sich nun direkt an Arthur Pieck[40]. Doch der hatte den Mund zu voll genommen. Die Deutsche Investitionsbank bewilligte keine weiteren Mittel, da die Kredite bereits weit den Wert der Häuser überschritten und durch die geringen Mietzahlungen nur eine unverhältnismäßige Tilgung erfolgte. Außerdem hatte die Bank festgestellt, dass auch die Eigentümer nicht vermögend genug waren, so dass sie um die Rückzahlungen fürchtete. Besonders problematisch wurde das bei den Gästehäusern der Regierung, die ja einen repräsentativen Eindruck machen sollten[41].

Arthur Pieck hatte nicht einmal Geld für die erforderlichen Sicherheitsmaßnahmen. Als Franz Gold intervenierte, erhielt er von Pieck folgendes Schreiben: *Wir nehmen Bezug auf Ihre verschiedene Wünsche betr. baulicher Sicherheitsmaßnahmen im Objekt Prieros und im Regierungsstädtchen. Wir müssen Ihnen hierzu mitteilen, dass wir nicht in der Lage sind, diese von Ihnen geforderten Arbeiten zu finanzieren. Entsprechend einer mündlichen Anordnung des Herrn Ministerpräsidenten Otto Grotewohl sollen derartige bauliche Sicherheitsmassnahmen, die vom Standpunkt Ihres Staatssekretariats aus für notwendig gehalten werden, auch durch das Staatssekretariat für Staatssicherheit finanziert werden. Das Verwaltungsamt ist gerne bereit, Ihnen hierbei die notwendige Hilfe und Unterstützung zu geben, doch sind wir – wie bereits gesagt – nicht in der Lage, die finanziellen Mittel bereitzustellen. Betr. das Wachgebäude Majakowskiring 3 teilen wir Ihnen mit, dass seitens der VWR – VEB Wirtschaftsunternehmen Wohnbauten bereits rund DM 5.000,– aus vorhandenen Mitteln investiert wurden. Um das Haus jedoch in Ordnung zu bringen, sind weitere DM. 22.000,– erforderlich, deren Beschaffung wir Ihnen anheim stellen. Ebenso wäre es notwendig, die Mittel für die Wiederherstellung der eingestürzten Mauer im Städtchen und für den Ersatz des Holzzaunes durch eine Steinmauer bei Ihnen einzuplanen. Die Höhe dieser Summen kann Ihnen durch unsere Abteilung Werterhaltung bekanntgegeben werden.*[42]

Wie wollte Arthur Pieck ohne weitere Finanzen den sich häufenden Problemen Herr werden? Mitte 1955 versetzte ihn Ministerpräsident Grotewohl auf einen anderen Posten. Die schützende Hand seines Vaters half ihm nichts mehr, denn der Präsident war zu schwach und zu krank, um das zu verhindern. Arthur Pieck wurde Direktor der staatlichen Fluggesellschaft „Lufthansa". Auch Fritz Geyer enthob Grotewohl seines Postens und ersetzte ihn durch seinen bisherigen Stellvertreter Anton Plenikowski.

Noch im selben Jahr hat Grotewohl *die Auflösung der Verwaltung der Wirtschaftsbetriebe der Regierung zum 31. 12. 1955 verfügt.*⁽⁴³⁾ Die Liquidation der Verwaltung führte aber nur zur Auswechslung der Führungskräfte. Arthur Pieck wurde durch Genossen Senf ersetzt, der bisherige Direktor der Verwaltung, Hans Schulze, blieb. Die jeweiligen Abteilungen des neugegründeten „VEB Wirtschaftsunternehmen Wohnbauten" zogen von der Kronenstraße in ihre Verwaltungsgebiete. Im „Städtchen" wurde das Haus Stille Straße 12 Sitz der zuständigen Abteilung der Verwaltung⁽⁴⁴⁾. Ihr zur Seite stand eine Handwerkerbrigade bestehend aus Elektrikern, Klempnern, Gärtnern und Tischlern, die zuvor von den Mitarbeitern des MfS „durchleuchtet" worden waren⁽⁴⁵⁾. Die Idee solch einer Kolonne von Spezialisten für alle anfallenden Arbeiten hatte bereits Arthur Pieck⁽⁴⁶⁾. Als Unterkunft und Werkstatt wurde gegenüber dem Sitz der Verwaltung die Stille Straße 9 auserkoren.

Das Sondergebiet war mit einer – gemessen an der späteren „Staatsgrenze" der DDR – relativ kleinen Mauer umgeben. Das Fotografieren des Gebietes war streng verboten. Doch hin und wieder, wie hier am Güllweg, gelang doch einmal ein Schnappschuss.

Das Prinzip der eigenwirtschaftlichen Rechnungsführung, die die Verwaltung bis dahin zwang, nur auf erwirtschaftete Mittel zurückzugreifen und keine finanziellen Mittel der Regierung zu benutzen, wurde aufgegeben. Endlich fühlte sich die Regierung der DDR über das Ministerium der Finanzen für die von ihren Vertretern bewohnten Häusern verantwortlich. Bereits im ersten Jahr standen 102.350,- DM aus dem Staatshaushalt zusätzlich zur Verfügung. Nun ließ sich für die Bewirtschaftung des „Städtchens" aus dem Vollen schöpfen. Ein Motormäher für die Pflege der umfangreichen Rasenflächen konnte gekauft, aber auch Fenster, Zäune und Türen gestrichen sowie Wände verputzt werden⁽⁴⁷⁾.

Zum 80. Geburtstag Wilhelm Piecks Anfang 1956 waren die ersten Veränderungen spürbar gewesen, wenn auch noch nicht alles zur vollsten Zufriedenheit verlief. Doch im Laufe des Jahres 1956 hatten weder das MfS noch die Präsidialkanzlei etwas zu beanstanden. Seit dieser Zeit flossen unendliche Mittel aus dem Staatshaushalt in das „Regierungsstädtchen". Das bemerkten auch die Bewohner des „Städtchens" selbst. Während zwei Jahre vorher noch Möbel von einem Haus ins nächste geschafft werden mussten, entrümpelten jetzt die Politbüromitglieder und Regierungsmitarbeiter ihre Wohnungen und stellten das von ihnen nicht mehr benötigte Inventar den Verwaltungsmitarbeitern zur Verfügung. Auf diesem Wege wechselten viele Möbel der Eigentümer, die zwischenzeitlich von Pieck, Ulbricht, Grotewohl oder Honecker benutzt worden waren, ihren Besitzer. Dass das nicht ganz unproblematisch war, sah zu dieser Zeit offensichtlich niemand. Der „Trödelmarkt" soll jährlich in der Stillen Straße 9 abgehalten worden sein. 1959 wurde schließlich auch eine Gasringleitung im Bereich des „Städtchens" gelegt, so dass die Mieter ihre Kohleheizungen durch komfortablere Gasheizungen ersetzten. Bis dahin waren beispielsweise Ulbricht, Warnke und Honecker gezwungen, morgens im Keller Kohlen in den Ofen zu schippen, wenn sie es am Abend warm haben wollten.

Von Pankow nach Wandlitz

Diese finanzielle Zuwendung hatte zur Folge, dass sich die Regierung noch einmal das Zuzugsrecht an den Wohnungen sicherte und auch gegenüber ihren Mitarbeitern klar stellte, dass es sich um Dienstwohnungen handelte. Dabei stellte man fest, dass *nach der vorliegenden Analyse des Wohnungsbedarfs der Regierung es erforderlich ist, der Regierung wiederum ein Jahreskontingent von 500 Wohnungen zur Verfügung zu stellen.*[48] Das „Städtchen" ließ unter den gegebenen Umständen keine Erweiterung zu. Eine Freifläche gab es im südwestlichen Ende des Wohngebietes in Hohenschönhausen am Orankesee, in dem inzwischen hauptsächlich Mitarbeiter des MfS wohnten. Hier bestanden ähnliche Sicherheitsmaßnahmen. Im Herbst 1956 war es in der Volksrepublik Ungarn zu einem Volksaufstand gekommen, der die Konfrontation zwischen Volk und Regierung des 17. Juni 1953 in der DDR bei weitem übertraf. So entstand die Idee, ein zusätzliches, möglichst abgelegenes Wohngebiet für die höchsten Repräsentanten des DDR-Staatsapparates zu schaffen[49]. Erich Honecker erinnerte sich später, dass die Befürworter einer solchen neuen Siedlung vor allem Walter Ulbricht, Otto Grotewohl und Hermann Matern gewesen sein sollen[50]. Für Ulbricht und Matern mag dafür ihr ausgeprägtes Sicherheitsbedürfnis ausschlaggebend gewesen sein; hinzu kam die etwas eigenartig anmutende Doktrin, dass möglichst alle Genossen mit gleicher Funktion auch gemeinsam wohnen sollten. Und für Grotewohl gab es mal wieder etwas Neues zu bauen; Architektur gehörte ja zu seinen Leidenschaften[51].

Zuerst fiel die Wahl auf ein Gelände in Hoppegarten, östlich von Berlin[52]. Dort war ein möglicher Fluchtweg nach Osten über die nahe Autobahn gesichert. Allerdings fehlten hier Natur, in der man sich erholen konnte und die Möglichkeit, Sport zu treiben, was besonders für Walter Ulbricht wichtig war. Nicht nur, dass die DDR-Propaganda gerade diese Leidenschaft Ulbrichts herausstellte, es entsprach der Wirklichkeit. Im Dachboden seiner Villa hatte Ulbricht eine Sprossenwand anbauen lassen. Er besaß verschiedene Sportgeräte wie Tennisschläger und Schlittschuhe. Tennis und Schlittschuhlaufen gehörten neben Schwimmen zu seinen Lieblingsbeschäftigungen. Der Leiter der „Grundstückverwaltung Niederschönhausen", wie sich die Verwaltung seit 1956 nannte, erhielt den Auftrag, im Bereich Rudolf-Ditzen-Weg 2–10, wo sich bis zu diesem Zeitpunkt noch verrottete Gartenlauben und ungepflegte Obstbäume als Überbleibsel der „Laubenpieper" vor 1945 befanden, eine Sportanlage zu bauen. Auf dem Gelände wurde ein Tennisplatz, eine Kegelbahn und ein Schuppen zur Unterbringung der Sportgeräte errichtet[53]. Im Winter hatten die Verwaltungsmitarbeiter für eine Eisfläche zu sorgen, auf der dann die Ulbrichts täglich, statt Tennis zu spielen, Schlittschuh laufen konnten.

Ein Gelände im Forst Bernau, nahe dem Dorf Wandlitz, versprach für eine zukünftige Regierungssiedlung bessere Möglichkeiten. Hermann Matern hatte das Gelände persönlich ausfindig gemacht[54]. In unmittelbarer Nähe im Grünen befand sich bereits seit 1930 die ehemalige Bundesschule des Allgemeinen Deutschen Gewerkschaftsbundes (ADGB), die der 1945 gegründeten FDGB als zentrale Hochschule nutzte[55]. Die Autobahn war hier noch besser zu erreichen; es gab den Liepnitz- und den Wandlitzsee, in denen Ulbricht bequem schwimmen gehen konnte. Ende März 1958 stand bereits fest, dass in Bernau in der Hinterheide eine Funktionärssiedlung angelegt werden sollte. An die Stadt Bernau erging die Weisung, das Gelände in die Rechtsträgerschaft des Ministerrates zu übertragen[56]. Das Ministerium für Bauwesen gründete den Sonderbaustab 10 unter den Architekten Heinz Gläßke und W. Schmidt[57], der seinen Sitz in der Sommerstraße[58] in Berlin-Hohenschönhausen nahm[59] und dem das Bauvorhaben übertragen wurde. Die Siedlung sollte in einen so genannten „Innenring" – ein Areal für sechzehn Häuser[60] der höchsten Parteifunktionäre – und den so genannten „Außenring", in dem alle Angestellten wohnten, unterteilt werden. Im Spätsommer 1960 bezogen sämtliche Politbüromitglieder[61] die neuen Quartiere in der bald so genannten „Waldsiedlung bei Wandlitz". Im Volksmund allerdings hieß das Gebiet schnell „Waltershausen". Allein der Oberbürgermeister der Stadt Berlin, Friedrich Ebert, sollte noch zusätzlich eine Stadtwohnung nutzen dürfen[62]. Diese eineinhalb Zimmer große Stadtwohnung befand sich in Berlin-Mitte und bot den Ausblick, den Ebert einst Wilhelm Pieck in Form des Gemäldes von Hans Baluschek geschenkt hatte. An der Jungfernbrücke genoss Ebert nun das Privileg, sich ohne vorherige Anmeldung mit seinen Verwandten zu treffen, eine Vergünstigung, um die ihn bald jedes Politbüromitglied beneidete.

Für Wilhelm Pieck hatte man das Haus Nr. 21 vorgesehen. An einen Umzug war jedoch auf Grund seines ausgesprochen schlechten Gesundheitszustandes nicht mehr zu denken. Er siechte in seinem letzten Lebensjahr nur noch im Rollstuhl dahin und starb nur wenige Tage, nachdem die ersten Politbüromitglieder ihre neuen Wohnungen bezogen hatten, in seinem Wohnsitz im „Städtchen". Erst kurz zuvor war er aus Groß Dölln, seinem 1958 eingerichteten Altersruhesitz am Döllnsee, nach Berlin zurückgekehrt[63]. Das Haus Nr. 21 erhielt dafür Grotewohl, der den Umbau aber nicht mehr selbst beaufsichtigen konnte, da auch er inzwischen erkrankt und bewegungsunfähig geworden war. Da Reinhold Lingner mit der ihm übertragenen Gestaltung der „iga"[64] in Erfurt vollauf beschäftigt war, oblag die gärtnerische Planung jetzt Hugo Namslauer[65].

Hilde Benjamin blieb in ihrem „maroden" Haus im „Städtchen" wohnen, obwohl sie sich intensiv an der Planung zur „Waldsiedlung bei Wandlitz" beteiligt haben soll[66]. Wahrscheinlich hatte sie sich 1958 noch Hoffnungen gemacht, selbst Mitglied des Politbüros zu werden. Doch dann

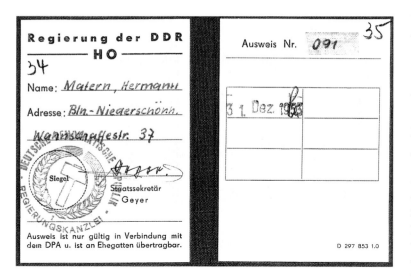

Der HO-Ausweis von Hermann Matern. Zu bezweifeln allerdings bleibt, ob die Verkäuferinnen der Sonderläden in der Tat „von ausgesuchter Höflichkeit" gewesen sind.

kam alles anders. Nach und nach wurde sie in ihrem Einfluss zurückgedrängt und schließlich 1967 als Justizministerin abgelöst. Aus dem „Städtchen" aber sollte sie Zeit ihres Lebens nicht mehr ausziehen. Das Pankower Sperrgebiet war auch für die neue Siedlung Vorbild, was allein schon an einer gleichen grünen Mauer um den „Innering" sehr anschaulich dokumentiert wurde. In Grotewohls neuem Heim wurde im Keller wieder ein Kinoraum eingerichtet[67]. Waren auch keine Gästehäuser vorhanden, so hatten doch alle die Verfügbarkeit einer eigenen Schneiderei und eines Frisörs schätzen gelernt, so dass solche Einrichtungen von Anfang an zur Planung gehörten[68].

Auch andere Gewohnheiten, die sich in Pankow-Niederschönhausen herausgebildet hatten, berücksichtigten die Planer der Waldsiedlung. Am 15. Mai 1950 war im Majakowskiring 23, dem Häuschen des ehemaligen Kartenabreißers an der Staatsoper, Sohl, eine kleine HO-Verkaufsstelle für Lebensmittel eingerichtet worden[69]. In den Westmedien schrieb man vom *reviereigenen HO-Laden* in der reizenden Villa einer ehemaligen NSDAP-Größe, in dem es, bedient von Frauen ehemaliger deutscher Wehrmachtsoffiziere *von ausgesuchter Höflichkeit und guter Erziehung,* alles zu kaufen gäbe[70]. Alternativ zu diesem Laden wäre ein Geschäft des Verbandes der Konsumgesellschaft gewesen, der aber zu dieser Zeit in seinem Warenangebot noch nicht so reichhaltig wie die Handelsorganisation war[71]. Nachdem das Politbüro und die Regierung die Preise 1950 in den Geschäften der HO rapide gesenkt hatten, waren die Lebensmittel für Besserverdienende in der DDR durchaus erschwinglich[72]. Bis 1956 war es dem Personal der Regierungsmitarbeiter und Politbüromitglieder und den im „Städtchen" tätigen Handwerkern nicht gestattet, hier einzukaufen, denn dafür benötigte jeder Kunde einen speziellen Ausweis[73]. Erst danach wurde es für die „Städtchen"-Bewohner leichter: Die Haushälterinnen erhielten eine schriftliche Berechtigung zum Einkauf; die Bezahlung wurde auf so genannten Sammelrechnungen getätigt, die monatlich den Bewohnern direkt vom Gehalt abgezogen wurden. Diese Gepflogenheit behielt man in der neuen Siedlung bei Wandlitz bei[74]. Zu den ersten Vorhaben in der neuen Wohnkolonie im Bernauer Forst gehörte der Bau eines so genannten „Ladenkombinates"[75].

Ein Problem in der neuen Siedlung war die Unterbringung der Funktionärskinder. Da hatte es im „Regierungsstädtchen" manch unliebsame Überraschung gegeben. Bereits 1950 war in der von Reinhold Lobedanz nicht bezogenen Villa eine Kindertagesstätte eingerichtet worden. Die politisch stark engagierten deutschen Frauen gaben – dem Zeitgeist entsprechend – ihre Säuglinge und Kleinstkinder in die Wochenkrippe[76]. Durch den Zuzug vieler Regierungsbeamte und „Dienstpersonals" gab es 1950 plötzlich im „Städtchen" sehr viele Kinder im noch nicht schulpflichtigen Alter. Die Haushälterinnen wären damit überlastet gewesen, gleichzeitig im Haus zu arbeiten und die Kinder zu beaufsichtigen. Und dieser Nachwuchs war wie alle anderen Kinder auch. Funktionärsgehorsam und anpassendes Gruppenverhalten war ihnen (noch) fremd. Mehrere Mieter hatten sich über hässliche Farbspuren an ihren Kellerwänden beschwert. Die Verwaltung schien ratlos. War hier etwa der „Klassenfeind" am Werk? Was bedeuteten die seltsamen Zeichen? Der Übeltäter war jedoch bald entdeckt: Frank, der Sohn von Staatssekretär Mielke. Die Kinder von Peter Florin hatten ihren Spaß daran, die Fensterscheiben der ersten – mittlerweile leerstehenden – Präsidialkanzlei im Majakowskiring 71 nacheinander einzuwerfen, weswegen ihr Vater eine erhebliche Reparaturrechnung zu begleichen hatte. Die von den Kindern sinnigerweise „Wüste" getaufte Freifläche, die alte Baumschule hinter diesem Haus, war der bevorzugte Spielplatz der Jungen. Die Rangordnung unter ihnen entsprach etwa der Rangordnung ihrer Väter. Da schlugen sich bereits Erfahrungen nieder, die sie mit der hierarchischen Ordnung ihrer Eltern gemacht haben mussten. Der Sohn von Horst Sindermann, Michael, hatte sich einmal in der Schule Kaugummibilder ertauscht. Natürlich waren auch die anderen Kindern scharf auf die bunten Bilder aus dem Westen. Der Sohn von Markus Wolf, Mischa, durfte sie schließlich über Nacht mit nach Hause nehmen, wo sie von seiner Mutter entdeckt wurden. Die Folge war eine außerordentliche Versammlung der SED-Wohnparteigruppe. Alle Frauen der Funktionäre und die Genossen, die in keiner anderen Parteigruppe organisiert waren, trafen sich monatlich innerhalb dieses Rahmens[77] im Majakowskiring 60. Lange Zeit war Friedel Strampfer, die Frau eines Wirtschaftsfunktionärs, Vorsitzende dieser Parteigruppe, die nun aus gegebenem Anlass mit dem Vorstand Ella Rumpf und Erna Winzer – übrigens Schwägerinnen – beriet, wie man Frau Sindermann für das „westliche Propagandamaterial", mit

Nur ausgewählte Pioniere kamen in den Genuss, beim Präsidenten zum Nachmittagskaffee eingeladen zu werden. Zweite von rechts die damalige Schulleiterin der Wilhelm-Pieck-Schule Erna Schulz.

dem ihr Sohn so bedenkenlos die Altersgenossen des „Städtchens" infiltriert hatte, bestrafen müsste. Das Ergebnis ist leider nicht protokolliert und auch mündlich nicht weitergegeben worden.

Solche Erlebnisse prägten die Kinder natürlich nachhaltig. Zudem lebten durch die Dominanz der Moskauer Emigranten, die selbstverständlich in Moskau das Kinderkriegen nicht verlernt hatten, im „Städtchen" Anfang der 50er Jahre viele Kinder, die zweisprachig groß geworden waren, ja meistens sogar besser russisch als deutsch sprachen. Für sie plante man eine russischsprachige Schule. Zwischen der nahe gelegenen Neuen Schönholzer Straße und Görschstraße gab es einen größeren Schulkomplex mit mehreren Schulen. Das Gebäude Neue Schönholzer Straße 32 war die Deutsch-Russisch-Schule, auf der diese zweisprachigen Kinder unterrichtet werden konnten. Sie ging zurück auf die Anwesenheit russischer Offiziere in Berlin-Pankow[78]. Das Gebäude nebenan, Neue Schönholzer Straße 10, war die „1. Volkschule des Bezirkes Pankow in Berlin". Bereits im November 1949 hatte die Präsidialkanzlei diese Volkschule auserkoren, ihr den Namen „Wilhelm Pieck" zu übertragen[79]. Für die ehrenvolle Namensgebung war allerdings die Deutsch-Russisch-Schule besser geeignet. Also genehmigte die Präsidialkanzlei den Namen des Präsidenten für die Deutsch-Russisch-Schule und benannte gleichzeitig die Kita im „Städtchen" Wilhelm-Pieck-Kindergarten. Doch unmittelbar danach war beschlossen worden, die 1. Volksschule und die Deutsch-Russisch-Schule zusammenzulegen, so dass nun auch die 1. Volkschule diesen Namen erhielt. Die Schule hatte zehn Klassenstufen und unterrichtete ab der dritten Klasse Russisch, ein so genannter erweiterter Russischunterricht[80]. Vor allem die ausländischen Diplomaten, die in Pankow wohnenden Parteifunktionäre und Regierungsbeamten ließen ihre Kinder hier einschulen. 1951 weihte Wilhelm Pieck die zusammengelegte Schule anlässlich seines Geburtstages ein[81], die Präsidialkanzlei übernahm im Laufe des Jahres sogar die Patenschaft. Der in Pankow lebende Dichter Rudolf Leonhard schrieb den Text zu einem jedoch nie vertonten Lied auf die Schule[82]. Der Präsident bedachte die Schule mit einigen Zuwendungen[83], und die Präsidialkanzlei sorgte auch schon mal für Ordnung und Sicherheit[84].

Doch die Patenschaft der Präsidialkanzlei sollte vor allen Dingen ideologischer Art sein, weshalb man die Vertreter der Präsidialkanzlei gern bei den Lehrerkonferenzen gesehen hätte[85]. Dafür hatte aber keiner der zuständigen Genossen so richtig Zeit. Stattdessen ordnete die Präsidialkanzlei eine Überprüfung der Schule durch Inspektoren des Ministeriums für Volksbildung an[86]. Kurz danach gab es die erste außerordentliche Sitzung mit der Parteigruppe der Wilhelm-Pieck-Schule, deren Genossen am Ende versicherten: *Die Arbeit wird in Zukunft an der Schule so durchgeführt, daß die Wilhelm-Pieck-Schule wirklich **die** Schule in Berlin und der DDR wird.*[87] Die ersten Schritte waren, dass die bisherige Direktorin Erna

Schulz ihres Amtes enthoben und durch Wilhelm Krause ersetzt wurde[88]. Die beflissenen Inspektoren empfahlen als neue Lehrmethode die Anwendung eines Kabinettsystems und deshalb die Aufteilung der Schule in den Bereich 1.–4. Klasse und 5.–8. Klasse[89]. Da es sich um eine besondere Schule handelte, rief man auch gleich die damals in unmittelbarer Nähe wohnenden Architekten Hermann Henselmann und Kurt Liebknecht dazu[90]. Doch da schossen die Inspektoren wohl über das Ziel hinaus, denn für einen Umbau oder gar Neubau war kein Geld vorhanden. Stattdessen bezog ab dem neuen Schuljahr 1953 die Wilhelm-Pieck-Schule die alte Eosander-Schule in der Kissingenstraße 12 in Berlin-Pankow, heute Rosa-Luxemburg-Oberschule, eine Schule mit *würdigerem, repräsentativerem Aussehen*[91]. Doch das erboste wiederum die Eltern aus dem „Städtchen", weil ihre Kinder nun einen viel längeren Fußweg hatten[92]. Noch zwei Jahre zuvor hatten einige ihren Kindern am Vormittag den Dienstwagen mit Chauffeur überlassen, mit dem die Sprösslinge zur Schule gebracht und nach dem Ende der letzten Schulstunde wieder abgeholt wurden. Die Direktorin Erna Schulz hatte jedoch dagegen erfolgreich bei Wilhelm Pieck interveniert, weil die wartenden Autos auf dem Schulhof ihrer Meinung nach einen in Pankow und für die Funktionäre schlechten Eindruck hinterließen. Offensichtlich wirkte Wilhelm Piecks „Spruch" nicht lange nach, denn seit 1953 fuhren wieder Funktionärswagen an der Wilhelm-Pieck-Schule vor. Das Lehrerkollektiv war durch die Einflussnahme der Präsidialkanzlei und deren Folgen äußerst verunsichert, so dass eine ständige Fluktuation herrschte[93]. Die Lehrer waren nicht nur dem Druck der Schüler ausgesetzt, sondern auch dem ihrer Eltern, die jede schlechte Note ihrer Kinder dem Versagen der Lehrer zuschrieben[94]. Einmalig in der Schulgeschichte der DDR ist wohl die Dominanz des Elternausschusses gegenüber den Schuldirektoren und den Lehrern. Von den 18 Mitgliedern des Elternausschusses dominierten besonders Lotte Ulbricht, Gerda Sindermann und Emmi Dölling; übrigens war Karl Schirdewan einer der wenigen Männer in diesem Gremium[95]. Der Elternausschuss nahm sich das Recht heraus, ohne vorherige Anmeldung und zu jeder Zeit im Unterricht zu hospitieren. Auch bei der Lehrerauswahl wollte man ein Wörtchen mitreden. Die Folge war, dass der Schulbetrieb immens gestört wurde[96].

Lehrer der Wilhelm-Pieck-Schule 1951. Zweite von rechts in der zweiten Reihe Schulleiterin Erna Schulz.

Einweihung der Wilhelm-Pieck-Schule.
Von links: Stadtrat Kreuziger, Otto Winzer, Rudolf Leonhard, Wilhelm Pieck. Ganz rechts Stadtschulrat Ernst Wildangel.

Die zum Teil chaotischen Zustände führten wiederum zu erheblicher Kritik seitens der Präsidialkanzlei, die keine qualitätvolle Schularbeit mehr erkennen konnte und mit der Aberkennung des Namens drohte. In dieser Situation wurde Günter Mielis Schuldirektor, der Rückendeckung durch den Berliner Stadtrat für Volksbildung, Herbert Fechner, und des Ministers für Volksbildung, Fritz Lange, erhielt. Ihm gelang es, die Zustände so zu bessern, dass bereits am Kindertag[97] Wilhelm Pieck eine Delegation von Pionieren im Schloss Schönhausen empfing. Die Schule hatte über 1.000 Schüler, weil das Ministerium für Volksbildung verhindern wollte, dass hier eine politische „Elitebildungsanstalt" entstand, so dass auch die im Umkreis der Schule wohnenden Pankower Kinder aufgenommen wurden. Das Problem der parkenden Limousinen löste Mielis, indem er die Kinder mindestens 200 Meter vor dem Schulgebäude aussteigen ließ, so dass zumindest der Eindruck der Nicht-Bevorzugung gewahrt blieb. Es waren vor allem die Musterschüler der Russisch-Klassen, die eine Delegation von Pionieren[98] stellten, die nun alljährlich zu Wilhelm Piecks Geburtstag in seinem Wohnhaus erschienen. Günter Mielis stellte sich 1958 nach den Angriffen auf Karl Schirdewan, den er aus der gemeinsamen Arbeit im Elternbeirates sehr gut kannte, auf den Standpunkt, dass die Kinder in der Schule nicht für ihre Eltern haften sollten und kündigte aus diesem Grund[99]. Die Schule jedoch hatte ihre schlimmste Zeit hinter sich und wurde nun von Anneliese Turba, deren Mann Mitglied des ZK war, kompetent geleitet.

Das „Haus 4" im so genannten „Außenring" wurde nunmehr der Kindergarten in der Waldsiedlung, in dem nach altbewährtem Muster die Kinder der Funktionäre mit den Kindern der Dienstboten spielen konnten[100]. Eine Sonderrolle der Funktionärsnachkommen sollte zwar vermieden werden, gelang aber in der Praxis weder in Pankow noch in der nächsten Siedlung.

Bei der Projektierung der Siedlung bei Wandlitz gab es natürlich erhebliche Vorteile der geplanten Infrastruktur. Im Pankow war es im Laufe der Zeit problematischer geworden, die privaten Wagen der Funktionäre zu parken. Garagen gab es nur auf zehn Grundstücken[101]. Meist besaßen die Frauen bald eigene Privatwagen. Ein Parken der Autos über Nacht auf der Straße war weder von den Mitarbeitern des MfS noch aus sicherheitstechnischen Aspekten gestattet. Und im Interesse der Autobesitzer war es letzlich auch nicht. Um im Winter nicht in einen ausgekühlten Wagen steigen zu müssen, ließ Walter Ulbricht kurz nach der Gründung der DDR für das Fahrzeug seiner Lebensgefährtin Lotte auf dem hinteren Teil des von ihm bewohnten Grundstücks eine Garage mit Heizung auf Kosten der Partei bauen[102]. Für die Zufahrt musste auch der Zaun verändert werden. Bei dem Kunstschlosser Willi Sotter, Chausseestraße 44 in Berlin-Mitte, wurde ein eisernes Gittertor bestellt[103].

Lilly Becher besaß schon seit 1947 ein Automobil. Zwar gab es auf dem Hof Majakowskiring 34 eine Garage mit zwei Boxen, die sogar am Heizsystem des Hauses angeschlossen war[104], doch besaß der Hausherr selbst einen Wagen und ein Motorrad. Also wurde auf dem Grundstück gegenüber, Majakowskiring 35, eine neue – nicht heizbare – Doppelgarage errichtet[105]. Der Garagenneubau Ulbrichts verursachte erheblichen Neid unter den Frauen, weshalb sich Becher schnellstens um eine beheizbare Garage zu bemühen hatte. Im November 1953, als Carl Litke seine Wohnung im ersten Geschoss Majakowskiring 16 mit Robert Büchner tauschte, der mit keiner Frau liiert war, wies der „VEB Wirtschaftsunternehmen Wohnbauten" den Bechers für 15,- DM im Monat die Garage auf dem Grundstück zu[106]. Leider funktionierte die Heizung in dieser Unterstellmöglichkeit nicht so zuverlässig, weshalb Lilly Becher Anfang 1958 (Becher war bereits wegen einer Erkrankung dazu nicht mehr in der Lage) die neue Garage auf dem Gelände Rudolf-Ditzen-Weg 9/11 für ihren Wagen beanspruchte[107]. Im 1955 erweiterten Garagentrakt des Schlosses Schönhausen[108] wollte sie wegen des langen Anmarschweges keine Box haben. Dieser Fuhrpark war in Größe und Struktur Vorbild für den Neubau in der „Waldsiedlung bei Wandlitz". Viele Funktionäre besaßen überhaupt keine Fahrerlaubnis, hatten für die Fahrprüfung keine Zeit und sahen dafür auch keine Notwendigkeit. Jedem Staatssekretär und Minister standen immer zwei Dienstwagen zur Verfügung, die von Chauffeuren gefahren wurden. Der Ministerpräsident, der Präsident und ab 1960 der Staatsratsvorsitzende besaßen sogar drei Dienst-

153

Die Garage Wilhelm Piecks auf dem Grundstück Majakowskiring 29. Eine Box allerdings stand stets leer, da weder Wilhelm Pieck noch seine Tochter Elly Winter selbst fuhren.

fahrzeuge, wovon einer immer eine offene Limousine war[109]. Auch für die anderen Mitglieder der Nomenklatura mussten jeweils zwei Wagen fahrbereit sein. Dazu kamen die Militärfahrzeuge des MfS und des Wachregiments. Damit rangierten die Garagen und ihre Belegung für die Verwaltung gleich hinter den Häusern, sowohl im „Städtchen" als auch in der neuen Siedlung.

Die meisten Regierungsmitglieder und Politbüromitglieder waren vor 1900 geboren worden, also im Laufe der 50er Jahre schon in einem fortgeschrittenen Alter. Im Allgemeinen war Dr. Helga Wittbrodt vom Regierungskrankenhaus für die ständige Betreuung der Mitglieder des Zentralkomitees der SED verantwortlich[110]. 1953, als Wilhelm Pieck eine schwere Lungenentzündung hatte, wies man in das Nachbarhaus die Ärztin Elfriede Heinicke und eine Krankenschwester ein. Damit war schnelle medizinische Hilfe jederzeit möglich. Pieck bevorzugte wohl jedoch Zeit seines Lebens den alten Dr. Kupke, zu dem er besonderes Vertrauen hatte. Etwa zur gleichen Zeit sorgte auch Otto Grotewohl dafür, dass sein Leibarzt Dr. Krebs in seiner unmittelbaren Nähe, in der Stillen Straße 18, eine Dienstwohnung hatte. Wahrscheinlich ist das Haus zu der Zeit extra für ihn errichtet worden. Im Rudolf-Ditzen-Weg 17 richtete sich Wilhelm Dietze seine Physiotherapiepraxis ein und wohnte im ersten Geschoss, also auch hier ein „Zur-Verfügung-Halten" zu jeder beliebigen Zeit. Öffnungszeiten entfielen dadurch natürlich – alles basierte auf persönlichen Absprachen oder die Patienten meldeten sich vorher telefonisch an. Mit der Verlagerung des Wohnsitzes der Politbüromitglieder entfielen die spezielle medizinische Versorgung, doch dürften sich dafür in der neuen Siedlung diese Strukturen wieder herausgebildet haben. Wahrscheinlich ist Wilhelm Dietze selbst mit in die neue Wohnkolonie gezogen.

Die Sicherheitsmaßnahmen im „Regierungsstädtchen" blieben mit dem Wegzug der Politbüromitglieder bestehen, zumal einige Minister, Staatssekretäre und andere Regierungsmitglieder hier wohnten. *Im bisherigen Wohngebiet Niederschönhausen sind einige Häuser als Gästehäuser für die Genossen des Politbüros für den Bedarfsfall vorzusehen. Außerdem sind Besprechungsräume in Niederschönhausen vorzusehen*, hieß es im Protokoll[111]. Ministerpräsident Grotewohl und der neue Vorsitzende des nur fünf Tage nach Wilhelm Piecks Tod gebildeten Staatsrates, Walter Ulbricht, behielten ihre Villen in Pankow. Anderen Politbüromitgliedern wurde eine Dienstwohnung im „Städtchen" eingerichtet[112]. Einige der verlassenen Häuser funktionierte die Verwaltung zu Gästehäusern um. Der sowjetische Außenminister Andrej Gromyko bevorzugte seitdem die ehemalige Villa Friedrich Eberts als Übernachtungsort bei seinen Aufenthalten in der DDR. Gromyko kam gern, übrigens auch privat.

An der Planung der „Waldsiedlung bei Wandlitz" waren die Mitarbeiter des MfS wesentlich beteiligt. Franz Gold und Erich Mielke erhielten Dienstwohnungen im „Außenring"[113]. Ihre Familien zogen nicht mit, so dass die Unterkünfte in der Waldsiedlung einen ausgesprochenen Junggesellencharakter besaßen. Die meisten Mitarbeiter des Personenschutzes, die Haushälterinnen und die Chauffeure bezogen die Wohnungen im Außenring mit ihren Familien, zumal meist beide in der Waldsiedlung beschäftigt waren. Im „Regierungsstädtchen" hatte man zwar eine normierte Struktur der Bewohner immer angestrebt, aber nie erreicht. In der Waldsiedlung gab es nunmehr dafür geradezu ideale Voraussetzungen. So war es verboten, im oder am Haus einen Hund zu halten. Dafür gab es einen großen Hundezwinger, der von einem Tierpfleger gewartet wurde[114].

Gewisse Dinge wiederholten sich also nicht. Zum Beispiel auch die Qual der Wahl bei der Benennung der Straßen, obwohl es kaum vorstellbar ist, dass die Verantwortlichen von dem komplizierten Vorgang zur damaligen Umbenennung im „Städtchen" Kenntnis hatten. Eine Benennung der Straßen war schlichtweg nicht notwendig – die Häuser im „Innenring" erhielten nur Nummern. Die Häuser in der Waldsiedlung unterschieden sich von denen im „Städtchen" außerdem noch dadurch, dass sie wesentlich schlichter gebaut worden waren. Weder die Größe noch die Einrichtung variierte wesentlich. Keine ehemaligen Fabrikantenvillen und keine Einfamilienhäuser aus den 30er Jahren, vielmehr zweistöckige, schmucklose Häuschen mit Balkon und Vorgarten, typisch für die 50er Jahre[115]. Um durch die Dienstboten nicht unnötig gestört zu werden, hatten die Häuser alle einen Sondereingang, der direkt in die Küche und die Versorgungstrakte führte. Alle Gärtner, Hausmeister und Haushaltshilfen waren jetzt Angestellte des MfS. Sogar mit militärischem Dienstgrad, was für die Bewohner das Kasernenartige der Siedlung eher noch betonte. Bei manchem mag geradezu eine heimliche Sehnsucht nach den Verhältnissen im „Städtchen" entstanden sein, obwohl in den letzten Jahren die Entfremdung zwischen den Politbüromitgliedern auch hier stark zugenommen hatte[116]. Besonders nachdem der etwas unkonventionellere Karl Schirdewan, der noch mit Gerhart Ziller zusammen spazieren gegangen war, seine Parteistrafe erhalten hatte, fürchtete jeder, verdächtigt zu werden, einer Fraktion anzugehören. Also mied man nach 1958 jeglichen privaten Kontakt. In der „Waldsiedlung bei Wandlitz" lagen dann die Häuser zwar sehr nahe, aber sie wurden geschickt durch Sträucher und Bäume abgedeckt, so dass ein gegenseitiges Beobachten unmöglich war. Sogar die Vorgartenzäune bestanden aus einem die Durchsicht verhindernden Buschwerk.

Das Leben der Funktionäre in der Waldsiedlung entwickelte sich bald in den gewohnten Mustern. Natürlich arbeitete die Wohnparteiorganisation wieder, in der jetzt auch die Genossen und Genossinnen aus dem „Außenring" organisiert waren, und im Rahmen des DFD pflegten die Frauen regelmäßig ihr Kaffeekränzchen, auch wenn es nicht so hieß[117].

Sondergebiet Niederschönhausen

Die Anbindung an das „Sondergebiet Niederschönhausen", wie das „Städtchen" seit 1960 offiziell hieß, blieb nicht nur über Dienstwohnungen verschiedener Politbüromitglieder bestehen. In den Personalausweisen der obersten Nomenklatura und ihren Familienmitgliedern stand als Wohnadresse nach wie vor „111 Berlin, Tschaikowskistraße 1/5"[118]. Damit wurden beispielsweise alle Funktionärssöhne durch das Wehrkreiskommando Pankow gemustert und von hier überwiegend vom Wachregiment des MfS zur Ableistung ihres Wehrdienstes eingezogen[119]. In demselben Wehrkreiskommando waren alle männlichen Bewohner der „Waldsiedlung bei Wandlitz" und des „Regierungsstädtchens" erfasst, also auch die Politbüromitglieder. Die polizeiliche Meldung in Pankow hatte auch zur Folge, dass die Bewohner des „Sondergebietes Niederschönhausen" und der „Waldsiedlung" ein- und dasselbe Wahllokal benutzten[120]. In den Veröffentlichungen zur Vorstellung der Wahllokale konnte man zwar keinen Wahlbezirk 33 finden und auch ein Wahllokal 19 suchte man vergeblich[121]. Doch die Regierungsmitglieder, die sich hier praktisch immer selbst wählen mussten, wussten lange vorher, dass sie möglichst vorm Frühstück in den Majakowskiring 2 zu kommen hatten. Dort warfen sie vor laufender Kamera und blitzenden Fotoapparaten der Weltpresse den Wahlzettel in die Urne, ohne natürlich eine Wahlkabine zu benutzen[122]. Eine geschlossene Kabine wurde schließlich hier erst gar nicht mehr aufgestellt, ein Vorbild für die ganze Republik.[123]

Ehrenamtliche Leiterin des Wahllokals war Ella Rumpf, die mit anderen Funktionären im „Städtchen" wohnen geblieben war. Zu den Zurückgebliebenen zählten einige „Reservekader", die in den nächsten Jahren selbst in die „Waldsiedlung" ziehen sollten, so Erich Mückenberger und Horst Sindermann, der seit 1955 wieder im „Städtchen" wohnte. Die repräsentative Villa Majakowskiring 2 diente bis 1989 als örtliches Wahllokal, was eine Nutzung als Gästehaus natürlich nicht ausschloss. Außerdem war die Villa Lokalität für Audienzen, die Lotte Ulbricht während des Neujahrsempfangs des diplomatischen Corps oder einer Akkreditierung im Schloss Schönhausen durch ihren Mann als Staatsratsvorsitzender für die jeweiligen Ehefrauen der Botschafter gab. Schließlich waren Frauen bei wichtigen Staatsakten nur in Ausnahmen zugelassen.

Die verlassenen Häuser der Politbüromitglieder bewohnten bald andere wichtige Funktionäre. Das Haus von Honecker bezog 1960 Max Reimann. Das Protokoll der Politbürositzung bezüglich des Einzugs in die „Waldsiedlung" vermerkte ausdrücklich: *Es wird nicht für zweckmäßig gehalten, daß Genosse Reimann im neuen Wohnkomplex wohnt*[124]. Inzwischen war die Geheimhaltung des Aufenthalts Reimanns etwas überholt. 1956 war die KPD in der Bundesrepublik verboten und legal die Deutsche Kommunistische Partei (DKP) gegründet worden, deren 1. Sekretär des Zentralkomitees Max Reimann wurde. Außerdem hatte er sich scheiden lassen. Mit seiner neuen, wesentlich jüngeren Frau lebte Reimann von nun an dort, wo auch Honecker die ersten Ehejahre mit der hübschen Margot verbracht hatte. Das Haus Majakowskiring 33, wo sowohl Abusch als auch Schirdewan schicksalsreiche Zeiten erlebt hatten, machte Gerhard Grüneberg für Peter Florin frei. Florin bereitete gerade die auswärtigen Verbindungen der DDR zu den jungen Nationalstaaten Afrikas vor. Viele Völker hatten mit Unterstützung der Sowjetunion ihre jahrhundertelang währende Kolonialzeit beendet und suchten den Weg in die politische und wirtschaftliche Selbständigkeit[125]. 1967 wurde Peter Florin Botschafter in Prag, bei seiner Rückkehr 1969 in die DDR 1. stellvertretender Minister für Auswärtige Angelegenheiten und mit der Aufnahme der DDR in die Vereinten Nationen 1973 ständiger Vertreter in New York. In dieser Funktion war Florin schließlich Präsident der 42. Tagung der UN-Vollversammlung und der 3. Sondertagung über Abrüstung. Zu dieser Zeit lebten er und seine Familie allerdings schon nicht mehr im Sondergebiet. Die Kinder waren groß, da reichte eine kleinere Wohnung. In das Haus Majakowskiring 33 zog nach ihm 1970 Dr. rer. oec. Werner Titel, Minister des Ende November 1971 neu geschaffenen Ministeriums für Umweltschutz und Wasserwirtschaft. Doch der erste deutsche Umweltminister verstarb vierzigjährig bereits wenige Wochen danach. Dieser Umstand gab und gibt zwar Anlass für Spekulationen, allerdings bleiben sie wenig vorstellbar angesichts der damaligen weltpolitischen und wirtschaftlichen geringen Bedeutung des Ministeriums. In das verlassene Haus von Hermann Matern zog die Familie Rudolf Döllings aus dem Rudolf-Ditzen-Weg 22. Rudolf Dölling selbst war zur gleichen Zeit Botschafter in der Sowjetunion geworden und beanspruchte jetzt ebenfalls ein großes Haus für sich und die Seinen.

Das Sondergebiet der Regierung entwickelte sich so allmählich zu einem Wohnort für die Diplomaten des MfAA. Otto Winzer folgte 1965 Lothar Bolz im Amt, womit wieder ein Minister für Auswärtige Angelegenheiten im „Städtchen" wohnte. Gleichzeitig begann sich die Außenpolitik der DDR zu wandeln. Durch den Alleinvertretungsanspruch sah

Peter Florin. Dank seines Engagements und seiner Verbindungen gewann die DDR vor allem in den afrikanischen Staaten zusehends Einfluss. Ab 1973 war er der ständige Vertreter der DDR bei der UNO in New York.

Das Haus Majakowskiring 33, in dem Abusch und Schirdewan schwere Zeiten erlebt hatten und in dem der erste deutsche Umweltminister überraschend starb. (Nach dem 1973 erfolgten Umbau, in einer Aufnahme aus dem Jahr 2001.)

die Bundesrepublik die Aufnahme diplomatischer Beziehungen mit der DDR als Grund, selbst die Beziehung zu dem jeweiligen Staat abzubrechen. Das brachte die DDR zunächst in eine außenpolitische Isolation. Mit Otto Winzer als Außenminister konzentrierten sich die diplomatischen Beziehungen der DDR auf Länder, die aus den verschiedensten Gründen keine Beziehung zur Bundesrepublik aufgenommen hatten[126].

Am 18. September 1973 wurden beide deutsche Staaten Mitglieder der UNO. Viele westliche Staaten wollten nunmehr auch diplomatische Beziehungen zur DDR aufnehmen. Die Suche nach geeigneten Häusern erstreckte sich auch auf das „Sondergebiet Niederschönhausen". Staaten, die sich schon im Vorfeld der UNO-Aufnahme zu diesem Schritt entschlossen hatten, wurden zuerst berücksichtigt. Haus und Grundstück Majakowskiring 50 übergab das MfAA Dr. Paul Fernand Bihin, den das Königreich Belgien am 27. Dezember 1972 in den sozialistischen deutschen Staat entsandt hatte. Als eigentliche Residenz war Majakowskiring 33 vorgesehen, dort musste allerdings das Haus noch ausgebaut werden. Ein Jahr später konnte Botschafter Bihin ein stattliches, fast doppelt so großes Haus beziehen. Ob er auch nur etwas von dessen alten Bewohnern ahnte? Majakowskiring 5 fiel an Bernard de Chalvron, den Außerordentlichen und Bevollmächtigten Botschafter der Französischen Republik. Die Republik Frankreich gehörte ebenfalls zu den Frühentschlossenen[127]. Der Franzose fühlte sich in der DDR und insbesondere im „Städtchen" sofort wohl. Zu seiner Residenz gehörte ein großer Garten, weil in diesem Bereich die Panke etwas weiter von der Straße entfernt fließt. Sowie es das Wetter zuließ, veranstaltete Bernard de Chalvron große Essen, natürlich mit französischer Küche. Die deutsche Beschaulichkeit war an solchen Abenden dahin, wenn der Garten hell erleuchtet war und der Botschafter den Funktionären französische Kultur näher brachte. Doch diese ruhestörenden Spektakel dauerten nur knapp zwei Jahre. Frankreich erhielt ab 1975 in der Tschaikowskistraße 45 einen speziell für diese Zwecke entwickelten Plattenbau als neue Residenz[128]. In unmittelbarer Nachbarschaft befanden sich die Residenzen der italienischen Republik (Tschaikowskistraße 49), des Königreichs Schweden (Tschaikowskistraße 47) und der Republik Irak (Tschaikowskistraße 51). Bei allen

Gebäuden handelte es sich um den gleichen Bautyp. Dieser entstand auch auf dem Grundstück Majakowskiring 47, der Residenz des Botschafters der Volksrepublik Polen[129]. Anfang 1977 wurde Jerzy Gawrysiak hier Hausherr. Den idyllischen Charme des Wohngebietes störte von da an niemand mehr. Es sei denn, die Staatsgäste oder die ausländischen Delegationen waren zu laut.

Straße der Witwen und Weisen

Ein Neubau mit besonderen Plattenbau-Charme: Residenz des schwedischen Botschafters Tschaikowskistraße 47.

Nach dem Tode Bechers am 11. Oktober 1958 bestimmte ein Ministerratsbeschluß die Pflege des Nachlasses und Herausgabe seiner Werke; die Akademie der Künste erhielt den Auftrag, diese Aufgabe zu erfüllen, als Sachverwalterin des Erbes wurde Lilly Becher eingesetzt[130]. Ort dieser Einrichtung, die sich Johannes-R.-Becher-Archiv nannte, war der Majakowskiring 34. Die umfangreiche Korrespondenz, die literarischen Entwürfe des Staatsdichters, in denen der Majakowskiring trotz mancher privater Reminiszenzen so gut wie keine Erwähnung gefunden hat, konnten hier eingesehen werden. Die treibende Kraft für solch eine Einrichtung war natürlich Lilly Becher selbst gewesen. Sie erhielt dabei besonders von Erich Wendt Unterstützung, der unter dem neuen Minister für Kultur, Alexander Abusch, als Staatssekretär arbeitete[131]. Das Johannes-R.-Becher-Archiv gehörte zur Deutschen Akademie der Künste (der DDR) und besorgte die Herausgabe der Gesammelten Werke Bechers bis 1981. Die oberen Räume nutzte Lilly Becher weiter als Privaträume. Die unteren Zimmer des Hauses, besonders das Arbeitszimmer, sollten so bleiben, als ob der Dichter gerade erst gegangen war. Bloß für wen, wenn niemand ungehindert bis zum Haus kam?

Im Sommer 1961 wandte sich Wendt deshalb an das Präsidium des Ministerrates: *Die Leitung des Ministeriums für Kultur hat beschlossen, einige bauliche Veränderungen am ehemaligen Wohngebäude von Johannes R. Becher in Berlin-Niederschönhausen, Majakowski-Ring 34 durchzuführen, in dem jetzt das der Akademie der Künste zugeordnete „Johannes-R.-Becher-Archiv" untergebracht ist. Es ist beabsichtigt, das Archiv zukünftig – etwa ab Mitte 1962 – mehr als bisher der Öffentlichkeit zugänglich zu machen und damit interessierten Besuchern zu bestimmten, noch festzulegenden Öffnungszeiten die Möglichkeit zu geben, sich im Archiv mit dem*

Der Ausstellungsraum im Johannes R. Becher-Archiv. Teile des 1945 vorgefundenen Inventars gehören nunmehr zu den Requisiten des Archivs.

Schaffen des Genossen Becher persönlich vertraut zu machen. Da das Gebäude zur Zeit noch hinter der Einfriedung liegt, ist m. E. die Frage zu klären, ob die mit den vorgesehenen Baumaßnahmen beabsichtigte stärkere Heranführung von Besuchern an das Johannes-R.-Becher-Archiv mit den für dieses Gebiet bestehenden Sicherungsmaßnahmen in Einklang gebracht werden kann. Ich richte deshalb an Sie, sehr geehrter Genosse Kroszewski, die Bitte, diesen ganzen Fragenkomplex in Übereinstimmung mit den zuständigen Sicherheitsorganen einer Klärung zuzuführen und mir Ihre Entscheidung möglichst bald bekanntzugeben, damit die Projektierungsarbeiten für die baulichen Veränderungen am Johannes-R.-Becher-Archiv zügig durchgeführt werden können.[132] Bald lag tatsächlich die Genehmigung des Ministerrates vor, mit der Empfehlung, die Öffnungszeiten auf Dienstag, Freitag und Sonnabend von 8–13 Uhr zu legen.

1964 konnte schließlich in Anwesenheit alter Nachbarn und guter Kenner des Majakowskirings wie Kurt Hager, Hans Rodenberg und Alexander Abusch eine Gedenkstätte eröffnet werden. Somit hätten von nun an zum ersten Mal nach fast zwanzig Jahren Karl Schwabe und seine Familie die Möglichkeit gehabt, Räume ihres ehemaligen Wohnhauses zu betreten. Sie nutzten diese Chance nicht. Befremdlich wäre es für sie letzlich gewesen, zu sehen, wie ihre alten Möbel jetzt neben der Totenmaske Falladas, Jagdtrophäen, Kleinplastiken und Grafiken museal präsentiert wurden. Stattdessen kamen Delegationen von Schulen,

Lilly Becher eröffnet am 31. Januar 1964 das Johannes R. Becher-Haus in Anwesenheit von Kurt Hager, Alexander Abusch und Kulturminister Hans Bentzien (v. l.).

Betrieben und Brigaden, die Bechers Namen trugen beziehungsweise tragen wollten, oder Medienvertreter, die ehrfurchtsvoll und neugierig einen Blick in die Privatsphäre des Dichters warfen. Sie konnten wechselnde Ausstellungen und Vorträge besuchen, doch das Sensationelle aus Bechers Leben und Umfeld blieb ihnen durch Lilly Bechers bewusstes Arrangement und durch die Auflagen des Ministerrates versperrt. Den Blick des einfachen Volkes mochten auch die verbliebenen Bewohner des Wohngebietes nicht, weshalb die Öffentlichkeitsarbeit der Gedenkstätte mit Misstrauen beobachtet wurde. Nach wie vor galten die Sicherheitsmaßnahmen aus der Zeit der Nutzung als Wohnsitz der obersten Repräsentanten der DDR. Immerhin verkehrten ja in unmittelbarer Nachbarschaft die Genossen Ulbricht und Grotewohl sowie die Staatsgäste der DDR.

Als Anfang der 70er Jahre zwischen der DDR und der Bundesrepublik Deutschland Abkommen und Verträge unterzeichnet wurden, die den Reiseverkehr besonders für Bundesbürger wesentlich erleichterten und dadurch vermehrt „ausländische Besucher" in die DDR einreisen konnten, erhöhte der Kommandant des Wohngebietes die Sicherheitsmaßnahmen. Dies beeinträchtigte die Arbeit des Archivs plötzlich sehr. Was ist ein Archiv ohne Besucher? Am 7. September 1972 schrieb die verzweifelte Lilly Becher eine Brief an das Politbüromitglied Kurt Hager: *Nach langem Zögern entschließe ich mich, Dich in einer Angelegenheit um Unterstützung zu bitten, in der ich einfach keinen anderen Genossen weiß, von dem ich mir echte Hilfe erwarte. Es geht nicht um private Sorgen, sondern um die Johannes.-R.-Becher-Gedenkstätte, der Du zur Eröffnung vor 8 Jahren soviel Interesse schenktest. Unser Kollektiv hat sich seit damals mit großer Liebe dieser Arbeit gewidmet. Tausende Besucher aus der DDR und aus aller Welt von Tokio bis San Francisco oder Irkutsk wurden mit Leben und Werk von Johannes R. Becher und damit in einer leicht faßlichen Weise auch mit der Kulturpolitik unseres Staates bekanntgemacht. Außerdem wurde in diesem Haus wichtige pädagogische Arbeit im Zusammenwirken mit Schulen und der Kommission für Jugendweihe geleistet (allein 18 Jugendstunden und 65 Schulklassen im ersten Quartal 1972). Mehr und mehr wurde nicht zuletzt durch unsere Anstrengungen das Tabu durchbrochen, das in der BRD auf dem ersten Kulturminister der DDR liegt, und jungen Linken geholfen, diesen sozialistischen Kulturpolitiker und Dichter zu entdecken. Diese erste wissenschaftlich fundierte Gedenkstätte für einen sozialistischen Dichter hat also Schrittmacherdienste geleistet, die in Hinblick auf die Perspektiven für dieses Gebiet sicher nicht gering zu achten sind. Das Haus als einzig vorhandene und zögliche Arbeits- und Wohnstätte Bechers auf dem Territorium der DDR, in dem er zudem die letzten entscheidenden 13 Jahre verbrachte, lag von Anfang an in einem bewachten Objekt. Es mußte also eine organisatorische Lösung erfunden werden, die sowohl die Sicherheit als auch der kulturpolitischen Wirksamkeit der Gedenkstätte entsprach. Die übliche Kontrolle mit Passierscheinausgabe und Einbehaltung des Ausweises hätte bedeutet, daß man das Becher-Haus nicht zu den öffentlichen Museen der Hauptstadt hätte rechnen können. So kamen wir zu der seit Gründung des Museums bewährten Regelung, daß zuverlässige Mitarbeiter des Archivs, an dem in nächster Nähe des Hauses gelegenen Eingang die Besucher in Empfang nahmen und sie dorthin zurückbrachten, unter Vermeidung weiterer Formalitäten. Die neue politische Situation erfordert zweifellos erhöhte Wachsamkeit. In unserem Fall wurde jedoch von der Leitung des Objekts Maßnahmen angeordnet, die praktisch zur Zerstörung unserer bisherigen erfolgreichen Arbeit führen. Alle Besucher werden nach dem Namen und dem Ausweis gefragt. Ausweise von ausländischen Besuchern werden besonders intensiv geprüft, die Besucher warten längere Zeit vor dem Zaun, während die Wache beim Kommandanten rückfragt, der sich die Verweigerung des Zutritts gegebenenfalls vorbehält. Die Wirkung auf unsere Besucher ist katastrophal, da sie erwarten, in ein normales Literaturmuseum zu kommen und sich plötzlich mit Kontrollen konfrontiert sehen, die scheinbar bestätigen, was böse Gerüchte jahrelang über die DDR verbreiten. Die neuen Anordnungen wirken sich gleich ungünstig auch auf unsere Beziehungen zur Berlin-Werbung aus, die wir gerade gewonnen hatten, auch Gruppen ausländischer Literaturinteressierter zu uns führen. Mitarbeiter dieser Institutionen erlebten, die Behandlung von Einzelbesuchern mit und sahen sie als unzumutbar für die von ihnen betreuten Gruppe an. Die Art der Maßnahmen widerspricht dem VIII. Parteitag und dem 6. Plenum, denn sie erschweren den Zugang zu kulturellen Leistungen, statt ihn zu erleichtern. Der Normalbürger kann diese Art von Kontrollen einer bereits historisch gewordenen Kulturstätte, die dem Bahnbrecher der sozialistischen Literatur im politischen und poetischen Sinn gewidmet ist, nicht verstehen. Es müßten doch Sicherungsmaßnahmen gefunden werden, die dem Besucher nicht so auffällig zu Bewußtsein kommen. Jedoch zwischen uns und der Leitung des Objekts sind die aufgetretenen Probleme schwer zu klären, weil es uns nicht gelang, die kulturpolitische Bedeutung des Becher-Hauses, seine positive Wirkung nach außen ebenso wie die negative politische Wirkung der geschilderten Maßnahmen überzeugend genug darzulegen. Deshalb wäre ich Dir außerordentlich zu Dank verbunden, wenn Du das Gespräch darüber auf eine andere Ebene bringen könntest, auf der Komplikationen nach Möglichkeit zu verringern statt zu vergrößern sind. Das Johannes-R.-Becher-Haus als eine „geheime Verschlußsache" zu behandeln, entspricht auf keinen Fall den Erwägungen, die zu seiner Gründung führten, und würden das Ende seiner Wirksamkeit bedeuten.*[133]

Lilly Becher wusste, dass sie bei Hager an der richtigen Adresse war. Zum einen war er Politbüromitglied und brachte so das Problem auf die „richtige Ebene"; zum anderen kannte er die Probleme, die das Leben im „Städtchen" mit sich bringen konnte[134]. Und darüberhinaus gehörte er zu den entscheidenden Befürwortern des Lebenswerkes von Lilly Becher. Die Angelegenheit wurde also geprüft und festgestellt, dass das nur die Spitze des Eisberges war. Auch Elly Winter hatte nach dem Tod Wilhelm Piecks 1960 die Arbeits- und Wohnräume ihres Vaters unangetastet gelassen. Sie hatte leider nicht die Möglichkeit, ein Wilhelm-Pieck-Archiv einzurichten. Die Aufzeichnungen und Dokumente, die Pieck äußerst sorgfältig gemacht und aufbewahrt hatte, waren nicht geeignet, sie der Öffentlichkeit zu präsentieren – ja sie bargen manchen Explosivstoff. Dies sollte erst 30 Jahre später möglich werden, als sich Historiker an die Aufarbeitung der Geschichte der KPD/SED und der DDR ohne Auflagen seitens einer Partei machen konnten und sie dankbar in seiner Hinterlassenschaft fündig wurden. Natürlich wusste Elly Winter um diese vielen Papiere, und es war ihr wahrscheinlich eine Genugtuung, wenigstens eine Memorialstätte erhalten zu können. Das Bedürfnis, Otto Grotewohl im Majakowskiring 46/48 ebenfalls eine Gedenkstätte im strengen Sinne des Wortes einzurichten, war bei Johanna Grotewohl nicht vorhanden. Dafür hatte sie wahrscheinlich weder lange genug mit ihm gelebt noch genügenden Einfluss. Doch auch sie ließ vieles im Haus unverändert und führte bei Anfrage Besucher durch die Arbeitsräume des ersten Ministerpräsidenten. Interesse an der Begehung der toten Räume zeigten auch hier vor allem Lern- oder Arbeitskollektive aus der ganzen DDR, die um eine Namensverleihung Wilhelm Piecks, Johannes R. Bechers oder Otto Grotewohls bemüht waren.

Das Arbeitszimmer Otto Grotewohls ließ seine Frau Johanna so gut wie unangetastet.

Kurt Hager wurde bald klar, dass die Sicherheitsmaßnahmen neben den vorübergehenden Staatsgästen und dem Minister für Auswärtige Angelegenheiten beziehungsweise seinen Mitarbeitern mittlerweile vor allem Gedenkstätten und Ruheständlern galten[135]. Walter Ulbricht war bereits 1971 entmachtet worden und hielt sich seitdem vor allem in einem Gästehaus am Döllner See auf, wenn er nicht in der „Waldsiedlung" war. In dieser Zeit fand er zwar Muße und Gelegenheit, das Johannes-R.-Becher-Haus, wie es offiziell hieß, zu besuchen und sich des vergangenen Vierteljahrhunderts zu erinnern, doch sein Altersruhesitz war nicht im „Städtchen". Der Staatsratsvorsitzende starb schließlich in Groß Dölln am 1. August 1973, während der Weltfestspiele, die zu dieser Zeit gerade in Berlin stattfanden und weswegen das Wohngebiet in Niederschönhausen noch einmal besonders gesichert worden war. Unmittelbar danach hob der Ministerrat auf Anraten des Politbüros die Absperrung gänzlich auf. Plötzlich war das Wohngebiet für jedermann zugänglich, wenn auch ein Befahren weiterhin nur mit Sondergenehmigung möglich war. Die Aktion kam so überstürzt, dass Rudolf Agsten, der sich zu dieser Zeit gerade in Moskau aufhielt, Freunde in Berlin bitten musste, bei ihm im Majakowskiring 66 die Wohnungstür abzuschließen. Die lästigen Ausweiskontrollen entfielen. Selbstverständlich konnten die Sicherungsmaßnahmen bei dem Aufenthalt wichtiger Staatsgäste sofort wieder aufgenommen werden, und auch weiterhin verblieben an bestimmten Orten Posten, so an den Zugängen und den Gästehäusern. Doch mit dem Tod Ulbrichts endete grundsätzlich die Abschottung des gesamten Wohngebietes vor der Öffentlichkeit.

Da Lotte Ulbricht selbst nicht Mitglied des Politbüros war, verlor sie mit dem Tode ihres Mannes auch die Berechtigung, im „Innenring" der „Waldsiedlung bei Wandlitz" zu wohnen. Vielmehr musste sie dort das Haus Nr. 7 für den neuen Kandidaten des Politbüros, Gerhard Schürer und dessen Familie, frei machen. Bis zum Ableben Ulbrichts waren erst sechs Politbüromitglieder in ihrem Amt gestorben[136]. Die Witwen der Funktionäre, die vorher im „Städtchen" gewohnt hatten, kehrten für gewöhnlich in ihre alten Häuser nach Pankow zurück[137] oder erhielten hier andere Häuser in der unmittelbaren Nachbarschaft zugewiesen[138].

Was lag also für Lotte Ulbricht näher, als wieder in das Haus Majakowskiring 28 zu ziehen, um vielleicht ebenfalls mit einer Öffnung des Hauses das Andenken ihres Mann zu bewahren? Ulbrichts letzte Lebensjahre waren durch einen stetigen und zähen Machtkampf mit seinem Ziehsohn und Nachfolger Erich Honecker geprägt. Wo er nur konnte, machte Honecker dem bis zuletzt amtierenden Staatsratsvorsitzenden das Leben schwer. Nach dem Tod Ulbrichts sollte sein Name aus dem öffentlichen Bewusstsein schwinden. So wurde aus dem Walter-Ulbricht-Stadion in Berlin-Mitte das Stadion der Weltjugend. Honecker zeigte wenig Neigung, seinen politischen Ziehvater im Gedächtnis der Menschen zu bewahren.

Vielleicht konnte Lotte Ulbricht deshalb nicht in ihr altes Haus zurückkehren? Sie erhielt eine Zuweisung in den Majakowskiring 12. Nachdem die Tätigkeit Hans Tzschorns als Referent Grotewohls mit dessen Tod 1964 endete, hatte er ebenfalls das Haus im „Städtchen" zu verlassen. Nur die unmittelbaren ehemaligen Mitarbeiter Ulbrichts, wie etwa Otto Gotsche, konnten wohnen bleiben. Auf Tzschorn folgte der spätere Minister für Justiz, Kurt Wünsche. Seitdem dieser 1972 als Minister zurückgetreten war, nebenbei bemerkt aufgrund von Konflikten über die Frage der Verstaatlichung privater und halbstaatlicher Betriebe in der DDR, stand das Haus leer. Am 1. Januar 1974 erhielt Lotte Ulbricht dafür nun einen Nutzungsvertrag. Für die 139,55 qm sollte sie den pauschalen Mietpreis von 300,– M zahlen, zumindest auf dem Papier. Als Mieterin musste sie sich verpflichten, *die Wohnung einschließlich der zum Gebrauch überlassenen Einrichtungen und Anlagen pfleglich zu behandeln und in gutem Zustand zu erhalten und die entstehenden Schäden unverzüglich der Verwaltung zur Kenntnis zu bringen ... Die zum Haus gehörenden Gänge werden vom Mieter ordnungsgemäß gereinigt und in den Wintermonaten von Schnee und Eis freigehalten sowie bei Glätte mit abstumpfenden Materialen bestreut,* hieß es weiter im Vertrag[139]. Die Verpflichtung der Verwaltung dagegen beinhalten: 1. Instandhaltung und Werterhaltung von Gebäuden und Einrichtungen einschließlich Dekoration. 2. Fensterreinigung. 3. Gartenpflege. 4. Übernahme der Kosten für Gas-, Strom- und Wasserverbrauch. 5. Straßenreinigung (einschließlich Gehweg). Lotte Ulbricht wurde drei Monate später 71 Jahre, und der Vertrag liest sich in der Tat wie eine Einladung auf einen Altersruhesitz. Weitere Privilegien, die ihr aus der Ehe mit Walter Ulbricht erwuchsen, waren die Bezahlung einer Haushälterin und die Genehmigung eines eigenen Wagens mit Fahrer auf Staatskosten. Dazu konnte sie ihre Gewohnheit aufrechterhalten, weiterhin die Einrichtungen des „Innenringes der Waldsiedlung" zu nutzen[140]. Bereits nach 1955 war es üblich geworden, dass die Verwaltung auf Staatskosten die Renovierung der Wohnungen von Ministern, Staatssekretären und Politbüromitgliedern übernahm[141]. Zwanzig Jahre nach dem Beschluss, die Versorgung der Regierungs- und Politbüromit-

Majakowskiring 12, der Altersruhesitz Lotte Ulbrichts.

glieder aus den Staatskosten zu begleichen, gab es keine Hemmungen mehr, diese Sondervergünstigungen auch auf letztlich Unberechtigte zu erstrecken. Allerdings gab es wohl auch nie eine genaue Definition, wer dazu berechtigt war.

War es also Bestechung, weil die Witwe auf eine Memorialausstellung für ihren Mann verzichten sollte? Das Haus Majakowskiring 28 wurde jedenfalls Anfang 1975/76 für über 2 Millionen Mark abgerissen und von einem Leipziger Baubetrieb im Auftrag des ZK der SED durch ein hotelartiges Gästehaus ersetzt[142]. Als Abrissgrund gab das VEB Kombinat Geodäsie und Kartographie die notwendige Neubebauung an. Zeitzeugen mutmaßten anderes: *Das Haus des Ersten Generalsekretärs hatte man nach dessen Tod, obwohl es sich in einem gutem Zustand befand, bis auf die Fundamente abgetragen und an seiner Stelle ein neues, keineswegs schöneres gebaut, was ebenfalls Anlaß zu Gerüchten bot. Unter anderem wurde erzählt, es seien mit der Zeit so viele Abhöreinrichtungen in das Gemäuer eingebaut worden, daß niemand sie sicher zu entfernen vermocht habe und das Haus deshalb für jeden neuen Mieter unzumutbar geworden sei.*[143]

Richtig ist, dass in die Idylle der Gedenkstätten zur selben Zeit nicht nur die Abrissbirne donnerte, sondern auch Elly Winter ihre Wohnung zu verlassen hatte. Sie löste den Haushalt auf, gab das Baluschek-Gemälde zurück an das Märkische Museum Berlin und die Staatsgeschenke in das Museum für Deutsche Geschichte, wo sie als Sonderinventar ins Depot eingelagert wurden. Auch der ehemalige Wohnsitz des Präsidenten sollte nicht Gedenkstätte bleiben, obwohl niemand etwas gegen ihn vorbrachte. Elly Winter folgte den Wünschen der Partei und bezog eine Zweizimmerwohnung auf der Fischerinsel in Berlin-Mitte. Wo die zahlreichen Möbel der Geschwister Zeller blieben, ist bis heute unklar. Mit ihnen wurde jedenfalls nicht das Gedenkzimmer eingerichtet, das es bis 1990 im ehemaligen „Haus der Einheit", ab 1959 Institut für Marxismus-Leninismus, gab. Hierbei handelte es sich um das Arbeitszimmer und gleichzeitigen Tagungsort des Zentralsekretariats beziehungsweise Politbüros.

Honecker hatte bei seiner Machtübernahme das volle Vertrauen durch Leonid Breshnew erhalten. Erster Ausdruck dafür war die Ausrichtung der Konferenz der kommunistischen und Arbeiterparteien Europas in

Berlin ab dem 29. Juni 1976⁽¹⁴⁴⁾. Die Vorgespräche dazu waren bereits seit Dezember 1974 angelaufen und die einzelnen Delegationen übernachteten in den Gästehäusern im „Städtchen". Da es sich aber um fast alle europäischen Nationen handelte, die Vertretungen entsenden wollten, gab es erheblichen Mangel an geeigneten Übernachtungsmöglichkeiten, obwohl neben den alten Gästehäusern neue entstanden waren. Im Grenzbereich zwischen dem südwestlichen Teil des inneren Schlossparks und dem „Städtchen", auf dem Gelände der ehemaligen Baumschule direkt am Kreuzgraben, war unter der Leitung von Erhardt Gißke⁽¹⁴⁵⁾ 1966–68 ein viergeschossiges Appartementhaus entstanden⁽¹⁴⁶⁾. Den Entwurf lieferte das Entwurfsbüro 110 unter der Leitung des Architekten W. Schmidt, der bereits zum Sonderbaustab 10 für die Errichtung der „Waldsiedlung bei Wandlitz" gehörte. Der Stahlbetonskelettbau bot 26 Gästen eine Übernachtungsmöglichkeit.⁽¹⁴⁷⁾ Die beiden Friseusen aus dem Majakowskiring 63 und aus dem Verwaltungsgebäude, gegenüber der alten Präsidialkanzlei vom Architekten Hanns Hopp erbaut, zogen jetzt in einen hellen und freundlichen Raum und erhielten eine Kollegin für Fußpflege und eine für Kosmetik zugeteilt. Im Vorfeld der Konferenz der kommunistischen und Arbeiterparteien Europas besuchte übrigens am 27. Juni 1976 Josip Tito erstmals die DDR und übernachtete in diesem Appartementhaus.

Außenminister Otto Winzer wollte neben seinem Wohnhaus an der Panke einen Plattenflachbau errichten lassen. Eigentlich war das Haus seit der Aufnahme der DDR in die UNO als Heim für Staatsgäste geplant. Als er aber am 20. Januar 1975 von seinem Posten abgelöst wurde, spekulierte er auch darauf, selbst das Haus als Alterssitz beziehen zu können. Doch dazu sollte es nicht mehr kommen, noch während der Bauarbeiten verstarb Otto Winzer im März 1975. Die Zeit holte die Pioniere des „Sozialismus in der DDR" ein und für Honecker lösten sich die Probleme von selbst. In großer Eile entstand aus seinem Wohnhaus ebenfalls ein weiteres Gästehaus. Mit diesen Baumaßnahmen im Rudolf-Ditzen-Weg wurden auch die Häuser 22, 23 und 24 zusammengelegt und zu einer hotelartigen Unterkunft umgebaut.

Das erklärte Ziel der Konferenz der kommunistischen und Arbeiterparteien Europas war es, die ideologische Vormachtstellung der Sowjetunion auf dem Höhepunkt der Auseinandersetzungen mit den so genannten „Eurokommunisten", die für einen eigenen demokratischen Weg zum Sozialismus plädierten, wiederherzustellen⁽¹⁴⁸⁾. Das Konsenzprinzip war oberstes Gebot und zu den Vorgesprächen luden die Russen die einzelnen Delegationen ins Schloss Schönhausen. Größere Sitzungen fanden im Konferenzsaal statt, der dafür ebenfalls zu dieser Zeit an das Gebäude der alten Präsidialkanzlei angebaut worden war. Ein schwieriger Balanceakt für die Vertreter des Staatssozialismus. Der sollte aber nicht an Kleinigkeiten scheitern, weshalb der damit beauftragte Magistrat von

Berlin weder Geld noch Zeit sparte. In kürzester Frist wurde so der ehemalige Präsidentenwohnsitz zu einem Gästehaus mit Bierkeller für zehn Personen, einer Sauna und einem Salon mit Wintergarten für 15 Personen rekonstruiert[149]. Auf ähnlichem Niveau erfolgte die Einrichtung der anderen Häuser. Als 1976 Johanna Grotewohl starb, erhielt der ehemalige Wohnsitz des Ministerpräsidenten ebenfalls eine Sauna und danach, wie üblich, einen eigenen Hausmeister und Küchenpersonal.

Nach dem Ende der Konferenz der kommunistischen und Arbeiterparteien Europas erinnerte man sich dann aber wieder der „Verdienste" des ersten Präsidenten und des ersten Ministerpräsidenten der DDR. Da eine Nutzung als Gedenkstätte durch die Umbauten nicht mehr möglich war, brachte man an den Häusern Majakowskiring 29 und 46/48 Bronzegedenktafeln an, die noch heute existieren. Am 28. September 1979 weihte Konrad Naumann, Mitglied des Politbüros und 1. Sekretär der Berliner Bezirksleitung der SED die Gedenktafeln ein[150]. Lotte Ulbricht nahm daran nicht teil, denn zur gleichen Zeit wurde in ihrer Anwesenheit am Geburtshaus Ulbrichts in Leipzig eine ähnliche Tafel eingeweiht. Ganz vergaßen die Genossen ihren ersten Sekretär des Politbüros und Staatsratsvorsitzenden also nicht, nur im „Städtchen", das er doch so geprägt hatte, kann allein die Anwesenheit seiner Witwe an ihn erinnern, und das bis zur Gegenwart.

Bereits in den 60er Jahren wurde die Becher-Gedenktafel am ehemaligen Wohnhaus des Dichters angebracht.

Am Johannes-R.-Becher-Haus lautet der Text der Bronzetafel: *Hier lebte Johannes R. Becher vom Juli 1945 bis Oktober 1958*. Da sie älter als die anderen Bronzeplatten ist, war sie vermutlich das Vorbild, obwohl sie einen orthographischen Fehler enthält. Eigentlich keine gute Werbung für einen deutschen Dichter. Wie dieser Lapsus der durchaus wortgewandten Lilly Becher passieren konnte, bleibt ein Rätsel. Sie ist zwei Jahre nach dem Ende der Konferenz in der Villa gestorben und hatte die Gedenkstätte gegen Umbaupläne als weiteres Gästehaus verteidigt. Ihre Nachfolgerin wurde die langjährige Mitarbeiterin Ilse Siebert und der Ort unter ihrer Leitung ein wirkliches literarisches Zentrum.

Kunst und Literatur fanden in unmittelbarer Umgebung weitere Heimstätten. Das zu einem Gästehaus umgebaute ehemalige Wohnhaus Wilhelm Piecks stellte der Ministerrat dem Verband Bildender Künstler Sektion Berlin als Gästehaus zur Verfügung. Da es im „Sondergebiet Niederschönhausen" nach dem Ende der Konferenz der kommunistischen und Arbeiterparteien Europas mehr Gästehäuser gab, als wahrscheinlich jemals wieder Staatsgäste erwartet wurden, blieben viele Gästehäuser ungenutzt. Mit der Übergabe an den Verband Bildender Künstler hatte bald der zuständige Hausmeister wieder einen ausgelasteten Arbeitstag. Da der Verband nicht ständig Gäste hatte, konnten auch manche Hochzeiten und Geburtstagsjubiläen von Mitgliedern beziehungsweise ihren Angehörigen im repräsentativen Garten und Wohnhaus gefeiert werden. Ein ähnliches Schicksal ereilte das ehemalige Wohnhaus Otto Grotewohls. Nicht ganz unbeteiligt war daran ein „Städtchen-Bewohner". Otto Gotsche war bereits 1950 ins Wohngebiet gezogen. Er hatte in den 30er Jahren ein Buch veröffentlicht, das damals neben Werken von Willi Bredel, Hans Marchwitza oder Max Hoelz große Aufmerksamkeit erregte[151]. Hier im Majakowskiring 10 wandte er sich nach seinem Ausscheiden aus den Regierungsgeschäften wieder seinem alten Hobby zu[152]. Unter anderem veröffentlichte er 1961 das Kinderbuch „Unser kleiner Trompeter", die Geschichte eines Arbeiterjungen, der die revolutionären Kämpfe der Kommunisten in den 30er Jahren mit einer Trompete begleitet haben soll und schließlich ums Leben kam. Ein Buch, das bald Pflichtlektüre an den Schulen der DDR werden und auch einer Reihe des Verlages Junge Welt, den Trompeterbüchern, seinen Namen geben sollte. Diese literarische Aktivität weckte bei Gotsche den Wunsch, aus seinen Werken auch im Ausland zu lesen[153]. Für ihn war es natürlich kein Problem, in den 70er und 80er Jahren Reisen in die Bundesrepublik, nach Österreich oder in die Schweiz zu beantragen und genehmigt zu bekommen[154]. Die für solche Reisen erforderlichen Devisen erhielt Gotsche aus der Staatskasse.

Andere Schriftsteller der DDR hatten diese Privilegien nicht. Und wenn sie reisen durften, verhielten sie sich nicht immer „klassenbewusst". Zweifel am Selbstverständnis des DDR-Staates kamen vor allem nach der Ausbürgerung Wolf Biermanns 1976 auf. Namhafte Schriftsteller wie Jurek Becker, Sarah Kirsch oder Jürgen Fuchs verließen als Folge davon die DDR beziehungsweise wurden aus der Staatsbürgerschaft entlassen. Andere Schriftsteller nutzten die Medien der Bundesrepublik zu ihrer Kritik. Am 7. Juni 1979 sah sich deshalb die Mitgliederversammlung des Bezirksverbandes Berlin des Schriftstellerverbandes der DDR gezwungen, *die notwendigen Konsequenzen aus einem Verhalten zu ziehen, das mit der Verantwortung für die Literatur und für den Sozialismus in der DDR*

Das Grotewohl-Haus nutzte der Schriftstellerverband der DDR als Begegnungsstätte und Werkstatt.

unvereinbar ist.[155] Kurt Bartsch, Adolf Endler, Stefan Heym, Karl-Heinz Jacobs, Klaus Poche, Klaus Schlesinger, Rolf Schneider, Dieter Schubert und Joachim Seyppel wurden aus den Reihen des Schriftstellerverbandes der DDR ausgeschlossen[156]. Etwa zur gleichen Zeit setzte sich der 1. Sekretär der SED-Bezirksleitung Berlin, Konrad Naumann, für eine Nutzung des Gästehauses Majakowskiring 46/48 durch den Bezirksverband Berlin als Klub ein. Als Mitglied des Politbüros hatte er Erfolg. Er veranlasste Baumaßnahmen, so den Anbau ein Vortragssaales an der südwestlichen Seite, der zwar das Gleichgewicht der Villa bis heute erheblich stört, aber unabdingbar für die vorgesehene Nutzung war. Etwa der Preis für das „systemkonforme" Verhalten des Bezirksverbandes? Otto Gotsche war zu dieser Zeit zu einem längerfristigen Kuraufenthalt in der Sowjetunion, konnte sich also nicht aktiv beteiligen. Aber nicht nur für ihn war der Ort gut gewählt. Schließlich wohnte ein großer Teil der Berliner Künstler in Pankow. Als Sitz des Bezirksverbandes der Schriftsteller stand seit Jahren die Karl-Liebknecht-Straße 11 in Berlin-Mitte zu Verfügung. Jedoch gab es hier nicht die Möglichkeiten, die fortan der Majakowskiring 46/48 bot: Zimmervermietung, Gastronomie, ein repräsentativer Ort für Vorstandssitzungen mit eigenem Hausmeister und Heimleiter. Dass dieser Ort von denen gemieden wurde, die sich mit den gemaßregelten Kollegen solidarisierten, fiel dabei überhaupt nicht mehr auf.

Der Untergang

Die DDR ist ein Staat, und selbstverständlich hat die Führung eines Staates, wie in jedem anderen Staat, Bedingungen, die sich von denen anderer Bürger unterscheiden ... Ein Staatsoberhaupt hat immer, egal auf welchem Flecken der Erde, besondere Lebensbedingungen. Das lenkt ab. Privilegien lassen sich gar nicht vermeiden. Du bist in einer Funktion, wirst anders behandelt als in der anderen Funktion, ob du willst oder nicht. Und wenn du jetzt auf Volkstümelei machst und statt Volvo einen Trabant fährst, bleibst du trotzdem ein Privilegierter. Du gibst dir nur den Anschein eines bescheidenen Privilegierten.[157] Äußerungen von Horst Sindermann 1989, zu dieser Zeit Bewohner der „Waldsiedlung bei Wandlitz" wenige Tage nach seinem Rücktritt als Präsident der Volkskammer, auch als stellvertretender Vorsitzender des Staatsrats der DDR und seinem Ausscheiden aus dem Politbüro der SED. Es bleibt unbestreitbar, die DDR war ein international anerkannter deutscher Staat. Und Horst Sindermann mag Recht damit gehabt haben, was die Privilegien für die Staatsführung angeht. Das Volk der DDR sah das etwas anders. Für viele brach angesichts der bekannt gewordenen Privilegien eine Welt zusammen. Hatten sich nicht gerade die Kommunisten immer als Vertreter des einfachen Volkes gegeben, als Tischler und Dachdecker? Hatten diese Führer nicht immer langfristig die gerechtere Gesellschaftsordnung versprochen, an die Moral appelliert und ob der Mangelwirtschaft Wasser gepredigt? Und jetzt hatten sie doch heimlich Wein getrunken und das Volk betrogen, betrogen um alle diese heimeligen Werte des „real existierenden Sozialismus".

Die Wut der Menschen entlud sich nicht nur in der „Waldsiedlung in Wandlitz". Auch im Niederschönhausener Wohngebiet standen im Januar 1990 plötzlich wild gestikulierende Menschenmassen mit Plakaten, auf denen zu lesen war, dass die Häuser sozialen Zwecken dienen sollten und nicht den „Bonzen". Nachdem festgestellt worden war, dass die Häuser der „Waldsiedlung in Wandlitz" keinem der Mitglieder der alten Führungsriege tatsächlich gehört, sie nicht einmal zur Miete gewohnt und infolgedessen auch keine rechtsgültigen Mietverträge besessen hatten, zwang man die ehemaligen Politbüromitglieder der SED und ihre Familien, die Häuser zu verlassen. Plötzlich waren die alten Privilegierten obdachlos und jeder sich selbst der nächste. Da in den Personalausweisen der „Wandlitz-Bewohner" eine Pankower Adresse eingetragen war und die wenigsten Positionen sofort neubesetzt worden waren, somit also die alten Netzwerke funktionierten, kehrte Willi Stoph nach fast dreißig Jahren in seine alte Wohnung Majakowskiring 64 zurück. Zum Glück war die Wohnung möbliert, denn nicht einmal die Möbel in der „Waldsiedlung" konnte er sein Eigen nennen. Wenigstens seine Sammlung verschiedenster Landtechnik fand in zwei gemieteten Garagen im Güllweg eine Bleibe.[158] Horst Sindermann zog erst einmal mit seiner Frau in den Majakowskiring 5. Aber auch die, die hier nie gewohnt hatten, kamen. Günter Schabowski erhielt eine Wohnung im Majakowskiring 63. Das entging den Pankowern natürlich nicht. Das Neue Forum und die SDP Pankow verfassten ein Flugblatt, das von Hand zu Hand ging: *Pankower Klein-Wandlitz bald privat???? Wohnungspolitik der SED-PDS PRINZIPIELL DAS SELBE. Nun scheint es also doch zu klappen. Die Familien Krenz und Stoph sollen jetzt ihre Ministerrats-Villen per Bankkredit privat erwerben dürfen! Pankow als unkündbare Endlagerung für Ex-Funktionäre??? So sieht die Lösung des Wohnungsproblems in der DDR aus. Da gibt es für Pankower Wohnraum Wohnungszuweisungen – aber nicht vom Pankower Wohnungsamt. Der Rat hat dann auch prompt protestiert und Mitsprache bei der Wiederbesiedlung des ehemaligen „Städtchens" gefordert. Der in diesen Tages betriebene Verkauf der Häuser an die Familien Krenz und Stoph (nur an die?) ist gut eingefädelt und schafft endgültige Tatsachen. Im Rathaus Pankow fühlt man sich wiedermal ohn-*

Flugblatt des Neuen Forum vom Januar 1990.

mächtig. Kann die KWV kein Vorkaufsrecht geltend machen? Und wenn die, wie es heißt, selbst nicht will, finden sich doch bestimmt genügend gesellschaftliche Kräfte, die Vorschläge haben für eine sinnvolle neue Rechtsträgerschaft. Auch der anderen vom Staat aufgegebenen Gebäude. Unseren 'Rückkehrern' aus Wandlitz sollte endlich die Chance zur Wiedereingliederung in die „normale" DDR gegeben werden. Deshalb fordern wir: Setzt die Familie Krenz und Stoph mit Dringlichkeitsvermerk auf den Wohnungsvergabeplan!!!! Ansonsten kein Verständnis für SED-PDS Privilegien für Demagogen und Stalinisten[159]

Egon Krenz war das Mieten offenbar zu risikoreich. Nach seinem Umzug in den Rudolf-Ditzen-Weg 9/11 kaufte er das 250 qm große, eingeschossige Haus mit einer Wohnfläche von 134 qm in fünf Zimmer unterteilt, Gas-Zentralheizung und Garage[160]. Angeblich soll er dafür auch nur 165 Mark Miete bezahlt haben, also knapp die Hälfte von dem, was Lotte Ulbricht zahlte. Dies gönnten ihm die Menschen nicht, die oftmals noch mit Kohleheizung oder in kleinen Plattenbausiedlungen lebten, angewiesen auf eine staatlich gelenkte Wohnungsvergabe. Locker berappte er die 252.000,- Mark[161]. Dem Runden Tisch Pankow wurde die Sache angetragen. In seinem Beschluss Anfang April 1990 hieß es: *Der Runde Tisch Pankow erhebt Einspruch gegen den Hausverkauf der Familie Krenz, Majakowskiweg 9, und fordert den Magistrat auf, die Eintragung in das Grundbuch so lange auszusetzen, bis eine rechtliche gesellschaftliche Neubewertung getroffen wurde. Gleichzeitig ist durch den Staatsanwalt zu prüfen, inwieweit die bei VEM Verantwortlichen ihrer Pflicht nicht nachgekommen sind und die mit dem Fall befaßten Ratsvertreter ihre Kompetenz überschritten haben.*[162] Bei einer Untersuchung wurde aufgedeckt, dass ein so genannter „Sonderbeauftragter" der Versorgungseinrichtung des Ministerrates, ein gewisser Herr Erdmann, versucht hatte, den damaligen amtierenden Bürgermeister in Berlin-Pankow, Uwe Hauser, Kaufverträge unterschreiben zu lassen, die zur Folge hätten, dass die Häuser im Grundbuch auf die Mitglieder der ehemaligen Nomenklatur übertragen werden konnten. Als nichts mehr zu retten war, versuchten die treuen Genossen, wenigstens gesicherte Altersruhesitze zu schaffen. Dies gelang nicht, aber am 6. März 1990 gab es unter der Regierung von Hans Modrow einen Ministerratsbeschluss, der einen Kauf der Häuser ermöglichte, die sich in der Rechtsträgerschaft des Ministerrates befanden. Das zielte ganz offensichtlich auf die alten Politbüromitglieder, denn die oft unbekannteren Mitarbeiter des MfS hatten, im Gegensatz zu den Vermutungen der neuen politischen Kräfte, ja bereits Jahre vorher gekauft.

Nach DDR-Recht konnte Krenz aber nur kaufen, wenn er Familienvater einer kinderreichen Familie[163] war. Jetzt stolperte ein ehemaliges Politbüromitglied über die mitgeschaffenen Gesetze, freilich ohne bis heute wieder ausziehen zu müssen. Angeblich soll er viele Dinge aus seinem Haus 4 des „Innenringes der Waldsiedlung bei Wandlitz" im Rudolf-

Ditzen-Weg 9–11 wieder eingebaut haben[164]. Vielleicht gehörten sie ihm wirklich und wenn nicht, dann verhielt er sich auch nur so, wie viele mangelerfahrene DDR-Bürger dreißig Jahre zuvor. Mit den aufgebrachten Bürgern kam im Januar 1990 auch der Kabarettist Uwe Steimle, der dreist die Klingel der neuen Wohnung der Familie Krenz betätigte und das zum Gaudi für alle Anwesenden. Die Nachbarn in der Wohnsiedlung sahen das alles mit Schrecken. Nur wenige Wochen vorher hatten sie noch in festen Positionen gesessen, waren vielleicht sogar insgeheim dafür, den Schießbefehl auch auf diese Störenfriede der „sozialistischen Ordnung" auszudehnen. Viele waren Mitarbeiter des MfS und wohnten in den Häusern, die nicht zu Gästehäusern geworden waren. Seit den 70er Jahren hatte das MfS damit begonnen, die Privilegien, die eigentlich der Staatsführung galten, auch auf seine Mitarbeiter auszudehnen. Bereits als Franz Gold ab 1974 in den Ruhestand ging, erhielt er neben den monatlichen 3.893,80 Mark Rente ausdrücklich das Recht, im „Innenring des Objektes Waldsiedlung" das berühmt-berüchtigt gewordene Ladenkombinat[165] zu nutzen, ein Eigenheim zur lebenslänglichen Nutzung und ein Wochenendgrundstück[166]. Eigenheime und Wochenendgrundstücke waren natürlich nur begrenzt vorhanden, der Bedarf bei dieser Verfahrensweise aber groß. Das MfS war bei jüngeren Genossen bestrebt, ihnen neben einer ideologischen Beeinflussung zusätzliche Anreize zu geben, der DDR treu zu dienen; unter anderem, indem sie ihr für DDR-Verhältnisse ungewöhnlich hohes Gehalt dazu verwenden konnten, Hauseigentümer zu werden.

Rudolf-Ditzen-Weg 9–11, das Haus, das die Pankower Egon Krenz nicht gönnten.

Bei vielen Häusern und Grundstücken hatte sich aber an der Eigentumsfrage noch nichts geändert, als man Anfang der 70er Jahre auf diesen Gedanken kam. Im Niederschönhausener Wohngebiet hatte die Verwaltung die Hausbesitzer in drei Gruppen eingeteilt: 1. „Eigentümer wohnhaft im demokratischen Sektor bzw. in der DDR", 2. „Eigentümer wohnhaft im Westsektor bzw. Westdeutschland" und 3. „Eigentümer wohnhaft im Ausland". Für jede Kategorie galt eine andere Umgangsweise. Mit den Inhabern der Häuser, die Bürger der DDR waren, konnte man im postalischen Kontakt bleiben. Ihnen bot man in Gesprächen den Verkauf der Grundstücke beziehungsweise den Tausch mit anderen Grundstücken außerhalb des Wohngebietes an. Teilweise konnte dabei unterschwellig

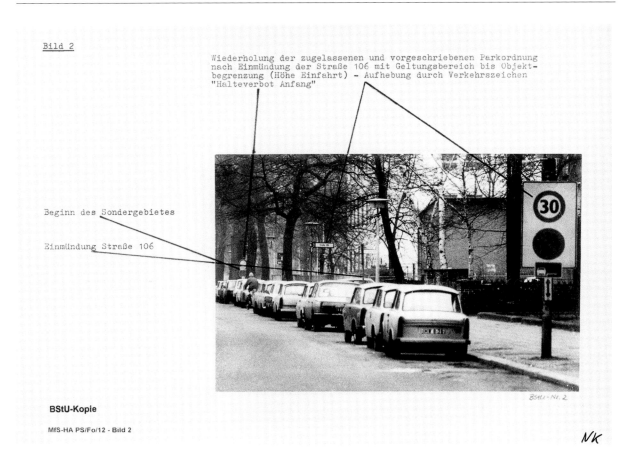

Planspiele oder Spielpläne? Aus der wichtigen Arbeit des MfS: Lageskizze des „Sondergebietes".

die Drohung benutzt werden, dass bei einem Nichtverkauf eine unentgeltliche Inanspruchnahme erfolgen könnte oder den Eigentümern andere Nachteile drohten. Einige alte Hausbesitzer waren bereits verstorben, so dass mit den Erben verhandelt werden musste, die zu den Häusern kein emotionales Verhältnis mehr besaßen. Überwiegend war die Verwaltung in der angestrebten Eigentumsübertragung erfolgreich. Die Menschen waren müde der ewig ungeklärten Verhältnisse, die ihnen nur Nachteile brachten. Ein Beispiel ist die Übertragung des Grundstücks Majakowskiring 33. 1961 verkaufte der in Berlin-Pankow lebende Sohn von Theodor Kosch das 920 Quadratmeter große Grundstück mit dem Einfamilienhaus für 43.700,– Mark an die Verwaltungsangestellte Gertraude M., *geschäftsansässig in Berlin Klosterstraße 47*[167]. Die damalige Leiterin der Grundstücksverwaltung Niederschönhausen, die nun im ehemaligen Gästehaus Majakowskiring 11 ihr Büro hatte und der 1960 gegründeten Versorgungseinrichtung des Ministerrates (VEM) unterstellt war, trat also persönlich als Käuferin auf, um es dann in so genanntes „Eigentum des Volkes" zu übertragen. Eine Grundbucheintragung erfolgte zu diesem Zeitpunkt nicht, weil ein Rechtsträgernachweis des Ministerrates genügte. 1974 konnte dieses Gebäude steuer- und gebührenfrei dem Königreich Belgien übergeben werden. Der Botschafter Dr. Bihin verlangte aber für seine Residenz Rechtssicherheit, weshalb das Königreich Belgien nun im Grundbuch als neuer Eigentümer eingetragen wurde[168]. Aber solch eine Grundbucheintragung blieb die Ausnahme.

Wesentlich anders sah die Situation bei Eigentümern aus, die in die Bundesrepublik oder nach Berlin-West oder gar ins Ausland verzogen waren. Diese hatten es manchmal sogar aufgegeben, ihre Ansprüche anzumelden, weil sie es aus den Erfahrungen der vergangenen Jahre für zwecklos hielten. Anfang der 70er Jahre konnten die im Westteil Berlins wohnenden Grundstücksbesitzer bei ihrem zuständigen Bezirksamt einen *Antrag auf Feststellung und Beweissicherung von Vermögensschäden in der sowjetischen Besatzungszone Deutschlands und im Sowjetsektor von Berlin auf Grund des Beweissicherungs- und Feststellungsgesetzes* stellen. Der Berliner Senat gewährte dann einen Schadensausgleich von etwa 10,– DM pro Quadratmeter.

Bei Grundstücken, mit dessen Eigentümern die Verwaltung nicht verhandeln konnte, legten die Mitarbeiter ein Sperrkonto an, auf das der taxierte Grundstückspreis gezahlt wurde. Scheinbar waren so die Eigentümer in Berlin-West im Vorteil, doch wussten sie oftmals gar nichts von der Existenz solch eines Sperrkontos oder konnten jährlich davon nur begrenzte Beträge in ihrer Währung abheben. Von 1968 bis 1978 übertrug die Verwaltung auf diesem Wege die Grundstücke in das „Eigentum des Volkes" mit einer Rechtsträgerschaft seitens der neu gegründeten Versorgungseinrichtung des Ministerrates.

Neue Mitglieder der Regierung oder nachwachsende Kader zogen aber nicht in die Häuser, denn oftmals lehnten es die Staatssekretäre, Minister und unteren Funktionäre ab, so kasernenartig wie Politbüromitglieder in der „Waldsiedlung" zu leben. Im Laufe der Jahre verstarben viele der alten Regierungsmitarbeiter und für die Häuser waren keine neuen Bewohner vorgesehen. Da aber das MfS hohen Bedarf an Wohnraum hatte und für ihre Rekruten eine geschlossene Wohnkolonie eher zur Gewohnheit gehörte, waren die Nachmieter regelmäßig MfS-Mitarbeiter. Bereits 1963, als Fred Oelssner sein Wohnhaus im Wohngebiet verließ, erfolgte eine Nutzung des Majakowskiringes 58 durch das MfS, Hauptabteilung Personenschutz. Da es immer wieder den Anschein hatte, dass Walter Ulbricht dieses Haus persönlich vergab, lässt sich eine Absprache zwischen Erich Mielke und Walter Ulbricht nur vermuten. Auf Grundlage des Verteidigungsgesetzes erfolgte eine Übertragung der Rechtsträgerschaft des MfS[169]. Dieser Rechtsträgerschaft folgte eine Übertragung der Häuser in das Eigentum der Bewohner, wobei das jeweils dazugehörige Grundstück „Eigentum des Volkes" blieb. Nach bürgerlichem Recht völlig ungewöhnlich, ja rechtswidrig. Das MfS mag sich so die Option offen gehalten haben, wenn nötig jederzeit den Eigentümer am Betreten seines

Hauses zu hindern. Der Bereich Tschaikowskistraße 14–20 erhielt Anfang der 80er Jahre eine Bebauung mit einem Kindergarten, der bis 1989 ausschließlich den Sprösslingen der MfS-Mitarbeiter zugänglich blieb. So gesehen waren die aufgebrachten Bürger der DDR im Januar 1990 wegen der Privilegien schon an der richtigen Stelle, entluden aber ihre Wut an den Prominenten, wie Egon Krenz, der Einzige, dessen sie habhaft werden konnten. Horst Sindermann und Willi Stoph befanden sich bereits in der Untersuchungshaft in Berlin-Rummelsburg; Kurt Gregor, Herbert Grünstein, Irma Verner, Wilhelmine Schirmer-Pröscher, Rudi Georgi und Paul Wandel waren den meisten unbekannt. Die Verdunklungstaktik eines Geheimdienstes trug hier ihre Früchte. Viele ahnten es wohl, aber niemand wusste etwas Genaues.

Doch hatte die Besiedlung des Wohngebietes in Niederschönhausen nicht allein den Hintergrund, abgeklärte MfS-Mitarbeiter für ein Leben in der DDR zu stimulieren. Zwar übernahm seit dem Umbau des Schlosses Schönhausen zum ersten Gästehaus der Regierung vor allem dieser Bereich die Unterbringung von Staatsgästen, während einzelne Häuser im Wohngebiet mehr als Reserve dienen sollten, doch waren manche Verhandlungen gar nicht offiziell und mancher Staatsgast bedurfte einer besonders strengen Bewachung. Insofern war der Zuzug von besonders vertrauenswürdigen Leuten, die vielleicht auch noch eine militärische Ausbildung besaßen, über Schusswaffen in ihren Privatwohnungen verfügten, besonders vorteilhaft. In der Sprache des MfS hieß das *ständige politisch-operative Abwehrarbeit zu organisieren und durchzuführen.*[170] Neben anderen wichtigen Objekten, wie dem Zentralkomitee der SED, dem Staatsrat der DDR, dem Sitz der Regierung, dem Roten Rathaus in Berlin-Mitte, der Gedenkstätte der Sozialisten in Friedrichsfelde (um nur einige zu nennen), war auf diese Weise eine zusätzliche und ausgezeichnete Observation durch die Bewohner selbst gegeben. Der Bereich des „Sondergebietes Berlin-Niederschönhausen" war dabei gut abgelegen und doch zentrumsnah. Die jahrelange Erfahrung bei der Abriegelung spielte eine nicht unwesentliche Rolle. Der Ausbau vieler Häuser als Gästehäuser ließ sich für sämtliche Verhandlungen nutzen, die möglichst ungestört ablaufen sollten. Aber auch Besuch, der keinen Staatsakt erforderte, ließ sich hier einquartieren. So lebte in einem der Gästehäuser während ihres Aufenthaltes in der DDR Angela Davis[171]. Ein weiterer Gast aus den Vereinigten Staaten war der Sänger Harry Belafonte. Die beiden Amerikaner brachten der DDR einen erheblichen Prestigegewinn, vor allem in der eigenen Bevölkerung.

Als Muammar al Gaddhafi das Wohngebiet im Juni 1978 kennenlernte, war er so begeistert, dass er hier auch die geplante Botschaft seines Landes untergebracht sehen wollte[172]. Angesichts der umstrittenen Politik der Arabischen Republik Libyen war ein besonders geschütztes Haus als Botschaft notwendig. Auserkoren wurde die ehemalige Residenz des französischen Botschafters. Das MfS baute in Vorbereitung dieses Vorhabens auf der gegenüberliegenden Straßenseite eine Einfamilienhaus für den speziell zum Schutz der Botschaft abgestellten Mitarbeiter. Es handelte sich um ein Fertigteilhaus, das für diesen Zweck aus dem Westen importiert werden musste. Wie nun aber bei einem Geheimdienst üblich, erhielt auch dieses Haus einen Decknamen, sinnigerweise Objekt „Ring" (173). Libyen suchte Ende der 70er Jahre eine engere Anbindung zur Sowjetunion und die DDR spielte dabei die Funktion des Vermittlers. So kamen nach dem Besuch Gaddhafis weitere ihm nahestehende Politiker aus dem Nahen Osten, wie etwa im Oktober 1978 Hafez al Assad, der Präsident der Syrischen Arabischen Republik. Vier Jahre später empfing Erich Honecker Jassir Arafat als Staatsgast, obwohl er keinen eigenen, völkerrechtlich anerkannten Staat vertrat. Bei allen Besuchen gab es die umfangreichsten Sicherheitsmaßnahmen im „Sondergebiet Niederschönhausen". Es war bekannt, dass die Besucher selbst Terror als legitimes Mittel der Politik ansahen, doch das Wohngebiet beziehungsweise Schloss Schönhausen sollte nicht der Ort eines Anschlages auf das Leben der Gäste werden. Der gesamte Aufenthalt der gefährdeten Gäste verlief ausschließlich auf dem Terrain der für Verhandlungen hergerichteten Gästehäuser des Wohngebietes beziehungsweise des Schlosses Schönhausen. Dabei hatten die Sicherheitskräfte bereits eine wichtige Erfahrung gemacht. Als im April 1977 Fidel Castro in der DDR weilte, schlief er wie alle Staatsgäste seit Anfang der 70er Jahre selbstverständlich im Schloss. Große Aufregung herrschte allerdings, als der Staatsgast am nächsten Morgen auf dem abgesperrten Bereich des inneren Schlossparkes nicht aufzufinden war. Beherzt hatte Fidel Castro in aller Frühe die Schlossmauer überwunden und im großen, zwar öffentlich zugänglichen jedoch zu dieser Tageszeit fast menschenleeren äußeren Schlosspark gejoggt.

Ein weiterer komplizierter Akt waren die deutsch-deutschen Beziehungen. Die ersten Gespräche und Verhandlungen zwischen den beiden Staaten begannen Anfang der 70er Jahre und wurden von Seiten der Bundesrepublik vor allem von dem dazu beauftragten Egon Bahr geführt. Sein Erfolg machte ihn zu einem Spezialisten in dieser Frage. Als Vorsitzender des Untersuchungsausschusses für Abrüstung und Rüstungskontrolle im Deutschen Bundestag und Mitglied des Präsidiums der SPD

Zugang zum Wohngebiet in den 80er Jahren mit dem Hinweis auf das Becher-Haus.

lernte er das „Sondergebiet Niederschönhausen" bei seinen zahlreichen Gesprächen zur Schaffung einer gemeinsamen chemiewaffenfreien Zone mit Herrmann Axen 1984/85 kennen. Ort der Verhandlungen beziehungsweise Vorgespräche war der Komplex Rudolf-Ditzen-Weg 22–24, wo beide Politiker auch übernachteten. Die Nähe und das Vertrauensverhältnis der SPD zur DDR war mittlerweile so ausgeprägt, dass auch hierbei wieder ein gemeinsames Kommuniqué unterschrieben werden konnte. Dieser selbstverständliche Umgang miteinander führte letztlich dazu, dass noch im September 1989 für Egon Bahr der Untergang des DDR-Staates völlig undenkbar war[174].

Die Wende und wieder Wände

Mit dem Beitritt der DDR nach Artikel 23 zum Grundgesetz war Deutschland wieder vereint. Die jahrelang herausgehobene Stellung des Wohngebietes, oftmals unzugänglich und nicht befahrbar, führte in einer Art Kompensation dazu, dass es in Vergessenheit geriet. Niemand dachte beispielsweise an Johannes R. Becher, so dass bald die Gedenkstätte geschlossen werden musste. Das Johannes-R.-Becher-Archiv war bereits 1988 in einem Neubau der Akademie der Künste mit anderen Archiven und Nachlässen zusammengeführt und letzlich besser betreut worden. Die Unterhaltung der Gedenkstätte bedeutete für die Akademie letztlich eine finanzielle Belastung. Freunde, die sich seiner erinnerten, fand Becher in dieser Zeit nicht mehr.

Am 22. Juni 1990 war der Komplex in Niederschönhausen vorerst noch ein letztes Mal Ort einer denkwürdigen Begegnung gewesen. Die zweite Runde der wichtigen „Zwei-plus-Vier-Gespräche" wurde im Konferenzsaal auf dem Schlossgelände fortgesetzt. Zuvor tagte an gleicher Stelle ab 7. Dezember 1989 bis 12. März 1990 der Zentrale Runde Tisch, ein selbst ernanntes Organ zur Überwachung der Demokratie in einem Land, das bis dahin keine freien und demokratischen Wahlen gekannt hatte. Solche Runden Tische hatten sich auch auf der unteren Ebene gebildet, wie zum Beispiel der Runde Tisch Pankow. Die Vereinigung der beiden deutschen Staaten wurde grundsätzlich erst dadurch möglich gemacht, weil sich die Außenminister der vier Siegermächte James Baker (für die Vereinigten Staaten von Amerika), Eduard Schewardnadse (für die Sowjetunion), Douglas Hurt (für Großbritannien), Roland Dumas (für die Republik Frankreich) mit den Außenministern der beiden deutschen Staaten Hans-Dietrich Genscher und Markus Meckel trafen und die Modalitäten verhandelten. Die Geburtsstunde eines vereinten Europa. Einen symbolischeren, mittlerweile tradierten Ort konnte es für diese zweite Runde nicht geben. Doch all dies riss das Wohngebiet nicht mehr aus seinem Dämmerzustand, in den es nach der Aufregung Anfang 1990 verfallen war. Seine „große" Zeit war vorbei. Auch bei der Wiedervereinigung änderte sich nichts. Die ehemalige Hauptstadt der DDR konnte in den Wiedervereinigungsprozess zunächst nicht hineingezogen werden, weil Ost-Berlin juristisch als bereits unter dem Grundgesetz betrachtet wurde. Der Oberbürgermeister Tino-Antoni Schwierzina von Berlin (Ost) wurde am 3. Oktober 1990 zum Mitglied des Bundesorgans und zum Bundesrat bestellt[175]. Durch die demokratische Wahl zum Berliner Abgeordnetenhaus im Mai 1990, durch die über vierzig Jahre getätigte Erklärung des Senats von Berlin, für Groß-Berlin zuständig zu sein und sich seit 1949 unter dem Grundgesetz zu befinden, entstand dieser merkwürdige Umstand, der im Januar 1991 durch Neuwahlen endete. Seitdem heißt der neue Besitzer der Grundstücke, die zu DDR-Zeiten in das so genannte „Eigentum des Volkes" übertragen worden waren, Bundesvermögensamt. Die Gästehäuser stellte die Bundesbehörde entweder dem Senat von Berlin oder der Oberfinanzdirektion zur Verfügung. Allein das ehemalige „Erste Gästehaus" der Regierung entdeckte irgendjemand als Ort, sich einen Arbeitsplatz zu sichern. Eine so genannte „Villa Magna" warb damit: *Hausherr in Berlin für einen Tag, 2 Tage, eine Woche, je nach Ihren Wünschen. Komplettservice nach Wunsch und Bedarf: Kochen, Servieren, Sekretariat, Fahrzeugbereitstellung, Partyarrangements. Das Gebäude nebst seinen Außenanlagen bietet beste Bedingungen für: Repräsentative Empfänge. Produktpräsentation. Modenschauen. Schulungen. Konferenzen und Beratungen. Vorstandstagungen. Familienfeiern. Die luxuriösen Appartments im Haus gewährleisten einen hohen Sicherheitsstandard durch die Anordnung der Räume. Weitere niveauvolle Unterkünfte sind in direkter Nachbarschaft vorhanden. Das gesamte Anwesen ist absolut diskret und kann problemlos bewacht werden. Persönlicher Sicherheitsdienst wird auf Wunsch bereitgestellt.* DDR-Schick der 70er Jahre für gehobene Ansprüche in einer mit verdächtig viel Sicherheit werbenden Anzeige. Hier hatten offensichtlich ehemalige Mitarbeiter des MfS nach dessen Auflösung im Dezember 1989 ihre Kontakte zur Versorgungseinrichtung des Ministerrates ausgenutzt und sich ein neues Tätigkeitsfeld geschaffen. Doch die nötigen Gäste blieben aus.

Allerdings kamen in dem aufregenden Jahr 1990 auffällig viele Spaziergänger aus dem ehemaligen Westteil Deutschlands und Berlins ins Viertel. Es handelte sich um die Kinder der Alteigentümer, die plötzlich den Mut hatten, das Wohngebiet zu betreten. Oftmals mit Tränen in den Augen standen sie nach rund vierzig Jahren vor ihren Elternhäusern, die meisten hatten hier ihre Kindheit verlebt. In ihnen keimte die Hoffnung, die Uhr doch noch einmal zurückstellen zu können. Sie beauftragten Rechtsanwälte beim Landesamt zur Regelung offener Vermögensfragen, einen Rückübertragungsantrag zu stellen. Die Behörde stieß auf die Sperrkonten und verrechnete sie mit dem bereits ausgezahlten Schadensausgleich des Berliner Senats. Die restliche Summe verlangte schließlich der beauftragte Rechtsanwalt, so dass die Erben leer ausgingen. In ihrer emotionalen Erregung mussten sie zusätzlich feststellen, dass jetzt allein der Quadratmeterpreis bei etwa 500,– DM angelangt war. Die Vermögenderen unter ihnen klagten deshalb. Die restitutionsbehafteten Grundstücke und Häuser konnten so lange Jahre nicht verkauft werden. Niemand führte dringend notwendige Baumaßnahmen durch. Die Bewohner, ehemalige Mitarbeiter des MfS und die alten SED-Funktionäre beziehungsweise ihre Frauen zogen nur langsam weg. Wohin sollten sie auch gehen? Manch einen holte der Tod, bevor ihn die Geschichte einholen konnte. Hilde Benjamin selbst hatte die Wende nicht mehr erlebt, sie starb ein halbes Jahr vorher. Aber Erika Heymann, in den 50er Jahren Beisitzerin in ihren Prozessen, sah sich mit ihrer Vergangenheit konfrontiert. Auf Grund von Anschuldigungen wurde sie hoch betagt in ihrer Wohnung im Güllweg verhaftet und kehrte nicht wieder ins Wohngebiet zurück. Nach ihrer Entlassung aus dem Gefängnis in Berlin-Plötzensee zog sie in die Niederschönhausener Waldstraße und starb kurze Zeit danach. Wilhelmine Schirmer-Pröscher, Herbert Grünstein und Paul Wandel war es gegeben, hier friedlich und oftmals unbehelligt in den von ihnen bewohnten Häusern aus dem Leben zu scheiden. Erika Gotsche zog es nach 1990 in die Heimat zurück, wo sie 1998 verstarb. Ella Rumpf ging Anfang 2000 in ein Altenheim, so dass von der „alten Garde" nur noch die letzte Frau von Max Opitz und Rudolf Agsten sowie Lotte Ulbricht verblieben sind. Die beiden alten Frauen sitzen manchmal beim sonntäglichen Kaffeeklatsch zusammen. Als Zeitzeugen wollen sie nicht zur Verfügung stehen. Da haben sie schlechte Erfahrungen, vor allem mit den Journalisten. Und manchmal, meist im Sommerloch, erscheint hier und da mal wieder ein Erinnerungsbericht in dieser oder jener Zeitung. Dabei stets – oder immer noch – auf der Suche nach den Sensationen, von denen man doch nichts weiß.

Der Sohn Hilde Benjamins outete sich als ein Musterbeispiel der Anpassung an die neuen Verhältnisse. Bald sah man ihn in Berlin-Steglitz auf Wahlveranstaltungen für die PDS, in deren Vorstand und innerhalb der kommunistischen Plattform er maßgeblich wirkte. Da betonte er allerdings hauptsächlich seine Verwandtschaft mit Walter Benjamin, dessen legitimer Neffe er ja nun mal ist. Und bürgerlich gestaltete sich auch sein altes Zuhause. Das, was 1990 das Neue Forum verhindern wollte, geschah nun schleichend und verdeckt. Zwar wurde sein Antrag beim Bundesvermögensamt auf Einräumung des Vorkaufsrechts am Haus Rudolf-Ditzen-Weg 18/20 abgelehnt, doch erhielt die Erbin von Willi Hoffmann das Haus 1999 zurück. Gabriela Schmidt verkaufte schlussendlich an Michael Benjamin kurz vor dessen Tod. Sie lebte bereits in einem neuen Eigenheim am Zeuthener See und nahm lieber das Geld, dass die Besserverdienenden zu DDR-Zeiten nicht ausgeben konnten.

Das ehemalige Gästehaus des Verbandes Bildender Künstler gelangte in die Verwaltung der Senatsverwaltung für Wissenschaft und Kultur. 1988 war Alexander Askoldov mit seiner Frau Svetlana in das Haus gekommen. Er folgte eigentlich einer herzlichen Einladung. Sein Film „Die Kommissarin" von 1967[176] war kurz nach der Uraufführung in der Sowjetunion auf dem Index gelandet und konnte nun, zwanzig Jahre später, das erste Mal in der DDR gezeigt werden. Damals eine Sensation. Ein Film, der sich mit dem ganz individuellen Problemen der Revolutionäre beschäftigte, die ansonsten ja von der Partei „gefressen" wurden. Denn was macht eine Politkommissarin, wenn sie plötzlich ein Kind bekommt und ihr Mutterherz in den Konflikt zur Sache des Kommunismus gerät? Nöte von Kommunisten, die ja auch nur Menschen waren und sind; menschliche Eigenschaften, die sie weder durch die eigene Propaganda noch durch die eigene Geschichtsbetrachtung erhalten hatten, weil sie zwangsläufig ihre Stärken und Schwächen offenbarten. Askoldov war aber nur der Vorbote. Das, was lange sorgsam geheim gehalten wurde, weckte ganz von allein das Interesse. Als die Villa in die Verwaltung des Bezirksamtes Pankow kam, wollte man, wahrscheinlich ohne es zu wissen, an das Vorbild Askoldov anschließen. Das Gästehaus verwandelte sich in ein Ausstellungshaus, das sich der Darstellung der individuellen Persönlichkeit der Nomenklatur der DDR widmete. Biographen und Zeitzeugen gaben sich die Klinke in die Hand. Dieser Prozess und die Zeit gingen am Wohngebiet nicht mehr spurlos vorbei. Plötzlich erhielten immer mehr Alteigentümer ihre Häuser rückübertragen. Die Rechtsprechung sprach dann von „Machtmissbrauch" des DDR-Staates, der ja doch ein Unrechtsstaat gewesen sein soll. Die Geschichte, die Menschen, die die deutsche Geschichte in den letzten fünfzig Jahren entscheidend mitgeprägt haben, reflektierte die Rechtsprechung nicht. Wie die alten Frauen, die Zeitzeugen sein könnten und verpassen, der nachfolgenden Generation ihre Sicht von ihrem Leben mitzuteilen, so sind sich die Behörden ihrer Verantwortung für Orte der deutschen und europäischen Geschichte nicht bewusst. Denn auch dieses der Aufarbeitung des Viertels und damit der DDR-Geschichte verpflichtete Ausstellungshaus am Majakowskiring ging an die Alteigentümer zurück. Und wäre es nicht geschehen? Die Oberfinanzdirektion

Grab der Eheleute Gotsche auf dem Friedhof der Sozialisten in Berlin-Friedrichsfelde.

Im ehemaligen Wohnhaus Wilhelm Piecks war vom Januar bis April 2001 eine Ausstellung zur Geschichte des Pankower „Städtchens" zu sehen.

verkauft, sobald feststeht, dass die Rückübertragungsklage erfolglos geblieben ist, sofort die Immobilie. Das Wohngebiet wandelt sich, wird von der neuen Ideologie, dem Kapital, geformt. Spätestens bei der Rückübertragung stellen die Kinder und Erben der Erbauer der Villen und Einfamilienhäuser fest, dass Pankow in ihren Augen mittlerweile völlig „DDR-verseucht" ist. Wen wundert es? Es ist einfach nicht mehr das alte bürgerliche Pankow – schließlich sind fünfzig Jahre vergangen und die DDR hat Spuren hinterlassen. Junge Familien mit ihren Kindern ziehen in die Häuser, und manchmal erinnern sich alte Diplomaten aus den ehemaligen sozialistischen Staaten an die vergangenen Zeiten. Majakowskiring 5 ist so wieder zu einem Botschaftsgebäude geworden, zur Residenz des kasachischen Botschafters; ebenfalls Majakowskiring 33, das von Sambia als Botschaftsresidenz gekauft wurde. Das Bezirksamt Pankow beließ es nicht nur dabei, die Bedeutung des Wohngebietes in der Geschichte der DDR untersuchen zu lassen. Der zuständige Stadtrat für Jugend, Bildung und Kultur, Alex Lubawinski, benannte 1995 den Majakowskiweg in Rudolf-Ditzen-Weg. Die Pankower wollten damit an Hans Fallada erinnern. Zwar gab es schon einen Falladaweg in Berlin-Marzahn, doch da kam den Verantwortlichen der Umstand zupass, dass Fallada noch einen bürgerlichen Namen hatte. Wie schön! Aus der bis dahin unbenannten Straße 106 wurde 1999 der Boris-Pasternak-Weg, so dass heute eine wunderbare Mischung von russischen und sowjetischen Künstlern sowie deutschen Intellektuellen des 20. Jahrhunderts als

Einst Machtinsignie des Imperiums im Majakowskiring 58, heute Kultureinrichtung für Jugendliche – Symbol für eine andere Zeit?

Namenspatrone den Straßen der Wohnkolonie einen Hauch unbelasteterer Vergangenheit vermittelt.

Durch die am Majakowskiring 13–15 verbliebene Kita und eine neue Jugendfreizeiteinrichtung Majakowskiring 58 sind auffällig viele Kinder im Revier unterwegs. Hier und da wird inzwischen gebaut und Lotte Ulbricht täglich in den Schlosspark gefahren. Die wenigsten erkennen sie noch. Auch ein Seniorenclub hat sich angesiedelt – im ehemaligen Haus der Familie Mielke. Aus dem Klub des Schriftstellerverbandes ist die international beachtete „literaturWERKstatt" geworden. Hier las Marlene Streeruwitz im April 2000 aus ihrer Erzählung „Majakowskiring". Im Klappentext des grünen Buches war zu lesen: *Leonore sitzt im Bungalow der Grotewohl-Villa. Im ehemaligen Gästehaus des Schriftstellerverbandes der DDR haben „Freunde der DDR" hier, mitten in Pankow, gewohnt. Die Gegend ist wie verödet, die Metropole sonderbar weit weg. Scheue Rentner wohnen hier, hin und wieder wird ein Hund spazieren geführt. Die im Gästehaus seit zwanzig Jahren arbeitende Putzfrau, die immer noch jeden Tag die Mülltonnen durchsucht, weiß Geschichten zu erzählen.*[177]

Das ließ manchen aufhorchen und nachschauen, was für Geschichten Frau Streeruwitz der Putzfrau da vom Munde abgeschrieben hatte. Die Enttäuschung war groß, und auch der Streeruwitz-Fan fragte sich, ob der Verkaufstrick notwendig war und der Künstlerin nicht eher schade. Denn die Erzählung handelt kaum vom historischen Ort. Er wurde nur benutzt, ohne seine Dimensionen zu erkennen.

Nachbemerkung

Es war Mitte der 80er Jahre, als mir eine liebe Freundin heimlich in ihrem Zimmer den neuesten Song von Udo Lindenberg „Sonderzug nach Pankow" vorspielte. Wir wohnten zusammen in einem Internat der Erweiterten Oberschule „Karl Marx" in Tangerhütte, einer Schule mit erweitertem Fremdsprachenunterricht. Westmedien waren hier strengstens untersagt. Was der Lindenberg da sang, widersprach in der Tat jeglicher uns mühsam anerzogenen Ehrfurcht, war aber andererseits auch sehr amüsant. Stimmt! Wie war der Honecker eigentlich privat?

Die sich vielleicht aufdrängende Frage, warum Lindenberg unbedingt nach Pankow wollte, blieb unbeantwortet, aber auch nebensächlich. Vielmehr entstand in den folgenden Jahren der Wunsch, den erstarrten Verhältnissen etwas entgegenzusetzen. In den Sog der Bürgerrechtsbewegung in der DDR hineingezogen, hielt ich bald den Lindenberg-Song für viel zu einfältig. Es bedurfte ja wohl doch weit mehr.

Als das Leben in meiner Umwelt durch den gesellschaftlichen Umbruch in Deutschland 1989 ungezwungener – wenn auch nicht unkomplizierter – wurde, erschrak ich ob der Vergesslichkeit der Menschen gegenüber ihrer eigenen Vergangenheit. Ich kam nach Berlin und studierte Kunstgeschichte. Pendelte zwischen ehemals West und ehemals Ost, aber nach Pankow kam ich nie. Als ein Kind der Altmark, der eigentlichen Wiege Brandenburgs, beschäftigte ich mich lange mit jener historischen Epoche, in der zum Beispiel das Dorf Niederschönhausen ohne jegliche Bedeutung (wenn überhaupt vorhanden) war.

Mitte 1998 suchte der Pankower Kulturamtsleiter Norbert Speer möglichst unvoreingenommene junge Leute, die die tatsächliche Bedeutung des legendenumwitterten Majakowskiringes in einer heimatgeschichtlichen Ausstellung aufzeigen sollten. Staunen bei mir, dass es für die „Waldsiedlung bei Wandlitz" bereits unmittelbar nach Kriegsende ein Vorbild gegeben hatte. Als meine damalige Kommilitonin Claudia Berger und ich schließlich verpflichtet wurden, sah ich die Arbeit als einen vorübergehenden Job an. Bei der Recherche offenbarte sich jedoch zunehmend, wie sehr das Thema einen Teil der deutschen Geschichte darstellte, der bisher so gut wie gar nicht berücksichtigt worden war. Nicht nur die Fakten der „Häuserübernahme" boten ein beispielloses Exempel, wie die „Mächtigen" ihre Auffassung von

Recht durchsetzten. Auch die psychologische Dimension ihrer Abschottung war beklemmend. Wirkte hier nicht ein Trauma aus der Emigration der Nazizeit fort? Potenzierte dieses Sicherheitsdenken nicht eine fatale Entwicklung, in der die Politprominenz der DDR erst sich selbst in Pankow und Wandlitz und schlussendlich das ganze Land einmauerte? Eine Mauer, die wiederum die Menschen in Ost und West traumatisierte und zum Symbol einer getrennten und sich feindlich gegenüberstehenden Welt wurde.

Es ging mir bei der gut dreijährigen Recherche zum Thema vor allem darum, die ehemals Mächtigen als Menschen in einem der wohl widerspruchvollsten Jahrhunderte deutscher Geschichte zu zeigen. Und diese Geschichte den Zeitzeugen von den Lippen zu schreiben, dabei ihrem Alltag, ihrem Stolz und ihrem Misstrauen, aber auch ihrem „Versagen" nachzuspüren. Soviel wie möglich dem Vergessen zu entreißen, so lange sie noch lebten. Die Verdrängung nicht zu akzeptieren. Versuchen, das Vergangene zu verstehen.

Erschreckend war dabei die Unkenntnis der Berliner über den Stadtbezirk Pankow. Bereits 1961 hielt der überwiegende Teil der Schüler in den Westsektoren „Pankow" unter anderem für

a) die polnische Regierung
b) einen in Rumänien regierenden Politiker
c) einen der größten sowjetischen Staatsmänner
d) ein russisches Wort, dessen Bedeutung unbekannt ist! (BZ am Abend vom 4. Februar 1961).

Unvermutet saß ich jetzt selbst im „Sonderzug nach Pankow", war sogar der Lokomotivführer. Alle glaubten Pankow zu kennen, doch keiner wusste Genaueres. Ich ja auch nicht; mir oblag es nur, neben all den kursierenden Mythen die Zusammenhänge anhand der gefundenen Fakten zu belegen.

Noch mehr Erschrecken beim Studium der Akten, aus denen das zum Teil kindische Verhalten der SED-Funktionäre herauszulesen war. Lag es daran, dass die Staatsführung eines sozialistischen Staates ganz ohne Tradition und Vorbild war, im Unterschied zu Monarchen und bürgerlichen Politikern? Die ostdeutsche Gesellschaft war bewusst egalitär ausgerichtet worden, jeder sollte die gleichen Chancen haben. Und gleichzeitig begriffen sich gerade die deutschen Altkommunisten als Elite auf dem Weg zum „Weltsozialismus". Nicht zuletzt am Festhalten dieses Selbstverständnisses ist die von ihnen geprägte Gesellschaft insgesamt erstarrt und auf dem „Müllhaufen" der Geschichte gelandet. Bis zum Ende hat die Führungsriege fernab der Realität unter den Glashauben „Städtchen" und „Waldsiedlung" gelebt. Ihre Mitglieder gaben sich volksnah, ihr tatsächliches Leben war es keinesfalls. Von Anfang an wohnten sie in überdimensionierten Verhältnissen, suchten auf allen Ebenen ihre Sonderrolle zu untermauern, erschraken aber auch regelmäßig wieder vor allzu sichtbar werdenden Privilegien und hielten sie schön im Verborgenen. Der größere Teil der Mitglieder des Politbüros der SED lebte in dem schizophrenen Selbstverständnis von Volksverbundenheit – und wollte selbst ganz gern die Abgehobenheit einer aristokratischen Schicht (welcher auch immer) genießen. Dieser Widerspruch blieb tatsächlich „antagonistisch". Und an antagonistischen Widersprüchen, so hatte man es uns immer gelehrt, geht eine Gesellschaft schließlich zugrunde.

Ja und, wie leben wir heute? Unbestreitbar ist die jetzige Gesellschaft transparenter, flexibler, medienkompatibler. Doch müssen verantwortliche Politiker nicht auch abgeschirmt werden? Während der Recherche zum Thema arbeitete ich in meinem Büro in der Berliner Ackerstraße. Im Hof des Hauses wurde im Juni 2000 die wehrpolitische Sprecherin von „Bündnis 90/Die Grünen", Angelika Beer, trotz Personenschutz mit einem Messer bedroht. Am nächsten Tag nahm das BKA seine Ermittlungen auf, und plötzlich stand permanent eine Wache vor dem Hofeingang und musterte alle Bewohner, vor allem die Besucher. Plötzlich empfand ich, wie das Leben im „Städtchen" abgelaufen sein könnte. Natürlich brauchte ich keinen speziellen Ausweis, doch war es nicht angenehm, jeden auf diesen Unsicherheit verbreitenden Umstand hinzuweisen. Und manch einer lehnte gar einen Besuch deswegen ab.

Das „Städtchen" selbst war so etwas wie ein mikrokosmischer Schmelztiegel der Geschichte der SED – infolge ihres gesamtgesellschaftlichen Durchdringens und Alleinherrschaftsanspruchs –, auch der Geschichte der DDR. In den Häusern der Wohnkolonie wohnten nicht nur die bekanntesten Politiker der DDR – sie waren auch ein Symbol für all die Krisen, den innerparteilichen Terror aber auch die Reformbestrebungen. Hier nahmen Initiativen ihren Anfang, die das Leben vieler Menschen betrafen. DDR-Politiker sowie Staatsgäste und Botschafter vieler Staaten dieser Welt verkehrten hier. Anhand des „Städtchens" und seiner unmittelbaren Umgebung lässt sich ein wichtiger Teil deutscher Geschichte nachvollziehen. Es bleibt zu hoffen, dass sich in Niederschönhausen, in Pankow, in Berlin, in Deutschland ein Geschichtsverständnis dafür durchsetzen wird. Und so selbstverständlich wie in der Sendereihe des SFB „Exzellenzen und Residenzen" im Vorspann in einer kurzen Filmsequenz der Majakowskiring 2 zu sehen ist, so mag Pankow auch als einer der bedeutenden historischen Orte Europas im 20. Jahrhundert in Erinnerung bleiben.

Hans-Michael Schulze

Anmerkungen

Ein Villenviertel entsteht

1. Finkemeier, Dirk/Röllig, Elke/Projektgruppe: Vom „petit palais" zum Gästehaus, Berlin 1998, S. 12.
2. Gießmann, Carl/Jacobi, Otto: Große Stadt aus kleinen Steinen. Ein Beitrag zur Geschichte des 19. Berliner Verwaltungsbezirks „Pankow", Berlin 1937, S. 126.
3. LaB A Pr. Br. Rep. 006 B-55 Nr. 6, aus Hoppe, Ralph: Pankow im Wandel der Geschichte – „Bolle reiste jüngst....", Berlin 1998, S. 48 bzw. 156.
4. Hoppe, a. a. O., S. 77.
5. Beier, Ferdinand: Aus vergilbten Blättern. Geschichte von Pankow, Berlin 1922, S. 158.
6. Staatsbibliothek zu Berlin Preußischer Kulturbesitz, Haus 1, Kartenabteilung X 31278.
7. Finkemeier, Dirk: Die Geschichte des Schloßparks Niederschönhausen. Ein Beitrag zu einem Entwicklungs- und Restaurierungskonzept aus gartendenkmalpflegerischer Sicht. Berlin 1996, Diplomarbeit, S. 76.
8. Das waren insgesamt 19 Grundstücke: Majakowskiring 1, 2, 3, 5, 7, 9, 11, 13, 55, 59, 60, 63; die Stille Straße 7, 9, 11, 15 und die Tschaikowskistraße 7, 9, 11.
9. Das Atelier Kasbaums befand sich in der Friedrichstraße 125; der Fotograf war Mitglied lokaler Traditionsclubs wie des Pankgrafen- und Schützenvereins; sein Grabstein ist noch heute auf dem 1. Städtischen Friedhof in Pankow zu finden.
10. Finkemeier: Geschichte, a. a. O., S. 76.
11. Jüdisches Leben in Pankow – Eine zeitgeschichtliche Dokumentation, hrsg. vom Bund der Antifaschisten in Berlin Pankow e.V., Berlin 1993, S. 275–277.
12. LaB, Rep. 250-03-03, Nr. 4.
13. Ferdinand Beier gab 1909 die Pankower Chronik (s. Anm. 5) heraus.
14. LaB, C Rep. 105, Nr. 36759.
15. August Eisenmenger (1830–1907), österr. Historien-Maler.
16. Georg Köberle (1819–1898), Schriftsteller und Dramaturg.
17. Friedrich Wilhelm Güll (1812–1879), Münchner Lehrer und Kinderliederdichter.
18. Kaufvertrag in der Grundbuchakte zu Majakowskiring 58, Niederschönhausen Band 1 Bl. 12, Grundakte 51.
19. Breest & Co GmbH; Hein, Lehmann & Co GmbH; Steffens & Nölle A.G. fusionierten zur Firma Steffens u. Nölle A.G. in der Gottlieb-Dunkel-Str. 20–22 in Berlin-Tempelhof, s. Gießmann/Jacobi, a. a. O., S. 381.
20. SAPMO-BArch, DC 20/870, unpag.
21. Beispiele sind der Architekt Georg Hell, Schönholzerstraße 7 für das Haus Rudolf-Ditzen-Weg 19 und Majakowskiring 51 oder der Architekt Hans Quensel, Rückertstraße 6 Berlin-Charlottenburg für das Haus Rudolf-Ditzen-Weg 23.
22. Die Leimfabrik befand sich Schönhauser Allee 147; s. Gießmann/Jacobi, a. a. O., S. 214.
23. Gießmann/Jacobi, a. a. O., S. 126.
24. Grundbuchakte Band 76, Bl. 2380 Flur 4 Flurstück 820/41.
25. LaB, B Rep. 230 Acc 3690, Nr. 135.
26. In dieser Jugendorganisation begannen auch Otto Winzers politische Anfänge.
27. Hoppe, a. a. O., S. 108.
28. Jüdisches Leben, a. a. O., S. 283.
29. Ebd., S. 225.
30. Die Firma produzierte Spezial-Kugellager für die Luftwaffe und Spezialzünder für Minen.

Nach dem verlorenen Krieg

1. Zu der neben der Sammlung von 56 Gemälden des niederländischen Barock auch ein Bett von Königin Luise gehört haben soll.
2. Dörrier, Rudolf: Pankow. Chronik eines Berliner Stadtbezirkes, Berlin 1971, S. 95.
3. Ebd., S. 110.
4. LaB, C Rep. 105, Nr. 36583, Bl. 131–133.
5. LaB, C Rep. 105, Nr. 36749, Bl. 65.
6. LaB, C Rep. 105, Nr. 36820.
7. Fälschlicherweise oft Bürgermeister genannt.
8. Die Befreiung Berlins 1945. Eine Dokumentation, hrsg. von Klaus Scheel, Berlin 1975, S. 127, Dok. 104.
9. Foitzik, Jan: Der Sowjetische Terrorapparat in Deutschland. Wirkung und Wirklichkeit, Schriftenreihe des Berliner Landesbeauftragten für die Unterlagen des Staatssicherheitsdienstes der ehemaligen DDR Band 7, Berlin 1998, S. 11.
10. Foitzik, Jan: Sowjetische Militäradministration in Deutschland (SMA) 1945–49. Struktur und Funktion, Berlin 1999, S. 53.
11. Er stirbt noch 1945 im Speziallager Nr. 1 des NKWD in Sachsenhausen bei Oranienburg.
12. Beumer wurde erst 1953 aus dem Zuchthaus Brandenburg entlassen und starb 1955 in der Schweiz.
13. LaB, C Rep. 105 Nr. 7187, unpag.
14. Laut unbestätigten Angaben soll Maud von Ossietzky in jener Zeit, in der Schlossstraße (ab 1946 Ossietzkystraße) ausgebombt, im Haus Majakowskiring 16 gewohnt haben.
15. LaB, A Rep. 250 -05-01, Nr. 2 unpag.
16. LaB, C Rep. 105, Nr. 36759, unpag.
17. LaB, C Rep. 105, Nr. 36750, Bl. 28.
18. LaB, C Rep. 105, Nr. 36607, unpag.
19. Zwischen Grabbeallee und Hermann-Hesse-Straße.
20. LaB, C Rep. 105, Nr. 36779, Bl. 21.
21. Ebd., Bl. 19.
22. Bei den Häusern handelte es sich ausschließlich um die großen Stadtvillen des 19. Jhs.
23. Keiderling, Gerhard: Gruppe Ulbricht in Berlin. April 1945 bis Juni 1945, Berlin 1992, S. 637 Dok 151; SAPMO-BArch, NY 4080/12, Bl. 46.
24. Ebd., S. 301; SAPMO-BArch, NY 4182/851, Bl. 89.
25. Foitzik: Terrorapparat, a. a. O., S. 18.
26. Ebd., S. 19.
27. Siehe Heise-Schirdewan, Rosemarie: Schloß Cecilienhof, Berlin 1991.
28. LaB, B Rep. 230, Acc. 3690, Nr. 108: Schreiben Erna Wittlers vom 18. 2. 1949; LaB, C Rep 105, Nr. 7186, Bl. 7.
29. Foitzik: Terrorapparat, a. a. O., S. 15.
30. Das Gebäude, Berliner Straße 120, ist 1912 als 2. Waisenhaus der Jüdischen Gemeinde in Berlin erbaut worden; nach Räumung befand sich hier zwischen 1942–1945 die Sichtvermerkstelle des Reichssicherheitshauptamtes.
31. Schreiben vom 14. 8. 1945 an den Magistrat der Stadt Berlin, Privatarchiv des Autors.
32. Damals in der Pestalozzistraße 41–43.
33. T. wohnte von August 1945 bis Januar 1946 im Majakowskiring 46/48; T. sprach und schrieb fließend Deutsch, hatte wahrscheinlich Kolonialgeschichte studiert; s. LaB, Rep. 101/130, Bl. 33: Schreiben von Paul Leutwein.
34. Erwähnt in einem Brief Johannes Albrechts vom 11. 1. 1947; im Privatarchiv des Autors.
35. Interview des Autors mit Jutta Hiller am 27. 6. 2000.
36. Erwähnt in einem Brief Johannes Albrechts vom 11. 1. 1947; im Privatarchiv des Autors.
37. Schivelbusch, Wolfgang: Vor dem Vorhang. Das geistige Berlin 1945–1948, München 1995, S. 59/60.
38. Finkemeier/Röllig, a. a. O., S. 221.
39. Dörrier, a. a. O., S. 120.
40. Brief von Marion Richter vom 13. 3. 2000 an den Autor.
41. Heute Rosa-Luxemburg-Platz in Berlin-Mitte.
42. Otto, Wilfriede: Erich Mielke-Biographie. Aufstieg und Fall eines Tschekisten, Berlin 2000, S. 93.
43. Ebd., S. 93.
44. Ebd., S. 94.
45. SAPMO-BArch, FBS 363/14958: Schreiben vom 30. 8. 1946.
46. Sitzungsprotokolle, S. 91.

47. Keiderling, a. a. O., S. 351
48. Gespräch des Autors mit Lotte Ulbricht am 28. 11. 2000.
49. LaB, C Rep. 105, Nr. 36738, unpag.
50. Keiderling, a. a. O., S. 30.
51. Ebd., S. 584; SAPMO-BArch, NY 4036 / 629, Bl. 74 der Reinschrift.
52. Grünberg, Karl: Episoden. Erlebnisreportagen aus sechs Jahrzehnten Kampf um den Sozialismus, Berlin 1960, S. 336–337.
53. Grünberg wohnte zuvor am Bahnhof Wollankstraße; verwaltungsmäßig Wedding und damit französischer Sektor.
54. Sitzungsprotokolle des Magistrats der Stadt Berlin 1945/46, Teil I: 1945/46, bearbeitet und eingeleitet von Dieter Hanauske, Berlin 1995, S. 25.
55. Er zog im September 1945 in die Leonhard-Frank-Str. 35.
56. SAPMO-BArch, DY 30/IV 2/22/56, Bl. 17.
57. Keiderling, a. a. O., S. 430.
58. Ebd., S. 403.
59. Zimmerling, Zeno: Das Jahr 1 – Einblicke in das erste Jahr der DDR. Berlin 1989, S. 20.
60. Vosske, Heinz: Wilhelm Pieck, Leipzig 1979, S. 6.
61. Ebd., S. 171. Das nicht weit vom Rathaus Steglitz gelegene Haus wurde für den Bau der Autobahn/Westtangente abgerissen. Pieck lebte hier mit seiner Frau in der 3. Etage.
62. Vgl. Neue Zeit Nr. 186 vom 12. 8. 1947: Unter der Überschrift „Politik nach Quadratmetern" schreibt der Autor, dass der SPD-Vorsitzende Franz Neumann und Paul Löbe in 70 qm großen Mietswohnungen lebten; ähnlich wohnte der LPD-Vorsitzende Külz in Berlin-Wilmersdorf, Pfalzburger Str. 82; s. a. Leonhard, Wolfgang: Die Revolution entläßt ihre Kinder. Bd. 2, Leipzig 1990, S. 438.
63. Gniffke, Erich Walter: Jahre mit Ulbricht, Köln 1966, S. 271.
64. Schulungsheft der KPD Nr. 11 vom November 1946.
65. SAPMO-BArch, SgY 30 1786, Bl. 1.
66. SAPMO-BArch, NY 4433/125.
67. Dwars, Jens-Fietje: Abgrund des Widerspruchs. Das Leben des Johannes R. Becher, Berlin 1998, S. 473.
68. Ebd., S. 504.
69. Schivelbusch, a. a. O., S. 117.
70. Emil Georg von Stauss war ein enger Vertrauter von Hermann Göring gewesen, der schon vor 1933 das Geschäft zwischen Hochfinanz und NSDAP vermittelt hatte, s. Dwars, a. a. O., S. 506.
71. Mit Willmann hatte Becher in Moskau die Zeitschrift „Internationale Literatur/Deutsche Hefte" herausgegeben.
72. Architekten waren Wilhelm Cremer und Richard Wolffenstein.
73. Schivelbusch, a. a. O., S. 118.
74. Wahrscheinlich hat Gysi auch die Stauss-Villa vermittelt, s. Schivelbusch, a. a. O., S. 118.
75. Schivelbusch, a. a. O., S. 125.
76. Dwars, a. a. O., S. 561.
77. Schreiben in der Akte zum Haus, im Besitz der Familie Latendorf.
78. Das Büro in der Wilhelmstraße 122a war Anfang 1945 ausgebombt worden.
79. Otto Latendorf war bei Kriegsbeginn 42 Jahre.
80. LaB, A Rep. 250 -05-01, Nr. 1–6.
81. Grünberg, a. a. O., S. 203.
82. Kuhnke, Manfred: Federlese ... daß ihr Tod nicht umsonst war! Authentisches und Erfundenes in Hans Falladas letztem Roman. Neubrandenburg 1991, S. 8/9.
83. Dwars, a. a. O., S. 506.
84. Tulpanow, Sergej: Wie der Tag des Sieges vorbereitet wurde; in: Erinnerungen an Johannes R. Becher, Leipzig 1974, S. 185.
85. Schivelbusch, a. a. O., S. 126.
86. Dwars, a. a. O., S. 494.
87. Kuhnke, Manfred: Verstrickte Zeiten. Anmerkungen zu den verwobenen Lebenslinien von Johannes R. Becher und Hans Fallada, Neubrandenburg 1999, S. 81.
88. Ebd.
89. Kuhnke, Manfred: Fallada in Pankow, Berlin 1997, S. 17.
90. Fallada an Anna Ditzen am 3. 11. 1945, aus: Hans Fallada. Sein Leben in Bildern und Briefen, Berlin 1997, S. 221.
91. SAdK, Berlin, Johannes-R.-Becher-Archiv, 14623.
92. Kuhnke: Fallada, a. a. O., S. 4.
93. Lange, Sabina: Federlese. „... wir haben nicht nur das Chaos, sondern wir stehen an einem Beginn..." Hans Fallada – 1945–47, Neubrandenburg 1988, S. 16.

94. Der Einheitswert betrug zu dieser Zeit 20.100 RM.
95. Fallada, Hans: Der Alpdruck, Berlin 1947, S. 231.
96. Crepon, Tom: Leben und Tode des Hans Fallada, Leipzig 1992, S. 296.
97. Fedin, Konstantin: Fedin und Deutschland, Berlin 1962, S. 245–250.
98. Am 3. 8. 1946 an Hans Georg Fabian, aus: Hans Fallada. Sein Leben in Bildern und Briefen, Berlin 1997, S. 210.
99. Die Redaktion befand sich Am Friedrichshain 22 in Berlin-Prenzlauer Berg.
100. Crepon, a. a. O., S. 297.
101. Kuhnke: Zeiten, a. a. O., S. 110/120.
102. LaB, C Rep. 105, Nr. 36738, Bl. 12.
103. Gniffke, a. a. O., S. 244.
104. Leonhard, Wolfgang: Spurensuche, 40 Jahre nach Die Revolution entläßt ihre Kinder, Köln 1997, S. 77.
105. Ebd., S. 75.
106. SAPMO-BArch, NY 4130, Nr. 82, Bl. 46 u. 47.
107. LaB, Rep. 105, Nr. 272.
108. Heuer, Lutz: Die Magistratssiedlung in Biesdorf 1945/46 Entstehung Folgeprobleme Bewohner. Publikationsreihe des Vereins „Helle Panke", Berlin 2001, S. 12; vermittelt wurde diese Siedlung offenbar durch den damaligen Ortsbürgermeister und KPD-Mitglied Fritz Dzyck, s. Sitzungsprotokolle, a. a. O., S. 506 FN 21.
109. SAPMO-BArch, NY 4130/82, Bl. 5.
110. „Die Welt" am 20. 3. 1950 unter der Überschrift: Ein Präsident hinter Stacheldraht von Curt Rieß: „Trotzdem waren diese Tage nach der Heimkehr die schönsten seines Lebens. Er saß in einem kleinen Haus in Biesdorf, das die Russen für ihn geräumt hatten."
111. SAPMO-BArch, NY 4130, Bl. 5.
112. Gespräch des Autors mit Lotte Ulbricht am 28. 11. 2000.
113. Erbauer ist die Firma Boswan & Knaur, s. Heuer: Magistratssiedlung, a. a. O., S. 7.
114. SAPMO-BArch, NY 4130, Bl. 119.
115. SAPMO-BArch, DY 30 / IV 2 / 11 / V 500.
116. Parallel zur Rhin- und Treffurter Straße.
117. 25. 10. 1929.
118. 26. 10. 1929.
119. Ruben, Bärbel: Unvollendetes Manuskript zur Geschichte der Siedlungsgenossenschaft „Kinderreiche Familie" in der Dingelstädter Straße, Berlin 1989, Einzelexemplar im Heimatmuseum Berlin-Hohenschönhausen.
120. Fallada, a. a. O., S. 227.
121. Leonhard: Spurensuche, a. a. O., S. 82.
122. Foitzik: Militäradministration, a. a. O., S. 42.
123. Kantorowicz, Alfred: Ein deutsches Tagebuch. Bd. I, S. 143.
124. Heuer: Magistratssiedlung, a. a. O., S. 6.
125. SAdK, Berlin, Johannes-R.-Becher-Archiv, Korrespondenz 677.
126. LaB, C Rep. 105, Nr. 36749, Bl. 2.
127. 2–2,20 m hohe und 90 cm in die Erde eingegrabene Stiele und Querriegel, s. SAPMO-BArch, DC 20/844.
128. SAPMO-BArch, NY 4109/1, Bl. 2: Propusk Nr. 153.
129. S. a. Arelt, Kurt: Sowjetische Truppen in Deutschland 1945–94, in: Im Dienste der Partei, Berlin 1998, S. 596/FN 12; Kuhnke: Zeiten, a. a. O., S. 138/FN 6.
130. Bergner, Paul: Die Waldsiedlung. Ein Sachbuch über „Wandlitz", Berlin 2001, S. 101.
131. LaB, C Rep. 105, Nr. 36558: Rechnung Bachmann; LaB, 105, Nr. 36750, Bl. 20.
132. LaB, C Rep. 105, Nr. 36583, Bl. 131–133.
133. Ebd.
134. LaB, C Rep. 105, Nr. 36649; LaB, C Rep. 105, Nr. 36585; LaB, C Rep. 105, Nr. 36559.
135. SAdK, Berlin, Johannes-R.-Becher-Archiv, Korrespondenz 546.
136. Leonhard: Spurensuche, a. a. O., S. 100.
137. Sitzungsprotokolle, a. a. O., S. 71.
138. Ebd., S. 618, Dok. 98.
139. Ebd.
140. Im 19. Jahrhundert war Dr. Killisch von Horn Begründer der Berliner Börsenzeitung und hatte den späteren Bürgerpark als englischen Garten anlegen lassen
141. Die Bäume, die der Berliner Prachtstraße „Unter den Linden" ihren Namen gaben, waren auf Wunsch Hitlers 1935 im Zusammenhang mit der Planung einer „Nordsüdachse" durch Berlin gefällt worden. Nach 1946 beschloss man eine Neubepflanzung der Berliner Straße. „Unter den Linden" gehörte als Verbindung zum Tiergarten zu den ersten Straßen, die man

wieder bepflanzte. Städtebauliche Planungen gingen noch von einer gemeinsamen Stadt aus, die Bäume sollten zu dem hinter dem Brandenburger Tor beginnenden Park vermitteln.
142. Das ehemalige Warenhaus Jandorf, Ecke Veteranenstraße, erbaut 1903/04.
143. LaB, C Rep. 105, Nr. 36559, unpag.
144. LaB, C Rep. 105, Nr. 7192, unpag.
145. LaB, C Rep. 105, Nr. 36659, unpag.
146. Leonhard: Revolution, a. a. O., Bd. 2, S. 437–441.
147. Brentzel, Marianne: Die Machtfrau. Hilde Benjamin 1902– 1989, Berlin 1997, S. 153.
148. LaB, C Rep. 105, Nr. 578, Bl. 14.
149. SAPMO-BArch, NY 4036/661, S. 100/101.
150. Nr. 9/46 G Notariatsregister
151. Rudolf Appelt tritt am 18. 10. 1947 mit 7.500 RM als Eigentümer der „Deutschen Werbe- und Anzeigen-GmbH", der parteieigenen Werbefirma, auf; in: Schütrumpf, Jörn: Die Werbefirma DEWAG. Ein Fragment.; in: Parteiauftrag: Ein Neues Deutschland. Bilder, Rituale und Symbole der frühen DDR, hrsg. Dieter Vorsteher, Berlin/München 1996, S. 452.
152. Zentrales Grundbucharchiv Akte zu Majakowskiring 28, Band 61 Bl. 1876, Kaufvertrag vom 25. 2. 1946.
153. Zentrales Grundbucharchiv Akte zu Majakowskiring 28, Band 61 Bl. 1876, Kaufvertrag vom 12. 5. 1947.
154. LaB, C Rep. 101, Nr. 5.
155. SAPMO-BArch, DY 30/IV 2/22/56, Bl. 39.
156. Berlin-Mitte, Torstraße 1.
157. SAPMO-BArch, DY 30/V 2/22/56, Bl. 38: Schreiben vom 16. 11. 1946 von O. Winzer an E. Gniffke: „Grundstücke, die vor 1933 den Gewerkschaften, Konsumgenossenschaften (und in vereinzelten Fällen auch den Arbeiterparteien) gehört haben, können durch eine entsprechende Verordnung der Präsidenten der Länder und Provinzen dann den Organisationen wieder zurückgegeben werden, wenn sie ins Eigentum der NSDAP oder eines anerkannten Aktivisten übergegangen waren."
158. Gniffke, a. a. O., S. 182
159. Ebd.
160. Ebd.
161. Ebd., S. 258
162. Ebd., S. 203
163. Ebd.
164. SAPMO-BArch, NY 4130, Bl. 44.
165. SAPMO-BArch, DY 30/IV 2/22/56, Bl. 2 u. 3.
166. Artikel X Absatz 4 der Direktive 38.
167. SAPMO-BArch, NY 4036/661, S. 100/101.
168. LaB, C Rep. 105, Nr. 36585, unpag
169. LaB, C Rep. 105, Nr. 36570, Bl. 28.
170. LaB, C Rep. 105, Nr. 36738; Nr. 36610; Nr. 36659.
171. SAPMO-BArch, NY 4049 / 25, Bl. 167
172. Tägliche Rundschau vom 29. 4. 1949 Nr. 99 (1210) S. 4.
173. Berlin. Quellen und Dokumente 1945–1951, Berlin 1964, S. 1665.
174. LaB, C Rep. 105, Nr. 36738: Schreiben vom 5. 3. 1946.
175. Ebd.
176. Auf einem Handzettel, heute in der Hausakte der Familie Latendorf, war in russisch vermerkt: „Genosse Oberst Batuloff! Laut Beschluß des Militärkommandanten in Pankow kann das gesamte Eigentum, welches dem Genossen Ackermann (Mitarbeiter des Zentralkomitee 175) gehört, überführt werden aus dem Haus Nr. 19 in ein anderes Haus. Bevollmächtigter des ZK der KPD Bratschikow"; anbei lag eine deutsche Übersetzung.
177. Schreiben vom 9. 10. 1945 an das Bezirksamt Pankow in Hausakte zum Rudolf-Ditzen-Weg 19 im Besitz der Familie Latendorf: „Gelegentlich einer vor einiger Zeit in Gegenwart von Handwerkern gehabten Besichtigung meines Hauses mußte ich zu meinem Erstaunen feststellen, daß fast alle in meinem Haus belassenen Möbel aus diesem entfernt worden sind. Ferner die Lampen – Waschgefäße – Kochplatte aus dem Elektroherd – Haushaltungsgeräte aus der Speisekammer – ein wertvoller neuer Ofen (Allesbrenner) – sämtliche verchromten Teile im Badezimmer und aus dem Geräteraum das reichhaltige Gartengerät. Die Haustür sowie die Tür zum Geräteraum waren erbrochen, obwohl alle Schlüssel von mir abgezogen wurden. Aus dem Garten sind die wertvollsten Koniferen entfernt. Ich bemerke hierzu, daß die Räumung des Hauses ohne irgendwelche schriftlichen Angaben Ihrerseits erfolgte und auch über die Weiterverwendung der Häuser Stillschweigen bewahrt wurde. Ferner wurde ich aufgefordert, nur einen Teil des Mobiliars und Inventars mitzunehmen und ein

Verzeichnis des zurückgelassenen Eigentums einzureichen. Letzteres ist geschehen und zwar wurde das Verzeichnis mit Schreiben vom 14. 8. 1945 dem Wohnungsamt Berlin-Niederschönhausen in zweifacher Ausfertigung eingereicht. Wenige Tage nach der Räumung des Hauses zog eine deutsche Familie ein, die aber nach kurzer Zeit das Haus am 24. 8. wieder räumte, sodaß es von diesem Zeitpunkt ab unbewohnt ist. Es ist nun beobachtet worden und die beschäftigten Handwerker haben mir bestätigt, daß diese deutsche Familie mein Eigentum aus dem Haus entfernt hat. Ich bitte Sie nun, mir jetzt den Namen und jetzige Anschrift mitzuteilen, damit ich entsprechende Schritte wegen meines entwendeten Eigentums unternehmen kann. Ich teilte Ihnen schon früher mit, daß ich die Zurverfügungstellung des Hauses als eine reine Quartierleistung für den Magistrat der Stadt Berlin ansehe und Sie können daher versichert sein, daß ich zur gegebenen Zeit meinen vollen Schadensersatzanspruch geltend mache werde, wozu ich nach der jetzt geltenden Rechtsauffassung berechtigt bin. Ich bemerke noch, daß ich kein früherer Pg. und nachweislich Antifaschist bin, daß das von mir geleitete Unternehmen (ca. 60 Gfm.) bis zum Jahre 1941 überhaupt kein Pg. und nach 1941 nur ein Pg., den zu diktierenden Betriebsobmann, beschäftigte. Auch wurde in diesem Betrieb ein KPD-Funktionär trotz mancher Schwierigkeiten aus der Zeit der Machtübernahme bis zum Kriegsende und auch heute noch weiter beschäftigt. Ich darf daher wohl schon um Ihre Unterstützung bitten."

178. Schreiben vom 25. 3. 1945 in Hausakte zum Rudolf-Ditzen-Weg 19 im Besitz der Familie Latendorf.
179. SAPMO-BArch, DY 30/IV 2/22/56, Bl. 2 u. 3.
180. Schreiben vom 24. 11. 1945 in Hausakte zum Rudolf-Ditzen-Weg 19 im Besitz der Familie Latendorf.
181. Der Militärkommandant des Bezirkes Pankow Tarakanow schrieb handschriftlich: „Dem Herrn Bürgermeister Metzchen! Dem Schriftsteller Herrn Fallada und seiner Familie ist das Haus 19 in dem Eisenmengerweg zur Verfügung gestellt. Sie möchten auf schnellsten Wege im Hause alle Reparaturarbeiten ausführen." LaB, C Rep. 105, Nr. 36738.
182. LaB, C Rep. 105, Nr. 36738.
183. Lange: Chaos, a. a. O., S. 16.
184. Ebd., S. 17.
185. Sie zog in die nahe gelegene Kavalierstraße 4.
186. LaB, C Rep 105, Nr. 36570.
187. Schreiben vom 5. 8. 1946 Privatarchiv Waltraut Küsgen; Pieck an Hilde Zeller: „Bei meinem Aufenthalt in Braunschweig machte ich die Bekanntschaft Ihrer Schwester, Frau Marthel Jungheim, nebst Gatten, die mich baten, Ihnen und Frau Alexi herzliche Grüsse zu übermitteln, was hiermit geschieht. Gestern erhielt ich einen Brief von Ihrer Schwester aus Braunschweig, in dem sie mich bat, ihr bei der Überführung ihrer Möbel aus Wandlitz nach Braunschweig behilflich zu sein. Ich habe ihr die Bestimmungen dazu mitgeteilt, die von ihr beachtet werden müssen. Es hängt das im wesentlichen von der britischen Militärverwaltung in Braunschweig ab und ausserdem von dem Bürgermeister in Wandlitz, der bescheinigen muss, dass sich die Sachen in Wandlitz befinden und Eigentum von Frau Marthel Jungheim respektive Ihres Gatten sind. Betreffend meiner Verpflichtungen Ihnen gegenüber wegen der Miete hoffe ich, dass es nun endlich zu einer Verständigung und Regelung kommt. Falls Sie Gewicht darauf legen, noch vor der Regelung eine Art Anzahlung von mir zu erhalten, so bin ich gern bereit dazu. Mir ist es sehr peinlich, dass sich die Regelung der Sache in die Länge zieht."
188. Brief vom 23. 6. 1946 im Privatarchiv Waltraut Küsgen.
189. SAPMO-BArch, NY 4036/285, Bl. 1.
190. Piecks früherer Quartierwirt aus Zeiten der Illegalität.
191. SAPMO-BArch, NY 4036/285, Bl. 3.
192. Ebd., Bl. 7.
193. Ebd., Bl. 4.
194. Ebd., Bl. 6: vom 26.–28. 11. 1947.
195. S. a. Wortlaut des Befehls 204.
196. LaB, C Rep. 105, Nr. 12335.
197. Ebd.
198. SAdK, Berlin, Johannes-R.-Becher-Archiv, Korrespondenz 15585
199. Ebd., Korrespondenz 15586
200. Die Organisation „Opfer des Faschismus", ab 1949 staatliche Einrichtung „Verfolgte des Naziregimes (VdN)", erwirkte in ihren Ausschüssen bei den neu eingesetzten Kommunalverwaltungen u. a. Vorrechte bei der Zuteilung von Wohnraum und gewährte Hilfe bei der Beschaffung von Haushaltsgegenständen; s. Herbst, Andreas/Ranke, Winfried/Winkler, Jürgen: So funktionierte die DDR, Band 2, S. 1134–1135.
201. SAdK, Berlin, Johannes-R.-Becher-Archiv, Korrespondenz 546.
202. Ebd., Korrespondenz 15574.

203. Ebd., Korrespondenz 15576.
204. LaB, C Rep. 105, Nr. 12335.
205. Willmann bezog zu dieser Zeit ein Monatsgehalt von 1.500 DM zzgl. der Zuwendungen als Opfer des Faschismus.
206. LaB, C Rep. 105, Nr. 12335.
207. Gniffke, a. a. O., S. 180.
208. Dwars, a. a. O., S. 577.
209. Dwars, a. a. O., S. 561.
210. Schivelbusch, a. a. O., S. 167.
211. Das Pankower „(Regierungs-) Städtchen" und das Schloß Niederschönhausen zwischen 1945 und 1990. Ein Beitrag zur Ortsgeschichte (ABM-Forschungsprojekt). Bearbeitet von Barbara Roeber, Holger Stoecker, Liane Walther (Städtchen) und Roland Baron, Heinz Hafemeister (Schloß), Berlin-Pankow 1998, S. 219: Schreiben vom 6. 1. 1948.
212. LaB, C Rep. 105, Nr. 36749: Schreiben vom 24. 11. 1948; SAdK, Berlin, Nachlass E. Wendt, 244.
213. Keiderling, a. a. O., S. 321; SAPMO-BArch, NY 4182/ 851, Bl. 95.
214. Keiderling, a. a. O., S. 386, SAPMO-BArch, NY 4036/ 500, Bl. 70 der Reinschrift.
215. SAdK, Berlin, Nachlass E. Wendt, 244: polizeiliche Anmeldung vom 16. 3. 1948.
216. Sie war 1929–1941 mit Herbert Wehner liiert und kannte Pieck sowie Ulbricht aus dem Hotel „Lux".
217. SAPMO-BArch, DY 30/IV 2/11/V 500.
218. SAdK, Berlin, Nachlass A. Abusch, Bü 216.
219. Ebd.
220. LaB, C Rep. 105, Nr. 36749, Bl. 49.
221. Gniffke, a. a. O., S. 286/287.
222. SAPMO-BArch, DY 30/IV 2/2.1/98, Punkt 12 Einführung Gniffke.
223. SAPMO-BArch DY 30/IV 2/1/57, Protokoll einer außerordentlichen Tagung des Parteivorstandes am 30. 10. 1948, in der Gniffke Korruption in seinen Geschäftsgebaren vorgeworfen wurde.
224. Malycha, Andreas: Die SED. Geschichte ihrer Stalinisierung 1946–1953, Paderborn München/Wien/Zürich 2000, S. 27.
225. Ebd., S. 29.
226. Ebd., S. 29.
227. W. Pieck, W. Ulbricht, P. Merker, Fr. Dahlem von den ehemaligen Kommunisten; O. Grotewohl, H. Lehmann, F. Ebert von den ehemaligen Sozialdemokraten und A. Ackermann sowie K. Steinhoff als Kandidaten.
228. mit Fr. Dahlem, Fr. Oelssner, E. Baumann und P. Wessel
229. „Politische Arbeitsessen" am Abend gab es am 30. 4. und am 13. 9. 1948; SAPMO-BArch, NY 4036/736.
230. SAPMO-BArch, NY 4036/285, Bl. 11–12.
231. Damals Wahnschaffestraße, Ebert zog Nr. 11 und Matern wohnte Nr. 37.
232. SAPMO-BArch, NY 4036/285, Bl. 8.
233. Er war erst am 22. 10. 1948 nach Berlin gekommen und erhielt in Berlin-Weißensee in der Berliner Straße 185 eine Villa.
234. SAPMO-BArch, NY 4036/285, Bl. 9; SAPMO-BArch, FBS 93 / 1167, Bl. 68.
235. Ebd., Bl. 10: Treffen am 21. 11. 1948 um 20 Uhr.
236. Barch Bln. DH/1 44476 unpag., Schreiben Piecks an den Minister für Aufbau L. Bolz vom 9. 5. 1951: „Ich wäre Ihnen sehr verbunden, wenn Sie Veranlassung nehmen würden – so wie wir es gestern schon besprachen – einen Architekten zu beauftragen, einen Plan auszuarbeiten für die bauliche Veränderung der Mittelloge und des Vorraums in der Deutschen Staatsoper. Die jetzt bei der Loge angebrachten Seitenwände müssen mindestens auf die Hälfte der Breite vermindert werden. Im Vorraum müsste eine Entlüftungsanlage eingebaut werden."
237. S. „Die Zeit" vom 16. 9. 1960 unter der Überschrift: Er war tot, ehe er starb. Meine Erinnerungen an Wilhelm Pieck von Wolfgang Leonhard: „Als die Engländer den Shakespeare-Film Heinrich V. zur Uraufführung brachten, übersandten sie dem Zentralkomitee in Ostberlin zwei Einladungskarten. ‚Fahren wir doch ruhig mal dorthin', sagte Pieck zu mir. Zum erstenmal in meinem Leben erlebte ich ein „westliches" Premierenpublikum und noch dazu ein Publikum, das von Pieck überhaupt keine Notiz zu nehmen schien. Pieck wurde beim Betreten des Foyers von niemandem begrüßt, ja, überhaupt kaum beachtet. Auch nach dem Ende des Films – er hatte übrigens Pieck gut gefallen – verließen wir völlig unbemerkt das Theater."
238. 1927, Öl auf Leinwand, 86,5 x 121,5 cm. Werkverzeichnis Hans Baluschek, zusammengestellt von Günter Meißner 1959–61 Leipzig 1961, S. 138, Nr. 552.
239. Aus: Meißner, Günter: Hans Baluschek und sein Kreis, in: Hans Baluschek 1870–1935, Staatliche Kunsthalle Berlin 1991, S. 15.

Das Regierungsstädtchen (1950–1960)

1. Finkemeier/Röllig, a. a. O., S. 221.
2. Später „Nationale Front" der DDR, s. a. Herbst/Ranke/Winkler: a. a. O.
3. Fünf Tage nach der Konstituierung des Parlamentes wählte es Wilhelm Pieck zum Präsidenten der DDR. Die provisorische Regierung vereidigte dieser als erste Amtshandlung im Schloss Schönhausen, das unter dem damaligen Namen „Schloß Niederschönhausen" zu seinem offiziellen Sitz bestimmt worden war. Diese, nur von den Wahlen am 15./16. 5. 1949 zum 3. Deutschen Volkskongress demokratisch legitimierte Regierung, setzte sich wie folgt zusammen: Ministerpräsident: Otto Grotewohl (SED); Stellvertreter: Otto Nuschke (CDU), Walter Ulbricht (SED) und Hermann Kastner (LDP); Inneres: Karl Steinhoff (SED); Auswärtige Angelegenheiten: Georg Dertinger (CDU); Planung: Heiner Rau (SED); Industrie: Fritz Selbmann (SED); Land- und Forstwirtschaft: Ernst Goldenbaum (DBD); Finanzen: Hans Loch (LDP); Verkehr: Hans Reingruber (parteilos); Post- und Fernmeldewesen: Fritz Burmeister (CDU); Aufbau: Lothar Bolz (NDP); Arbeit u. Gesundheitswesen: Luitpold Steidle (CDU); Volksbildung: Paul Wandel (SED); Justiz: Max Fechner (SED); Außenhandel: Georg Ulrich Handke (SED); Handel: Karl Hamann (LPD); Johannes Dieckmann (LPD) hatte das Parlament zu seinem Präsidenten gewählt.
4. Seit 1946 Verwaltungsinstanz zur Koordination der Wirtschaftspolitik in der sowjetisch besetzten Zone, ab 1948 gesetzgeberische Befugnisse, damit zentralistisch über den Länderregierungen stehend. Damit verfügte die Regierung der DDR 1949 bereits über einen funktionsfähigen Apparat, in dem die wichtigsten Positionen durch SED-Mitglieder besetzt waren.
5. Seine Frau Margarete Selma Olga war eine geborene Gentz.
6. Paul Wegener, Karl Ewald Böhm, Wilhelm Bick und Bernhard Max Bechler, s. SAPMO-BArch, Sg Y 30/0291, Teil 4.
7. SAPMO-BArch, NY 4227/7, Bl. 82.
8. Lehmann, Hans Georg: Deutschland-Chronik 1945 bis 1995, Schriftenreihe der Bundeszentrale für politische Bildung Bd. 332, Bonn 1996, S. 73.
9. Ebd., S. 72.
10. S. Rede Otto Grotewohls in „Neues Deutschland" vom 23. 10. 1948.
11. LaB, C Rep. 105, Nr. 36750, Bl. 28: Schreiben vom 27. 5. 1946; Vosske, Heinz: Otto Grotewohl. Biographischer Abriß, Berlin 1979, S. 60.
12. LaB, C Rep. 105, Nr. 36750: Schreiben vom 27. 5. 1946.
13. Chronik der Max Hensel Maschinenfabrik und Eisenbau Berlin-Wittenau, 1910–1960, Berlin 1960.
14. Heute Berliner Ensemble.
15. Bajohr, Stefan: Vom bitteren Los der kleinen Leute. Protokolle über den Alltag Braunschweiger Arbeiterinnen und Arbeiter 1900 bis 1933, Köln 1984, S. 145/46, 158, 161.
16. Grude-Herd-Vertrieb „Heibako" von Erich Gniffke.
17. Triebel, Wolfgang: Otto Grotewohls Weg in die Einheitspartei. Hintergründe und Zusammenhänge. Eine Betrachtung seines politischen Denkens und Handelns zwischen Mai 1945 und April 1946, hefte zur ddr-geschichte 13, Berlin 1993, S. 9.
18. Jodl, Markus: Amboß oder Hammer? Otto Grotewohl. Eine politische Biographie, Berlin 1997, S. 20; dort verwiesen auf Fetscher, Iring/Helga Grebing und Günter Dill (Hg.): Der Sozialismus. Vom Klassenkampf zum Wohlfahrtsstaat. Texte, Bilder und Dokumente. München 1968, S. 153.
19. SAPMO-BArch, Sg Y 30 1786, Bl. 7/8.
20. Am 8. 2. 1949 erließ der Magistrat unter Ebert einen Beschluss zur Durchführung des Gesetzes zur Einziehung von Vermögenswerten der Kriegsverbrecher und Naziaktivisten. Darin wurden Vermögenswerte aufgelistet, die entschädigungslos zu enteignen sind. Praktisch verwirklicht werden konnte dieser Beschluss nur im sowjetischen Sektor Berlins. Auf dieser Liste befanden sich u. a. die Grundstücke Majakowskiring 2, 34, 46/48, 58, Stille Straße 1–4, Rudolf-Ditzen-Weg 14.
21. LaB, B Rep. 230, Acc. 3690 Nr. 108, Entnazifizierungsurkunde vom 11. 3. 1949.
22. Ab 1956 Technische Universität Berlin.
23. Von Mai 1945 bis Dezember 1946 Leiter der Magistratsabteilung für Bau- und Wohnungswesen; s. a. Sitzungsprotokolle, a. a. O., Teil II, S. 1019.
24. Sitzungsprotokolle, a. a. O., Teil I, S. 47.
25. BArch, DH / 1 44476, S. 1.
26. Entwürfe dafür waren von ihm bereits für die Frankfurter Allee in Berlin-Friedrichshain angefertigt worden.

27. BArch, DH / 1 44476, S. 1.
28. Ebd.
29. Gutachten über die Durchführung von Instandsetzungs-, Umbau-, Ausbau- und Einrichtungsarbeiten des Hauses des Herrn Ministerpräsidenten Grotewohl Berlin-Niederschönhausen, Kronprinzenstr. 19 von Scharoun vom 25. 5. 1950, als Kopie im Archiv des Autors, S. 1.
30. Amberger, Eva-Maria: Sergius Ruegenberg. Architekt zwischen Mies van der Rohe und Hans Scharoun, Berlin 2000, S. 136 u. 137; siehe auch SAPMO-BArch, NY 4090 / 15, Bl. 15.
31. Gutachten a. a. O., S. 2.
32. Größe 40 x 30 cm.
33. LaB, C Rep. 105, Nr. 12335: Schreiben vom 4. 4. 1950.
34. Das Nebengebäude, welches als Wohn- und Garagenraum diente, wird zu Wohnzwecken ausgebaut. aus Gutachten a. a. O., S. 2.
35. Grotewohl heiratete 1949 seine bisherige Sekretärin Johanna Danielzig.
36. Gutachten, a. a. O., S. 3.
37. IRS, Lingnernachlass: Mappen A 4 Mappe 1.
38. Finkemeier/Röllig, a. a. O., S. 231; IRS, Lingnernachlass: Mappen A 3.
39. Rheinischer Merkur Nr. 11 vom 14. 3. 1952 S. 16, unter der Überschrift: Kaviar und Stacheldraht. Am Wohnsitz der Sowjetzonen-Prominenz von ***: „Jeden Morgen, kurz bevor er zum Politbüro in die Lothringer Straße fährt, macht Pieck im Vorgarten seines Grundstückes, unter den wachsamen Augen seiner uniformierten Begleitmannschaft, einen viertelstündigen Rundgang auf einem Geviert von 20 mal 30 Metern, dessen Fußweg – unschwer zu erkennen – mit Marmorplatten aus der Hitler-Reichskanzlei belegt ist."
40. Zimmerling, a. a. O., S. 20.
41. Von dem Dresdener Künstlerkollektiv Reinhold und Lohmer 1951.
42. Kinderlied von 1950, Brecht Werke Bd. 5, Frankfurt 1993, S. 222; der Text wurde 1950 von Hanns Eisler vertont.
43. Finkemeier/Röllig, a. a. O., S. 230.
44. Architekt war Willi Weng vom Regierungsbauamt.
45. Schwartz, Uwe: Denkmalpflegerische Bestandserfassung der Erweiterungsbauten und des Gartens am Schloß Schönhausen in Berlin-Pankow für den Amtssitz des Präsidenten (1949-60) und das Gästehaus der DDR-Regierung (1960-89) Abschlußarbeit im Aufbaustudium Denkmalpflege an der Technischen Universität Berlin 2001, S. 12
46. Finkemeier/Röllig, a. a. O., S. 231
47. Die Gebäude wurden bemerkenswerterweise in den Westmedien für Kasernen gehalten; siehe „Der Tag" vom 24. 2. 1957, S. 24 unter der Überschrift: Volksnah – bis auf siebenhundert Meter von J. T.
48. Schwartz, a. a. O., S. 19.
49. (Regierungs-) Städtchen, a. a. O., S. 196: Schreiben vom 22. 8. 1951.
50. Zuckermann trat 1947 der jüdischen Gemeinde Berlins bei.
51. Kantorowicz, a. a. O., Bd II, S. 340.
52. Anfangs monatlich rund 1.000, dann bis zu 21.000 Eingaben, so dass insgesamt 1,6 Mill. Briefe die Präsidialkanzlei im Laufe ihres zehnjährigen Bestehens erreichten, aus: Zimmerling: Das Jahr, S. 22.
53. Leipziger Straße 5–7; s. a. DEFA-Wochenschau „Der Augenzeuge" Nr. 43 von 1950.
54. SAPMO-BArch, DY 30/IV/2 11/v. 2763: Protokoll eines Gesprächs vom 3. 8. 1951: „Ich will deshalb vorschlagen, daß man in der ganzen Republik von oben bis unten überall Sprechstunden einführt. Die Menschen werden im allgemeinen nur unter 4 Augen ihre offene Meinung sagen. Wenn man überall Sprechstunden durchführt, würden eine Unmenge von Fragen überhaupt nicht erst in die Präsidialkanzlei kommen. Jetzt bearbeiten wir viele Beschwerden und Gesuche, die gar nicht in die Präsidialkanzlei gehören. Z. B. bearbeiten wir einen Antrag, in dem eine Frau darum ersucht, daß sie in Halle die Genehmigung bekommt, als Hausschneiderin zu arbeiten. Die Bürokraten in Halle haben mit der Frau überhaupt nicht gesprochen. Es heißt einfach, 5 Hausschneiderinnen sind in Halle genug, eine sechste dürfe man nicht zu lassen. Man müßte die Bürokraten zwingen, die Menschen anzuhören. Ich habe das in Leipzig immer gemacht. In Sprechstunden unter 4 Augen kann man viel erledigen. In Leipzig habe ich es so gemacht, daß ich gegen die Bürokraten vorgegangen bin."
55. SAPMO-BArch, NY 4036/773.
56. Ebd., S. 7.
57. Ebd., S. 1.
58. Ebd., S. 60.
59. Das Grundstück am Streganzer See im Südosten von Berlin, das vor dem Krieg einem Papierfabrikanten gehörte, der ebenfalls als „Kriegsgewinnler und Naziaktivist" enteignet worden

60. war, wurde von Pieck 1954–1959 genutzt, später Anlage des Zentralrats der FDJ, auch Otto Grotewohl verbrachte im Ort Prieros teilweise seine Wochenenden.
60. SAPMO-BArch, NY 4036/768, Bl. 35.
61. Abusch, Alexander: Aus den ersten Jahren unserer Kulturrevolution, in : … einer neuen Zeit Beginn. Erinnerungen an die Anfänge unserer Kulturrevolution, Berlin/Weimar 1980, S. 83.
62. Amos, Heike: Die Nationalhymne der DDR 1949–1990. Entstehung – Durchsetzung – Textverbot?, Forschungsinstitut für Öffentliche Verwaltung bei der Hochschule für Verwaltungswissenschaften Speyer, Speyer 1996, S. 28/29.
63. SAPMO-BArch, DY 30 IV 2/2/44.
64. Amos, a. a. O., S. 27.
65. Ganz sicher waren dabei O. Grotewohl, W. Ulbricht, F. Dahlem, F. Ebert, H. Matern, F. Oelssner sowie A. Ackermann und E. Schmidt, s. SAPMO-BArch, NY 4036/25, Bl. 413; SAPMO-BArch, NY 4036/27 – Kalendereintrag, Bl. 24; s. a. SAdK, Berlin, Johannes-R.-Becher-Archiv, Korrespondenz 13115.
66. Amos, a. a. O., S. 40
67. SAPMO-BArch, DA 1/964, unpag.
68. Amos, a. a. O., S. 164.
69. Ebd., S. 63.
70. Ebd., S. 67.
71. Ebd., S. 165.
72. SAPMO-BArch, NY 4036/768, Bl. 35.
73. Amos, a. a. O., S. 65.
74. SAPMO-BArch, DY 30 IV 2/2/71, Anlage 4.
75. Völker, Klaus: Bertolt Brecht. Eine Biographie, Reinbeck bei Hamburg 1988, S. 348.
76. Ebd.
77. Gegen die Verfolgung der Brüder Eisler gab es Proteste von Pablo Picasso, Igor Strawinski, Thomas Mann und Albert Einstein.
78. SAPMO-BArch, NY 4036/681, Bl. 59.
79. SAPMO-BArch, DY 30 IV 2/3 A, 033.
80. LaB, C Rep. 105, Nr. 36820, Akte Pfeilstraße 13.
81. Otto, Wilfriede: Deutscher Handlungsspielraum und sowjetischer Einfluß. Zur Rolle der sowjetischen Kontrollkommission; in: „Provisorium für längstens ein Jahr". Protokoll des Kolloquiums Die Gründung der DDR herausgegeben von Elke Scherstjanoi, Berlin 1993, S. 140.
82. SAPMO-BArch, NY 4036/736, Bl. 5–7.
83. Ebd., Bl. 8 und 9.
84. Otto: Handlungsspielraum, a. a. O., S. 139.
85. Zwieselerstraße 4/Ecke Rheinsteinstraße, dem Ort der bedingungslosen deutschen Kapitulation und danach Sitz der SMAD.
86. So am 26. 11. 1949, am 22. 12. 1949, am 23. 3. 1950, am 21. 2. 1951, am 12. 3. 1951, am 11. 5. 1951, am 20. 6. 1951, am 20. 7. 1951, am 1. 11. 1951, am 15. 11. 1951, am 12. 12. 1951, am 9. 3. 1952, am 14. 4. 1952, am 20. 10. 1952 und am 2. 2. 1953; s. SAPMO-BArch, NY 4036/27 (Vormerkkalender).
87. SAPMO-BArch, NY 4036/736, Bl. 8.
88. Otto: Handlungsspielraum, S. 142.
89. SAPMO-BArch, NY 4036/27 (Vormerkkalender).
90. SAPMO-BArch, NY 4036/285, Bl. 44.
91. SAPMO-BArch, NY 4036/672, Bl. 220–223.
92. Für die Kammerspiele des Deutschen Theaters.
93. Kantorowicz, a. a. O., Bd II, S. 185.
94. Ebd., S. 186.
95. „Neues Deutschland" 9. 6. 1951, „Sonntag" 10. 6. 1951.
96. SAPMO-BArch, NY 4036/677, Bl. 149.
97. Ebd., Bl. 160–170.
98. Ebd., Bl. 185 u. 186.
99. SAPMO-BArch, NY 4036/681, Bl. 17, 18, 20 bzw. SAdK, Berlin, Bertolt-Brecht-Archiv, Korrespondenz BBA 135/2; SAPMO-BArch, NY 4036/27 (Vormerkkalender).
100. So der Titel seiner Rede auf der 5. Tagung des Zentralkomitees der SED.
101. Lucchesi, Joachim: Das Verhör in der Oper. Die Debatte um die Aufführung „Das Verhör des Lukullus" von Bertolt Brecht und Paul Dessau, Berlin 1993, S. 21.
102. SAdK, Berlin, Bertolt-Brecht-Archiv, Korrespondenz BBA 135/2 Bl. 20 BBA 135/2 Bl. 20: Schreiben vom 6. 4. 1951.

103. (Regierungs-) Städtchen, a. a. O., S. 143: Schreiben vom 22. 8. 1951.
104. SAPMO-BArch, Sg Y 30 / 0291, Teil 4, S. 74.
105. Ebd.
106. Leipziger Straße 5–7, das ehemalige Luftfahrtministerium, später Haus der Ministerien, heute Bundesministerium der Finanzen (Wilhelmstr. 97).
107. Er wohnte mit seiner Familie im Erdgeschoss Majakowskiring 66.
108. BArch, DH/1 44476 unpag.; SAPMO-BArch, DC 20/844, Akte über Investitionen.
109. Ebd.
110. Das Haus Rudolf-Ditzen-Weg 23 hatte sich die lungenkranke Hildegard Leissering erbauen lassen, weil sie sich hier, nahe dem Wasser, Linderung ihres Leidens versprach. Nach der Beschlagnahmung 1945 erlag sie bald darauf ihrem Leiden; s. LaB, C Rep. 105, Nr. 36659, unpag.
111. SAPMO-BArch, DC 20/870: Liste vom 30. 9. 1951; DC 20/844, Akte über Investitionen; BArch, DH/1 44476 unpag.
112. vgl. „Die Neue Zeitung" vom 28. 9. 1952: Pankow-Regime wird immer diktatorischer, und vom 18. 6. 1953, S. 2: Pankow ist pleite, wir wollen neue Leute noch heute; Telegraf vom 14. 1. 1956: Familienzwist im Hause Pankow; Die Welt vom 14. 1. 1956: Pankows Geist; Der Tagesspiegel vom 23. 5.1957: Pankow droht mit Repressalien.
113. Sitz des Zentralkomitees „Haus der Einheit" Torstr. 1; Haus der Ministerien Leipziger Str. 5–7; Ministerium für Auswärtige Angelegenheiten Luisenstr. 56; Ministerium für Justiz Dorotheenstr. 49.
114. Damals bei der Kasernierten Volkspolizei.
115. Chefinspekteur der DVP.
116. Leiter der HV Ausbildung und Vizepräsident der DVP.
117. Inspekteur bzw. Chefinspekteur der DVP.
118. Chef der Seepolizei.
119. Leiter der Abteilung Kriminalpolizei der Deutschen Verwaltung des Innern.
120. Leiter der Hauptabteilung der Deutschen Grenzpolizei.
121. Leiter der Hauptabteilung Politische Kultur in der Hauptverwaltung der DVP.
122. SAPMO-BArch, NY 4036/285, Bl. 24–28; LaB, C Rep. 101, Nr. 570 unpag.
123. BArch DH/1 44476 unpag.
124. Dem ehemaligen Hauptsitz der sowjetischen Zentralkommandantur.
125. Bereits am 1. 10. 1948 eröffnete eine Höhere Polizeischule in Niederschönhausen; s. Geschichte der Deutschen Volkspolizei Bd. 1, Berlin 1987, S. 356; s. a. Tagesspiegel vom 30. 7. 1947 Nr. 175, u. d. T.: Eine Kaserne mehr ... „Eines der besten Berliner Altersheime war das in der Seckendorffstraße in Niederschönhausen. Es bestand aus zehn einzelnen Häuschen, in denen dreihundert Menschen Unterkunft finden konnten. Das Unternehmen war halb städtisch, halb privat, und jeder Insasse mußte sich mit einigen tausend Mark ‚einkaufen'. Bei der Besetzung Berlins vor zwei Jahren mußten die Bewohner das Heim verlassen, und im September 1946 zog die Landespolizei der Provinz Brandenburg in die Räume ein. Der Gebäudekomplex wurde aber nicht in das Sperrgebiet der russischen Besatzungsmacht einbezogen, in dessen Nähe er liegt. Jetzt wird das ehemalige Altersheim zu einer Schule der Landespolizei umgebaut. Wände werden herausgerissen oder durchbrochen und andere bauliche Veränderungen vorgenommen, die den Gebäuden den Charakter einer Kaserne geben."
126. 1. hinter dem großen Zaun Hensels; 2. hinter der neuen Mauer des Sperrgebietes; 3. geschützt durch extra Posten, die Wachmannschaften und seinen Bodygard
127. Das Verwaltungsgebäude der Bergmann-Electricitätswerke AG, zwischen 1939–1945 Sitz der Reichskriegsmarine.
128. SAdK, Berlin, Nachlass A. Abusch, Bü 218/1: Schreiben vom 11. 1. 1950.
129. Kantorowicz, a. a. O., Bd I, S. 144 u. d. Ü.: Becher sehr verändert.
130. SAdK, Berlin, Nachlass A. Abusch, Bü 218/1: Schreiben vom 11. 1. 1950.
131. Ebd.: Zuweisung vom 3. 2. 1950.
132. SAPMO-BArch, DC 30 IV 2/2 Nr. 119 vom 21. 11. 1950.
133. Zur gleichen Zeit begann das MfS eine Häuserzeile für Mitarbeiter der Abteilung Personenschutz in der Siegfriedstraße in Berlin-Lichtenberg zu errichten.
134. BStU 1922, Bl. 183.
135. BStU 1920, Bl. 43, siehe auch Befehl des MfS 301/54.
136. BStU 1922, Bl. 183.
137. SAPMO-BArch, DC 30 IV 2 / 2, Nr. 27/56.
138. Die Gebäude Ossietzkystraße 19, 21, 25, 27, 29 und 31 wurden 1955 vom Büro Henselmann errichtet; s. LaB, C Rep. 110 Mü, Nr. 6135.
139. Das Häuschen hatte sich der blinde Willi Rother erbauen lassen, der zur gleichen Zeit in der Grabbeallee 16 an der Grenze des Existenzminimums lebte; s. LaB, C Rep. 105, Nr. 36628.

140. Seit 17. 7. 1950 Georgij Kostoff.
141. Seit 14. 11. 1950 Ichim Rusu.
142. BStU MfS KSI 20/84 Akte Franz Gold, S. 253–254.
143. Tagesspiegel vom 19. 6. 1997 von Christoph von Marschall u. d. T.: Der Prophet. Zum Tode des Literaten und Weltbürgers Lew Kopelew.
144. Gieseke, Jens: Die hauptamtlichen Mitarbeiter der Staatssicherheit. Personalstruktur und Lebenswelt 1950–1989/90, Berlin 2000, S. 95 FN 53.
145. Zuvor wohnte hier Bruno Beater.
146. Die Schlagbäume wurden jeweils durch die Firma Carl Schmidt, Schönholzerstraße 4, gefertigt.
147. In der Bauakte im Bauaktenarchiv Pankow ist die so genannte eingeschossige, nicht unterkellerte, in Ziegelbauweise errichtete „Anmeldung", von der sich keine Abbildung erhalten hat, vom Architekt Drexler 1967 wie folgt beschrieben worden: „Das Objekt ist von der Zufahrtsstraße zum Schloß Niederschönhausen einzusehen und bildet mit den Bauten des Schlosses sowie Gelände Majakowskiring eine städtebauliche Einheit, ... die Belichtung der zur Straße liegenden Anmeldung erfolgt durch eine 3er-Gruppe Rundfenster. Die Rundform wurde unter Anlehnung an im Schloß vorh. Bauelemente gewählt. Der z. Z. vorh. Fußgängerdurchgang wird auf Höhe der Baufluht bis auf einen 1.10 m breiten Rundbogendurchgang geschlossen. Die Öffnung erhält ein handgeschmiedetes Eisengitter unter Anlehnung an Zufahrt Schloßgelände. Dgl. erhalten die 3 Fenster je ein Kreuzgitter." Indiz dafür, dass das Gebäude zusammen mit den Bauten von Hanns Hopp errichtet worden sein muss.
148. SAPMO-BArch, DC 20/844, unpag.
149. S. a. BStU 1922, Bl. 183.
150. Wahrscheinlich nach dem um diese Zeit anlaufenden gleichnamigen DEFA-Film, Buch Friedrich Wolf; Regie Kurt Maetzig, s. a. Zimmerling, a. a. O., S. 167.
151. BStU 1922, Bl. 183.
152. Ein gültiger Stempel wurde mit einem Messer zusätzlich eingeschnitten.
153. „Die Neue Zeit" vom 2. 6. 1950.
154. BStU 1920, Bl. 43.
155. BStU MfS KSI 20/84 Akte Franz Gold, S. 142–146.
156. SAdK, Berlin, Johannes-R.-Becher-Archiv, Korrespondenz 677: Schreiben vom 9. 5. 1953.
157. SAPMO-BArch, DC 30/J IV 2/3 367, Bl. 50 u. 51.
158. BStU 1924, Bl. 186. Wahrscheinlich wollte man dadurch den zweifelhaften Ruf des PS aufbessern.
159. BStU 1920, Bl. 43.
160. Schenk, Fritz: Im Vorzimmer der Diktatur. 12 Jahre Pankow, Köln/Berlin 1962, S. 233–236.
161. SAdK, Berlin, Johannes-R.-Becher-Archiv, Korrespondenz 16394.
162. SAPMO-BArch, Sg Y 30/0291, Tonbandaufnahme mit Otto Gotsche am 5. 4. 1978 durch Elisabeth Ittershagen.
163. Berger, a. a. 0., S. 111.
164: Ebd., S. 124.
165. Otto: Mielke, a. a. O., S. 131.
166. SAPMO-BArch, DC 20/870, Bl. 69–74.
167. Das Diplomatische Corps 1951, dort Eintrag Majakowskiring 20; entspricht wegen Unklarheiten bei der gleichzeitigen Straßenumbenennung Majakowskiring 50.
168. Das Diplomatische Corps 1951, dort Eintrag Majakowski-ring 21, entspricht wegen Unklarheiten bei der gleichzeitigen Straßenumbenennung Majakowskiring 52.
169. LaB, C Rep. 105, Nr. 36559 unpag.; SAPMO-BArch, DC 20/ 870, unpag.
170. SAPMO-BArch, DC 20/870: Liste vom 5. 9. 1950.
171. Ebd., evtl. andere Nummerierung wegen Unklarheiten bei gleichzeitiger Straßenumbenennung.
172. Ebd.; Bergner, a. a. O., S. 150: dort als „Haus am See" bezeichnet.
173. Muth, Ingrid: Die DDR-Außenpolitik 1949–1972. Inhalte, Strukturen, Mechanismen, Berlin 2000, S. 234.
174. Die Volksrepublik Ungarn lässt sich von Hanns Hopp ein Gebäude in der Puschkinallee 48/49 in Berlin-Treptow ausbauen; s. BArch, DH/1 44476.
175. Die Villa des jüdischen Zigarettenfabrikanten Josef Garbáty, erbaut um 1906.
176. 1912 als 2. Waisenhaus der Jüdischen Gemeinde in Berlin erbaut, nach Räumung 1941 Sichtvermerkstelle des Reichssicherheitshauptamtes, nach 1945 prov. Rathaus des Stadtbezirks Pankow.
177. BArch, DH/1 44476, Schreiben vom 17. 3. 1950.
178. Das Haus hatte Außenminister Dertinger als Wohnhaus abgelehnt.

179. Sicherlich das imposanteste Haus der Wohnkolonie; wahrscheinlich vorher von einem sowjetischen Offizier bewohnt.
180. MfAA Bestand A 12240 Fiche.
181. Ebd., CSSR 850/L 179, Bl. 51.
182. Zum Komplex „Regierungsstädtchen' gehörten später auch das Hotel „Johannishof" in der Johannisstraße 20/21, gleichzeitig Sitz des VEB Gästehäuser der Regierung und das Haus Am Thälmannplatz 6.
183. Zimmerling, a. a. O., S. 22.
184. SAPMO-BArch, DA 4/58, Bl. 54.
185. Er wohnte Majakowskiring 61, MfAA-Bestand A 12240 Fiche 3, S. 249.
186. Er wohnte Majakowskiring 2, während die Mitglieder der Delegation Majakowskiring 5 untergebracht waren, MfAA-Bestand A 12240 Fiche 3, S. 249 und SAPMO-BArch, DC 20/540, unpag.
187. SAPMO-BArch, DC 20/540, unpag.
188. MfAA-Bestand A 12240 Fiche 3, S. 249; das modernere Gerät „Rembrandt" aus DDR-Produktion empfing im Gegensatz zu dem älteren Gerät „Raduga" aus russischer Produktion kein Westfernsehen.
189. Ebd., S. 247, Schreiben vom 7. 2. 1956.
190. SAPMO-BArch, DC 20/540: Schreiben vom 4. 1. 1956.
191. MfAA-Bestand A 12240 Fiche 3, S. 240, Schreiben vom 1. 2. 1956.
192. „Der Tag" vom 24. 2. 1957, u. d. Ü.: Volksnah – bis auf siebenhundert Meter.
193. MfAA-Bestand A 12242 Fiche 2 oder 850/L 159.
194. Ebd., Bl. 122.
195. MfAA-Bestand A 12460.
196. BStU 13/84, Bl. 6.
197. Jahnke, Karl-Heinz: ...ich bin nie ein Parteifeind gewesen. Der Tragische Weg der Kommunisten Fritz und Lydia Sperling, Bonn 1993, S. 76.
198. SAPMO-BArch, DC 20/1231, Karte vom Juli 1950.
199. Otto: Mielke, a. a. O., S. 132, dort die Beschreibung der Haftbedingungen Kurt Müllers.
200. Busse wohnte in Berlin Majakowskring 55; s. BArch, DH/1 44476 unpag.; SAPMO-BArch, DC 20/870: Liste vom 5. 9. 1950.
201. Niethammer, Lutz/Hartewig, Karin: Der „gesäuberte" Antifaschismus. Die SED und die roten Kapos von Buchenwald. Dokumente, Berlin 1994, S. 379.
202. Ebd., S. 375; SAPMO-BA ZPA IV 2/4/375, Bl. 30.
203. Ebd., S. 104.
204. Ebd., S. 87.
205. Im KZ Sachsenhausen waren auch inhaftiert: Otto Walter, Max Opitz, Gerhart Ziller, Horst Sindermann, Max Reimann, Roman Chwalek, Willi Rumpf.
206. SAPMO-BArch, NY 4036/661, Bl. 107.
207. Otto: Mielke, a. a. O., S. 88.
208. BStU P 5079/56 Bl. 35, hier handschriftlicher Vermerk: an Gen. Mielke, Ulbricht. Ernst war Abuschs Parteiname.
209. SAPMO-BArch, NY 4036/27.
210. als Mitglied des Kleinen Sekretariats hatte er ein Gehalt von 1.040 DM; s. SAPMO-BArch, FBS 93/1167, Bl. 36; „Irrweg einer Nation" war 1950 in einer Auflage von 30.000 Ex. erschienen, s. SAdK, Berlin, Nachlass A. Abusch, Bü 216: Kontoauszug vom 31. 12. 1948 über 14.000 DM; s. a. Hartewig, Karin: Zurückgekehrt. Die Geschichte der jüdischen Kommunisten in der DDR, S. 167.
211. Am 7. 3. 1950 hatte das Politbüro Bezahlung von Mieten für Wohnungen der Parteifunktionäre beschlossen: „Die Mitglieder des Politbüros und des Sekretariats erhalten einen monatlichen Mietzuschuss von 200,– DM. Sie haben dafür ihre Miete an den Hausbesitzer selbst zu zahlen und müssen auch die Kosten für evtl. anfallende Reparaturen decken, soweit diese nicht vom Hauswirt getragen werden. Werden von anderen Stellen Mietzuschüsse gewährt, kommt ein Zuschuss von der Hauptkasse nicht in Frage." SAPMO-BArch, IV 2/2/75, Bl. 3 Punkt 18.
212. BStU P 5079/56, Bl. 28/30.
213. SAPMO-BArch, DY 30/IV 2 11/v. 2763: Bericht der ZPKK vom 3. 8. 1951, Wilhelm Pieck hatte ein freundschaftliches Verhältnis zu Max Reimann; Max Opitz beäugte dies als Freund und Leiter der Präsidialkanzlei Piecks nicht frei von Eifersucht.
214. SAPMO-BArch, DY 30/J VV, Bl. 16.
215. Herbert Grünstein, Max Römer, Herbert Hentschke und Arthur Lacher.
216. Heuer: Magistratssiedlung, a. a. O., S. 25.
217. SAdK, Berlin, Nachlass A. Abusch, Bü 218/1.

218. SAPMO-BArch, NY 4182/1195, Bl. 70, Schreiben vom 19. 7. 1951.
219. Müller-Enbergs, Helmut: Der Fall Rudolf Herrnstadt. Tauwetterpolitik vor dem 17. Juni, Berlin 1991, S. 116.
220. Auch Arthur Pieck musste zur gleichen Zeit sein Haus Gerstenweg 25 verlassen und zog in den nahegelegenen Bentschenerweg 26, schräg gegenüber von Herrnstadt und P. Merker.
221. Heuer, Lutz: Prominentensiedlung in Biesdorf nach 1946 in Biesdorf und Marzahn. Aus der Geschichte zweier Dörfer. Ein Lesebuch, hrsg. vom Bezirksamt Marzahn von Berlin Abteilung Jugend, Bildung und Kultur Kulturamt/Bezirksmuseum, Berlin 2000, S. 152.
222. Ab 1951 Otto-Nagel-Straße.
223. Müller-Enbergs, a. a. O., S. 114.
224. (Regierungs-) Städtchen, S. 188: Schreiben vom 22. 8. 1951.
225. SAPMO-BArch, NY 4182/1195, Bl. 70.
226. (Regierungs-) Städtchen, S. 189: Schreiben vom 19. 11. 1951.
227. SAPMO-BArch, DY 30/IV 2/11 v 590.
228. Hartewig, a. a. O., S. 417.
229. Ebd., S. 413.
230. Krämer, Martin: Der Volksaufstand vom 17. Juni 1953 und sein politisches Echo in der Bundesrepublik, Bochum 1996, S. 93.
231. Kaiser, Monika: Machtwechsel von Ulbricht zu Honecker, Berlin 1997, S. 33.
232. Rudolf Herrnstadt beschrieb später ein Treffen im Städtchen mit Lotte Ulbricht in diesem Zusammenhang: „Da ich eine Möglichkeit sah, durch sie auf Ulbricht einzuwirken, schilderte ich den Verlauf. Sie war erschüttert. Das hätte sie ihm immer gesagt – erklärte sie – das sei sein großer Fehler, er sei zu brüsk, er rechne zu wenig mit den Menschen. Dann wollte sie wissen, wie nach meiner Meinung Ulbricht aus dieser Lage herauskommen könne. Ich erwiderte: indem er aus eigener Initiative in einer der nächsten Sitzungen des Politbüros eine selbstkritische Stellungnahme abgebe. Lotte Ulbricht erwiderte: ‚Du wirst sehen, er wird eine solche Erklärung abgeben. Ich werde alles tun. Du kannst Dich auf mich verlassen.' ... An einem der nächsten Tage stieß ich im Städtchen auf Lotte Ulbricht. Sie nahm mich unter den Arm und sagte: ‚Also wie war´s? Wie hat die Erklärung gewirkt? Das war nämlich gar nicht einfach für mich."; s. Das Herrnstadt-Dokument. Das Politbüro der SED und die Geschichte des 17. Juni 1953, Herausgeber Nadja Stulz-Herrnstadt, Hamburg 1990, S. 75/76.
233. Ebd., S. 105f.
234. SAPMO-BArch, DY 30/IV 2/11/v 1370, Bl. 67–75, Brief Ackermanns an die Zentrale Parteikontrollkommission am 14. 9. 1953; Herrnstadt-Dokument, S. 131: Herrnstadt schrieb hier: „Als unsere Wagen in dieser Nacht im Städtchen ankamen, forderte ich Zaisser auf, mit mir ein Glas Wein zu trinken. (Das war das erste Mal in unserer vieljährigen Bekanntschaft, daß Zaisser meine Wohnung betrat.)."
235. Herrnstadt erinnerte sich an die Zeit im „Städtchen" nach seiner Entmachtung: „Nach Verlassen der Redaktion fuhr ich ins Städtchen und beauftragte meinen Chauffeur (einen 60jährigen Genossen, der seit 1945 mit mir gearbeitet hatte), den Wagen ins ZK zurückzubringen, dem er gehörte, und sich im „Neuen Deutschland" eine andere Arbeit zuweisen zu lassen. Unter dem Vorwand, die Garage befinde sich im Hof des von mir bewohnten Hauses und er habe dort Werkzeug stehen, erschien er zwei Stunden später mit einem anderen Wagen, brachte seine Frau mit, damit sie für mich koche, und machte sich um mich zu schaffen, bis meine Frau zehn Tage später aus der Sowjetunion eintraf." Herrnstadt-Dokument, a. a. O., S. 185.
236. Kaiser, a. a. O., S. 32 FN 16.
237. In der Fontanestraße entstand eine ähnliche Siedlung für die Führungsoffiziere der NVA.
238. SAPMO-BArch, DY 30/IV 2/11/v 2562.
239. Müller-Enbergs, a. a. O., S. 244ff.
240. SAPMO-BArch, DC 20 / 937: Liste von 1954
241. Podewin, Norbert: Ebert und Ebert. Zwei deutsche Staatsmänner: Friedrich Ebert (1871–1925), Friedrich Ebert (1894–1979). Eine Doppelbiografie, Berlin 1999, S. 518.
242. Herrnstadt-Dokument, a. a. O., S. 114.
243. Müller-Enbergs, a. a. O., S. 250.
244. Am 20. 7. 1952 hatten die Vertreter des SKK im Wohnhaus Piecks diesen Schritt von der SED-Führung gefordert; s. a. SAPMO-BArch, NY 4036/27 (Vormerkkalender).
245. Wolf, Markus: Spionagechef im geheimen Krieg. Erinnerungen, München 1997, S. 60; die militärische Aufklärung der Kasernierten Volkspolizei hatte ab 1952 ihr erstes Hauptquartier in der Neuen Schönholzer Straße 16; evtl. wurde dieses Gebäude genutzt.
246. Ebd., S. 62.
247. Ebd., S. 69.

248. Malycha, a. a. O., S. 487 FN 73.
249. SAPMO-BArch, DC 20/937.
250. BArch, DH/1 44476, unpag.: Aktennotiz vom 28. 3. 1950; SAPMO-BArch, DC 20/870, unpag.: Auflistung vom 5. 9. 1950; SAPMO-BArch, DC 20/1231: Karteneintrag vom Juli 1950.
251. Schirdewan zog im Oktober 1950 aus der Waldstraße in Lehnitz bei Oranienburg (einer Siedlung, die in den 30er Jahren für Ritterkreuzträger der Wehrmacht erbaut worden war und seit 1950 vorrangig von Mitarbeitern des MfS bewohnt wurde, neben Ernst Wollweber lebten auch Hans Loch und Friedrich Wolf hier) nach Berlin-Karlshorst. Da das Haus aber nicht seinen Ansprüchen genügte, wies man ihm im Mai 1951 das Grundstück Seifertweg 1 zu (s. a. SAPMO-BArch, DY 30/IV 2/11 v., S. 139). Anfang 1952 wurde er 1. Sekretär der Landesleitung Sachsen und darauf 1. Sekretär der Bezirksleitung Leipzig. Deshalb zog Familie Schirdewan nach Leipzig (s. Schirdewan, Karl: Ein Jahrhundert Leben. Erinnerungen und Visionen. Autobiographie, Berlin, 1998, S. 243) Im Juli 1953 kooptierte ihn Ulbricht ins ZK der SED, er wurde Kandidat des Politbüros.
252. SAPMO-BArch, DY 30/IV 2/11/v. 5142.
253. Schirdewan: Jahrhundert, a. a. O., S. 240.
254. Nebenzahl, Leon: Mein Leben begann von neuem. Erinnerungen an eine ungewöhnliche Zeit, Berlin 1985, S. 73.
255. Schirdewan, Karl: Aufstand gegen Ulbricht, Berlin 1994, S. 97.
256. Ebd., S. 93.
257. SAPMO-BArch, DY 30/IV 2/11/v 520.
258. Die Brüder von Fritz Selbmann bzw. Horst Sindermann.
259. Fred Stempel in einem Brief an der Autor vom 17. 11. 1999.
260. 1980 schenkte Zillers Witwe dem Kupferstichkabinett der Staatlichen Kunstsammlungen Dresden 574 Steindrucke Daumiers.
261. So mit Max Pechstein, den er nach dem Krieg mit Kohlen und Lebensmitteln versorgt hatte, aber auch zu Ludwig Renn, Max Zimmering, Anna Seghers, Hans und Lea Grundig, Bernhard Kretzschmar und Josef Hegenbarth.
262. SAPMO-BArch, J IV 2/2 A/598.
263. Schirdewan: Aufstand, a. a. O., S. 132.
264. SAPMO-BArch, DY 30/IV 2/11/v 520, Bl. 172.
265. SAPMO-BArch, DY 30 / J IV 2 / 2 A / 598: Protokoll Nr. 51 / 57 vom 14. 11. 1957
266. S. den Film „Ein deutsches Schicksal: Karl Schirdewan" von Cornelia Leitner und Mario Krebs, Produktion des WDR, 1992 Sequenz im Manuskript 38'33.
267. LaB, Rep. 105, Nr. 36649, Bl. 99: hier wundert sich der Eigentümer am 27. 1. 1950, sein Haus unverschlossen vorzufinden.
268. Schirdewan, Aufstand, a. a. O., S. 146, Sequenz im Manuskript ab 41'26.
269. S. den Film „Ein deutsches Schicksal: Karl Schirdewan", a. a. O.
270. Schirdewan: Jahrhundert, a. a. O., S. 289.
271. SAPMO-BArch, DY 30/IV 2/1/v. 5570, Bl. 113.

Kein Sonder(zu)zug für Pankow

1. SAPMO-BArch, DC 20/844 unpag.: Mit einer Tilgungsdauer von 30 Jahren und einer Verzinsung von 1,5 %. Das war erstaunlich wenig für die gesamte Wohnkolonie und entsprach etwa der Summe, die für die Herrichtung eines Dienstgebäudes der diplomatischen Missionen vorgesehen war; s. BArch, DH/1 44476: hier sind für die Tschechoslowakische Botschaft in Berlin-Prenzlauer Berg, Schönhauser Allee 10/11 insgesamt 387.000,– DM; für die Rumänische Botschaft in der Parkstraße 8a in Berlin-Pankow insgesamt 260.000,– DM; für die Ungarische Mission in der Puschkinallee 48/49 in Berlin-Treptow insgesamt 200.000,– DM und für das Dienstgebäude des MfAA in der Luisenstraße 56–57 in Berlin-Mitte insgesamt 300.000,– DM angegeben. Für das Schloss Schönhausen waren allein 1.121.000,– DM veranschlagt worden, die 1951 sogar noch einmal aufgestockt werden mussten. Weitere Vergleichszahlen sind 1951 die Kosten für die Wiedereröffnung des Pergamon-Museums: 150.000,– DM, des Bode-Museums: 32.000,– DM und des Alten Museums: 200.000,– DM.
2. BArch, DH/1 44476: Bericht vom 22. 3. 1950.
3. BArch, DH/1 44476: Bericht vom 13. 3. 1950, darin aufgeführt Majakowskiring 5, 8, 10, 12, 13, 33, 36, 46/48, 55, 55a, 59, 61; Rudolf-Ditzen-Weg 12, 21, 22, 24; Köbersteig 8,

4. 10 sowie Boris-Pasternak-Weg 2a, 4a, 4b. Offensichtlich gab es von Seiten des Ministeriums für Aufbau (1949 unter Minister Lothar Bolz gegründet, um die Kriegszerstörungen zu beseitigen, 1958 in Ministerium für Bauwesen umbenannt) wichtigere Dinge, als den Ausbau von Wohnungen für Regierungsbeamte und Diplomaten; s. a. Schreiben vom 17. 3. 1950 in BArch, DH/1 44476, Otto Fischls Drohung, die Medien über den Bauverlauf zu informieren.
4. In einem später datierten Schreiben des Magistrats von Berlin heißt es dazu: „Im Zuge des Wohnungsbauprogrammes des Rates des Stadtbezirkes Pankow sollen die Grundstücke Berlin-Pankow, Ossietzkystraße 19, 21, 25, 27, 29 und 31, Pestalozzistraße 27 ... in den Jahren 1954 bis 1955 neu bebaut werden. Gemäss § 1 Absatz 2 der Verordnung zur Durchführung der Aufbauverordnung vom 16. 08. 1951 ist die Abteilung Aufbau ermächtigt, in Übereinstimmung mit der Plankommission des Magistrats von Gross-Berlin weitere Stadtgebiete oder Teile hiervon zu Aufbaugebieten zu erklären ..." s. zu Aufbaugebietserklärung VOB 1. Teil I Seite 401 in LaB, C Rep. 110 Mü, Nr. 629.
5. SAPMO-BArch, FBS 93/1167, Bl. 99.
6. SAdK, Berlin, Nachlass Otto Gotsche 47, Hefter: Mietangelegenheiten, Schreiben des Hauptamtes Verwaltung vom 24. 4. 1950, unterschrieben von Arthur Pieck.
7. SAPMO-BArch, NY 4049/25, Bl. 167.
8. SAPMO-BArch, DY 30/IV 2 / 22/18, Bl. 29 u. 30.
9. In Berlin darf nicht zweimal derselbe Name für Straßen vergeben werden.
10. SAPMO-BArch, DA 4/707, Bl. 123: Schreiben vom 1. 3. 1950.
11. Alexander Dymschitz. Wissenschaftler Soldat Internationalist herausgegeben von Klaus Ziermann unter Mitarbeit von Helmut Baierl, Berlin 1977, S. 99.
12. SAPMO-BArch, FBS 93/1187, Bl. 39.
13. SAPMO-BArch, DA 4/707, Bl. 123: Schreiben vom 1. 3. 1950.
14. Ebd., Bl. 122: Schreiben vom 3. 3. 1950.
15. Ebd., Bl. 121: Notiz vom 6. 3. 1950.
16. Ebd., Bl. 120: Schreiben vom 22. 3. 1950.
17. LaB, C Rep. 100, Nr. 847.
18. S. Der Morgen Nr. 104 vom 5. 5. 1950 und Berliner Zeitung Nr. 104 vom 5. 5. 1950.
19. LaB, C Rep. 100, Nr. 862: 148. Magistratssitzung vom 31. 10. 1951, Vorlage 838, Punkt 5, diesmal waren sogar die „Städtchen"-Bewohner Oberbürgermeister Friedrich Ebert und Stadträtin Wilhelmine Schirmer-Pröscher anwesend.
20. SAPMO-BArch, NY 4130/84, Bl. 3.
21. S. a. Schreiben von Max Opitz am 21. 8. 1953 an Fritz Geyer: „Die Gästehäuser im Städtchen Niederschönhausen sind in einem Zustand, der, wenn überraschend Gäste des Präsidenten untergebracht werden müssen, die größten Schwierigkeiten bereitet. Die Renovierungsarbeiten sowie die geplanten Veränderungen wurden wiederholt bei Herrn Arthur Pieck angemahnt, aber bis jetzt ist nichts unternommen. Die dazu bereits bewilligten Mittel sind nach Auffassung des Herrn Arthur Pieck aufgebraucht. ... Herr Arthur Pieck, der für die Veränderungen und die Erhaltung der Häuser verantwortlich ist, hat angeblich für diese notwendigen Dinge kein Geld zur Verfügung"; in: SAPMO-BArch, DA 4/58, Bl. 54.
22. Abteilung Aufbau Amt für Grundstückskontrolle Berlin, Klosterstraße 47.
23. Rundschreiben vom Oktober 1950, einzusehen in sämtlichen Grundstücksakten im LaB.
24. Artikel 22: Das Eigentum wird von der Verfassung gewährleistet. Sein Inhalt und seine Schranken ergeben sich aus den Gesetzen und den sozialen Pflichten gegenüber der Gemeinschaft.
25. Schabowski, Günter: Der Absturz, Reinbek 1992, S. 215.
26. Gesetz zur Einziehung von Vermögenswerten der Kriegsverbrecher und Naziaktivisten vom 8. 2. 1949.
27. Das betraf Tschaikowskistraße 13, das Altenheim des Hilfsvereins der jüdischen Taubstummen aufgrund der Enteignung nach 1933 und Majakowskiring 9, das in den 20er Jahren von der Stadt erworben wurde und auf dem 1950 eine Ruine stand.
28. Brief in der Hausakte zum Majakowskiring 51 im Besitz der Familie Piratzky.
29. (Regierungs-) Städtchen, a. a. O., S. 192/193: Schreiben vom 27. 4. 1953.
30. SAPMO-BArch, FBS 149/7792.
31. SAPMO-BArch, DY 30/J IV 2/2 281.
32. Feth, Andrea: Hilde Benjamin. Eine Biographie, Berlin 1997, S. 82.
33. Ebd., S. 86.
34. Ebd., S. 108.
35. Brentzel, a. a. O., S. 171, S. 187 und S. 210.
36. (Regierungs-) Städtchen, S. 194: Schreiben vom 29. 4. 1953.
37. Im Dezember 1951 wurde Hans Schulze Direktor des Wirtschaftsunternehmen Wohnbauten, Oskar Neumann Handelsattaché in der Volksrepublik Albanien.

38. Im Übrigen hatte H. Benjamin zu diesem Zeitpunkt bereits ein doppelt so hohes Gehalt wie der Durschnittsverdiener in der DDR.
39. Bereits bei einem Treffen Wilhelm Piecks mit Alfred Oelssner, Sepp Miller, Arthur Pieck, Leo Zuckermann, Elly Winter und Kurt Friedrich im Schloss Schönhausen am 18. 2. 1950 war der Zahlmodus beschlossen worden: Wertverbesserung durch Regierung, Schönheitsreparaturen durch Mieter; s. SAPMO-BArch, FBS 93/1167, Bl. 99.
40. „Hierdurch gebe ich Kenntnis von einem Briefwechsel mit dem VEB Wirtschaftsunternehmen Wohnbauten. Zu dem Balkonanstrich möchte ich noch folgendes bemerken: Ich habe bezüglich der Herstellung der Wohnung keinerlei Ansprüche erhoben und mich im Interesse der Ersparung der Kosten mit dem keinesfalls in jeder Beziehung tadellosen Zustand der Wohnung einverstanden erklärt. Sie werden sich erinnern, dass ich Zeuge eines Gesprächs war, in dem Sie Generalstaatsanwalt Dr. Melsheimer auf dessen Beanstandung bezüglich der Parterrewohnung erklärten, dass ihm für die Instandsetzung keinerlei Kosten entstehen würden. Es ist mir daher unverständlich, wie die Instandsetzung des Balkons, der sich in einem skandalösen Zustand befindet (abgefallener Putz, Kritzeleien von Kindern an den Wänden) unter Berufung auf die Verpflichtung der malermässigen Instandsetzung gemäss Mietvertrag abgelehnt werden kann"; in: Regierungs-Städtchen, S. 195: Schreiben vom 29. 4. 1953.
41. SAPMO-BArch, DA 4/58, Bl. 55, Hausmitteilung von Abteilungsleiter Friedrich der Präsidialkanzlei an Max Opitz vom 19. 8. 1953: „Auf Veranlassung von Herrn Arthur Pieck wurden zur Errichtung eines Hauses neben dem Wohnhaus des Präsidenten verschiedene Möbel aus den Gästehäusern, Majakowski-Ring 63 und 5 entnommen. Die Möbelstücke sollen später ergänzt werden. In dem Zusammenhang besprach ich mit Arthur Pieck erneut die Instandsetzung der Gästehäuser. Obwohl bereits mehrfach alle beabsichtigten Veränderungen in den Gästehäusern sowie Renovierungsarbeiten angemahnt wurden, ist bis heute noch keine Instandsetzung erfolgt. Die seinerzeit bewilligten Mittel sind nach Mitteilung von Herrn Arthur Pieck bereits aufgebraucht. Abgesehen davon, daß der äußere Zustand der Grundstücke und Gebäude bereits schandhaft und zur Unterbringung von Gästen des Präsidenten einfach unwürdig ist, verfallen die Gästehäuser auch in ihrem baulichen Zustand so schnell, daß jede weitere Verzögerung Mittelerhöhung notwendig macht. Ich halte es daher für zweckmäßig, daß Sie geeignete Schritte beim Ministerrat unternehmen, um endlich die Mittelfrage für die Instandsetzungsarbeiten der Gästehäuser klären zu lassen."
42. SAPMO-BArch, DC 20/844, unpag., Schreiben vom 24. 12. 1954.
43. SAPMO-BArch, DC 20/1232, unpag., Schreiben vom 12. 12. 1955.
44. Verwaltungsleiter im Regierungsstädtchen war Günter Hoppenheidt.
45. BStU 1922, Bl. 94.
46. Ebd., Bl. 93.
47. SAPMO-BArch, DC 20/1228, unpag., Anlage 2 Kostenplan.
48. SAPMO-BArch, DC 20/913, unpag., Schreiben vom 17. 12. 1957, unter Punkt 2: „Die Wohnungen, die z. Zt. von Mitgliedern des Ministerrates genutzt werden, erhalten den Charakter von Dienstwohnungen. Die Weitergabe erfolgt ohne Anrechnung auf Kontingent nur für die Nomenklatur Ministerrat durch das Büro des Präsidiums des Ministerrates"; unter Punkt 3: „Das Büro des Präsidiums des Ministerrates hat das Recht, bestimmte Wohnungen, die bisher durch Mitarbeiter des Staatsapparates genutzt wurden, bei deren Versetzung oder anderweitigem Einsatz – sofern diese Wohnungen für Zwecke der Regierung besonders geeignet sind – wieder für sich zu beanspruchen, wobei der Magistrat eine Anrechnung auf das Jahreskontingent vornehmen kann."
49. SAPMO-BArch, DY 30/J IV 2/2 496, Bl. 8 vom 28. 8. 1956.
50. Andert, Reinhold und Herzberg, Wolfgang: Der Sturz, Berlin/Weimar 1990, S. 379.
51. SAPMO-BArch, NY 4090/13.
52. Vgl. Bergner, a. a. O., S. 17.
53. Fred Stempel in einem Brief vom 17. 11. 1999 an den Autor: „Typisch dagegen war für mein Empfinden, der relativ geringe Kontakt zwischen den Bewohnern und deren „Unsichtbarkeit". Ausnahmen waren hier Lotte und Walter Ulbricht, die häufig – für alle sichtbar – Tennis spielten ..."
54. Bergner, a. a. O., S. 17; Kirschey, Peter: Wandlitz/Waldsiedlung – die geschlossene Gesellschaft. Versuch einer Reportage. Gespräche. Dokumente, Berlin 1990, S. 23: Aussage Frau Sindermann.
55. Der Bau wurde von Hannes Meyer, Direktor des Dessauer Bauhauses, geplant und 1950 von G. Waterstradt erweitert.
56. Bergner, a. a. O., S. 17/18.
57. Der Architekt W. Schmidt lebte und arbeitete in der Berliner-Straße 67 in Berlin-Hohenschönhausen, unweit der Sommerstraße.

58. Die Sommerstraße wurde 1985 aufgehoben und befand sich auf dem heutigen Gelände des Sportforums Berlin-Hohenschönhausen.
59. SAPMO-BArch, NY 4090/13, Bl. 1; Bergner, a. a. O., S. 20: danach befand sich das Büro zuvor in der Greifswalder Straße 33a in Berlin-Prenzlauer Berg.
60. Später wurden 23 Häuser durch die Familien der Politbüromitglieder belegt.
61. Das waren zu dieser Zeit: E. Baumann, F. Ebert, O. Grotewohl, G. Grüneberg, K. Hager, E. Honecker, A. Kurella, B. Leuschner, H. Matern, A. Neumann, H. Rau, W. Stoph, W. Ulbricht, P. Verner, H. Warnke.
62. SAPMO-BArch, J IV 2/2/705, S. 3; Bergner, a. a. O., S. 29.
63. SAPMO-BArch, NY 4036/10, Bl. 393.
64. Seit 1958 jährlich stattfindende „Internationale Gartenbauausstellung".
65. Bergner, a. a. O., S. 104.
66. Bergner, a. a. O., S. 102.
67. Bergner, a. a. O., S. 179, Ergänzungen zum 1. Gesprächsprotokoll. Hier fälschlich Walter genannt.
68. Bergner, a. a. O., Faltplan.
69. SAPMO-BArch, DC 20/870: Liste vom 30. 9. 1951; SAPMO-BArch, DC 20/1231 Karteneintrag.
70. Rheinischer Merkur Nr. 11 vom 14. 3. 1952 S. 16, unter der Überschrift: Kaviar und Stacheldraht. Am Wohnsitz der Sowjetzonen-Prominenz von ***: „Das Personal dieses Geschäfts ist – Gegensatz zu dem in den HO-Filialen der City – von ausgesuchter Höflichkeit und guter Erziehung."
71. Am 3. 11. 1948 war unter der Bezeichnung Handelsorganisation (HO) durch die DWK ein staatliches Einzelhandelsunternehmen gegründet worden, das seit der Währungsreform oft im freien Verkauf nicht erhältliche Waren anbot, um den Schwarzhandel einzudämmen und mit den erhöhten Preisen die Kaufkraft der Bevölkerung abzuschöpfen; aus: Herbst/Ranke/Winkler, a. a. O., Bd 1, S. 389/390; die Preise lagen 5%-6% unter denen des Schwarzmarktes; aus: Zimmerling, a. a. O., S. 76.
72. SAPMO-BArch, NY 4036/686, Bl. 137: Vorschlag zu einer durchschnittliche Preissenkung bei Lebensmitteln um ca. 20%-33,3%; ebd., Bl. 156-159: Beschluß über die Regelung der Preise für landwirtschaftliche Produkte und HO-Waren vom 16. 3. 1950 beim Ministerium der Finanzen vertreten durch Willi Georgino; ebd., Bl. 160-163: Vorlage für das Politbüro vom 17. 3. 1950 zur Regelung der Preise für landwirtschaftliche Produkte und HO-Waren; ab 5. 9. 1950 senkten sich die Preise: Brötchen von 65 auf 15 Pfennige, Bockwurst von 6 Mark auf 2,23 Mark, 0,5 kg Butter von 65 Mark auf 14 Mark; aus: Zimmerling, a. a. O., S. 76.
73. SAPMO-BArch, DA 4/27, Bl. 56: mit Schreiben vom 1. 2. 1954 gab M. Opitz dem Chef Regierungskanzlei F. Geyer die notwendigen Angaben zum Ausweis seiner Frau.
74. Bergner, a. a. O., S. 77.
75. Bergner, a. a. O., S. 20.
76. Eine Ausnahme machten hierbei die russischen Frauen, die eine gegensätzliche Auffassung vertraten. Sie stillten ihre Kinder und nahmen oft ihre Mütter mit in den Haushalt, die für die Kinder mit verantwortlich waren wie z. B. Valentina Herrnstadt, Edel Mirowa-Florin.
77. Zusätzlich gab es DFD-Treffen, die gegenseitig in den Wohnungen stattfanden.
78. Noch 1950 waren 90 % der Schüler Kinder von russischen Offizieren.
79. SAPMO-BArch, DA 4/709, Bl. 69.
80. Diese so genannten R-Klassen gab es in Berlin an der 16. Oberschule in der Bergstraße in Berlin-Mitte und an der Schule der Deutsch-Sowjetischen Freundschaft An der Freiheit in Berlin-Köpenick.
81. „Der Morgen" vom 3. 1. 1951 unter der Überschrift: Einweihung der Wilhelm-Pieck-Schule.
82. SAPMO-BArch, NY 4036/677, Bl. 204: Lied der Wilhelm-Pieck-Schule vom 1. 6. 1951, s. a. Leonhard, Rudolf: Unsere Republik, Berlin 1951, S. 123.
83. SAPMO-BArch, DA 4/742, Bl. 296: Rechnung über 120,20 DM für 25 Bücher vom 4. 12. 1952; im Februar 1951 reichte der Präsident auch einen aufwendig gestalteten Schrank der Mansfeldischen Bergarbeiter mit mineralogischen Exponaten an die Schule weiter.
84. Ebd., Bl. 235: Schreiben der Präsidialkanzlei an Inspektion der Volkspolizei Berlin-Pankow vom 28. 3. 1953, „daß Polizei sich darum kümmert, einzuschreiten, weil Jungen am Abend und Nachmittag ihr Unwesen in der Umgebung der Schule treiben."
85. Ebd., Bl. 297 u. 298.
86. Ebd., Bl. 277-282.
87. Ebd., Bl. 289-293: Protokoll vom 6. 2. 1953.
88. Ebd., Bl. 266-269.
89. Ebd., Bl. 261.

90. SAPMO-BArch, NY 4036/773, Bl. 261.
91. SAPMO-BArch, DA 4/742, Bl. 205.
92. Ebd., Bl. 193–195: Beschwerde Lotte Ulbrichts, weil andere Kinder ihre Adoptivtochter Beate auf dem Schulweg geschlagen hatten.
93. Ebd., Bl. 85, Schreiben vom 3. 9. 1953 von Gertrud Hilger an Walter Ulbricht: „Weiterhin ist zu sagen, daß der Schulunterricht im vergangenen Jahr sehr unregelmäßig war, die Lehrer oft wechselten…"; Ulbricht machte handschriftlich die Randbemerkung: „An Genossen Winzer mit der Bitte um systematische Unterstützung und Kontrolle der Schule."
94. Grotesk war es teilweise, wenn junge, frisch von der Universität kommende Russischlehrerinnen vor Muttersprachlern standen und von diesen nicht für vollgenommen werden konnten.
95. Vgl. Schirdewan: Jahrhundert, a. a. O., S. 289.
96. Im Januar 1954 hatte die Russischlehrerin Wolfram in einer Stunde erklärt, dass die Bedeutung der zu dieser Zeit stattfindenden Außenministerkonferenz der vier Siegermächte wegen der Wiedervereinigung Deutschlands mit einer Schweigeminute zum Ausdruck gebracht werden müsse. Daraufhin wurde die Lehrerin wegen angeblicher Provokation aus der Schule entlassen.
97. Am 1. 6. wurde in der DDR der Internationale Kindertag gefeiert.
98. In den R-Klassen waren alle Schüler zu diesem Zeitpunkt schon ausnahmslos Mitglieder der Pionierorganisation, was für die anderen Klassen dieser Schule nicht zutraf.
99. Vgl. Schirdewan: Jahrhundert, a. a. O., S. 289.
100. Bergner, a. a. O., S. 20
101. Majakowskiring 16, 29, 34, 36, 46/48, 50, 51, 58, 60 und Rudolf-Ditzen-Weg 19. Entweder waren das Villen, deren Eigentümer oft sogar eigene Chauffeure beschäftigt hatten oder Häuser, in denen die Garage gleich mit gebaut wurde. Im Majakowskiring 55 baute der Fabrikant Krohn zwei Garagen für große Staatskarossen, die er an die Regierung unter Hitler verpachtet hatte. Wahrscheinlich konnten auch diese später noch genutzt werden.
102. SAPMO-BArch, DY 30/IV 2/22/114 Bl. 1: Kostenvoranschlag für Garagenheizung vom 29. 11. 1949, von der Abt. Baubüro der Fundament Gesellschaft für Grundbesitz m. b. H., Betrag: 3.630 DM; ebd., Bl. 3: vom 2. 12. 1949 Lieferschein über 3.500 Stück Mauersteine.
103. Ebd., Bl. 2: Mitteilung an Firma Willi Sotter, Kunst- und Bauschlosserei, Berlin N 4, Chausseestr. 44 betr. Angebot vom 28. 11. 1949 über die Anfertigung eines eisernen Gittertores; Auftrag wurde vom ZK genehmigt die Rechnung über den Betrag 510,- DM sei an das Sekretariat zu schicken; vermutlich war diese Firma auch für die Kunstschmiedearbeiten am Wohnsitz des Präsidenten unter der Leitung Reinhold Lingners verantwortlich.
104. SAdK, Berlin, Johannes-R.-Becher-Archiv, Korrespondenz 15603.
105. LaB, C Rep. 105, Nr. 36769.
106. SAdK, Berlin, Johannes-R.-Becher-Archiv, Korrespondenz 15657: Schreiben vom 2. 12. 1953; ebd., Korrespondenz 15658: Schreiben vom 15. 12. 1953; ebd., Korrespondenz 15659: Schreiben vom 19. 12. 1953.
107. ebd., Korrespondenz 15679.
108. Schwartz, a. a. O., S. 9.
109. SAPMO-BArch, NY 4036/773: Zehnjahresbericht der Dienststelle des Präsidenten der DDR (Präsidialkanzlei) von 1949–1959 zum 10. Jahrestag der Gründung der DDR, verf. v. Max Opitz, S. 59.
110. SAPMO-BArch, DA 4/58, Bl. 53: Mitteilung vom Regierungskrankenhaus, Scharnhorststraße 34, vom 21. 10. 1953 an Max Opitz: „Das Regierungskrankenhaus trägt die Verantwortung für Ihre ständige gesundheitliche Betreuung. Wir möchten Sie deshalb höflichst bitten, einen Termin mit unserer Poliklinik, App. 100, zu vereinbaren."
111. Kirschey, a. a. O., S. 145, aus dem Dokument ZK 01 Tgb.-Nr. 24/60 vom 31. 5. 1960.
112. Z. B. Paul Verner, der in die Wohnung des Physiotherapeuten Dietze, Rudolf-Ditzen-Weg 17 zog.
113. BStU MfS KSI 20/84: Fragebogen Bergner, a. a. O., S. 32.
114. Bergner, a. a. O., S. 49
115. 1989 registrierte die Bevölkerung der DDR den Komfort dieser Häuser mit einiger Enttäuschung, waren doch in den 70er und 80er Jahren wesentlich größere Privathäuser entstanden.
116. Herrnstadt erwähnt 1953 einen abendlichen Besuchs Zaissers, zu dem er gewiß eine freundschaftliche Beziehung unterhielt, in seiner Wohnung: „Das war das erste Mal in unserer vieljährigen Bekanntschaft, daß Zaisser meine Wohnung betrat." S. Herrnstadt-Dokument, a. a. O., S. 131.
117. Bergner, a. a. O., S. 33 u. 179.
118. SAPMO-BArch, NY 4175/2, Nachlass Herbert Warnke, Eintragungen in den Ausweisen; SAPMO-BArch, DY 30/IV 2/11/v 5319, Kaderakte Kurt Hager, Eintrag in Fragebogen.
119. Bergner, a. a. O., S. 44.

120. Wahlen in der DDR hatten die Funktion, die Übereinstimmung des Volkes mit der SED zu demonstrieren. Vor eine Alternative wurden die Wählenden bei dem Vorgang nicht gestellt, es gab nur die Teilnahme an der Wahl oder die Nichtteilnahme. Träger der Wahl war die Nationale Front.
121. Die Wahlen zur Volkskammer, zu den Bezirkstagen bzw. Berliner Stadtverordnetenversammlungen am 20. 10. 1963, 2. 7. 1967, 14. 11. 1971, 17. 10. 1976, 14. 6. 1981, 9. 6. 1986 und 7. 5. 1989.
122. U. d. Ü.: Im Wahllokal von Niederschönhausen, in: Der Morgen vom 17. 11. 1958: „Augenblicke später betritt er das Wahllokal. Die Wahlleiterin – der gesamte Wahlvorstand besteht aus Frauen – läßt sich den Personalausweis Walter Ulbrichts vorlegen. Licht ergießt sich gleißend aus vielen Scheinwerfern, indessen der Erste Sekretär den Wahlzettel entgegennimmt, ihn überprüft und in die Wahlurne steckt. Kameras surren dazu für die Wochenschau und den Fernsehfunk."
123. U. d. Ü.: Im Wahllokal von Niederschönhausen, in: Der Morgen vom 17. 11. 1958: „Ordnungsgemäß macht die Leiterin des Wahlvorstandes Ministerpräsidenten Otto Grotewohl auf die Möglichkeit der Benutzung der Wahlkabine aufmerksam, die gegenüber dem Tisch des Wahlvorstandes aufgestellt war. Otto Grotewohl dankt und bemerkt lächelnd: ‚Bei mir weiß jeder, was ich wählen werde.'"; U. d. Ü.: Repräsentanten der DDR wählten, in: Berliner Zeitung vom 17. 11. 1958: „Als Otto Grotewohl von der Leiterin des Wahlvorstandes ordnungsgemäß darauf hingewiesen wurde, daß er auch die Wahlkabine benutzen könnte, sagte er: ‚Das ist etwas für Menschen, die noch am Alten hängen. Für Frieden und Sozialismus kann man sich auch offen bekennen.'"
124. SAPMO-BArch, J IV 2/2/705, S. 3.
125. Damit im Zusammenhang stand 1960 auch der Empfang des guineischen Botschafters Dr. Sékou Conté beim Präsidenten Pieck. Bereits ein Jahr danach wendete sich Guinea, seit 1958 unabhängig, dem Westen zu. Die Einrichtung einer guineischen Botschaft in der DDR war damit hinfällig.
126. Beziehungen, wegen der Hallstein-Doktrin z. T. nur wirtschaftlicher Art wurden ab 1965 zur Volksrepublik Kuba, zur Vereinigten Arabischen Republik, zur Jemenitischen Arabischen Republik, zur Syrischen Arabischen Republik; ab 1967 zur Republik Irak, zur Republik Mali, zur Republik Guinea; ab 1969 zur Demokratischen Republik Sudan, zur Republik Indien aufgenommen.
127. Aufnahme diplomatischer Beziehungen am 8. 2. 1973.
128. S. Schulz, Joachim: Architekturführer DDR: Berlin. Hauptstadt der DDR, Berlin 1974, S. 114.
129. Bis 1976 befand sich die Residenz des polnischen Botschafters in der Heinrich Mann Straße 22.
130. Siebert, Ilse: Das Johannes-R.-Becher-Haus, Berlin 1982, S. 3
131. SAdK, Berlin, Erich Wendt Nachlaß Sig. 9: ein Schreiben vom 5. 3. 1959 enthält bereits den Briefkopf des Johannes-R.-Becher-Archivs.
132. Ebd.
133. Kopie des Briefes im Archiv des Autors.
134. Hager, Kurt: Leben in Erinnerungen, Leipzig 1996, S. 171: „Als ich 1958 Kandidat des Politbüros wurde, mußten wir in das „Städtchen" in Niederschönhausen und danach nach Wandlitz umziehen. Damit war der tägliche Kontakt mit den Nachbarn in der Straße, mit den Menschen im Wohngebiet nicht mehr gegeben."
135. 1972 waren O. Gotsche, H. Benjamin, O. Walter, R. Dölling, M. Opitz bereits nicht mehr an den Geschäften der Regierung beteiligt.
136. E. Apel, E. Baumann, B. Leuschner, H. Matern, H. Rau, O. Grotewohl.
137. Johanna Grotewohl.
138. Helene Rau, sie zog 1961 in den Rudolf-Ditzen-Weg 12 und verstarb auch hier; Jenny Matern war bereits 1960 bei einem Badeunfall in der Sowjetunion ums Leben gekommen.
139. Kopie der Abschrift des Nutzungsvertrages im Archiv des Autors.
140. Bergner, a. a. O., S. 176: Interview mit der Haushälterin Lotte Ulbrichts.
141. SAdK, Berlin, Johannes-R.-Becher-Archiv, 15670.
142. LaB, C Rep. 110 Mü, Nrn. 2963 0663: Schreiben vom 28. 8. 1978.
143. Maron; Monika: Stille Zeile Sechs. Frankfurt/Main, 1991, S. 8.
144. Siebs, Benno-Eide: Die Außenpolitik der DDR 1976–1989 Strategien und Grenzen, Paderborn, München, Wien, Zürich 1998, S. 150.
145. 1976 oblag ihm die Gesamtleitung des Sonderbauvorhabens „Palast der Republik", so dass er mit den Umbauten im „Städtchen" ganz sicher nicht beschäftigt war.
146. Ausschreibungsunterlagen der OFD für die Gebäude Unter den Linden 32/34 und Gästehäuser am Schloss Niederschönhausen, Berlin Februar 2001.
147. Schwartz, a. a. O., S. 28/29.
148. Siebs, a. a. O., S. 150.

149. Landesdenkmalsamt Berlin, Akte zum Majakowskiring 29, Kennziffer 19. 07. 3117, PAN-NIE 09085271.
150. „Neues Deutschland" Berlin, vom 29./30. 9. 1979 unter der Überschrift: Wilhelm Pieck, Otto Grotewohl und Walter Ulbricht geehrt.
151. Weiss, Peter: Die Ästhetik des Widerstands, Frankfurt/Main 1988, S. 184.
152. Otto Gotsche veröffentlichte die Romane: Stärker als das Leben, 1967; Märzstürme, 1971; Die Fahne von Kriwoj Rog, 1980; Die seltsame Belagerung von St. Nazaire, 1979; Die Hemmingstedter Schlacht, 1982; ...und haben nur den Zorn, 1983.
153. Gotsches Titel von Erzählungsbänden geben Zeugnis von seinen Möglichkeiten: Links und rechts vom Äquator, 1970; Im Mittelmeer, 1972.
154. SAPMO-BArch, DY 30/IV 2/11 V 5317.
155. SAdK, Berlin, Archiv des Schriftstellerverbandes, Signatur 585 V, Sitzungen S. 32.
156. Ebd., s. a. Walter, Joachim: Die Ausschlüsse aus dem DDR-Schriftstellerverband.
157. Kirschey, a. a. O., S. 29, 33.
158. Bergner, a. a. O., S. 64.
159. Flugblatt vom 6. 1. 1990 einzusehen bei dem vom Kulturamt Pankow 2000 einberufenen Projekt „Runder Tisch Pankow" unter Hannelore Sigbjörnsen.
160. S. Die Panke Spezial hrsg. vom Neuen Forum März 1990.
161. „Berliner Zeitung" vom 7. 4. 1990 u. d. Ü.: Hausverkäufe zum Billigtarif? von M. Wilczynski.
162. Beschluss des Runden Tisch Pankow vom 6. 4. 1990; wie Anm. 159.
163. Kinderreich war man in der DDR ab 3 Kindern, Egon Krenz hatte aber nur zwei Söhne.
164. Bergner, a. a. O., S. 51.
165. Die Einrichtung wurde seit dieser Zeit mit Waren beliefert, die es ansonsten in der DDR nicht zu kaufen gab.
166. BStU MfS KSI 20/84 Akte Franz Gold, Bl. 63.
167. Landesamt zur Regelung für offene Vermögensfragen, Akte 744/102 694/001 Majakowskiring 33.
168. Die Grundbuchakte hielt übrigens das Vermessungsamt des Bezirksamtes Pankow bis 1998 unter Verschluss.
169. BStU DoK LV 227 Bl. 11, Schreiben vom 30. 3. 1976 betreffs Herstellung von MfS-Eigentum über Grundstücke im Gebiete Berlin-Hohenschönhausen, Oberseestraße, in dem es heißt: „Die Aufträge zum Erwerb der Nutzungsgrundstücke sind seit Jahren beim Magistrat anhängig, jedoch ist eine Realisierung nicht möglich, da die Eigentümer nicht mehr in der DDR leben bzw. es sich um mehrere Erben handelt, welche unbekannten Aufenthaltes sind. Seitens des Magistrats wird uns seit langem, vorgeschlagen, diese Grundstücke auf der Grundlage des Verteidigungsgesetzes in Anspruch zu nehmen, da das die einzige Möglichkeit ist, Volkseigentum herzustellen. Die Anwendung des Aufbaugesetzes kann nicht erfolgen, da ein Abriß sowie Neubebauung nicht vorgesehen ist. Die Anwendung des Verteidigungsgesetzes ist komplikationslos. Rechte des Einspruchs durch die betroffenen Eigentümer bestehen nicht ... Aus der Bedeutung des Wohngebietes für das MfS sowie aus der tatsächlichen von uns seit vielen Jahren ausgeübten Nutzung des Grundstückes für Unterkunftszwecke ergibt sich jedoch die gesetzliche Rechtfertigung der Inanspruchnahme gemäß Verteidigungsgesetz."
170. BStU MfS – BdL / Dok. Nr. 1027 Bl. 1–6
171. Im Oktober 1970 wurde die junge afro-amerikanische Professorin und Kommunistin Angela Davis verhaftet, unter falschen Anschuldigen in den Vereinigten Staaten unter Anklage gestellt und mit Höchststrafe bedroht. Erst eine weltweite Protestbewegung erzwang im Juni 1972 ihren Freispruch. Daraufhin erfolgte natürlich ihre Einladung in die DDR.
172. Die Beziehungen zwischen Libyen und der DDR waren kurz zuvor noch durch den Tod des Politbüromitgliedes Werner Lamberz am 6. 3. 1978 belastet, der bei einem Hubschrauberabsturz in Libyen ums Leben gekommen war.
173. BStU 1105, Bl. 52.
174. Egon Bahr äußerte zu dieser Zeit: „Deshalb sollten wir uns ausdrücklich dazu bekennen, daß die deutsche Frage von uns in absehbarer Zeit nicht gestellt wird. Ich würde sogar soweit gehen, in Anlehnung an eine Formel, die Konrad Adenauer einmal im Hinblick auf die DDR gebraucht hat, und für 10 oder 15 Jahre eine Art ‚Burgfrieden' erklären, um die Demokratisierungsprozesse in Osteuropa nicht zu stören"; in: 88. Bergedorfer Gesprächskreis, Auf dem Weg zu einem neuen Europa? Perspektiven einer gemeinsamen westlichen Ostpolitik, Bad Godesberg, 6. u. 7. 9 1989, Protokoll Nr. 88, S. 44.
175. Vgl. auch Protokoll zum Einigungsvertrag, Ziffer I 9. zu Artikel 16.
176. Originaltitel Komissar; Buch und Regie Alexandr Askoldov nach Motiven der Erzählung W grode Berditschewe von Wassili Grossman.
177. Streeruwitz, Marlene: Majakowskiring., Frankfurt am Main 2000.

Die Biographien der „Städtchen"-bewohner nach 1945

Ausführlichere Biographien, in denen auch biographische Daten vor 1945 umfangreicher dokumentiert sind, finden sich auf der beiliegenden CD-ROM.

Alexander Abusch *(Ps. Ernst Reinhardt, Ernst Beyer)*
* 14. Febr. 1902 Krakau; † 27. Jan. 1982 Berlin
Vater Kleinhändler und Kutscher; kaufm. Angest., Journalist; 1919 KPD, Emigration: Saargebiet, CSR, Frankreich, Mexiko; am 16. 7. 1946 mit P. Merker über Wladiwostok Rückkehr nach Berlin; 1946 SED, im SED-PV; 1946–50 Bundessekretär des KB für ideol. Fragen, Mtgl. des Präsidialrates und ab 1949 Vizepräs.; 1946 durch SMAD als Chefred. und Zensor der „Weltbühne" eingesetzt; 1948–49 SED-PV, 1950 Kleines Sekretariat des PB; Sommer 1950 aller Funktionen enthoben, Parteiüberprüfung; 1951 Überprüfung durch MfS, Werbung als IM; seit Sommer 1951 erneut im Präsidialrat des KB; PEN-Zentrum Deutschland; 1953 im ZK Abt. Kultur, verantw. für Verlagswesen der DDR; 1954–56 stellv. Min. für Kultur (zu der Zeit J. R. Becher); 1956–58 Staatssekretär im Min. für Kultur; 1957–82 in das ZK kooptiert, 1958 VK, 1958–61 Min. für Kultur, 1961–71 Stellv. des Vors. des Min.rates für Kultur und Erziehung, ab 1963 Leiter der staatl. Kommission zur Gestaltung eines einheitl. soz. Bildungssystems beim Min.rat; 1964 Präsident Shakespeare-Gesellschaft; Dr. phil. h. c. Friedrich-Schiller-Universität Jena; im Redaktionskollegium der theor. Zeitschrift der SED „Einheit"; ab 1972–82 Vizepräs. bzw. Ehrenpräs. des KB; im Vorstand des DSV, der AdK und des PEN-Club; Adressen: 1946–48: Westerlandstraße 9; 1948–50 Stille Straße 10; 1950–53 Majakowskiring 33, 1953–81 Heinrich Mann Platz 13.

Anton Ackermann *(Ps. von Eugen Hanisch)*
* 25. Dez. 1905 Thalheim b. Stollberg, † 4. Mai 1973 Berlin
Vater Strumpfwirker; VS, Strumpfwirker; 1920 KJVD, Emigration: CSR, Frankreich, Intern. Brigaden in Spanien, 1940 SU; Mai 1945 Rückkehr nach Deutschland, im Sekretariat des ZK der KPD, verfasste in dessen Auftrag Febr. 1946 den Aufsatz „Gibt es einen besonderen dt. Weg zum Sozialismus?"; 1946 SED, bis 1954 PV und ZK; Vors. Hochschulausschuss und Filmkommission beim SED-PV; Mitbegr. KB; 1946 MdL (Sachsen), 1950–54 VK; 1948/49 DWK, Sept. 1948 Distanzierung vom „besonderen dt. Weg", 1949–53 Staatssekr. im MfAA, dort u. a. verantw. für Auslandsspionage der DDR; 1949–53 Kandidat des PB des ZK; 1953 zeitweise Dir. des Marx-Engels-Stalin-lnstitutes; 1953 wegen angeblicher Unterstützung von R. Herrnstadt und W. Zaisser seiner Funktionen enthoben, Jan. 1954 Ausschluss aus dem ZK und „Strenge Rüge"; 29. 7. 1956 rehabilitiert; 1954–58 Leiter HV Film im Min. für Kultur, 1958 Mtgl. und 1960 stellv. Vors. der Staatl. Plankommission für Bildung und Kultur; 1960 Invalidenrentner; Adressen: Aug. 1945 Rudolf-Ditzen-Weg 19, 1945–49 Majakowskiring 26, 1949–51 Majakowskiring 59; 1951–54 Rudolf-Ditzen-Weg 18/20; 1954–57 Heinrich-Mann-Platz 16; 1956–61 Berlin-Treptow, Am Park 18; 1961–73 Scharnhorststraße 2a.

Rudolf Agsten
* 31. Okt. 1926 Leipzig
Vater Postangest.; VS, OS, Soldat, April 1945 am. und sowj. Gefangenschaft (Lazarett in Halle); 1945 LDPD, 1946/47 Jugendref. Bezirk Halle-Merseburg, 1948–53 Red/Chefred. „Liberaldemokratische Zeitung" Halle, ab 1949 im ZV der LDPD; 1950–52 MdL (Sachsen-Anhalt), 1952/53 im Bezirkstag Halle, ab 1955 im ZV, später auch im Präs. der DSF, 1953/54 Leiter HA Politik im ZV der LDPD, ab 1954 Sekretär des ZV, ab 1955 im Pol. Ausschuss, 1983–89 im Präs. der VK, 1955–71 Leitungsmtgl., später stellv. Vors. der Interparl. Gruppe der DDR; ab 1962 Vizepräs. der Dt.-Arab. Gesellschaft; 1955–61 Fernstudium Journalistik a. d. KMU Leipzig, 1963–65 Fernstudium Außenpolitik a. d. ASR, 1969 Dr. phil. a. d. MLU Halle und 1976 Dr. sc. phil. a. d. DAW, 1988 Prof.; seit 1959 im Nationalrat der NF, 1966–69 im Präs. des Friedensrates, 1990 Ruhestand; März–Aug. 1990 Bund Freier Demokraten, danach FDP; Adressen: 1966–80 Majakowskiring 66; ab 1980 Güllweg 14.

Manfred Banaschak
* 14. Sept. 1929 Berlin
Vater Spediteur; VS, OS, Abitur; 1945 KPD, 1946 SED; 1949–52 Studium a. d. HUB, Diplom-Wirtschaftler, Sept. 1952–60 Wirtschaftsred. der „Einheit", 1960–64 Sektorenleiter im ZK, Studium a. d. ASR, 1963 Dr. rer. pol., später habil., 1989 Dr. phil. h. c. AfG; ab 1969 Honorarprof. a. d. ASR; 1964–72 stellv. Chefred. „Einheit", 1972–Nov. 1989 AL im ZK, Chefred. „Einheit", Sept. 1989 Dr. phil. h. c. der AfG, 1990 Vorruhestand, ab 1994 Rentner; Adressen: 1964–89 Majakowskiring 25.

Edith Baumann
* 1. Aug. 1909 Berlin, † 7. April 1973 Berlin
Vater Maurer; VS, HS, Stenotypistin; 1933 inhaftiert; 1945 SPD, 1946 SED, 1946–49 Generalsekretärin und stellv. Vors. der FDJ, 1947 Mitbegr. des DFD und bis 1964 im Bezirksverband, 1946–73 im PV der SED bzw. dessen ZK; 1949 Heirat mit E. Honecker; 1949–53 im Sekretariat des ZK, 1953–55 im Sekretariat der Berliner Bezirksleitung der SED, 1955–61 AL Frauen im ZK, 1958–63 Kandidat des PB des ZK, 1961–63 Sekretärin des ZK; 1948 im Dt. Volksrat und 1949–73 VK, 1963–73 Stadtverordnete und Berliner Vertreterin i. d. VK, Stadträtin und Sekretärin des Magistrats von Berlin, 1953–73 im Rat des Exekutivkomitees der IDF; Adressen: 1953–55 Majakowskiring 58; 1960–63 Waldsiedlung bei Wandlitz, Haus 15.

Johannes R.*(obert)* Becher
* 22. Mai 1891 München, † 11. Okt. 1958 Berlin
Vater Amtsrichter; VS, Gymnasium, Studium der Philologie, Philosophie und Medizin; 1911 erste lit. Veröff., Studienabbruch, freier Schriftsteller; 1919 KPD, 1933 Emigration: Prag, Paris und Moskau; Juni 1945 Rückkehr nach Berlin; Mitbegr. und erster Präs. des KB, ab 1946 im PV und ZK; Mitbegr. des Aufbau-Verlages und der Zeitschrift „Sinn und Form", Nov. 1948 PEN; 1950 VK, 1950 Gründungsmtgl. der AdK; 1951 Dr. h. c. der HUB; 1953–56 Präs. der AdK (Nachfolger von A. Zweig); 1954–58 erster Min. für Kultur; verlor 1957 jeden pol. Einfluss; schwer krank, leitete das Min. nur noch nominell; Adressen: ab 1945 Majakowskiring 34.

Lilly *Irene* Becher *geb. Korpus*
* 27. Jan. 1901 Nürnberg, † 20. Sept. 1978 Berlin
Vater Marineoffizier; Abitur, Stenotypistin; 1919 KPD, 1933 Emigration: Österreich, Schweiz, Frankreich, 1935 SU, enge Zus.arbeit mit J. R. Becher, in 2. Ehe mit Becher verh.; Juni 1945 Rückkehr nach Berlin, 1945–51 Chefred. „Neue Berliner Illustrierte"; danach freie Journalistin, Leiterin des Becher-Archivs der AdK; im Präsidium des DFD, ab 1963 stellv. Vors. der DSF; Adressen: ab 1945 Majakowskiring 34.

Marie *Hildegard* Benjamin *geb. Lange*
* 5. Febr. 1902 Bernburg, † 18. April 1989 Berlin
Vater kaufm. Angest.; VS, Lyzeum, Abitur, Jura-Studium, RA in Berlin-Wedding; ab Mai 1945 Oberstaatsanwältin in Berlin-Steglitz; 1946 SED, 1948 im Bundesvorstand des DFD, Leiterin d. Juristinnenkommission; 1949–53 Vizepräs. des Obersten Gerichtes; 1949–67 VK, 1952 Leiterin d. Gesetzgebungskommission zum neuen Gerichtsverfassungsgesetz, Jugendgerichtsgesetz und Strafprozessordnung; 1952 Dr. jur. a. d. HUB; im Jur. Arbeitskreis der DAW; 1953–67 Justiz-Min. (Nachfolgerin von M. Fechner); 1954–89 Mitgl. des ZK; 1962 im ZV der Vereinigung Demokratischer Juristen; 1963 Vors. der Kommission zur Ausarbeitung des neuen Strafgesetzbuches; 1967 Vors. der Gesetzgebungskommission beim Staatsrat; ab 1967 Prof. und Leiterin des Lehrstuhls „Geschichte der Rechtspflege" a. d. ASR; Adressen: 1949–52 Prenzlauer Allee 172; 1952–70 Majakowskiring 59; ab 1970 Rudolf-Ditzen-Weg 18/20.

Walter Besenbruch
* 25. Dez. 1907 Wuppertal/Barmen
Vater Arbeiter; Abitur, Studium der Landwirtschaft, Geschichte und Philosophie, 1930 KPD, zw. 1932 und 1945 mehrfach verhaftet; nach Kriegsende Polizeirat, danach Polizeipräs. des Verwaltungsbezirks Halle-Merseburg, 1948 wiss. Aspirantur, 1950 Red. der Zeitschrift „Einheit", Okt. 1953 Wahrnehmung einer Professur für Ästhetik a. d. HUB, im Juni 1956 Promotion nach der Vorlage des Buches „Zum Problem des Typischen i. d. Kunst", danach Professur mit vollem Lehrauftrag, 1973 Emeritierung; Adressen: 1950–53 Majakowskiring 3.

Lothar Bolz
* 3. Sept. 1903 Gleiwitz/Oberschlesien, † 29. Dez. 1986 Berlin
Vater Uhrmachermeister; Studium Rechts- und Staatswissenschaft, Literaturgeschichte, 1926 Promotion, RA i. d. Kanzlei von Dr. L. Herrnstadt (Vater von R. Herrnstadt); 1929 KPD, 1934 Emi-

gration SU; ab Mai 1945 Red., ab Jan. 1946 Chefred. „Nachrichten für dt. Kriegsgefangene der SU"; 1948 Rückkehr nach Berlin, Mtgl. im KB, Juni Mitbegr. der NDPD (im Auftrage Stalins); ab Sept. deren Vors. und Hrsg. d. „National-Zeitung"; Jan.–Okt. 1948 DWK; ab 1949 im Präsidium des dt. Volksrates; 1950 VK, ab 1949 im Präsidium des Nationalrates der NF und stellv. Präs. DSF, 1968–78 Präs. DSF; Okt. 1949–Okt. 1953 Min. für Aufbau; 1950–67 stellv. Min.präs. bzw. stellv. Vors. des Min.rats und Mtgl. des Präs., Okt. 1953–24. 6. 1965 Min. für AA; April 1972 Ehrenvors. NDPD; Adressen: 1950/51 Majakowskiring 61, danach Berlin-Treptow.

Gustav Brack
* 1. Febr. 1892 Angerburg/Ostpreußen † 1953 Berlin
VS, HS, kaufm. Angest.; 1935–41 und ab 1944 Haft und KZ; 1945 SPD; Oberregierungsrat i. d. Landesverwaltung Thüringen, Landesdirektor für Arbeit und Sozialfürsorge; 1946/47 im Sekretariat des LV der SED; ab Juni 1947 Präs. der Dt. Zentralverwaltung für Arbeit und Sozialfürsorg, später Dir. der Bezirksdirektion Gera der Dt. Versicherungsanstalt; Adresse: 1948–51 Köberlesteig 10.

Friedrich Burmeister
* 24. März 1888 Wittenberge, † 25. Juli 1968
Vater Lokomotivführer; MS, Postangest.; 1922–24 Republikanische Partei, 1924–30 DDP; 1945 CDU, im LV Mecklenburg; stellv. Leiter Oberpostdirektion Schwerin; 1946–49 Min. für Sozialwesen der Landesregierung Mecklenburg; 1949–58 VK, 1949–63 Min. für Post- und Fernmeldewesen, 1950–68 im Hauptvorstand der CDU, 1954–64 im Pol. Ausschuss bzw. Präs. des Hauptvorstandes der CDU; Adressen: 1950–63 Rudolf-Ditzen-Weg 23.

Ernst Busse
* 24. Nov. 1897 Solingen, † 31. Aug. 1952 Workuta
Vater Schleifer; VS, Schleifer; 1921 KPD, 1932/33 MdR, 1937 KZ Buchenwald, Mtgl. des ill. KPD-Lageraktivs, dt. Vertreter im Intern. Lagerkomitee, Blockältester, Lagerältester und Kapo im Krankenbau; ab Mai 1945 pol. Leiter der KPD-Bezirksleitung Thüringen, Regierungsdirektor des Landesarbeitsamtes Weimar, 1945/46 1. Vizepräs. der Landesverwaltung Thüringen, 1946–48 im SED-LV Thüringen, 1946/47 Innenmin. der Landesregierung Thüringen, 1947–49 Vizepräs. der Dt. Zentralverwaltung für Land und Forst; 1948 im agrarpol. Ausschuss beim ZK; 1949 Vors. des ZV der landw. Genossenschaften Deutschlands; am 29. 3. 1950 von sowj. Sicherheitsorganen verhaftet und am 27. 2. 1951 vom Militärtribunal der sowj. Garnison in Berlin aufgrund des Kontrollratsgesetzes Nr. 10 als „Kriegsverbrecher" zu lebenslänglicher Lagerhaft verurteilt; Juni 1951 Einlieferung in das Sonderlager Nr. 6 in Workuta; 1956 postume parteiinterne Rehabilitierung durch die ZPKK der SED; Adressen: 1948–50 Majakowskiring 55.

Roman Chwalek
* 24. Juli 1898 Womowitz/Oberschlesien, † 27. Nov. 1974
Vater Arbeiter; VS; 1920 KPD, 1930–33 MdR, 1937/38 KZ Sachsenhausen, 1939–45 mehrmals inhaft.; Mai 1945 Mitarbeiter der Kommunalen Verwaltung in Berlin-Britz, 1946 SED, 1946–55 im Bundesvorstand FDGB, 1946–49 Vors. des LV des FDGB in Großberlin und 1949/50 der IG Eisenbahn; 1949 im dt. Volksrat; 1949–54 VK; 1950–53 Min. für Arbeit und 1953/54 für Eisenbahnwesen; 1954–68 im Vorstand, ab 1957 stellv. Präs. des Verbandes der dt. Konsumgenossenschaften; 1968 Rentner; Adressen: 1946–53 Rudolf-Ditzen-Weg 15.

Franz Dahlem
* 14. Jan. 1892 Rohrbach/Lothringen, † 17. Dez. 1981 Berlin
Vater Eisenbahner; VS, Abbruch Realgymnasium, kaufm. Lehrling; 1913 SPD, 1920 KPD, ab 1920 ZK der KPD, 1928–33 MdR; 1933 Emigration Prag, Paris (mit W. Florin und W. Pieck Aufbau der Auslandsleitung der KPD in Paris), dann Spanien, 1939–42 Internierungslager; 1942 Auslieferung nach Deutschland, 1943–45 KZ Mauthausen, dort im intern. Lagerkomitee; Juli 1945 Rückkehr nach Berlin, im ZK und Sekretariat des ZK der KPD, 1946–53 PV bzw. ZK der SED, 1946–49 im ZS des SED-PV, 1949–53 im PB und seit Juli 1950 auch im Kleinen Sekretariat des ZK; 1949–54 VK; im Mai 1953 Ausschluss aus dem PB und dem ZK im Zus.hang mit der „Slansky-Affäre", u. a. Vorwurf des „kapitulantenhaften" Verhaltens bei Kriegsausbruch; 1954 „Strenge Rüge" und Verbot der Parteiarbeit; 1956 öffentlich rehabilitiert; 1955 HA-Leiter für Lehre und Forschung, ab 1957 1. Stellv. des Staatssekretärs für das Hoch- und Fachschulwesen, 1967–74 Stellv. des Min. für Hoch- und Fachschulwesen, 1957 im Forschungsrat der DDR; 1957–81 erneut im ZK, 1963–76 VK; 1964–77 Präs. der Dt./Franz. Gesellschaft, Mtgl. des Präs. der Zentralleitung des KdAW; Adressen: 1945–53 Majakowskiring 32; 1953–60 Berlin-Biesdorf, Roßlauer Straße 35; ab 1960 Pfeilstraße 14a.

Rudolf Dölling
* 4. Nov. 1902 Roßbach/Böhmen, † 3. Aug. 1975 Berlin
Vater Weber; VS, Bergarbeiter; 1923 KPTsch; 1938 Emigration SU; 1945 Rückkehr i. d. CSR; im ZK der KPTsch, 1946 in Berlin, SED, bis 1949 Leitender Ref. für Massenagitation beim PV, 1949–51 Leiter HA Pol. Kultur i. d. HV Deutsche VP; 1951 Generalinspekteur der VP; 1952 Generalmajor und bis 1958 Chef der Pol. Verwaltung der KVP bzw. NVA sowie Stellv. des Min. des Innern bzw. Min. für Nationale Verteidigung; bis 1958 mil. Schulung i. d. SU; 1958–67 ZK, 1959–63 VK, 1959–65 Botsch. SU; 1967 Rentner; Adressen: 1950–61 Rudolf-Ditzen-Weg 22, 1961–75 Majakowskiring 26.

Friedrich Ebert
* 12. Sept. 1894 Bremen, † 4. Dez. 1979 Berlin
Vater Sattler, führender Sozialdemokrat und 1919–25 Reichspräsident; VS, MS, Buchdrucker; 1913 SPD, 1928–33 MdR; 1933 acht Monate in verschiedenen KZ, u. a. Oranienburg und Börgermoor, bis 1945 unter Polizeiaufsicht; 1945/46 Landesvors. der SPD in Brandenburg; seit April 1946 einer der Landesvorsitzenden der SED; 1946 Vors. der Beratenden Versammlung bzw. des Präs. des Landtags Brandenburg, seit 1946 im PV bzw. ZK, 1947–50 im ZS, seit 1949 im PB des ZK, 1948 im dt. Volksrat, ab 1950 VK, dort im Präs., 1950–63 und seit 1971 Stellv. des Präs. der VK, 1948–67 Oberbürgermeister von Berlin, 1957–64 Präs. des Städte- und Gemeindetags; 1951–58 Präs. der DSF, ab 1960 Mtgl. und ab 1971 Stellv. des Vors. des Staatsrats und Präs. der VK, seit 1971 Vors. der Fraktion der SED i. d. VK; Adressen: 1950–54 Leonhard-Frank-Straße 11, 1954–60 Stille Straße 4/5; 1960–79 Waldsiedlung bei Wandlitz, Haus 23.

Werner Eggerath
* 16. März 1900 Elberfeld, † 16. Juni 1977
Vater Stukkateur; VS, Schlosser, Bauarbeiter, Hafenarbeiter, Heizer und Bergmann; 1924 KPD, 1935 15 Jahre Zuchthaus; 1945 Landrat im Mansfelder Seekreis, 1. Sekretär der KPD-Bezirksleitung Thüringen, 1946 SED; 1946/47 Vors. im LV der SED in Thüringen; 1946–50 MdL (Thüringen), ab 1947 Min.präsident des Landes Thüringen; 1948–54 VK, 1952–54 Staatssekretär beim Min.präs. der DDR; 1954–57 Botsch. in Rumänien, 1957 im Präsidium des Friedensrates und der Liga für Völkerfreundschaft; 1957–60 Staatssekretär für Kirchenfragen; ab 1961 freisch. Schriftsteller, 1962–63 Parteisekretär des Berliner Schriftstellerverbandes; Adressen: 1952–54 Majakowskiring 19.

Heinz Eichler
* 14. Nov. 1927 Leipzig
Vater Arbeiter; VS, kaufm. Ausbildung; 1944 NSDAP; 1945 KPD, 1946–48 im Kreisvorstand der SED in Oschatz; 1946/47 ABF; 1947–50 Studium der Wirtschaftswissenschaften a. d. KMU; 1950 Hauptsachbearbeiter im Min. des Innern, 1950–56 Ref. und AL i. d. Regierungskanzlei und im Sekretariat des 1. Stellv. des Vors. des Min.rates, 1950–53 Grundorganisationsleitung der SED der Regierungskanzlei; 1953–56 Sekretär der Grundorganisation des Büros des Präs. des Min.rats; 1956–60 Aspirant a. d. AfG beim ZK der KPdSU in Moskau; 1960–71 pers. Ref. des Vors. des Staatsrates; 1971 VK und Sekretär des Staatsrates der DDR (Nachfolge von O. Gotsche), im Präs. der VK; Adressen: 1950–61 Rudolf-Ditzen-Weg 22.

Gerhart Eisler
* 20. Febr. 1897 Leipzig, † 21. März 1968 auf einer Reise nach Armenien
Vater Prof.; Gymnasium in Wien, Oberleutnant im 1. WK, 1921 in Deutschland, KPD; Nov. 1928 Moskau, 1933–36 Vertreter der KI in den USA, Sept. 1939–April 1941 Internierung Le Vernet, bei Überfahrt nach Mexiko Internierung auf Trinidad, anschl. USA; dort 1947 Verhaftung und Verurteilung zu vier Jahren Haft wegen „Missachtung des amer. Kongresses und Passfälschung", Freilassung gegen 20.000 $ Kaution, Mai 1949 Flucht; Dez. 1948 in Abwesenheit Berufung als Prof. für pol. und soziale Fragen der Gegenwart a. d. KMU; Juni 1949 Rückkehr nach Berlin, 1949 SED; 1949 VK, PV der SED; 1949–52 Mitbegr. (mit H. Axen) und dann Leiter Amt für Information der Regierung der DDR; Febr. 1951 öffentliche Selbstkritik wegen parteipol. Tätigkeit in den 20er Jahren, Dez. 1952 im Zus.hang mit „Slansky-Affäre" Amtsenthebung; 1953–56 freier Journalist, 1956–62 stellv. und dann Vors. des Staatlichen Rundfunkkomitees beim Min.rat, ab 1962 im ZV Verband der dt. Presse; 1963 Dr. h. c. KMU Leipzig; 1967/68 ZK; Adressen: 1949–56 Majakowskiring 6.

Hans Fallada *(Ps. von Rudolf Ditzen)*
* 21. Juli 1893 Greifswald, † 5. Febr. 1947 Berlin
Vater Landgerichtsrat; Gymnasium, als Autor von E. Rowohlt gefördert, mehrfache Entziehungskuren (F. war von Jugend an alkoholabhängig und morphiumsüchtig) und Gefängnis wegen Un-

terschlagung (1923 und 1926–28); 1933 Verhaftung durch die SA, einjährige Haft, anschl. Übersiedlung nach Carwitz in Mecklenburg, „schriftstellernder Landwirt" (Fallada); ab Mai 1945 vier Monate lang Bürgermeister in Feldberg, Nervenzus.bruch und Aufenthalt in Trinkerheilanstalt, 1945 Rückkehr nach Berlin, freier Mitarbeiter „Tägliche Rundschau"; Adressen: 1945 Berlin-Schöneberg Meraner Straße 12, 1945–47 Rudolf-Ditzen-Weg 19.

Peter Florin
* 2. Okt. 1921 Köln
Vater KPD-Funktionär; Oberrealschule; 1933 Emigration Holland, Frankreich, 1935 SU; Mai 1945 Rückkehr nach Dresden mit „Gruppe Ackermann"; 1945/46 Chefred. „Volkszeitung" und 1946–48 „Freiheit" Halle, 1948/49 Studium KMU, 1949–52 Leiter HA I (Pol. Angelegenheiten/SU und Volksdemokratien) im MfAA; ab 1953 VK, hier 1954–63 Vors., 1963–67 stellv. Vors. und 1967–71 im Ausschuss für AA, 1953–66 Leiter der Abt. Außenpolitik/Intern. Verbindungen im ZK der SED, ab 1953 im ZV der DSF, 1954–58 Kandidat und ab 1958 Mtgl. im ZK der SED, ab 1961 im Präsidium dt.-afrik. Gesellschaft, 1967–69 Botsch. i. d. CSSR, 1969–73 Staatssekretär und 1. stellv. Min. für AA, ab Sept. 1973 stellv. Min. für AA und Ständiger Vertreter der DDR bei der UNO, Präs. der 42. Tagung der UN-Vollversammlung und der 3. Sondertagung über Abrüstung, 1988–90 im Staatsrat, 1990 Vors. des Prov. Vorstandes im KdAW, 1990 Rentner; Adressen: 1949–56 Majakowskiring 66; 1956–61 Majakowskiring 16; 1961–69 Majakowskiring 33.

Hans-Heinrich Franck
* 22. Jan. 1888 Würzburg, † 21. Dez. 1961
Vater Kunstmaler; VS, Franz. Gymn. Berlin, Studium der Chemie, Physik und Nationalökonomie a. d. TH Charlottenburg, der Universität Berlin und der TH Karlsruhe; 1912 Dr. phil., 1917 SPD; 1927–37 Prof. a. d. TH Berlin; 1937 Entzug d. Professur aus pol. Gründen; 1945–48 Leiter des Stickstoffwerks Piesteritz und Prof. a. d. TH Berlin; 1947 Mitbegr. der KdT, 1948 SED, KB, dort im Präsidialrat; 1949–59 Präs. der KdT, 1949 DAW, 1949 Entlassung aus der Professur a. d. TH Berlin und Wechsel zu HUB; 1950–59 Dir. des Instituts für angewandte Silikatforschung der DAW, 1950–61 VK; Adressen: 1950 Majakowskiring 59.

Walter Franze
* 21. Nov. 1903 Berlin, † 18. Jan. 1971 Berlin
Vater Arbeiter; VS, Klempner; 1924 KPD; ab Febr. 1933 ill. pol. Arbeit; 1936–44 Inhaber eines Handwerksbetriebes; Mai/Juni 1945 Bürgermeister in Mahlsdorf (Kreis Luckenwalde), 1946 SED, 1946–49 Chefred. „Märkische Volksstimme" Potsdam, 1949–56 stellv. Chefred. „ND"; ab 1950 Vors. des LV Groß-Berlin bzw. Vors. des Bezirksvorstandes des Verbandes der Dt. Presse Berlin, 1956–62 Leiter des Verlags „Die Wirtschaft"; Adressen: 1950–54 Majakowskiring 8.

Rudi Georgi
* 25. Dez. 1927 Bockau /Erzg.
Vater Arbeiter; VS, HS, kaufm. Lehre; 1945 SPD, 1946 SED; 1950/51 Betriebsassistent, 1951–55 Produktionsassistent, 1955–62 Werkleiter im „VEB Besteck- und Silberwaren-Werke Aue", 1957–61 Fernstudium a. d. KMU, 1966 Dr. rer. oec.; 1963–65 Generaldirektor VVB Eisen, Bleche, Metallwaren; 1966–73 Min. für Verarbeitungsmaschinen- und Fahrzeugbau; 1973–89 Min. für Werkzeug- und Verarbeitungsmaschinenbau, 1967–76 Kandidat des ZK und 1976–89 Mtgl. des ZK; Adressen: 1980–90 Majakowskiring 66.

Fritz Geyer
* 30. Dez. 1888, † 1966 Berlin
Jurastudium, bis 1933 im Staatsdienst, Hochschullehrer; nach 1945 Staatssekretär i. d. sächs. Landesregierung, 1950–56 Chef der Regierungskanzlei bzw. Leiter des Büros des Präs. des Min.rates; ab Mai 1956 Lehrtätigkeit a. d. ASR; Dir. des Instituts für Völkerrecht und intern. Beziehungen; Adressen: 1950 Majakowskiring 8, ab 1951 Berlin-Köpenick, Slevogtweg 5.

Franz Gold
* 10. Okt. 1913 Botenwald bei Brünn, † 8. Mai 1977 Berlin
Vater Schmied; Bürgerschule, Fleischer; 1932 KPTsch, 1935–37 Militärdienst, 1940 Soldat, 1941 Übertritt zur Roten Armee, 1943 Mitbegr. NKFD, 1944/45 Kommandeur einer Partisaneneinheit beim Slowakischen Nationalaufstand; 1946 nach Dresden umgesiedelt, SED; Journalist im sowj. Nachrichtenbüro, ab 1948–49 Dir. des Dt. Instituts für sozialökonomische Probleme in Berlin, 1949/50 Personaldirektor beim Berliner Rundfunk, ab April 1950 MfS, verantw. für Personenschutz, 1961 Generalmajor, 1972 Generalleutnant, 1974 Ruhestand; Adressen: 1948–50 Berlin-Weißensee, Schönstraße 36; 1950–60 Berlin-Hohenschönhausen, Oberseestraße 39; 1960–61 Ber-

lin-Friedrichshain, Frankfurter Tor 5; 1961–64 Berlin-Hohenschönhausen, Freienwalder Straße 20; 1964–77 Berlin-Hohenschönhausen, Oberseestraße 56; Zweitwohnungen: 1948–52 Berlin-Weißensee, Berliner Allee 61; 1952–54 Tschaikowskistraße 34, 1954–60 Majakowskiring 55; 1960–1974 Wandlitz (Waldsiedlung).

Otto Gotsche
* 3. Juli 1904 Wolferode/Mansfeld, † 17. Dez. 1985 Berlin
Vater Schuhmacher, Bergmann; VS, Klempner; 1919 KPD, Mtgl. des Bundes prol.-rev. Schriftsteller, 1933 KZ Sonnenburg, 1937–41 Klempner in Berlin; April 1945 Mitbegr. Bürgerausschuss Eisleben, dann Landrat in Eisleben, 1945/46 1. Vizepräs. des Regierungsbezirkes Merseburg, 1946 KPD/SED, 1946/47 Bezirkspräs. im Regierungsbezirk Halle-Merseburg; 1947–49 Min.ialdir. im Min. des Innern der Landesregierung Sachsen-Anhalt, Leiter HA der Landes-, Kreis- und Gemeindeverwaltungen, 1949–60 pers. Ref. W. Ulbrichts, 1953 DSV; 1960–71 Sekretär des Staatsrats, ab 1961 DAK, 1963–71 VK, 1967–71 in deren Präsidium, 1963 Kandidat des ZK, 1966–85 Mtgl. des ZK; Adressen: ab 1950 Majakowskiring 10.

Kurt Gregor
* 21. Aug. 1907 Dresden, † 5. Mai 1990 Berlin
Vater Arbeiter; VS, Maschinenbauer, Ingenieur; 1931 KPD, 1938–45 techn. Leiter in Dresdner Maschinenfabriken; 1946 SED, 1946–50 Leiter der HA Wirtschaftsplanung der Landesregierung Sachsen, 1951/52 Staatssekretär im Min. für Schwerindustrie, 1951/52 Staatssekretär im Min. für Außenhandel und Innerdt. Handel, 1952–54 Min., 1954–56 wieder Staatssekretär, 1956–58 Stellv., ab 1958 1. Stellv. des Vors. der Staatlichen Plankommission und Mtgl. des Min.rats, 1958–63 VK, ab Juli 1961 Stellv. des Vors. des Volkswirtschaftsrates, 1964–68 Stellv. des Sekretärs RGW; Adressen: 1961–90 Güllweg 6.

Otto *Emil Franz* Grotewohl
* 11. März 1894 Braunschweig, † 21. Sept. 1964 Wandlitz
Vater Fabrikarbeiter; VS, Buchdrucker; 1912 SPD, 1920–26 MdL (Braunschweig), 1920/21 Innen- und Bildungsminister; 1923/24 Min. für Justiz, 1924–26 Studium a. d. Leibniz-Akademie Hannover, 1925–33 MdR; 1933 gemaßregelt; bis 1938 Kaufmann, Inhaber eines Lebensmittelgeschäfts und Grude-Herd-Vertriebes in Hamburg, Mtgl. einer ill. soz.-dem. Gruppe, 1937/38 Übersiedlung nach Berlin, 1938/39 sieben Monate U-Haft, 1940–45 Bevollmächtigter der Firma Gniffke (Grude-Herd-Vertrieb) in Berlin, Zus.arbeit mit soz.-dem. Widerstandsgruppe Heibacko; 1945 Vors. des Zentralausschuss der SPD (mit M. Fechner und E. Gniffke), Mitunterzeichner des Aktionsabkommens mit der KPD am 19. 6. 1945, 1945/46 Teilnehmer bei der Sechziger Konferenz und Mtgl. der Statutenkommission zur Erarbeitung der „Grundsätze und Ziele" und des Parteistatuts der SED, ab 1946 im PV bzw. ZK und ZS bzw. PB, 1946–54 paritätisch mit W. Pieck Vors. der SED; 1946–50 MdL (Sachsen), 1947 im Ständigen Ausschuss des dt. Volkskongresses, 1948/49 des dt. Volksrates; Vors. seines Verfassungsausschusses, ab 1949 VK, ab Okt. 1949 Min.-Präs. bzw. Vors. des Min.rats der DDR, ab Sept. 1960 stellv. Vors. des Staatsrats der DDR, a. d. Partei- und Staatsführung nicht mehr unmittelbar beteiligt; ab Nov. 1960 schwer erkrankt; Adressen: 1946–50 Stille Straße 4/5; ab 1950 Majakowskiring 46/48; 1960–64 Waldsiedlung bei Wandlitz, Haus 21.

Karl Grünberg
* 5. Nov. 1891 Berlin, † 1. Febr. 1972 Berlin
Vater Schuhmacher; VS, Chemietechniker; 1911 SPD, 1920 KPD, 1928 Mitbegr. und 1. Sekretär der Berliner Gruppe des Bundes prol-rev. Schriftsteller; 1929–31 Reisen i. d. SU und lit. Reportagen; 1933 ill. Arbeit, neun Monate Haft im KZ Sonnenburg, anschl. Steinklopfer, später Laborant unter Polizeiaufsicht; 1943/45 kriegsdienstverpflichtet zur Feuerschutzpolizei in Essen und Berlin; 1945 Mitbegr. des Volksfront-Komitees in Pankow, erster Amtsgerichtsdirektor in Pankow, später freisch. Schriftsteller; Adressen: 1945 Majakowskiring 32; Leonhard-Frank-Straße 35.

August Paul Gerhard Grüneberg
29. Aug. 1921 Lehnin/Brandenburg, † 10. April 1981 Berlin
Vater Arbeiter; VS, Maurer; 1941–45 Kriegsmarine, engl. Gefangenschaft; 1945/46 Maurer, 1946 KPD/SED, 1946/47 Organisationsleitung SED-Ortsgruppe Oranienburg, 1947 Neulehrer in Oranienburg, 1948/49 1. Sekretär SED-Kreisleitung Guben, Sekretär SED-Landesleitung Brandenburg, 1952–58 1. Sekretär SED-Bezirksleitung Frankfurt/Oder, 1952–56 Fernstudium a. d. Parteihochschule, 1958 ZK, 1958–59 ZK-Sekretär für die Anleitung des Staatsapparates; 1958–81 VK; 1959 Kandidat des PB, 1966–81 Mtgl. des PB, 1960–81 Sekretär des ZK für Landwirtschaft, 1958–69 im Nationalrat der NF; 1962/63 Min. und Präsidiumsmtgl. des Min.rates der DDR, 1963 im Land-

wirtschaftsrat bzw. Rat für landw. Produktion und Nahrungsgüterwirtschaft, 1958–63 im Ständigen Ausschuss für AA, ab 1969 im Präs. des Forschungsrats; Adressen: 1958–60 Majakowskiring 33, ab 1960 Waldsiedlung bei Wandlitz, Haus 19.

Herbert Grünstein
* 27. Juli 1912 Erfurt, † 9. Jan. 1992 Berlin
Vater Angest.; VS; 1931 KPD, 1933 Emigration SU, 1936–38 Interbrigadist in Spanien, 1939–43 Internierung in Frankreich und Algerien, 1943 wieder SU, 1944 Heirat mit Paula Pauker; 1948 Rückkehr nach Berlin, Mitarbeiter des PV, Jan. 1949 Mitarbeiter der HA Pol. Kultur (später Pol. Verwaltung) i. d. HV der DVP im Min. des Innern, Chefinspekteur der VP, 1951 Generalmajor, 1950–53 Fernstudium Parteihochschule; 1955 Stellv. Innenmin., 1956–74 1. Stellv. und Staatssekretär, 1962 Generalleutnant; Mtgl. der Zentralen Katastrophenkommission und Vors. der Zentralen Hochwasserkommission, Ruhestand; Adressen: 1950–79 Köberlesteig 12; 1979–90 Güllweg 8.

Leonhard Kurt Hager *(Ps. Felix Albin)*
*24. Juli 1912 Bietigheim/Enz in Baden, † 18. Sept. 1998 Berlin
Vater Arbeiter; VS, Abitur, kaufm. Volontär; 1930 KPD, 1934 Emigration Schweiz, CSR, Frankreich, 1937–39 Interbrigadist in Spanien, Internierung in Großbritannien; 1946 Rückkehr nach Deutschland, SED, 1946–49 Leiter der Abt. Parteischulung beim SED-PV, 1947/48 stellv. Chefred. „Vorwärts" und Parteihochschule „Karl Marx" beim ZK, Dozentenlehrgang, 1949–52 AL für Propaganda und 1952–55 für Wissenschaft und Hochschulen beim ZK; ab 1949 Prof., Lehrstuhlinhaber und AL für dial. und hist. Materialismus am Institut für Philosophie der HUB, ab 1951 Kandidat, ab 1954 Mtgl. des ZK, ab 1955 ZK-Sekretär, ab 1958 Kandidat und ab 1963 Mtgl. PB des ZK; Leiter der Ideologischen Kommission des PB; 1958–89 VK, 1967–89 Vors. des VK-Ausschuss für Volksbildung, im Präsidialrat des KB; ab 1958 Mtgl. und ab 1966 Präsidiumsmtgl. im Forschungsrat der DDR, 1961–73 Vizepräs. der Dt-Südostasiat. Gesellschaft; 1976–89 Mtgl. des Staatsrates der DDR; Jan. 1990 Ausschluss aus SED/PDS; Nov. 1995 Anklage und Prozess vor dem Berliner Landgericht wegen „Totschlags und Mitverantwortung für das Grenzregime der DDR"; Adressen: 1955–58 Majakowskiring 55; 1958–61 Pfeilstraße 13; 1961–89 Waldsiedlung bei Wandlitz, Haus 18.

Gerhard Heidenreich
* 5. Okt. 1916 Breslau
Vater Arbeiter; VS, Ofensetzer; 1934 2 Jahre Gefängnis, 1936–44 Gelegenheitsarbeiter; 1945 KPD, 1946 SED; 1946–49 1. Sekretär der FDJ in Sachsen; 1947–50 2. Sekretär des Zentralrates der FDJ; 1950/51 Mitarbeiter im ZK; 1951–80 stellv. Leiter HV Aufklärung im MfS; 1965–81 1. Sekretär der SED-Kreisleitung im MfS, Generalmajor, 1950 Kandidat des ZK; 1963–81 Mtgl. des ZK, 1950–54 VK; ab 1979 Ruhestand; Adressen: 1950 Stille Straße 12; 1951–90 Majakowskiring 19.

Herbert Hentschke
* 20. Dez. 1919 Oberseifersdorf (Kreis Zittau), † 28. Okt. 1991
Vater Arbeiter; VS, Schlosser; Emigration CSR, SU, zeitweise Verhaftung durch das NKWD; 1945 Mtgl. der Initiativgruppe „Sobottka" und Rückkehr nach Deutschland, Instrukteur der KPD-Landesleitung Mecklenburg, kurzzeitig Stadtrat in Schwerin; 1946 Ref. beim ZK der KPD/SED, 1950 VP, 1951 außenpol. Nachrichtendienst (ab 1953 HA XV, ab 1956 HV Aufklärung) des MfS und Leiter der HA I (pol. Spionage), 1959 stellv. Leiter der HV B (rückw. Dienst), ab 1963 Leiter des operativ-technischen Sektors; 1965–66 Parteihochschule der KPdSU in Moskau; 1966–68 Externstudium a. d. Jur. Hochschule des MfS in Potsdam-Eiche, 1968 HVA, Verbindungsoffizier zu den Sicherheitsorganen Kubas, 1975 Leiter der Wismut, 1980 Generalmajor, 1981 Rentner; Adressen: 1953–54 Güllweg 10 c.

Rudolf Herrnstadt *(Ps. R. E. Hardt)*
* 18. März 1903 Gleiwitz/Oberschlesien, † 28. Aug. 1966 Halle
Vater RA; VS, Gymnasium, Abitur, Jurastudium, Schriftsteller und Lektor; 1931 KPD, 1930–39 Auslandskorrespondent des „Berliner Tageblattes, 1940 Ref. der Westeuropa-Abt. des sowj.-mil. Nachrichtendienstes; Mai 1945 Rückkehr nach Deutschland mit der „Gruppe Sobottka", 1946 SED, Mitbegr. und bis März 1949 Chefred. der „Berliner Zeitung", anschl. bis Juli 1953 Chefred. „ND"; 1949–54 VK, 1950 Mtgl. des ZK und Kandidat des PB; Juli 1953 wegen „parteifeindlicher Fraktionsbildung" mit W. Zaisser aus dem ZK und im Jan. 1954 aus der SED ausgeschlossen, 1954–66 wiss. Mitarbeiter im Dt. Zentralarchiv Merseburg, zu Lebzeiten nicht rehabilitiert; Nov. 1989 postume Rehabilitation durch ZPKK der SED; Adressen: 1945–47 Berlin-Biesdorf, Gerstenweg 13; 1948–52 Berlin-Biesdorf, Otto-Nagel-Straße 9; 1952–53 Majakowskiring 58; 1953–65 Merseburg, Hallesche Straße 5, ab 1965 Halle, Rathenauplatz 19.

Stefan Heymann
* 14. März 1896 Mannheim, † 4. Febr. 1967 Berlin
Vater Vertreter; VS, Gymnasium, Bankausbildung; 1919 KPD, 1928–30 MdL (Baden); 1934 zwei Jahre Zuchthaus (Wohlau), danach KZ Kislan, März 1938 KZ Dachau, ab Sept. 1938 KZ Buchenwald, ab Okt. 1942 KZAuschwitz; ab Jan. 1945 wieder KZ Buchenwald; Juli–Okt. 1946 Bezirks-Sekretär der KPD Thüringen; dann bis Sept. 1948 i. d. Landesleitung Thüringen der SED, Chefred. der „Thüringer Volkszeitung" (andere Quelle: Lehrer der Parteischule Camberg), VVN, 1948–50 stellv. Leiter Abt. Parteischulung, Kultur und Erziehung im ZK, 1950/51 Mitarbeiter des MfAA, 1951–53 Leiter der Dipl. Mission Ungarn, 1953–56 Botsch. Polen, 1957–59 Leiter der HA Presse und Information im MfAA, 1960–63 Prof. am Institut für Intern. Beziehungen der ASR, 1963 emeritiert; Adressen: 1950–54 Stille Straße 11, 1954–60 Güllweg 6.

Karl-Heinz Hoffmann
* 28. Nov. 1910 Neckerau bei Mannheim, † 2. Dez. 1985 Berlin
Vater Schleifer; VS, Maschinenschlosser; 1930 KPD; 1935 Emigration SU, 1937/38 Interbrigadist in Spanien, 1939 wieder SU; sowj. Staatsangehörigkeit; 1946 Rückkehr nach Deutschland, bis 1947 pers. Mitarbeiter bei W. Pieck und pers. Ref. W. Ulbrichts, 1947–49 Sekretär der Landesleitung der SED in Berlin, ab 1949 Leiter der HV Ausbildung und 1949/50 Vizepräs. der DVP, ab 1950 Generalinspekteur der DVP und 1950–55 Chef der KVP, 1950–52 Kandidat, 1952–85 Mtgl. des ZK, 1950–85 VK; 1952 Generalleutnant, 1950–55 Stellv. Min. des Innern, 1956–60 1. Stellv. Min. für Nationale Verteidigung, Chef des Heeres und DDR-Vertreter im Stab des Oberkommandos der Streitkräfte des Warschauer Vertrags; ab 1958 Chef des Hauptstabes der NVA und des Armeesportvereins „Vorwärts", 1959 Generaloberst, ab 1960 Min. für Nationale Verteidigung und stellv. Oberbefehlshaber der Streitkräfte des Warschauer Vertrags, 1961 Armeegeneral; ab 1964 im Nationalen Verteidigungsrat der DDR, ab 1973–85 Mtgl. des PB des ZK; Adressen: 1950–55 Rudolf-Ditzen-Weg 14, ab 1956 Strausberg, Fontanestraße.

Erich Honecker
* 25. Aug. 1912 Neunkirchen/Saar, † 29. Mai 1994 Santiago de Chile
Vater Bergmann; VS, Dachdecker; 1929 KPD; 1935 inhaftiert, bis April 1945 im Zuchthaus Brandenburg-Görden; 1945 Jugendsekretär des ZK der KPD; 1945/46 Vors. des Zentralen Antif. Jugendausschusses; 1946 Mitbegr. und bis 1955 Vors. bzw. 1. Sekretär des Zentralrates der FDJ, seit 1946–89 im PV bzw. ZK, 1948–89 VK; 1949–55 im Exekutivkomitee Weltbund der Demokratischen Jugend, ab 1950 Kandidat, ab 1958–89 Mtgl. des PB, 1958 Sekretär des ZK, 1971–89 1. Sekretär bzw. Generalsekretär des ZK, 1976–89 Vors. des Staatsrates, 1971–89 Vors. des Nationalen Verteidigungsrates; Okt. 1989 von allen Ämtern entbunden, Ausschluss aus der SED, März 1991 Ausreise i. d. SU, im Dez. 1991 Flucht i. d. chil. Botschaft in Moskau, 1992 Prozess wegen „versuchten und vollendeten Todschlags" in Berlin, im Jan. 1993 Aufhebung des Haftbefehls und Einstellung des Verfahrens wegen des Gesundheitszustandes des Angeklagten, am 13. 1. 1993 Ausreise nach Chile; Adressen: 1953–55 Majakowskiring 58, 1955–60 Rudolf-Ditzen-Weg 14; 1960–89 Waldsiedlung bei Wandlitz, Haus 11.

Margot Honecker, *geborene Feist*
* 17. April 1927 Halle
Vater Schuhmacher; VS, kaufm. Angest., Telefonistin; 1945 KPD, 1946 SED, 1946 im Kreisvorstand FDJ Halle, 1947/48 AL und Sekretärin im LV der FDJ Sachsen-Anhalt, 1949–59 Mtgl. des Zentralrates der FDJ, 1949 (jüngste) Abgeordnete VK, 1949–53 Sekretärin des Zentralrates der FDJ und Vorsitzende der Pionierorganisation „E. Thälmann", 1950 Kandidatin des ZK, 1953/54 Studium a. d. Komsomol-Hochschule in Moskau, 1955–58 AL im Min. für Volksbildung, 1958 Stellv. Min. für Volksbildung, 1963–89 Volksbildungsmin., 1963–89 Mtgl. des ZK, 1970–89 Akademie der päd. Wissenschaften; 1991 Ausreise i. d. SU, seit 1992 in Chile; Adressen: 1956–60 Rudolf-Ditzen-Weg 14, 1960–89 Waldsiedlung bei Wandlitz.

Margarete (Greta) Keilson-Fuchs, *geborene Schnate*
* 21. Dez. 1905 Berlin, † 4. Jan. 1999 Dresden
Vater Arbeiter; VS, HS; 1925 KPD; 1927 Heirat M. Keilson, 1933 Emigration CSR, Dänemark, Frankreich, SU, zeitweise Sekretärin W. Piecks; Juni 1945 Rückkehr nach Berlin, im ZK der KPD bzw. PV der SED, 1946–50 i. d. Zentralen Revisionskommission der SED, 1948–53 Leiterin, dann bis 1959 stellv. Leiterin im ZK Abt. Intern. Verb.; 1959 Heirat mit K. Fuchs; 1959–70 Mitarbeiterin Pressedienst des MfAA, 1975 Ruhestand Dresden; Adressen: 1950–75 Majakowskiring 55.

Max Keilson
* 7.Sept. 1900 Halle † 9. Nov. 1953 Berlin
VS, Gebrauchsgraphiker; 1920 KPD; 1933 Emigration CSR, Frankreich, SU, dort verantw. Red. des Senders „SA-Mann Weber" beim „dt. Volkssender" Moskau/Ufa; Juni 1945 Rückkehr nach Berlin, stellv. Chefred. der „Dt. Volkszeitung", 1946–49 Chefred. „Vorwärts", 1946–49 im SED-LV Groß-Berlin, 1949–53 Präs. „Verband der dt. Presse" und Leiter Abt. Presse des MfAA der DDR und Mtgl. des Kollegiums des MfAA, 1950–53 AL i. d. HA I (Pol. Angelegenheit/SU und Volksdemokratien), 16. Jan. 1953 mit Ehefrau im Zus.hang mit der Affäre um den damaligen DDR-Außenmin. G. Dertinger verhaftet, 1950 schwere Erkrankung; Adressen: 1950–53 Majakowskiring 55.

Johannes (Hans) König
* 2. April 1903 Arnstadt/Thüringen, † 22. Jan. 1966 Prag
Vater Arbeiter; VS, Gerber; 1920 KPD; Mai 1933 KZ Colditz und Sachsenhausen, 1935 Emigration Schanghai; 1947 Rückkehr nach Deutschland, 1947–50 Chefred. „Sächsische Zeitung" Leipzig, Juni 1950–Okt. 1953 Leiter einer DDR-Mission und anschl. bis Juli 1955 Botsch. in Peking, Dez. 1954–Juli 1955 gleichzeitig Botsch. Vietnam, 1955–59 Botsch SU, Gesandter Mongolei, 1959–65 stellv. Min. für AA, 1965–Jan. 1966 Botsch. CSSR; im Präsidium der Dt.-Nord. Gesellschaft, Dt.-Franz. Gesellschaft und Dt.-Ital. Gesellschaft; Mtgl. im ZV der DSF und als Spezialist für Ostasien rege publ. Tätigkeit; Adressen: 1954–58 Majakowskiring 8; 1958–66 Rudolf-Ditzen-Weg 21.

Egon Krenz
* 19. März 1937 Kolberg (heute Polen)
Vater Schneider; OS, Schlosser; 1953 FDJ, 1953–57 Studium am Institut für Lehrerbildung Putbus, 1955 SED, 1957–59 NVA, 1959/60 2. bzw. 1. Sekretär der Kreisleitung der FDJ Bergen, 1960/61 1. Sekretär der Bezirksleitung der FDJ Rostock, 1961–64 Sekretär des Zentralrats der FDJ; 1964–67 Studium a. d. Parteihochschule der KPdSU in Moskau, 1967–74 Sekretär des Zentralrats der FDJ, 1971–74 Vors. der Pionierorganisation „E. Thälmann", seit 1969 im Nationalrat der NF, 1971–Jan. 1990 VK, dort 1971–76 Vors. der Fraktion der FDJ, 1971–81 im Präs.VK; 1974–83 1. Sekretär des Zentralrats der FDJ; 1971–73 Kandidat, 1973–89 Mtgl. des ZK, ab 1979 Kandidat und von 1983–89 Mtgl. des PB und Sekretär für Sicherheit und Kaderfragen des ZK, 1981–84 Mtgl. des Staatsrats und 1984–89 stellv. Staatsratsvors., vom 18. Okt.–3. Dez. 1989 Generalsekretär des ZK der SED; 21. Jan. 1990 Ausschluss aus SED/PDS; 1995 wegen „Totschlags und Mitverantwortung für das Grenzregime der DDR" im Aug. 1997 Verurteilung zu 6 1/2 Jahren Gefängnis; Adressen: 1983–89 Waldsiedlung bei Wandlitz, Haus 4; ab 1990 Rudolf-Ditzen-Weg 9/11.

Änne Kundermann, *geborene Seufert*
* 6. Okt. 1907 Mannheim, † 30. Jan. 2000 Berlin
VS, Arbeiterin; 1928 KPD; 1933 Emigration SU, enge Mitarbeiterin W. Piecks; Mai 1945 Rückkehr nach Deutschland, 1945/46 im KPD-LV Mecklenburg, 1946 SED, 1946–49 im Sekretariat des LV der SED Mecklenburg, 1946 MdL (Mecklenburg), 1949 dipl. Dienst, 1950/51 Chef der Dipl. Mission in Bulgarien, 1951–53 Botsch. Polen, 1953–60 Leiterin Abt. SU im MfAA, 1960/61 Botsch. Albanien, anschl. Leiterin d. Abt. Koordination und Kontrolle, 1969 Ruhestand; Adressen: 1950–54 Majakowskiring 55; 1955–73 Rudolf Ditzen Weg 24.

Rudolf Lindau
* 28. März 1888 Riddagshausen (Kreis Braunschweig), † 18. Okt. 1977 Berlin
Vater Sattler; VS, Transportarbeiter; 1906 SPD, 1918 KPD, 1924 MdR; 1934 Emigration SU; 1945 Rückkehr nach Deutschland, Mitarbeiter im ZK der KPD, 1946 SED, dort im SED-PV, 1947–50 Dir. der Parteihochschule „Karl Marx" beim ZK der SED in Klein-Machnow, anschl. Mitarbeiter im IML; Adressen: 1975–77 Rudolf-Ditzen-Weg 13.

Georg Friedrich Carl Litke
* 22. Juli 1893 Berlin, † 20. Febr. 1962 Berlin
Vater Steindrucker; VS, Steindrucker; 1912 SPD; ab 1928 MdR; 1933 KZ Brandenburg, dann Handelsvertreter und ill. pol. Arbeit; 1945 SPD, 1946 SED, ab April 1946 im PV der SED, April 1946–Okt. 1948 Landesvorsitzender und im Sekretariat LV SED Berlin, 1946–48 Stadtverordneter der SED in Berlin, 1950 Leiter der HA Gesundheitswesen bzw. Min. für Arbeit der DDR, 1950–54 Kandidat des ZK; im April 1953 wegen schwerer Erkrankung Berufsaufgabe; Adressen: 1950–51 Majakowskiring 17; 1952–53 Majakowskiring 16.

Hans Loch
* 2. Nov. 1898 Köln, † 13. Juli 1960 Berlin
Vater Schlosser; Gymnasium, Jurastudium, 1923 Dr. jur., Justitiar; 1919–24 DDP; 1945 Mitbegr.

der LDPD im Kreis Gotha, 1946–48 Oberbürgermeister von Gotha, 1947 FDGB, Mitbegr. der DSF, ab 1951 im ZV der DSF, ab Nov. 1947 im engeren LV der LDPD, Mai 1948–Febr. 1950 Thür. Justizminister, Mtgl. der DWK und des dt. Volksrats, ab Herbst 1948 im PV bzw. Pol. Ausschuss des ZV der LDPD, 1949–51 Vors. des LV Thüringen, 1949 stellv. Vors., im Dez. 1952 Vors.; seit 1949 im Präs. des Friedensrats; 1949–60 VK, 1949–55 Min. für Finanzen, ab 1950 stellv. Vors. des Min.rats; ab 1954 Vors. des Ausschusses für dt. Einheit und im Präs. des Nationalrats der NF.; Adressen: 1948–51 Majakowskiring 60; ab 1951 Lehnitz, Ekhofstraße 27.

Karl Maron
* 27. April 1903 Berlin-Charlottenburg, † 2. Febr. 1975 Berlin
Vater Kutscher; VS, Maschinenschlosser; 1926 KPD; 1934 Emigration Dänemark, SU; April 1945 Rückkehr nach Berlin mit der „Gruppe Ulbricht", Mai 1945–Dez. 1946 1. stellv. Oberbürgermeister und Leiter Personalabt. Berlin, 1946–48 Stadtverordneter und Vors. der Fraktion der SED, 1948/49 Stadtrat für Wirtschaft, Ende 1949–Aug. 1950 stellv. Chefred. „ND", 1950–56 General-Inspekteur und Chef der HV der DVP, 1954–75 Mtgl. des ZK, 1954/55 stellv. Min. des Innern, 1955–63 Min. des Innern, 1958–75 VK., 1962 Generaloberst, 1965–74 Direktor des Instituts für Meinungsforschung beim ZK, März 1974 Pension; Adressen: 1945–51 Rudolf-Ditzen-Weg 12.

Hermann Matern
* 17. Juni 1893 Burg bei Magdeburg, † 24. Jan. 1971 Berlin
Vater Arbeiter; VS, Gerber; 1911 SPD, 1919 KPD, 1928–29 Lenin-Schule Moskau; 1932/33 MdL (Preußen), Juli 1934 Verhaftung, Sept. 1934 Flucht aus dem Untersuchungsgefängnis, 1934 Emigration CSR, Frankreich, Belgien, Holland, Norwegen, Schweden, ab März 1941 SU; Mai 1945 Rückkehr nach Dresden mit der „Gruppe Ackermann", Stadtrat für Personalpolitik in Dresden, Mitunterzeicher KPD-Aufruf vom 11. Juni 1945, pol. Sekretär der KPD Sachsen, April 1946–48 Vors. des LV der SED Groß-Berlin, 1946–71 Mtgl. des PV bzw. der ZK, Mtgl. des ZS bzw. PB des ZK; 1949–71 Vors. der ZPKK, 1950–71 VK, 1950–54 Vizepräs. und ab 1954 1. Stellv. des VK-Präs., ab 1958 im Präs. des Nationalrats der NF, ab 1964 im Präs. der Zentralleitung des KdAW, ab 1960 im Nationalen Verteidigungsrat und Generalrat „Internationale Förderation der Widerstandskämpfer"; Adressen: Dresden, Auf dem Meisenberg 2; 1946–53 Leonhard-Frank-Straße 37; 1954–60 Majakowskiring 26; 1960–71 Waldsiedlung bei Wandlitz, Haus 3.

Ernst Melsheimer
* 9. April 1897 Neunkirchen/Saar, † 25. März 1960 Berlin
Vater Dir. des Stumm-Konzerns; Abitur, Jurastudium, 1918 Dr. jur., Assessor, Oberjustizrat, Landgerichtsdirektor; 1928–32 SPD, 1937 Rechtsberater der Nationalsoz.-Volkswohlfahrt, 1940 Kammergerichtsrat in Berlin; 1945 KPD, 1946 SED, 1945 Staatsanwalt in Berlin-Friedenau und Berlin-Mitte, Leiter der Abt. Gesetzgebung der Dt. Zentralverwaltung für Justiz, 1946–49 Vizepräs. der Zentralverwaltung für Justiz, 1949–60 Generalstaatsanwalt der DDR (bis 1955 etwa 90 Todesurteile und 200 lebenslängliche Zuchthausstrafen beantragt); Adressen: 1950–52 Majakowskiring 59; 1952–60 Güllweg 8.

Karl Mewis
* 22. Nov. 1907 Hannoversch-Münden, † 16. Juni 1987 Berlin
Vater Schlosser; VS, Schlosser; 1924 KPD, 1932–34 Studium in Moskau; 1936 Emigration Dänemark, Frankreich, 1937–38 Internationale Brigaden in Spanien, dann Schweden, 1943 verhaftet und interniert; ab Dez. 1945 Sekretär der KPD-Landesleitung in Mecklenburg-Vorpommern, 1946–49 Sekretär der Landesleitung der SED in Berlin und Mtgl. i. d. Berliner Stadtverordnetenversammlung, 1949–50 Sekretär für Agit-Prop, 1950–51 1. Sekretär der Landesleitung in Mecklenburg, ab 1950 Kandidat und 1952–81 Mtgl. des ZK, 1952–63 VK, 1952–61 1. Sekretär der SED-Bezirksleitung Rostock, 1958–63 Kandidat des PB, 1960–63 Mtgl. des Staatsrates, 1961–63 Mtgl. des Präs. des Min.rates; 1963 aller Ämter enthoben und bis 1968 Botsch. Polen, dann wiss. Mitarbeiter im IML; Adressen: 1958–63 Rudolf-Ditzen-Weg 12.

Erich Mielke
* 28. Dez. 1907 Berlin, † 21. Mai 2000 Berlin
Vater Stellmacher; VS, Gymnasium (ohne Abschluss), Speditionskaufmann; 1925 KPD, Aug. 1931 beteiligt a. d. Ermordung zweier Polizeioffiziere auf dem Bülowplatz, 1934 in Abwesenheit zum Tode verurteilt, Flucht über Belgien i. d. SU, 1936–39 Bataillonskommandeur in Spanien, 1940–41 in Frankreich interniert, danach in Südfrankreich; Juni 1945 Rückkehr nach Berlin, 1945 KPD, 1946 SED, Leiter einer Polizeiinspektion in Berlin-Lichtenberg, 1946–49 Vizepräs. Zentralverwaltung für Inneres, mit W. Zaisser Organisation der pol. Polizei; 1950–53 Staatssekretär im MfS bzw. Min. des Innern, 1953–55 Generalleutnant und stellv. Staatssekretär für Staatssicherheit im Min.

des Innern, ab 1953 1. Vors. der SV Dynamo, 1955–57 Staatssekretär im MfS, ab Nov. 1957–89 Min. für Staatssicherheit, 1959 Generaloberst, 1950–89 Mtgl. des ZK, 1971 Kandidat des PB, 1973–89 Mtgl. des PB; Dez. 1989 Ausschluss SED, Dez. 1989 Untersuchungshaft, 1991 Anklage wegen Tatbeteiligung a. d. Ermordung der beiden Polizeioffiziere 1931, 1993 Verurteilung zu 6 Jahren Gefängnis, 1995 Entlassung; Adressen: 1950–73 Stille Straße 10, 1973–89 Waldsiedlung bei Wandlitz, Haus 14; seit 1960 Zweitwohnung im Außenring der Waldsiedlung bei Wandlitz.

Erich Mückenberger
* 8. Juni 1910 Chemnitz, † 10. Febr. 1998 Berlin
Vater Bäcker; VS, Schlosser; 1927 SPD; 1934–36 KZ Sachsenburg, 1942–45 Strafbataillon, 1945 engl. Gefangenschaft; 1946 SED, bis 1948 Kreisvors. der SED und Stadtverordneter in Chemnitz, 1948/49 Vors. des LV Sachsen der SED, 1949–52 1. Sekretär der Landesleitung Thüringen, 1952/53 1. Sekretär der SED-Bezirksleitung Erfurt und Studium a. d. Parteihochschule, 1950–89 VK, seit 1971 in deren Präs., 1980–89 Vors. der Fraktion der SED; seit 1950 Mtgl. des ZK und Kandidat des PB, 1953–60 Sekretär des ZK für Landwirtschaft, 1958–89 Mtgl. des PB, 1961–71 1. Sekretär der SED-Bezirksleitung Frankfurt/Oder, 1971–89 Vors. der ZPKK, seit 1963 im Präs. der DSF, 1978 Vors. der DSF; im Präs. des Nationalrats der NF und der Zentralleitung des KdAW; Jan. 1990 aus der SED/PDS ausgeschlossen, Rentner, Nov. 1995 Prozess wegen „Totschlags und Mitverantwortung für das Grenzregime der DDR", 1996 eingestellt wegen Verhandlungsunfähigkeit; Adressen: 1954–60 Köberlesteig 10; 1960–89 Waldsiedlung bei Wandlitz, Haus 2.

Werner Müller
* 20. Mai 1928 Schölen (bei Grimma), † 2. Aug. 1996 Berlin
Vater Schlosser; VS, Elektriker; 1946 SED, 1948/49 Sekretär der Kreisleitung Grimma, 1951–53 2. Sekretär der SED-Kreisleitung Oelsnitz, 1953 Parteihochschule, 1954–57 Mitarbeiter der Abt. Parteiorganisation des ZK, 1957–71 pers. Mitarbeiter von H. Matern; 1971–86 Mtgl. der ZPKK; 1986–90 stellv. Vors. der ZPKK; 1990 Tellerwäscher im Grand Hotel Berlin, seit 1990 Mtgl. der neugegründeten KPD und ihres ZK; Adressen: 1954–58 Rudolf-Ditzen-Weg 21.

Karl Namokel
* 9. Aug. 1927 Demmin, † 25. Juli 1988
Vater Arbeiter; Schiffsbauer, Soldat; 1945 KPD, 1946 SED, 1. Sekretär der SED-Bezirksparteileitung der Volkswerft Stralsund, 1951/52 Studium a. d. Parteihochschule, 1952–55 Sekretär der SED-Bezirksleitung Rostock, 1954/55 Mtgl. des Bezirkstages Rostock, 1955–59 1. Sekretär des Zentralrates der FDJ, 1958–63 Mtgl. des ZK und VK, 1959 Studium a. d. Ingenieurschule für Schiffbau in Rostock-Warnemünde, anschl. bis 1988 Mitarbeiter und Leiter im Bereich Berufsbildung der „VVB Schiffbau" bzw. der Nachfolgeeinrichtung; Adressen: 1960–1963 Majakowskiring 45

Fred *Franz Georg* Oelssner *(Ps. Fritz Larew)*
* 27. Febr. 1903 Leipzig, † 7. Nov. 1977 Berlin
Vater KPD-Funktionär; MS, Kaufmannslehre, Redakteur; 1920 KPD; 1933 Emigration CSR, Frankreich, SU, Mitarbeiter W. Ulbrichts, 1941 wegen ideol. „Abweichungen" gemaßregelt, Rehabilitierung; Mai 1945 Rückkehr nach Dresden mit der „Gruppe Ackermann", Leiter der Abt. Agit-Prop des ZK der KPD, 1946 SED, Leiter der Abt. Parteischulung im PV, 1946–58 im PV bzw. ZK; 1949–58 VK, 1950–55 Sekretär für Propaganda und 1950–58 Mtgl. des PB des ZK; 1950–56 Chefred. der „Einheit", 1951 Leiter des Lehrstuhls Pol. Ökonomie am IfG, 1956 dort Professur; 1953 o. Mtgl. der DAW, ab 1954 Vors. der Sektion Wirtschaftswissenschaften der DAW; Febr. 1958 nach Kritik an den Plänen des „Ulbricht-Flügels" zur vollständigen Kollektivierung der Landwirtschaft Ausschluss aus dem PB zus. mit E. Wollweber und K. Schirdewan wegen „wiederholter Verletzung der Disziplin des PB" und Enthebung aus Funktionen im Staats- und Parteiapparat; Sept. 1959 Selbstkritik wegen „Opportunismus und pol. Blindheit in den Jahren 1956/57", 1958–69 Dir. des Instituts für Wirtschaftswissenschaften der DAW, 1961–68 Mtgl. des Präs. der DAW, 1968 Dr. h. c. der HUB; Adressen: Juni 1945 Dresden, Schäferstraße 4; 1945–47 Berlin-Prenzlauer Berg, Naugarder Straße 2; 1947–50 Berlin-Prenzlauer Berg, Kastanienallee 3; 1951–55 Berlin-Köpenick, Möllhausenufer 12; 1955–63 Majakowskiring 58; 1963–68 Berlin-Niederschönhausen, Rolandstraße 68; 1968–77 Berlin-Friedrichshain, Straße der Pariser Kommune 21, Wohnung 9/2.

Max *Ernst* Opitz
* 11. Sept. 1890 Bernsdorf/Erzgebirge, † 7. Jan. 1982 Berlin
Vater Bergmann; Tischler; 1919 KPD, 1925–30 MdL (Sachsen), 1931–33 MdL (Preußen); 1933–45 Zuchthaus und KZ, zuletzt Sachsenhausen; 1945–49 Polizeipräsident von Dresden, 1949–51 Oberbürgermeister von Leipzig, 1951–60 Chef der Präsidialkanzlei und Staatssekretär beim Präs. der

DDR, W. Pieck, 1950–63 VK, stellv. Vors. der Interparlamentarischen Gruppe der DDR, Mtgl. der Zentralleitung des KdAW; Adressen: 1951–82 Majakowskiring 51

Wilhelm *Friedrich Reinhold* Pieck
* 3. Jan. 1876 Guben/Niederlausitz, † 7. Sept. 1960 Berlin
Vater Kutscher; VS, Tischler; 1895 SPD, 1918 Mitbegr. KPD, 1921–28 und 1932/33 MdL (Preußen); März/April 1933 Emigration CSR, Frankreich, 1935 in Brüssel Wahl zum Parteivors. als Nachfolger E. Thälmanns, 1936 Moskau; am 1. 7. 1945 mit F. Dahlem, F. Große und Tochter Elly Winter Rückkehr nach Berlin, Vors. des am 2. 7. 1945 gebildeten ZK-Sekretariats der KPD, nach SED-Gründung 1946–54 gemeinsam mit O. Grotewohl SED-Vors., ab 1946 im ZS und ab 1949 im PB bzw. ZK; ab 1948 Präs. des dt. Volksrates, der sich nach Gründung der DDR 1949 zur VK erklärte und P. zus. mit der Provisorischen Länderkammer am 11. 10. 1949 einstimmig zum Staatspräs. der DDR wählte, Wiederwahl 1953 und 1957, gleichzeitig VK; infolge schwer angegriffener Gesundheit schon ab Ende der 40er Jahre von Ulbricht i. d. Parteiführung abgelöst, ab Mitte der 50er Jahre Beschränkung auf die notwendigsten Repräsentationsaufgaben; Adressen: 1945–60 Majakowskiring 29.

Heinrich (Heiner) Rau
* 2. April 1899 Stuttgart-Feuerbach, † 23. März 1961 Berlin
Vater Fuhrwerksbesitzer; VS, Stanzer; 1918 KPD, 1928–33 MdL Preußen (Vors. Landwirtschaftsausschuss); 1933–35 Zuchthaus Luckau, danach Emigration CSR, SU; Anfang 1937 Politkommissar in Spanien, Stabschef und Kommandeur der XI. internationalen Brigade, Mai 1938 Frankreich, Ausbürgerung und sowj. Staatsbürger, Juni 1942 Auslieferung an die Gestapo, bis März 1943 Haft im Gestapogefängnis Berlin, dann bis 1945 KZ Mauthausen; Aug. 1945– Febr. 1948 zweiter Vizepräs. und 1946–48 Min. für Wirtschaft der Provinzialverwaltung, später Landesregierung Brandenburg, 1946–48 MdL (Brandenburg), 1947/48 im ZV der VVN, 1948/49 im dt. Volksrat, Febr. 1948–Okt. 1949 Vors. der dt. Wirtschaftskommission, 1949–61 VK, ab Juli 1949 Mtgl. PV bzw. ZK, Kandidat des PB, 1950–61 Mtgl. des PB, 1949–52 Min. für Wirtschaftsplanung, 1950–61 stellv. Min.präsident bzw. Stellv. des Vors. des Min.rats der DDR, 1950–52 Vors. Staatl. Plankommission, 1953–55 Min. für Maschinenbau, ab 1955 Min. für Außenhandel und Innerdt. Handel; Adressen: 1946–49 Potsdam, Rubenstraße 4; ab 1950–57 Berlin-Treptow, Puschkinallee 34; 1954–61 Majakowskiring 50.

Max Reimann
* 31. Okt. 1898 Elbing/Ostpreußen, † 18. Jan. 1977 Düsseldorf
Vater Kellner; VS, Werftarbeiter; 1919 KPD; 1933 Emigration Saargebiet, 1935 Moskau und CSR, April 1939 verhaftet, ab 1942 KZ Sachsenhausen; 1946 1. Vors. KPD-Bezirk Ruhrgebiet-West und ab Mai 1947 1. Vors. KPD-Landesverband NRW sowie Vors. für die brit. Zone; ab 1948 Vors. der KPD für die drei westl. Besatzungszonen; Mtgl. Zonenbeirat der brit. besetzten Zone, 1947–49 KPD-Vertreter im Bizonen-Wirtschaftsrat sowie Mtgl. des Parlamentarischen Rates; 1947 MdL (NRW); 1949–53 MdB; seit dem ill. KPD-Parteitag 1957 und nach Verbot der Partei 1956 1. Sekretär des ZK der DKP, als deren Vertreter mehrere offizielle Reisen i. d. SU, 1969 Rückkehr i. d. BRD, Mtgl. des Präs. der DKP; Adressen: 1950–60 Majakowskiring 45; 1960–69 Rudolf-Ditzen-Weg 14.

Willi Rumpf
* 4. April 1903 Berlin, † 8. Febr. 1982 Berlin
Vater Angest.; VS, MS, Angest.; 1925 KPD; 1933 Verhaftung, bis 1938 KZ Sachsenhausen, 1944 erneute Verhaftung; 1945–47 stellv. Leiter der Finanzabt. des Magistrats von Groß-Berlin, 1947/48 Leiter der Berliner Treuhandverwaltung, 1948/49 Leiter der Finanzabt. der DWK, 1949–55 Staatssekretär im Min. der Finanzen, Mtgl. des Präs. des Min.rates, 1949–67 VK, 1950–63 Kandidat, 1963–81 Mtgl. des ZK, 1955–66 Finanzmin., wegen Krankheit zurückgetreten und Mitarbeit beim IML; Adressen: 1950 Boris-Pasternak-Weg 4a; 1951–82 Majakowskiring 52

Günter Schabowski
* 4. Jan. 1929 Anklam
Vater Klempner; OS, Abitur, Journalist, 1952 SED, 1953–67 stellv. Chefred. „Tribüne", 1967/68 Parteihochschule beim ZK der KPdSU in Moskau, 1968–74 stellv. Chefred., 1974–78 1. stellv. Chefred., 1978–85 Chefred. des „ND"; 1973–85 Mtgl. der Agitationskommission beim PB des ZK und des ZV des Verbandes der Journalisten, 1981–Jan. 1990 VK, ab 1981 Mtgl. des ZK, 1981–84 Kandidat, ab 1984 Mtgl. des PB des ZK, ab 1986 Sekretär des ZK, 1985–Nov. 1989 1. Sekretär der SED-Bezirksleitung Berlin; Jan. 1990 Ausschluss aus der SED/PDS, Nov. 1995 Prozess wegen „Totschlags und Mitverantwortung für das Grenzregime der DDR", Aug. 1997 Verurteilung zu 3 Jahren Gefängnis; Adressen: 1984–89 Waldsiedlung bei Wandlitz, Haus 19; ab 1990 Majakowskiring 63.

Fritz Schälicke
* 19. Okt. 1899 Berlin, † 30. Jan. 1963 Berlin

Vater Arbeiter; VS, kaufm. Lehre; 1920 KPD; 1931 Übersiedlung nach Moskau, 1939 sowj. Staatsbürgerschaft; 1945 Rückkehr nach Deutschland mit der „Gruppe Ackermann", Hrsg. des KPD-Organs „Sächsische Volkszeitung" Dresden, 1945/46 Leiter des neugegründeten KPD-Verlags Neuer Weg Berlin, der 1946 mit dem SPD-Verlag Vorwärts zum Verlag JHW Dietz Nachfolger Berlin, später Dietz Verlag Berlin, vereinigt wurde, 1946–62 Verlagsleiter (bis 1948 paritätisch mit K. Schöpflin), 1962 Invalidenrentner; Adressen: 1950–63 Majakowskiring 66.

Hans Schilde
* 2. Okt. 1910 Limmritz/Saale

VS, Werkzeugmacher; 1930 KPD, Emigration; 1945 Landrat im Kreis Freiberg/Saale, Parteihochschule, Werkleiter des VEB „Heinrich Rau" in Wildau (Schwermaschinenbau), 1955 Student TH Dresden, 1958–63 1. Vors. des Wirtschaftsrates des Bezirkes Dresden und stellv. Vors. des Rates des Bezirkes, 1964 Leiter des Sektors Leicht- und Lebensmittelindustrie beim Büro für Industrie und Bauwesen des Bezirkslandtages des SED in Dresden; Adressen: 1950–53 Majakowskiring 8.

Karl *Heinrich Martin* Schirdewan *(eigtl. Aretz)*
* 14. Mai 1907 Stettin, † 14. Juli 1998 Potsdam

VS, MS, kaufm. Ausbildung; 1925 KPD; 1934 verh., drei Jahre Zuchthaus, danach KZ Sachsenhausen, Mauthausen und Flossenburg; 1946 SED, führende Funktionen beim PV (später ZK) der SED, seit 1947–51 Leiter der Westkommission, 1952 zeitweilig 1. Sekretär Landesleitung Sachsen und 1. Sekretär Bezirksleitung Leipzig, Juli 1953–Febr. 1958 Mtgl. des PB, 1952–58 VK, 1953 Gründungsmtgl. KdAW; als Kritiker Ulbrichts wurde S. 1958 mit E. Wollweber und F. Oelssner wegen „Fraktionstätigkeit und Opposition gegen W. Ulbricht" seiner Parteifunktionen entbunden, „Strenge Rüge", Ausschluss aus ZK, ab April 1958–65 Leiter der Staatl. Archivverwaltung beim Min. des Innern der DDR, ab 1965 auf Betreiben E. Honeckers und des Büros Ulbricht Rentner, 1976 „Strenge Rüge" gelöscht, 1990 von der SED/PDS rehabilitiert, Mtgl. des Rates der Alten beim PV; Adressen: 1945–46 Berlin-Hermsdorf, Fronauer Straße 47; 1947–50 Berlin-Mitte, Jägerstraße 65, 1950–51 Berlin-Karlshorst, Seifertweg 4; 1951–52 Berlin-Karlshorst, Gregoriusweg; 1952 Leipzig, Holzhauserstraße; 1953–54 Elisabethweg 10; 1954–58 Majakowskiring 33; ab 1958 Potsdam, Tizianstraße 3.

Wilhelmine Schirmer-Pröscher *geborene Pöser*
* 9. Juli 1889 Gießen, † 2. März 1992 Berlin

Vater Angest.; Höh. Töchterschule, Drogistin; 1918–33 DDP; 1945 LDPD, 1946 im PV bzw. Pol. Ausschuss des ZV der LDPD, 1947 DFD, ab 1948 stellv. Vorsitzende des Bundesvorstandes, 1948/49 im 2. Volksrat, 1948–53 Stadträtin im Magistrat von Groß-Berlin, 1953–59 stellv. Oberbürgermeisterin, 1949 stellv. Landesvorsitzende des LDPD Berlin, 1949 VK, 1954–63 stellv. Präs., ab 1963 im Präs.; seit 1950 Mtgl. des Präs. des Friedensrates; seit 1954 Mtgl. des Präs. der Liga für die Ver. Nat.; seit 1954 Mtgl. des dt. Frauenrates, seit 1959 Mtgl. des Präs. des Komitees zum Schutze der Menschenrechte, Alterspräs. VK; März–Aug. 1990 Bund Freier Demokraten, danach FDP; Adressen: 1947–55 Boris-Pasternak-Weg 2a; 1955–92 Boris-Pasternak-Weg 4a.

Elli Schmidt *(Ps.: Irene Gärtner)*
* 9. Aug. 1908 Berlin, † 30. Juli 1980 Berlin

VS, Schneiderin; 1927 KPD, 1932–34 ILM; 1934 ill. in Deutschland (Ps. bis 1945 Irene Gärtner), 1940–45 Emigration SU; Aug. 1945 Rückkehr nach Deutschland, Leiterin Abt. Frauen im ZS der KPD, Vors. Zentraler Frauenausschuss beim Magistrat von Groß-Berlin, 1946–54 im PV bzw. ZK, 1946–50 im ZS der SED, paritätische Leiterin für das Frauensekretariat, 1946–48 Stadtverordnete von Groß-Berlin, 1947 im Vorstand des DFD, 1947–49 1. Vorsitzende im LV des DFD Berlin, Mai 1949, Sept. 1953 1. Bundesvorsitzende des DFD, 1949–54 VK, 1949 Mtgl. ihres Präs., Febr. 1953 Vors. der Staatl. Kommission für Handel und Versorgung; 1950–53 Kandidatin des PB des ZK; Juni 1953 wegen Unterstützung von W. Zaisser und R. Herrnstadt aller leitenden Funktionen enthoben, Jan. 1954 „Strenge Rüge" und Ausschluss aus dem ZK der SED, 1954–66 Institutsdir. für Bekleidungskultur (später deutsches Modeinstitut), Juli 1956 rehabilitiert, 1966 Rentnerin; Adressen: 1945–53 Majakowskiring 26; ab 1953 Berlin-Pankow, Kavalierstraße, später Florastraße.

Alfred Schönherr
* 1. Okt. 1909 Chemnitz, † 9. April 1986

Vater Arbeiter; VS, Elektriker; 1931 KPD; 1935–41 und 1944/45 Zuchthaus Waldheim; 1945 KPD, 1946 SED; 1945 VP, Leiter der Kriminalpolizei Berlin; 1950/51 Parteihochschule, 1951 Einstellung beim „Institut für wirtschaftswiss. Forschung" (Auslands-Spionagedienst, später MfS, dann

HV Aufklärung), 1954 Oberst, ab Mai 1957 Leiter Kontrollinspektion des MfS; Dez. 1957 stellv. operativer Leiter der Bezirksverwaltung Frankfurt, 1958 Instrukteur SED-Kreisleitung des MfS, Politstellv. des Kommandeurs des Wachregiments Berlin; 1959 OibE als Leiter der HV Strafvollzug im Min. des Innern, 1962 Rentner; Adressen: 1950 Majakowskiring 26.

Albert Schreiner
* 7. Aug. 1892 Aglasterhausen/Baden, † 4. Aug. 1979 Berlin
Metallarbeiter; 1910 SPD, 1919–28 KPD, 1928–33 KPD (Opposition); 1933 Emigration Frankreich, Marokko, 1935/36 Stabsoffizier in Spanien, 1939–41 interniert in Frankreich, Marokko, 1941–1946 USA; 1946 Rückkehr nach Deutschland, Mitarbeiter der Dt. Verwaltung für Volksbildung, 1947–50 Prof. a. d. KMU und Dekan d. Geschichtswiss. Fakultät; 1950–52 wiss. Mitarbeiter am IML beim ZK der SED, 1953 Promotion in Halle, 1956–60 Leiter der Abt. „1918–45" des Instituts für Geschichte a. d. DAW, 1960 Ruhestand; Adressen: 1950 Majakowskiring 64.

Max Joseph (Sepp) Schwab (Ps. Louis Schwarz)
* 16. Jan. 1897 München, † 30. Juli 1977 Berlin
Vater Hilfsarbeiter; VS, kaufm. Lehre, Soldat; 1919 KPD; Emigration SU, bis 1935 Mitarbeiter der KI und Chefred. der dt. Abt. von „Radio Moskau"; Nov. 1945 Rückkehr nach Deutschland, KPD-Pressedienst, 1946 SED, Chefred. ND, 1949–52 DEFA-Dir. (Nachfolger von W. Janka); 1952–54 Leiter Staatl. Komitee für Filmwesen; 1954–56 Botsch. Ungarn, 1956–65 Stellv. Min. für AA, ab 1963 Rentner; Adressen: 1951–54 Rudolf-Ditzen-Weg 24; 1956–1965 Majakowskiring 64.

Robert Siewert
* 30. Dez. 1887 Schwersenz bei Posen, † 2. Nov. 1973
Vater Zimmermann; VS, Maurer; 1906 SPD, 1920 KPD; 1935 drei Jahre Zuchthaus, bis 1945 KZ Buchenwald und Mtgl. im intern. Lagerkomitee; 1945 1. Vizepräs. der Provinzialverwaltung Sachsen-Anhalt, ab 1946 MdL und Innenmin. des Landes Sachsen-Anhalt; am 31. 3. 1950 wegen früherer Zugehörigkeit zur KPD-Opposition aller Funktionen enthoben; 1951 Selbstkritik; ab 1950 Mitarbeiter des Min. für Aufbau (Bauwesen), 1950–67 AL im Min. für Aufbau bzw. Leiter des Sekretariats für örtliche Wirtschaft im Min. für Bauwesen; Adressen: 1950 Majakowskiring 64

Horst Sindermann
* 5. Sept. 1915 Dresden, † 20. April 1990 Berlin
Vater Buchdrucker; VS, Realgymnasium; 1929 KJVD; 1933–45 u. a. Zuchthaus Waldheim, KZ Sachsenhausen und Mauthausen; 1945 KPD, 1946 SED, 1945–47 Chefred. „Sächsische Volkszeitung" Dresden und „Volksstimme" Chemnitz, 1947–49 1. Sekretär SED-Kreisleitung Chemnitz bzw. Leipzig; 1949–50 Stellv. Vors. im Kleinen Sekretariat des ZK, 1951–53 Chefred. „Freiheit" Halle, 1954–63 Leiter Abt. Agit-Prop im ZK, 1958–63 Kandidat, seit 1963 Mtgl. des ZK, seit 1967 des PB, 1963–71 1. Sekretär der SED-Bezirksleitung Halle, seit 1963 VK, 1971–73 stellv. Vors. und 1973–76 Vors. des Min.rats, ab 1976 Präs. VK und stellv. Vors. des Staatsrats; Dez. 1989 aus der SED ausgeschlossen, Jan./Febr. 1990 Untersuchungshaft, Haftentlassung aus gesundheitl. Gründen; Adressen: 1949–51 Majakowskiring 55a; 1955–63 Majakowskiring 21; 1971–89 Waldsiedlung bei Wandlitz, Haus 3; 1990 Majakowskiring 5.

Josef Richard Smolorz
* 7. 9. 1913
Bergmann, Wehrmacht; 1943 sowj. Gefangenschaft und Antifa-Schule; 1945 Polizeidienst i. d. sowj. besetzten Zone, bis 1949 Verbindungsoffizier und stellv. Polizeipräs. in Dresden, 1952–53 Leiter der HA der Dt. Grenzpolizei und Stellv. des Chefs der Deutschen Grenzpolizei, im Zus.hang mit dem 17. Juni 1953 degradiert, 1954 Stabschef der HA der Dt. Grenzpolizei bzw. HV Deutsche Grenzpolizei, ab 1955 Stellv. des Chefs für Ausbildung; Adressen: 1950–54 Boris-Pasternak-Weg 4a.

Richard Stahlmann (Ps. von Arthur Illner)
* 15. Okt. 1891 Königsberg/Ostpreußen, † 25. Dez. 1974 Berlin
Vater Zimmermann; VS, Tischler, 1914–17 Infanterist, Kriegsgefangenschaft in Großbritannien; 1919 KPD, 1923 (andere Quelle: 1924) nach mitteldt. Aufstand Emigration SU, sowj. Staatsbürgerschaft, KPdSU (bis 1940); im Auftrag der KI ill. Einsätze in China, Frankreich, Großbritannien, Holland, CSR, 1936–39 Interbrigadist in Spanien, Nov. 1940–42 ZK-Instrukteur in Schweden, mit K. Mewis und H. Wehner in ill. Auslandsleitung der KPD, 1941 nach der Verhaftung Wehners Kooptierung ins ZK der KPD, Rückkehr i. d. SU; Jan. 1946 Rückkehr nach Deutschland und Mitarbeiter der KPD-Landesleitung Mecklenburg-Vorpommern, Aufbau der Polizei und Abwehrarbeit; 1947 SED, Mai 1946–51 leitende Mitwirkung beim Aufbau der sog. HA Organisation, 1951 Mitbegr. „Institut für Wirtschaftswiss. Forschung"; März 1949–Mai 1956 Leiter bzw. Mitarbeiter des

ZK Abt. Verkehr, verantw. für die Sicherstellung der ill. Verbindung zur KPD, Sept. 1951 unter A. Ackermann stellv. Leiter des Außenpol. Nachrichtendienstes, Vorläufer der HV Aufklärung, 1953 dem damaligen Staatssekretariat für Staatssicherheit eingegliedert, 1954 Oberst, 1953–58 stellv. Leiter der HV Aufklärung, später AL i. d. HV Aufklärung im MfS, ab 1954 Leitung des Lehr- und Fachkabinetts der HA Kader und Schulung, 1960 Ruhestand; Adressen: 1949–57 Rudolf-Ditzen-Weg 19; 1957–60 Köberlesteig 8; 1960–74 Berlin-Friedrichshain, Am Frankfurter Tor.

Karl Steinhoff
* 24. Nov. 1892 Herford/Westfalen, † 19. Juli 1981

VS, Gymnasium, Jura-Studium, Dr. jur.; 1923 SPD; 1926–28 Landrat Kreis Zeitz, 1928 Regierungspräs. Gumbinnen/Ostpreußen, Vizepräs. Ostpreußen; nach dem „Papenstaatsstreich" 1932 Beurlaubung vom Dienst; 1933 aus dem Staatsdienst entlassen, Berufsverbot, 1933–45 Syndikus einer Kartonagengroßhandlung in Berlin; 1945 SPD, Präs. der Provinzialverwaltung Brandenburg, Ressort Justiz und Gesundheit, 1946 SED, 1946–49 MdL und Min.präsident des Landes Brandenburg, in der DWK, 1948/49 im dt. Volksrat, 1949–54 VK, 1949–64 Mtgl. des PV bzw. des ZK; 1949/50 Kandidat des PB; 1950–54 Mtgl. des ZK; ab 1949 Innenmin. der DDR; 1952 fristlose Kündigung, 1952 Prof. für Verwaltungsrecht und Dir. des „Instituts für Geschichte und Theorie des Staates und des Rechts" a. d. HUB; Mtgl. des DDR-Friedensrates; Adressen: 1949–52 Majakowskiring 16.

Willi Stoph
* 9. Juli 1914 Berlin, † 13. April 1999 Berlin

VS, Maurer; 1931 KPD; 1935–37 und 1940–42 Militärdienst als Stabsgefreiter; 1945 Leiter Abt. Baustoffindustrie und Bauwirtschaft, 1947 HA Grundstoffindustrie der Dt. Zentralverwaltung der Industrie, 1946 SED, 1948–50 Leiter der Abt. Wirtschaftspolitik beim PV der SED, 1950–89 Mtgl. des ZK der SED, 1950–53 Sekretär des ZK der SED, 1950–52 Vors. Wirtschaftsausschuss, Mai 1952–55 Min. des Innern, 1954–62 Stellv. Vors. des Min.rates, 1956–60 Min. für Nationale Verteidigung, 1962–64 1. Stellv. des Vors., ab 1964 Vors. des Min.rates (in Nachfolge O. Grotewohls), 1976 Nachfolger H. Sindermanns als Vors. des Min.rates; trat am 7. 11. 1989 mit der Regierung der DDR zurück, am 17. 11. 1989 als Mtgl. des Staatsrates abberufen, am 3. 12. 1989 SED-Ausschluss, Dez. 1989 Ermittlungsverfahren und Festnahme wegen Verdachts auf Amtsmissbrauch und Korruption, am 14. 8. 1992 aus gesundheitl. Gründen aus der Haft entlassen, Aug. 1993 Verfahren eingestellt, Rentner; Adressen: 1951–60 Majakowskiring 64; 1961–89 Waldsiedlung bei Wandlitz, Haus 1; 1990 Majakowskiring 64.

Herbert Strampfer
* 15. Sept. 1913 Annaburg

Elektrotechniker; 1933 NSDAP, Offizier, sowj. Kriegsgefangenschaft; 1945 Rückkehr nach Deutschland und KPD, pol. Tätigkeit in Thüringen, 1948 Werksleiter, 1950–52 Min. für Arbeit und Wirtschaft des Landes Thüringen, 1952–55 Leitender Wirtschaftsfunktionär in Berlin, anschl. Leiter der HV Fahrzeugelektrik und Installationsmaterial, ab 1958 Leiter der VVB Bereich Optik, seit 1960 1. Sekretär der KdT, ab 1963 im Präs. des FDGB-Bundesvorstandes; Adressen: ab 1950 Güllweg 10b.

Josef Streit
* 9. Juni 1911 Friedrichswald/Nordböhmen, † 3. Juli 1987 Berlin

Buchdrucker; 1930 KPTsch; 1938–45 KZ Mauthausen und Dachau; 1945 KPD, 1946 SED, 1947 Teilnehmer an einem Volksrichterlehrgang, Volksrichter in Schönberg/Mecklenburg, 1949 Hauptref. im Min. der Justiz, 1951–53 Staatsanwalt bei der Generalstaatsanwaltschaft, 1953–62 Mitarbeiter des ZK der SED, u. a. Leiter des Sektors Justiz i. d. Abt. Staats- und Rechtsfragen, seit Jan. 1962 Generalstaatsanwalt der DDR (Nachfolger von E. Melsheimer), 1965 Dr. jur. a. d. HUB, 1963–87 Mtgl. des ZK der SED, Dr. jur. hc. a. d. Friedrich-Schiller-Universität Jena; 1962–87 Mtgl. des ZV des Verbandes der Juristen, ab Juni 1986 Ruhestand; Adressen: 1963–87 Majakowskiring 45.

Werner Titel
* 2. Mai 1931 Arnswalde, † 25. Dez. 1971 Berlin

Vater Arbeiter; 1946-50 landw. Lehre, 1950 DBD, 1953–55 Mtgl. des Zentralrats der FDJ, 1956–61 Fernstudium am Institut für Agrarökonomie in Bernburg, 1963–71 Mtgl. des Präs. des PV der DBD, 1963–66 Vors. Bezirksvorstand der DBD in Frankfurt/O., Mtgl. des Bezirkstages Frankfurt/Oder, 1966/67 Mtgl. des Rates des Bezirkes Frankfurt/Oder, 1966/67 Sekretär des PV der DBD, ab 1966 Mtgl. des Präs. bzw. Vizepräs. der Liga für die Ver. Nat., 1967–71 VK und stellv. Vors. des Min.rates; 1969 verantw. für die erste Analyse der Regierung zur Umweltgefährdung der DDR, Nov./Dez. 1971 Min. für Umweltschutz und Wasserwirtschaft; Adressen: 1971 Majakowskiring 33.

Hans *Theodor* Tzschorn
* 27. Febr. 1904 Dresden, † 19. Mai 1980 Berlin
Vater Holzbildhauer, Buchhalter; Obersekunda, Lehre bei RA, Verwaltungsanwärter; 1923 SPD; ab 1923 Staatskanzlei Sachsen, 1933 Entlassung, ab 1935 kaufm. Angest.; 1945 KPD, 1946 SED, 1945 stellv. AL der Sozialfürsorge der Landesverwaltung Sachsen; 1947 Ministerialrat und Vorstandsmtgl. der IHK Sachsen in Dresden; 1948–49 Parteihochschule, 1949–64 pers. Ref. O. Grotewohls; 1953–59 Fernstudium a. d. Hochschule für Ökonomie in Berlin; 1964–70 wiss. Mitarbeiter der Staatlichen Zentralverwaltung für Statistik; ab 1970 Rentner; Adressen: 1950–64 Majakowskiring 12; 1964–80 Berlin-Karlshorst, Ingelheimer Straße 1a.

Charlotte* (Lotte) Ulbricht, *geborene Kühn, verh. Wendt
* 19. April 1903 Rixdorf bei Berlin
Vater Arbeiter; MS, Kontoristin, Sekretärin; 1921 KPD; 1935 Emigration mit Ehemann E. Wendt SU; 1945 Rückkehr nach Deutschland, vorübergehend Sekretärin von W. Ulbricht, Studium am IfG, 1951 Ehe mit W Ulbricht, 1958 Diplom-Gesellschaftswissenschaftlerin, Mitarbeiterin im ZK bzw. IML beim ZK auf dem Gebiet der Frauenarbeit, Mtgl. der Frauenkommission beim PB; Adressen: Karolinenhof: Rohrwallallee; 1945–73 Majakowskiring 28; 1960–74 auch Waldsiedlung bei Wandlitz, Haus 7; ab 1974 Majakowskiring 12.

Walter *Ernst Paul* Ulbricht
* 30. Juni 1893 Leipzig, † 1. Aug. 1973 Döllnsee
Vater Schneider; VS, Tischler; 1912 SPD, 1915–18 Soldat, Jan. 1919 Mitbegr. der KPD in Leipzig, 1926–28 MdL Sachsen, ab 1927 Vors. der Agit-Prop-Kommission des ZK, 1928–33 MdR, ab Juni 1929 Mtgl. des PB der KPD; 1932–46 Mtgl. des Sekretariats des ZK der KPD, im Mai 1933 unter Leitung von J. Scheer Mtgl. der sog. Inlandsleitung; Emigration der Inlandsleitung im Herbst 1933 mit Ausnahme J. Scheers, 1933–35 Paris, 1938–43 Vertreter der KPD beim EKKI, seit 1938 SU; April 1945 Rückkehr nach Berlin; nach Wiedergründung der KPD in Deutschland im ZK für Staats- und Wirtschaftsaufbau verantw., beteiligt an Bildung des antif.-dem. Blocks sowie der SED und des FDGB, 1946 SED, 1946–73 Mtgl. des PV, 1946–73 des ZS bzw. des PB der SED, 1946–51 MdL Sachsen-Anhalt, 1946–50 stellv. Vors. SED und Leiter Abt. Wirtschaft, Verwaltung und Kommunalpolitik des ZK und 1950–53 dessen Generalsekretär, 1949–73 VK, 1953–71 1. Sekretär des ZK, 1949–55 Stellv., 1955–60 1. Stellv. des Vors. des Min.rats, 1960–71 Vors. des Nationalen Verteidigungsrates, 1960–73 Vors. des Staatsrats der DDR, 1971–73 Ehrenvors. der SED; Adressen: 1945: Buchholzer Straße 8; Berlin-Lichtenberg, Einbeckerstraße 41; Berlin-Mitte, Wallstraße 76; Berlin-Karolinenhof, Rohrwallallee; 1945–73 Majakowskiring 28; ab 1960 auch Waldsiedlung bei Wandlitz, Haus 7.

Irma Verner, *geborene Schmidt*
* 7. Mai 1905 Berlin, † 1990 Berlin
Vater kaufm. Angest.; VS (Großbritannien), Lyzeum (Berlin), Schneiderin, HS, Stenotypistin, Sekretärin, Redakteurin; 1928 KPD; 1934–39 Emigration CSR, 1939 Norwegen, Schweden, zeitweise interniert; 1946 Rückkehr nach Deutschland, SED, Sekretärin, Instrukteurin, stellv. AL im SED-PV bzw. ZK, 1953 Parteihochschule, 1958 Heirat mit P. Verner, stellv. Leiterin i. d. Abt. „Neuer Weg", Mtgl. der Zentralen Revisionskommission; Adressen: 1946 Wallstraße 76; 1947–58 Varnhagenstraße 4; 1958–63 Rudolf-Ditzen-Weg 12; 1963–86 Waldsiedlung bei Wandlitz, Haus 13, 1986–90 Majakowskiring 26.

Paul Verner
* 26. April 1911 Chemnitz, † 12. Dez. 1986 Berlin
Vater Metallarbeiter, Bruder von Waldemar V.; VS, MS, Maschinenschlosser, Metallarbeiter; 1929 KPD, 1934 Emigration Saargebiet, 1935 Holland, Frankreich, Spanien, Interbrigadist; 1939 Stockholm, bis Herbst 1943 interniert; Jan. 1946 Rückkehr nach Berlin; verantw. für Jugendarbeit im ZK der KPD, 1946–49 Leiter der Abt. Jugend beim SED-PV, ab 1950 Mtgl. des ZK, 1950–53 ZK-Sekretär i. d. Abt. für gesamtdt. Fragen, 1953–58 deren Leiter (Nachfolger von F. Dahlem), verantw. für konspirative Arbeit i. d. Bundesrepublik, ab 1954 Mtgl. Nationalrat der NF, ab 1969 Präsidiumsmtgl. des Nationalrats der NF; nach Konsolidierung der Machtposition W. Ulbrichts 1958 erneut ZK-Sekretär, diesmal für West-Propaganda, Kandidat des PB, ab 1958 VK, März 1959–Mai 1971 1. Sekretär der Bezirks-leitung Groß-Berlin, ab 1963 Mtgl. des PB und Stadtverordneter, Mai 1971 ZK-Sekretär für Sicherheit (Nachfolger von E. Honecker) 1971–84 Mtgl. bzw. Stellv. des Vors. des Staatsrates, 1971–86 Vors VK-Ausschuß für Nationale Verteidigung, 1972–76 Vors. der Kommission zur Überarbeitung der SED-Statuten; Adressen: 1950–63 Rudolf-Ditzen-Weg 12; 1963–86 Waldsiedlung bei Wandlitz, Haus 13.

Waldemar Verner *(Ps. Rudi Verner)*
* 27. Aug. 1914 Chemnitz, † 15. Febr. 1982 Berlin
Vater Metallarbeiter, Bruder von Paul V.; VS, Schaufensterdekorateur; 1930 KPD; Aug.–Dez. 1933 KZ Colditz, Flucht; 1934 Emigration Skandinavien, 1935 SU, 1937–45 Dänemark; Dez. 1945 Rückkehr nach Deutschland, 1946–49 1. Sekretär SED-Kreisleitung Stralsund, 1947–49 im Sekretariat des SED-LV Mecklenburg; 1950–59 Chef der Seepolizei bzw. der Volksmarine der NVA, bis 1955 Chefinspekteur der DVP und Leiter HV See, 1952 Vizeadmiral, 1952/53 Stellv. Min. des Innern, 1955–57 Admiralslehrgang i. d. SU, 1954–63 Kandidat, 1963–82 Mtgl. des ZK, 1956–59 Oberbefehlshaber Seestreitkräfte, ab 1956 2. Stellv. Min. für Nationale Verteidigung, Aug. 1959–Dez. 1978 Chef der Pol. HV der NVA, Febr. 1961 Admiral, 1979 Generalsekretär des Komitees für Europäische Sicherheit, 1974–79 Vors. des Armeesportvereins „Vorwärts", 1981/82 VK; Adressen: 1950–51 Majakowskiring 19; 1951–55 Köberlesteig 10.

Otto Walter
* 2. Okt. 1902 Taruovice/Oberschlesien, † 8. Mai 1983 Berlin
Vater Arbeiter; VS, Zimmermann; 1920 KPD, 1932 MdR; 1933 drei Jahre Haft, anschl. KZ Sachsenhausen; 1945–50 AL und Mtgl. des Sekretariats der KPD-Provinzleitung bzw. SED-LV Sachsen-Anhalt; 1946–50 MdL (Sachsen-Anhalt), 1948/49 im dt. Volksrat; 1950–53 Inspekteur bzw. Chefinspekteur der DVP; 1953 Generalinspekteur und Stellv. Staatssekretär im Min. des Innern, ab 1953 des MfS, 1953–57 Stellv. des Staatssekretärs bzw. Min. für Staatssicherheit, 1957–64 1. Stellv. des Min. für Staatssicherheit und Mtgl. der Zentralleitung des KdAW der DDR; 1964 nach Differenzen mit E. Mielke von seinen Funktionen entbunden; Adressen: 1950–83 Majakowskiring 36.

Paul Wandel
* 16. Dez. 1905 Mannheim, † 3. Juni 1995 Berlin
Vater Arbeiter; Maschinentechniker; 1926 KPD; 1933 Emigration SU; 1945 Rückkehr nach Deutschland, Juni/Juli 1945 Chefred. „Deutsche Volkszeitung", Aug. 1945–49 Präs. der Dt. Zentralverwaltung für Volksbildung, 1946 SED, bis 1958 Mtgl. des PV bzw. ZK, 1949–58 VK, 1949–52 Min. für Volksbildung, 1952–53 Leiter der Koordinierungsstelle für Kultur und Volksbildung, 1953–57 Sekretär des ZK, 1958–61 Botsch. China, 1961–64 Stellv. des Min. für AA, 1964–75 Präs. und 1976–84 Vizepräs. der Liga für Völkerfreundschaft der DDR, 1985 Dr. h.c. a. d. HUB, 1990 PDS; Adressen: 1950–85 Pfeilstraße 13, 1985–95 Güllweg 10c.

Herbert *Werner Kurt* Warnke
*24. Febr. 1902 Hamburg, † 26. März 1975 Berlin
Vater Maurer; VS, Bankbote, Nieter; 1923 KPD, ab Juli 1932 MdR; 1936 Emigration Dänemark, Nov. 1939–Herbst 1943 Internierung; Ende 1945 Rückkehr nach Deutschland, 1948 Bundesvors. des FDGB, ab Juni 1949 im Exekutivkomitee „Weltgewerkschaftsbund", 1949 VK, Mtgl. des ZK und im Präs. des Nationalrats der NF, 1951–53 ZK-Sekretär, 1953–58 Kandidat und Mtgl. im PB des ZK, 1953–69 Vizepräs. „Weltgewerkschaftsbund", Nov. 1971–75 Mtgl. des Staatsrats; Adressen: 1949–50 Berlin-Grünau, Ammerseestraße 16; 1950–53 Berlin-Köpenick, Hämmerling 111; 1953–60 Majakowskiring 32; 1960–75 Waldsiedlung bei Wandlitz, Haus 12.

Bernd Weinberger
* 4. Aug. 1904, † 26. März 1957;
Angest.; 1929 KPD; 1933 Emigration SU; 1945 Rückkehr nach Deutschland, 1946 SED, ab 1949 Vors. der Sektion Wirtschaftswissenschaften beim ZV der DSF; 1951 Mitarbeiter und ab 1952 Leiter des Büros für Wirtschafts- und Rüstungsfragen beim Min.präsident und zugleich Stellv. des Min. des Innern für Wirtschaftsfragen, später Min. für Landmaschinenbau, 1953 im Zus.hang mit dem 17. Juni Aberkennung des Dienstgrades Generalmajor und Entlassung aus der KVP, 1954 aller Parteifunktionen enthoben und Leiter des Büros für Technik und wiss. Zus.arbeit; Adressen: 1948–50 Majakowskiring 10

Erich *Fritz* Wendt
* 29. Aug. 1902 Leipzig, † 8. Mai 1965 Berlin
Vater Schlachter; VS, Schriftsetzer; 1922 KPD, 1923 Linke Opposition gegen Brandler; 1931 wegen Hochverratsverfahrens Emigration SU, bis 1936 Tätigkeit im Verlagswesen, 1938 Ausschluss aus der KPD und Verhaftung, deportiert und bis 1942 Arbeiter in Sibirien; Aug. 1947 Rückkehr nach Deutschland, SED; 1947–53 Leiter des Aufbau-Verlages, 1950–53 erster Bundessekretär des KB; ab 1950 VK (KB-Fraktion), 1950–57 Vors. VK-Ausschuss für Volksbildung und Kultur, 1957–65 Staatssekretär und 1. Stellv. des Min. für Kultur, 1958–63 stellv. Vors. im VK-Verfassungsausschuss, ab 1963 KB-Vizepräs., 1963/64 Leiter DDR-Delegation bei Passierscheinverhandlungen mit dem

Senat; Adressen: 1947–48 Berlin-Mitte, Wallstraße; 1948–50 Stille Straße 10; 1951–54 Berlin-Johannisthal, Waldstraße 28; 1954–65 Berlin-Friedrichshagen, Hahns-Mühle 13/14.

Deba Wieland, *geborene Raschkess*
* 25. März 1916 Moskau, † 16. Dez. 1992 Berlin
Schulbesuch in Riga, Gebrauchsgraphikerin; 1933 KPD; im span. Bürgerkrieg, Emigration Frankreich, 1939 SU; Juni 1945 Rückkehr nach Deutschland, Arbeit als Übersetzerin z. B. zus. mit Lilly Becher; 1946 SED, 1946–49 Red. und Chefred. des sowj. Nachrichtenbüros, ab 1948 im Verband der Dt. Presse/Verband der Journalisten, 1952–77 Generaldirektor ADN, 1956/57 amt. Vorsitzende, anschl. stell. Vorsitzende des Verbandes der Journalisten der DDR, ab 1977 Vizepräs. des Friedensrates der DDR und Mtgl. des Weltfriedensrates, Vizepräs. i. d. UNESCO-Kommission der DDR, 1980 Ruhestand, 1990 PDS; Adressen: 1954–63 Am Schloßpark 24; 1963–74 Rudolf-Ditzen-Weg 19.

Heinrich (Heinz) Willmann
* 9. Juli 1906 Unterliedbach, † 22. Febr. 1991 Berlin
Vater Möbeltischler; VS, Forstwirtschaftslehre, Werbefachmann, Spediteur; 1925 KPD, 1928 Mitarbeiter von W. Münzenberg, 1931 Vertriebsleiter bei einem Verlag, 1933 sechs Monate KZ Hamburg-Fuhlsbüttel; 1934 Emigration CSR, Schweiz, Saargebiet, 1935–45 SU, enge Zus.arbeit mit J. R. Becher, Mitbegr. und Generalsekretär des KB; 1966–68 Botsch. CSSR, anschl. freisch. Publizist, 1985 Dr. h. c. der KMU; Adressen: 1945–48 Majakowskiring 34; 1948–91 Berlin-Pankow, Borkumstraße 23a.

Elly Winter, *geborene Pieck*
* 1. Nov. 1898 Bremen, † 13. Mai 1987 Berlin
VS, HS, Sekretärin; 1919 KPD, 1928 Heirat mit T. Winter; Sept. 1933 Emigration Frankreich, Schweiz Polen, SU, bis 1945 persönl. Mitarbeiterin ihres Vaters; 1945 Rückkehr nach Deutschland, bis 1960 persönl. Ref. W. Piecks, Sept. bis Dez. 1960 AL i. d. Kanzlei des Staatsrates; ab 1961 Leiterin des W.-Pieck-Archivs des IML beim ZK, 1981 Ruhestand; Adressen: 1945–75 Majakowskiring 29; 1975–87 Fischerinsel, Berlin-Mitte.

Otto Max Winzer (Ps. Lorenz)
* 3. April 1902 Berlin, † 3. März 1975 Berlin
Vater Droschkenkutscher; VS, Metallarbeiter, Schriftsetzer; 1919 KPD, 1925–27 KPÖ, 1929–30 KPdSU, 1935 Parteiauftrag in Frankreich, Holland, 1939 SU; April 1945 Rückkehr nach Berlin mit der „Gruppe Ulbricht"; Mai 1945–Okt. 1946 Leiter der Abt. Volksbildung des Berliner Magistrats; 1945/46 Mtgl. des ZK der KPD, führend beteiligt a. d. Vereinigung der Arbeiterparteien und Schaffung des Blocks der antif.-dem. Parteien, 1946–48 Stadtverordneter von Berlin, 1946–48 Chefred. Pressedienst des ZK der SED, ab 1947 im PV, 1950–75 Mtgl. des ZK, Mai–Okt. 1949 stellv. Chefred. „ND"; 1949–56 Staatssekretär und Leiter der Privatkanzlei W. Piecks, 1950 VK, Aug. 1956–Mai 1959 stellv. Min. für AA und Botsch., 1959–65 1. Stellv. des Min. und Staatssekretär im MfAA, Juli 1965–20. 1. 1975 Min. für AA; Adressen: 1946–50 Berlin-Biesdorf, Gerstenweg 2; 1951–75 Rudolf-Ditzen-Weg 13.

Markus Wolf
* 19. Jan. 1923 Hechingen/Süd-Württemberg
Vater Schriftsteller, Arzt; 1933 mit den Eltern Emigration Schweiz, Frankreich, April 1934 SU, 1942 KPD; Mai 1945 Rückkehr nach Deutschland, 1946 SED, 1945–49 Berliner Rundfunk, 1945/46 Berichterstatter beim Hauptkriegsverbrecherprozess in Nürnberg, 1949–51 Botschaftsrat der DDR–Mission i. d. SU, 1951 stellv. AL im Institut für wirtschaftswiss. Forschung, 1953 Leiter HA XV (ab 1956 HV A), stellv. Staatssekretär bzw. Min., 1980 Generaloberst, 1986 Ausscheiden a. d. aktiven Dienst, Schriftsteller; Okt. 1990 Flucht über Österreich i. d. SU, Sept. 1991 Aufenthalt in Österreich, Verhaftung beim Grenzübertritt, 1993 Verurteilung wegen „Landesverrats und Bestechung" zu 6 Jahren Haft, 1995 aufgehoben, Jan. 1997 Anklage wegen „Verdachts der Freiheitsberaubung, Nötigung und Körperverletzung", Mai 1997 Verurteilung zu zwei Jahren Haft auf Bewährung und einer Geldstrafe; Adressen: 1950–54 Heinrich-Mann-Platz 16; 1954–68 Rudolf-Ditzen-Weg 18/20; ab 1968 Berlin-Karolinenhof.

Kurt Wünsche
* 14. Dez. 1929 Obernigk/Schlesien
Vater Chemiker; VS, OS, Abitur; 1946 LDPD, 1950/51 AL beim LV Sachsen, 1951–54 HA-leiter für Organisation beim PV der LDPD; 1953/54 im Zus.hang mit dem 17. Juni 1953 als Agent verdächtigt, zeitweise vom MfS inhaftiert; ab 1954 im PV der LDPD, 1954–72 Mtgl. im Pol. Aus-

schuss, 1954–66 Sekretär bzw. stellv. Generalsekretär, 1967–72 stellv. Vors. der LDPD, 1954–59 Fernstudium und 1964 Dr. jur. a. d. ASR, 1954–76 VK, 1965–72 stellv. Vors. des Min.rats, 1967 Min. für Justiz (Nachfolger von H. Benjamin), 1972 zurückgetreten, anschl. o. Prof. für Gerichtsverfassungsrecht a. d. HUB, 1982 Habilitation, seit April 1987 erneut im Pol. Ausschuss des ZV der LDPD, 11. 1. 1990 wiederum Min. für Justiz, Febr. 1990 stellv. Vors. der LDPD, März Bund Freier Demokraten, Juli 1990 ausgetreten, 15. 8. 1990 als Min. zurückgetreten; Adressen: 1965–72 Majakowskiring 12.

Elisabeth Zaisser, *geborene Knipp*
* 16. Nov. 1898 Essen, † 15. Dez. 1987 Berlin

Vater Güterexpedient; kath. VS, Oberlyzeum, Lehrerin, 1922 Heirat mit W. Zaisser, Hausfrau; 1926 KPD, 1928 China, 1930 Moskau, 1934–46 Dozentin für dt. Sprache am Moskauer Staatlich-Pädagogischen Institut; Okt. 1947 Rückkehr nach Deutschland, 1948 SED, Dozentin a. d. ABF, Okt. 1949 Berufung als Prof. für Sowjetpädagogik und Methodik des Russisch-Unterrichts a. d. TH Dresden, ab 1. 1. 1950 Dir. des Dt. Päd. Zentralinstituts Berlin und Hrsg. der Zeitschrift „Pädagogik", 1950 VK und im Bundesvorstand des DFD, Dez. 1950 Staatssekretärin im Min. für Volksbildung, ab Juli 1952 Min. für Volksbildung (Nachfolge von P. Wandel); 1953 Rücktritt als Min. für Volksbildung, danach freisch. Übersetzerin und Lektorin im Verlag Volk und Welt, 1983 Ruhestand; Adressen: 1950–53 Stille Straße 4/5.

Wilhelm Zaisser *(Ps. General Gomez)*
* 20. Juni 1893 Rothausen/Gelsenkirchen, † 3. März 1958 Berlin-Buch

Vater Gendarmerie-Wachtmeister; VS, Ev. Lehrerseminar, Volksschullehrer, 1914–18 Soldat, zuletzt Leutnant; 1919 KPD, 1921 einer der mil. Führer der Roten Ruhrarmee, 1927–36 SU, Mitarbeiter des EKKI sowie des mil. Nachrichtendienstes der Roten Armee in China und Deutschland, 1932 KPdSU, 1936–38 Interbrigadist in Spanien, u. d. Ps. „General Gomez" Kommandeur der XIII. Intern. Brigade, 1938 SU; 1947 Rückkehr nach Deutschland, SED, 1947/48 Chef der Landespolizeibehörde Sachsen-Anhalt, 1948–50 Min. des Innern und stellv. Min.präs. von Sachsen-Anhalt, Mtgl. des Sekretariats der SED-Landesleitung, 1949/50 Vizepräs. der dt. Verwaltung des Innern, 1949–54 VK, 1950–53 Mtgl. des SED-PV bzw. des ZK und des PB, 1951–53 Min. für Staatssicherheit; im Zus.hang mit den Ereignissen um den 17. 6. 1953 wegen „parteifeindlicher fraktioneller Tätigkeit" mit R. Herrnstadt Ausschluss aus dem PB und dem ZK, Entbindung von der Funktion als Min. für Staatssicherheit, Jan. 1954 Ausschluss aus der SED und zum „Feind der Partei" erklärt, später Mitarbeiter am IML; Adressen: 1950–53 Stille Straße 4/5.

Paul Gerhart *(Gert)* Ziller
* 19. April 1912 Dresden, † 14. Dez. 1957 Berlin-Pankow

Vater Maschinenschlosser; VS, Elektromonteur, techn. Zeichner, Maschinenbau-Ingenieur; 1930 KPD, 1930/31 Studienreisen Schweiz, Italien, Frankreich, Spanien, Belgien; 1934/35 achtzehn Monate Haft im Zuchthaus Waldheim, Wehrmachtsausschließungsschein, 1944/45 KZ Sachsenhausen; Juli 1945 Stadtrat für Wirtschaft in Meißen, 1945/46 Ministerialrat und Leiter der Abt. Kohle, Energie im Ressort Wirtschaft und Arbeit der Landesverwaltung Sachsen, 1946 SED, 1946–48 Min.ialdir. im Min. für Industrie und Verkehr, Sammler von Daumier-Drucken und kunstwiss. Arbeiten; 1948/49 stellv. Min. und Leiter der HA Industrie im Min. für Industrie und Verkehr, 1949/50 Min. für Industrie und Verkehr der Landesregierung Sachsen; 1950–53 Min. für Maschinenbau, 1953/54 Min. für Schwermaschinenbau, seit 1953 Sekretär für Wirtschaft des ZK, 1953–57 VK, seit 1954 Vors. Wirtschaftsausschuss; Selbstmord im Zus.hang mit Auseinandersetzungen im Sekretariat und PB des ZK der SED über die Wirtschaftspolitik sowie der Kritik der sog. „Schirdewan-Wollweber-Fraktion" an W. Ulbricht; Adressen: 1945–50 Dresden, Auf dem Meisenberg 17; 1950 Majakowskiring 64; 1951–57 Majakowskiring 55a.

Verwendete Abkürzungen

ABF	Arbeiter- und Bauernfakultät
AfG	Akademie für Gesellschaftswissenschaften (beim ZK der SED), bis 1976: Institut für Gesellschaftswissenschaften (auch Gewi-Institut)
ADGB	Allgemeiner Deutscher Gewerkschaftsbund
AL	Abteilungsleiter
APN	Außenpolitischer Nachrichtendienst
ASR	(Deutsche) Akademie für Staat und Recht (der DDR) Potsdam; seit 1973 Akademie für Staat und Recht „Walter Ulbricht"
Botsch.	Botschafter
CDU	Christlich Demokratische Union
CSR	Tschechoslowakische Republik
CSSR	Tschechoslowakische Sozialistische Republik
DAK	Deutsche Akademie der Künste (der DDR)
DAW	Deutsche Akademie der Wissenschaften (der DDR)
DBD	Demokratische Bauernpartei Deutschlands
DDP	Deutsche Demokratische Partei
DFD	Demokratischer Frauenbund Deutschlands
DIB	Deutsche Investitionsbank
DKP	Deutsche Kommunistische Partei
DSF	Deutsch-Sowjetische Freundschaft
DVP	Deutsche Volkspolizei
DWK	Deutsche Wirtschaftskommission
EKKI	Exekutivkomitee der Kommunistischen Internationale
FDGB	Freier Deutscher Gewerkschaftsbund
FDJ	Freie Deutsche Jugend
FSJ	Freie Sozialistische Jugend
HA	Hauptabteilung
HS	Handelsschule
HV	Hauptverwaltung
HUB	Humboldt-Universität Berlin
IDF	Internationale Demokratische Frauenföderation
IfG	Institut für Gesellschaftswissenschaften (s. AfG)
IHK	Industrie- und Handelskammer
ILM	Internationale Leninschule Moskau
IML	Institut für Marxismus-Leninismus (beim ZK der SED)
KB	Kulturbund zur demokratischen Erneuerung Deutschlands
KdAW	Komitee der Antifaschistischen Widerstandskämpfer
KdT	Kammer der Technik
KI	Kommunistische Internationale
KJVD	Kommunistischer Jugendverband Deutschlands
KMU	Karl-Marx-Universität Leipzig
KP	Kommunistische Partei
KPD	Kommunistische Partei Deutschlands
KPdSU	All-Unions-Kommunistische Partei „Bolschewiki", ab 1956 Kommunistische Partei der Sowjetunion
KWV	Kommunale Wohnungsverwaltung
LDPD	Liberal-Demokratische Partei Deutschlands, bis 1951 LDP
LV	Landesvorstand
MdB	Mitglied des Bundestages

MdL	Mitglied des Landtages
MdR	Mitglied des Reichstages
MfAA	Ministerium für Auswärtige Angelegenheiten (der DDR)
MfS	Ministerium für Staatssicherheit (der DDR)
Min.	Minister/Ministerium
MLU	Martin-Luther-Universität Halle
MS	Mittelschule
MWD	Ministerium für innere Angelegenheiten der UdSSR
NF	Nationale Front
NKFD	Nationalkomitee „Freies Deutschland"
NKWD	Narodny kommissariat wnutrennych del = Volkskommissariat für Inneres der UdSSR, ab 1946 Ministerium für innere Angelegenheiten MWD; praktisch der sowj. Staatssicherheitsdienst
NRW	Nordrhein-Westfalen
NSDAP	Nationalsozialistische Deutsche Arbeiterpartei
Oibe	Offizier im besonderen Einsatz (des MfS)
OS	Oberschule
PB	Politbüro
PDS	Partei des Demokratischen Sozialismus
PEN	Poets, Essayists, Novellists (Internationale Schriftstellervereinigung)
Pg	Bezeichnung für ehemalige Parteigenossen der NSDAP
Präs.	Präsident/Präsidium
Ps.	Pseudonym
PS	Personenschutz (innerhalb des MfS)
PV	Parteivorstand
RA	Rechtsanwalt
RH	Rote Hilfe
SA	Sturmabteilung
SAD	Sozialistische Arbeiterpartei Deutschlands
SAJ	Sozialistische Arbeiter Jugend
SBZ	Sowjetische Besatzungszone
SDP	Sozialdemokratische Partei
SED	Sozialistische Einheitspartei Deutschlands
SKK	Sowjetische Kontrollkommission
SMAD	Sowjetische Militäradministration
SPD	Sozialdemokratische Partei Deutschlands
SS	Schutzstaffel der NSDAP
SU	Sowjetunion
Stellv.	Stellvertreter
stellv.	stellvertretende/r
TH	Technische Hochschule
TU	Technische Universität
UNO	Vereinte Nationen
USPD	Unabhängige Sozialdemokratische Partei Deutschlands
VEM	Versorgungseinrichtung des Ministerrates
VK	Volkskammer (1949–50 Provisorische Volkskammer)
Vors.	Vorsitzender
VP	Volkspolizei
VS	Volksschule
VVB	Vereinigung Volkseigener Betriebe
ZK	Zentralkomitee (der SED)
ZPKK	Zentrale Parteikontrollkommission
ZS	Zentralsekretariat

Literatur

Abusch, Alexander: Aus den ersten Jahren unserer Kulturrevolution; in: ... einer neuen Zeit Beginn. Erinnerungen an die Anfänge unserer Kulturrevolution, Berlin/Weimar 1980.
Alexander Dymschitz. Wissenschaftler – Soldat – Internationalist, hrsg. von Klaus Ziermann unter Mitarbeit von Helmut Baierl, Berlin 1977.
Amberger, Eva-Maria: Sergius Ruegenberg. Architekt zwischen Mies van der Rohe und Hans Scharoun, Berlin 2000.
Amos, Heike: Die Nationalhymne der DDR 1949–1990. Entstehung – Durchsetzung – Textverbot? Forschungsinstitut für Öffentliche Verwaltung bei der Hochschule für Verwaltungswissenschaften Speyer, Speyer 1996.
Andert, Reinhold und Herzberg, Wolfgang: Der Sturz, Berlin/Weimar 1990.
Arelt, Kurt: Sowjetische Truppen in Deutschland 1945–94, in: Im Dienste der Partei, Berlin 1998.
Bajohr, Stefan: Vom bitteren Los der kleinen Leute. Protokolle über den Alltag Braunschweiger Arbeiterinnen und Arbeiter 1900 bis 1933, Köln 1984.
Becher, Johannes R.: Gesammelte Werke. Berlin, Weimar 1966–1981.
Beier, Ferdinand: Aus vergilbten Blättern. Geschichte von Pankow, Berlin 1922.
Bergner, Paul: Die Waldsiedlung. Ein Sachbuch über „Wandlitz", Berlin 2001.
Berlin. Quellen und Dokumente 1945–1951, Berlin 1964.
Biographisches Handbuch der deutschen Emigration nach 1933. Band 1, München/New York/London/Paris 1980.
Biographisches Handbuch der SBZ/DDR 1945–1990 hrsg. von Gabriele Baumgartner und Dieter Hebig, München/New Providence/London/Paris 1996.
Braunbuch DDR, Nazis in der DDR, hrsg. von Olaf Kappelt, Berlin 1981.
Brecht, Bertolt: Werke. Große Kommentierte Berliner und Frankfurter Ausgabe Bd. 5, Frankfurt am Main 1993.
Brentzel, Marianne: Die Machtfrau. Hilde Benjamin 1902–1989, Berlin 1997.
Broszat, Martin/Weber, Hermann: SBZ-Handbuch 1945–49, München 1993.
Crepon, Tom: Leben und Tode des Hans Fallada, Leipzig 1992.
Das Diplomatische Corps bei der Regierung der Deutschen Demokratischen Republik 1951–1988, hrsg. vom Ministerium für Auswärtige Angelegenheiten der DDR.
Das Herrnstadt-Dokument. Das Politbüro der SED und die Geschichte des 17. Juni 1953, hrsg. von Nadja Stulz-Herrnstadt, Hamburg 1990.
Das Pankower „(Regierungs-) Städtchen" und das Schloß Niederschönhausen zwischen 1945 und 1990. Ein Beitrag zur Ortsgeschichte (ABM-Forschungsprojekt). Bearbeitet von Barbara Roeber, Holger Stoecker, Liane Walther (Städtchen) und Roland Baron, Heinz Hafemeister (Schloß), Berlin-Pankow 1998, unveröffentlicht, Exemplar einsehbar in der Chronik Pankow.
Der Schulzoo in Pankow 1948–1950, hrsg. vom Kulturverein Prenzlauer Berg e. V., Berlin 2000.
Die Befreiung Berlins 1945. Eine Dokumentation, hrsg. von Klaus Scheel, Berlin 1975.
Die Sitzungsprotokolle des Magistrats der Stadt Berlin 1945/46, Teil I: 1945/46, Teil II: 1946, bearb. und eingel. von Dieter Hanauske, Berlin 1995; Teil II, Berlin 1999.
Dokumente zur Geschichte der kommunistischen Bewegung in Deutschland. Reihe 1945/46, hrsg. von Günter Benser und Hans-Joachim Krusch, Band 1, München/London/New York/Paris 1993.
Dörrier, Rudolf: Pankow. Chronik eines Berliner Stadtbezirkes, Berlin-Pankow 1971.
Dwars, Jens-Fietje: Abgrund des Widerspruchs. Das Leben des Johannes R. Becher, Berlin 1998.
Ehemalige Nationalsozialisten in Pankows Diensten, Berlin 1962.
Fallada, Hans: Der Alpdruck, Berlin 1947.
Fedin, Konstantin: Fedin und Deutschland Berlin 1962.
Feth, Andrea: Hilde Benjamin. Eine Biographie, Berlin 1997.
Finkemeier, Dirk: Die Geschichte des Schloßparks Niederschönhausen. Ein Beitrag zu einem Entwicklungs- und Restaurierungskonzept aus gartendenkmalpflegerischer Sicht. Berlin 1996, Diplomarbeit, unveröffentlicht.
Finkemeier, Dirk/Röllig, Elke/Projektgruppe: Vom „petit palais" zum Gästehaus, hrsg. vom Kulturamt Pankow, Berlin 1998.

Foitzik, Jan: Der Sowjetische Terrorapparat in Deutschland. Wirkung und Wirklichkeit, Schriftenreihe des Berliner Landesbeauftragten für die Unterlagen des Staatssicherheitsdienstes der ehemaligen DDR Band 7, Berlin 1998.
Foitzik, Jan: Sowjetische Militäradministration in Deutschland (SMA) 1945–49. Struktur und Funktion, Berlin 1999.
Gall, Wladimir: Mein Weg nach Halle, Berlin 1988.
Gesellschaft ohne Eliten? Führungsgruppen in der DDR, herausgegeben von Arnd Bauerkämper, Jürgen Danyel, Peter Hübner, Sabine Roß, Berlin 1997.
Geschichte der Deutschen Volkspolizei, Bd. 1, Berlin 1987.
Gieseke, Jens: Die hauptamtlichen Mitarbeiter der Staatssicherheit. Personalstruktur und Lebenswelt 1950–1989/90, Berlin 2000.
Gießmann, Carl/Jacobi, Otto: Große Stadt aus kleinen Steinen. Ein Beitrag zur Geschichte des 19. Berliner Verwaltungsbezirk „Pankow", Berlin 1937.
Gniffke, Erich Walter: Jahre mit Ulbricht, Köln 1966.
Grünberg, Karl: Episoden. Erlebnisreportagen aus sechs Jahrzehnten Kampf um den Sozialismus, Berlin 1960.
Hänisch, Werner: Außenpolitik und internationale Beziehungen der DDR Bd. 1949–1955, Berlin 1972.
Hager, Kurt: Leben in Erinnerungen, Leipzig 1996.
Hans Fallada. Sein Leben in Bildern und Briefen, Berlin 1997.
Hartewig, Karin: Zurückgekehrt: Die Geschichte der jüdischen Kommunisten in der DDR, Köln/Weimar/Wien 2000.
Heider, Magdalena/Thöns, Kerstin: SED und Intellektuelle in der DDR der fünfziger Jahre. Kulturbundprotokolle, Köln 1990.
Heise-Schirdewan, Rosemarie: Schloß Cecilienhof, Berlin 1991.
Herbst, Andreas/Ranke, Winfried/Winkler, Jürgen: So funktionierte die DDR, Band 1–3, Hamburg 1994.
Herbst, Andreas/Stephan, Gerd-Rüdiger/Winkler, Jürgen: Die SED. Geschichte. Organisation. Politik. Ein Handbuch, Berlin 1997.
Hesselberger, Dieter: Das Grundgesetz. Kommentar für politische Bildung, Neuwied 1988.
Heuer, Lutz: Prominentensiedlung in Biesdorf nach 1946; in: Biesdorf und Marzahn. Aus der Geschichte zweier Dörfer. Ein Lesebuch, hrsg. vom Bezirksamt Marzahn von Berlin. Abteilung Jugend, Bildung und Kultur. Kulturamt/Bezirksmuseum, Berlin 2000.
Heuer, Lutz: Die Magistratssiedlung in Biesdorf 1945/46. Entstehung Folgeprobleme Bewohner, Publikationsreihe des Vereins „Helle Panke", Berlin 2001.
Hoppe, Ralph: Pankow im Wandel der Geschichte – „Bolle reiste jüngst ...", Berlin 1998.
Im Dienste der Partei. Handbuch der bewaffneten Organe der DDR. Im Auftrag des Militärgeschichtlichen Forschungsamtes hrsg. von Torsten Diedrich, Hans Ehlert und Rüdiger Wenzke, Berlin 1998.
Jahnke, Karl-Heinz: ...ich bin nie ein Parteifeind gewesen. Der Tragische Weg der Kommunisten Fritz und Lydia Sperling, Bonn 1993.
Jodl, Markus: Amboß oder Hammer? Otto Grotewohl. Eine politische Biographie, Berlin 1997.
Jüdisches Leben in Pankow – Eine Zeitgeschichtliche Dokumentation, hrsg. vom Bund der Antifaschisten in Berlin Pankow e.V., Berlin 1993.
Kaiser, Monika: Machtwechsel von Ulbricht zu Honecker, Berlin 1997.
Kantorowicz, Alfred: Ein deutsches Tagebuch. Band. I (1964), II (1961), München.
Keiderling, Gerhard: Gruppe Ulbricht in Berlin April 1945 bis Juni 1945, Berlin 1992.
Kirschey, Peter: Wandlitz/Waldsiedlung – die geschlossene Gesellschaft. Versuch einer Reportage. Gespräche, Dokumente, Berlin 1990.
Krämer, Martin: Der Volksaufstand vom 17. Juni 1953 und sein politisches Echo in der Bundesrepublik, Bochum 1996.
Kuhnke, Manfred: Fallada in Pankow, Berlin 1997.
Kuhnke, Manfred: Federlese ... daß ihr Tod nicht umsonst war! Authentisches und Erfundenes in Hans Falladas letztem Roman. Neubrandenburg 1991.
Kuhnke, Manfred: Verstrickte Zeiten. Anmerkungen zu den verwobenen Lebenslinien von Johannes R. Becher und Hans Fallada, Neubrandenburg 1999.
Lammel, Inge: Jüdische Lebensbilder in Pankow, hrsg. vom Bund der Antifaschisten Berlin-Pankow e. V., Berlin 1996.
Lange, Sabina: Federlese. „... wir haben nicht nur das Chaos, sondern wir stehen an einem Beginn ..." Hans Fallada 1945–47, Neubrandenburg 1988.
Lehmann, Hans Georg: Deutschland-Chronik 1945 bis 1995, Schriftenreihe der Bundeszentrale für politische Bildung Bd. 332, Bonn 1996.
Leonhard, Rudolf: Unsere Republik, Berlin 1951.
Leonhard, Wolfgang: Die Revolution entläßt ihre Kinder, Leipzig 1990.
Leonhard, Wolfgang: Spurensuche, 40 Jahre nach Die Revolution entläßt ihre Kinder, Köln 1997.
Loth, Wilfried: Stalins ungeliebtes Kind. Warum Moskau die DDR nicht wollte, Berlin 1994.

Lucchesi, Joachim: Das Verhör in der Oper. Die Debatte um die Aufführung „Das Verhör des Lukullus" von Bertolt Brecht und Paul Dessau, Berlin 1993.
Malycha, Andreas: Die SED. Geschichte ihrer Stalinisierung 1946–1953, Paderborn/ München/Wien/ Zürich 2000.
Maron, Monika: Stille Zeile Sechs, Frankfurt/Main 1991.
Meißner, Günter: Hans Baluschek und sein Kreis; in: Hans Baluschek 1870–1935, Staatliche Kunsthalle Berlin 1991.
Müller-Enbergs, Helmut: Der Fall Rudolf Herrnstadt. Tauwetterpolitik vor dem 17. Juni, Berlin 1991.
Muth, Ingrid: Die DDR-Außenpolitik 1949–1972. Inhalte, Strukturen, Mechanismen, Berlin 2000.
Nebenzahl, Leon: Mein Leben begann von neuem. Erinnerungen an eine ungewöhnliche Zeit, Berlin 1985.
Niethammer, Lutz/Hartewig, Karin: Der „gesäuberte" Antifaschismus. Die SED und die roten Kapos von Buchenwald. Dokumente, Berlin 1994.
Otto, Wilfriede: Deutscher Handlungsspielraum und sowjetischer Einfluß. Zur Rolle der sowjetischen Kontrollkommission; in: „Provisorium für längstens ein Jahr". Protokoll des Kolloquiums Die Gründung der DDR, hrsg. von Elke Scherstjanoi, Berlin 1993, S. 138–144.
Otto, Wilfriede: Erich Mielke – Biographie Aufstieg und Fall eines Tschekisten, Berlin 2000.
Podewin, Norbert: Ebert und Ebert. Zwei deutsche Staatsmänner: Friedrich Ebert (1871–1925), Friedrich Ebert (1894–1979). Eine Doppelbiografie, Berlin 1999.
Ruben, Bärbel: Unvollendetes Manuskript zur Geschichte der Siedlungsgenossenschaft „Kinderreiche Familie" in der Dingelstädter Straße, Berlin 1989, Einzelexemplar im Heimatmuseum Berlin-Hohenschönhausen, unveröffentlicht.
SBZ-Biographien. Ein biographisches Nachschlagebuch über die sowjetische Besatzungszone Deutschlands, Berlin/Bonn 1965.
SBZ-Handbuch 1945–49, hrsg. von Martin Broszat und Hermann Weber, München 1993.
Schabowski, Günter: Der Absturz, Reinbek 1992.
Schenk, Fritz: Im Vorzimmer der Diktatur. 12 Jahre Pankow, Köln/Berlin 1962.
Schirdewan, Karl: Aufstand gegen Ulbricht, Berlin 1994.
Schirdewan, Karl: Ein Jahrhundert Leben. Erinnerungen und Visionen. Autobiographie, Berlin 1998.
Schivelbusch, Wolfgang: Vor dem Vorhang. Das geistige Berlin 1945–1948, München 1995.
Schwartz, Uwe: Denkmalpflegerische Bestandserfassung der Erweiterungsbauten und des Gartens am Schloß Schönhausen in Berlin-Pankow für den Amtssitz des Präsidenten (1949–60) und das Gästehaus der DDR-Regierung (1960–89), Abschlußarbeit im Aufbaustudium Denkmalpflege an der Technischen Universität, unveröffentlicht, Berlin 2001.
Siebs, Benno-Eide: Die Außenpolitik der DDR 1976–1989 Strategien und Grenzen, Paderborn/ München/Wien/Zürich 1998.
Siebert, Ilse: Das Johannes-R.-Becher-Haus, Berlin 1982.
Streeruwitz, Marlene: Majakowskiring, Frankfurt am Main 2000.
Strunk, Peter: Zensor und Zensoren. Medienkontrolle und Propagandapolitik unter sowjetischer Besatzungsherrschaft in Deutschland, Weimar/Wien/Köln 1996.
Triebel, Wolfgang: Otto Grotewohls Weg in die Einheitspartei. Hintergründe und Zusammenhänge. Eine Betrachtung seines politischen Denkens und Handelns zwischen Mai 1945 und April 1946, hefte zur ddr-geschichte 13, Berlin 1993.
Triebel, Wolfgang: Otto Grotewohl und die Verfassungsdiskussion in Deutschland 1946 bis 1949, hefte zur ddr-geschichte, Berlin 1996.
Tulpanow, Sergej: Wie der Tag des Sieges vorbereitet wurde; in: Erinnerungen an Johannes R. Becher, Leipzig 1974.
Völker, Klaus: Bertolt Brecht. Eine Biographie, Reinbeck bei Hamburg 1988.
Vosske, Heinz: Otto Grotewohl. Biographischer Abriß, Berlin 1979.
Vosske, Heinz: Wilhelm Pieck, Leipzig 1975, 1979.
Walter, Joachim/Biermann, Wolf/de Bruyn, Günter/Fuchs, Jürgen/Hein, Christoph/Kunert, Günther/ Loest, Erich/Schädlich, Hans-Joachim/Wolf, Christa: Protokoll eines Tribunals, Reinbek bei Hamburg 1991.
Wegmann, Bodo: Zwischen Normannenstraße und Camp Nikolaus. Die Entstehung deutscher Nachrichtendienste nach 1945, Berlin 1999.
Weiss, Peter: Die Ästhetik des Widerstands, Frankfurt am Main 1988.
Wer war wer – DDR, hrsg. von Jochen Cerny, Berlin 1992.
Wer war wer in der DDR. Ein biografisches Lexikon, hrsg. von Helmut Müller-Enbergs, Jan Wielgohs, Dieter Hoffmann, Berlin 2000.
Werkverzeichnis Hans Baluschek, zsmg. von Günter Meißner in den Jahren 1959–1961, Leipzig 1961.
Wolf, Markus: Spionagechef im geheimen Krieg. Erinnerungen, München 1997.
Zimmerling, Zeno: Das Jahr 1 – Einblicke in das erste Jahr der DDR, Berlin 1989.
88. Bergedorfer Gesprächskreis. Auf dem Weg zu einem neuen Europa? Perspektiven einer gemeinsamen westlichen Ostpolitik, Bad Godesberg, 6. u. 7. 9. 1989.

Editorische Notiz

Die Schreibweise der im Buch abgedruckten Dokumente und Archivalien entspricht jener der Originale – einschließlich aller individuellen orthographischen, syntaktischen und sachlichen Fehler.

Das Personenregister liefert bei Personen, die nicht unmittelbar Persönlichkeiten der Zeitgeschichte sind oder waren, kurze Hinweise zu den Lebensdaten und ihrer Funktion. Das betrifft vor allem die Bewohner des Viertels vor 1945.

Trotz sorgfältigster Recherche war es dem Verlag nicht in jedem Fall möglich, die Rechtsträger der Abbildungen zu ermitteln. Sollten hier berechtigte nachweisbare Urheberrechtsansprüche bestehen, erklärt sich der Verlag selbstverständlich bereit, im Nachhinein den daraus resultierenden Honorarforderungen zu entsprechen.

Folgende Archive wurden zur Recherche benutzt:
- Archiv der Bundesbeauftragten für die Unterlagen des Staatssicherheitsdienstes der ehemaligen DDR (BStU)
- Bundesarchiv, Dienststelle Berlin (BArch)
- Chronik Pankow, Einrichtung des Bezirksamtes Berlin-Pankow
- Institut für Regionalentwicklung und Strukturplanung in Erkner bei Berlin, Archiv (IRS)
- Landesamt zur Regelung offener Vermögensfragen/Landesausgleichsamt
- Landesarchiv Berlin (LaB)
- Politisches Archiv des Auswärtigen Amtes der Bundesrepublik Deutschland, Bestand des Ministeriums für Auswärtige Angelegenheiten der DDR (MfAA Bestand)
- Stiftung Archiv der Parteien und Massenorganisationen der DDR im Bundesarchiv, Dienststelle Berlin (SAPMO-BArch)
- Stiftung Archiv der Akademie der Künste Berlin/Brandenburg (SAdK)
- Stiftung Brandenburgische Gedenkstätten, Gedenkstätte und Museum Sachsenhausen, Archiv
- Zentrales Grundbucharchiv Berlin

Als Zeitzeugen gaben folgende Personen mündlich oder schriftlich Auskunft:
Dr. Hans Albrecht, Helga Ansorge (Tochter von Wilhelm Meinerßhagen), Familie Arand, Eva Bade (Tochter von Otto Rieth), Dr. Manfred Bausch, Dr. Rolf Bausch, Familie Bürger, Horst Drexler, Dr. Andrej Florin, Dr. Catherine Griefenow-Mewis (Enkelin von Franz Dahlem), Dr. Rolf Harder, Dr. Jutta Hiller, Gerhard Jeenicke (ehemaliger Bezirksschornsteinfeger), Waltraut Küsgen-Zeller, Aribert Kutschmar, Margret Latendorf, Familie Lissig, Siglinde Makunda (Enkelin von Bertold Jahnke), Liselotte Medem-Zeller, Franz Mewis (Enkel von Franz Dahlem), Günther Mielis, Anett Mühlberg (Enkelin von Franz Dahlem), Karin Müller (Tochter von Karl Schwabe), Elsa Nowatschyk, Marion Richter (Nichte von Otto Rieth), Frau Roedel, Helmut Rolle (Neffe von Richard Kasbaum), Ella Rumpf, Margarete Satzer (Tochter von Johannes Albrecht), Hella Schermer-Grünberg, Gisela Schirdewan, Peter Seidel (Enkel von Otto Walter), Michael Sindermann, Dr. Christel Skibbe, Fred Stempel, Lotte Ulbricht, Theodor Wild, Emmi Wolf-Stenzer, Frank Ziller, Jochen Ziller.

Ihnen allen sei nochmals gedankt.

Personenregister

Abendroth 131
Abusch geb. Aßmann, Hildegard (10. 10. 1907–19. 8. 1989) 70
Abusch, Alexander 69f., 96f., 116 ff., 125, 157ff., 159f., 195, 201
Ackermann, Anton 7ff., 28f., 32, 34ff., 46f., 50f., 56f., 59f., 64, 68ff., 73, 86, 93, 112ff., 122, 124, 142, 190, 193, 201
Ackermann, Irmgard 36, 69, 112f.
Agsten, Rudolf 164, 180, 201
Albers, Hans 74
Albrecht, Johannes (22. 6. 1887–14. 9. 1951, Gartenbauer; 1920–36 Großhändler für Getreide und Kartoffeln mit eigener Firma in Berlin) 17, 23, 53f., 188f.
Andersen-Nexö, Martin 90, 92
Apel, Erich Hans (3. 10. 1917–3. 12. 1965, Vors. der Staatlichen Plankommission) 200
Appelt, Emmy (Chefin des Personals der Gästehäuser der Regierung der DDR) 108
Appelt, Rudolf (5. 12. 1900–2. 7. 1955, SED-Funktionär, Diplomat) 57, 108, 189
Arafat, Jassir Mohammed 177
Arand, Georg (11. 6. 1874–Okt. 1938, Schornsteinfeger und Heizungsbauer, ab Oktober 1904 Bezirksschornsteinfegermeister im Bezirk Mitte) 17, 23
Arndt (Frauenschafts-Zellenleiterin in Berlin-Niederschönhausen) 55
Arndt, Erich 22
Aschmoneit, Carl (Beamter in Berlin, Mitglied der NSDAP, starb 1946 auf dem S-Bahnhof Pankow bei seiner Rückkehr aus dem Speziallager) 23, 29
Askoldov, Alexandr 181
Askoldov, Svetlana 181
Assad, Hafez al 177
Aßmann, Richard 70
Ausländer, Fritz 49
Axen, Hermann 178
Bahr, Egon 177f., 201
Baker, James 178
Balakirow (Leutnant der Roten Armee, Begleitoffizier von W. Pieck) 51
Balo, Lazlo (26. 4. 1908–7. 8. 1987, ung. Kommunist, Journalist) 67
Baluschek, Hans 74, 147, 166
Banaschak, Manfred 201
Bartel, Walter (15. 9. 1904–16. 1. 1992, 1946–53 pers. Referent von W. Pieck) 92
Barth, Adolf (Berliner Kaufmann, wohnte Prenzlauer Straße 37, vor 1899 gestorben) 14f., 19
Bartning, Otto 79
Bartsch, Kurt 170
Batuloff (Oberst) 190
Baumann, Edith 122f., 191, 198, 200, 202
Bausch, Hans (12. 11. 1895–8. 10. 1967; ab 1950 Lehrauftrag an der Humboldt-Universität Berlin, 1951–52 Lehrtätigkeit an der TU Berlin, 1952–62 Direktor des Instituts für Gärungschemie Berlin) 23, 52, 55, 102, 106
Beater, Bruno (5. 2. 1914–9. 4. 1982, Mitarbeiter des MfS) 98, 118, 130, 194
Becher geb. Korpus, Lilly Irene 37ff., 68, 153, 159ff., 163, 168, 202
Becher, Johannes R.(obert) 37ff., 43f., 50f., 53, 60, 62, 65ff., 73, 81, 85ff., 97, 100, 102, 105, 117ff., 136, 178, 188, 202
Bechler, Bernhard Max (1948/49 brdbg. Innenminister) 191
Becker, Arthur 49, 66
Becker, Friedrich 23

Becker, Jurek 169
Behnke (Mitarbeiter der Verwaltung der Gästehäuser im „Städtchen") 109
Beier, Ferdinand (*1. 7. 1890, Pankower Pfarrer) 14, 17, 23, 28, 128
Belafonte, Harry 176
Benjamin geb.Lange, Hilde 97, 120, 141ff., 147, 180, 197, 200, 202
Benjamin, Michael (27. 12. 1932–7. 8. 2000, Sohn von Hilde Benjamin) 142, 180
Benjamin, Walter 180
Bentzien, Hans (* 4. 1. 1927, 1961–66 Min. für Kultur) 161
Berija, Lawrentij Pawlowitsch 30, 122
Berndt, Kurt 21
Bersarin, Nikolai Erastowitsch (19. 3. 1904–16. 6. 1945, ab 24. 4. 1945 sowj. Stadtkommandant von Berlin) 46
Besenbruch, Walter 92, 94, 202
Betlen, Oskar 67
Beumer, Ewald Karl Otto (19. 7. 1886–5. 1. 1955, kaufm. Direktor der Firma Steffens & Nölle in Berlin) 19, 25, 27, 58, 187
Bick, Wilhelm (1. 12. 1903–13. 7. 1980, 1948/49 Generalstaatsanwalt in Mecklenburg) 191
Biermann, (Karl-)Wolf 169
Bihin, Paul Fernand (1973–75 belg. Botsch. in der DDR) 158, 175
Böhm, Karl Ewald 191
Bolz, Lothar 46, 80, 112, 120, 157, 191, 197, 202
Borchert, Liesel 66
Borchert, Willi 66
Böttcher, Ernst 23
Brack, Gustav 125, 202
Bratschikow 190
Brecht, Bertolt 73, 82, 93, 191
Bredel, Willi 169
Breschnew, Leonid Iljitsch 166
Brillke, Erwin (1892–1948, SPD, Leiter der HA Versicherungen der HV Finanzen der DWK) 57
Brivois (frz. Oberleutnant) 79
Brügel, B. 72
Büchner, Robert (Chefredakteur der Volksstimme Magdeburg) 153
Buchwitz, Otto 46
Burmeister, Friedrich 95, 191, 202
Busch, Ernst 73
Busch, Eva 73
Busse, Ernst 114f., 202
Castro Ruz, Fidel 177
Chalvron, Bernard de (1973–75 frz. Botsch. in der DDR) 158
Chruschtschow, Nikita Sergejewitsch 108, 110f., 122
Chwalek, Roman 193, 202
Clay, Lucius Dubignon 38
Cremer, Wilhelm 188
Dahlem geb. Weber, Käthe (20. 3. 1899–25. 12. 1974) 35, 72, 119
Dahlem, Franz 7, 29, 35, 46f., 58, 60, 72, 78, 97, 113, 115ff., 119, 191, 201, 203
Dalada, Daniela Semjonowitsch (Oberst, 1945–46 Stellv. von Generalleutnant Smirnow im sowj. Sektor Berlins, zuständig für Wirtschaftsfragen, danach Chef der Bezirkskommandantur in Zwickau) 31
Danielzig, G. 81
Daumier, Honoré 128
Davis, Angela 176, 201
Dembek 34f.
Dertinger, Georg (25. 12. 1902–21. 1. 1968, 1949–53 Min. für Auswärtige Angelegenheiten der DDR) 95, 112, 191, 195
Dessau, Paul 93
Dieckmann, Johannes 191
Dietze, Wilhelm Paul (Physiotherapeut der Politbüromitglieder in den 50er/60er Jahren) 154, 199
Dimitroff, Georgi Michajlow 69
Dölling, Emmi 151
Dölling, Rudolf 96, 106, 112, 157, 193, 200, 203
Dramaljeff, Kiril 67
Dumas, Roland 178

Dymschitz, Alexander   136
Ebert, Friedrich   62, 72, 74, 80, 105, 120, 123ff., 134ff., 147, 155, 191, 197f., 203
Ebert, Maria   72
Eggerath, Werner   203
Eichert, Fritz (seit 1936 Eigentümer der Berko-Werke Quast & Eichert, Berlin-Prenzlauer Berg, Greifswalder Str. 207)   17, 23
Eichler, Heinz   95, 203
Einstein, Albert   193
Eisenmenger, August   137, 187
Eisler geb. Rothstein, Hilde (28. 1. 1912–6. 10. 2000)   88f.
Eisler, Gerhart   88f., 94, 114, 119f., 203
Eisler, Hanns   86ff., 98, 120
Eisler, Lou   89, 98
Ehrlich, Emil   22
el-Badr, Seif ul-Islam Mohammed   110
Endler, Adolf   170
Engel, Rudolf (12. 9. 1903–16. 10. 1993, 1950–55 Direktor der DAK)   92
Erdmann   172
Erpenbeck, Fritz   38
Fallada, Hans   40ff., 49, 60, 62, 65, 73, 113, 188, 190, 203
Farkas, Käte   67
Fechner, Herbert   152
Fechner, Max   60, 191
Fedin, Konstantin Aleksandrowitsch   43f.
Fiebeck, Emil   22
Fiebeck, Ruth   22
Field, Noël H. (1904–1974, amer. Kommunist)   116
Fischer, Ernst   73
Fischer, Kurt (1. 7. 1900–22. 6. 1950, 1946–48 sächs. Innenminister, ab 1949 Chef der DVP, wohnte seit 1949 Straße 85 in Berlin-Niederschönhausen)   46
Fischer, Ruth   37, 88
Fischl, Otto (1902–3. 12. 1952, 1946–48 stellv. Finanzmin. der CSSR, 1949-51 Gesandter der CSSR in der DDR, am 5. 12. 1949 akkreditiert)   107, 117, 197
Florin, Peter   105, 112, 149, 157, 204
Forbat, Alfred   79
Franck, Hans-Heinrich   95, 113, 204
Franke, (Mitarbeiter der Verwaltung der Gästehäuser im „Städtchen")   109
Franze, Walter   94, 204
Friedensburg, Ferdinand   63, 72
Friedrich, Kurt (Abteilungsleiter in der Präsidialkanzlei)   137, 197
Friedrich, Peter   80
Fröhlich, Paul   16
Fromm, Hermann (Polizeirrat des Domänen-Polizei-Amtes Mühlenhoff)   16, 19
Fuchs, Jürgen   169
Funke, Ernst   23
Fürnberg, Louis (1949–52 Botschaftsrat in der CSR)   98
Furtwängler, Wilhelm   40
Gaddhafi, Muammar al   176f.
Gannoth, Alfred   47
Gawronski, Herbert (Mitarbeiter des Wirtschaftsunternehmens Wohnbauten)   141f.
Gawrysiak, Jerzy   (seit 2. 2. 1977 Botsch. Polens in der DDR)   159
Geminder (Ps. Fritz Glaubauf), Bedřich   (19. 11. 1901–3. 12. 1952, Leiter der Internationalen Abteilung des Sekretariats des ZK der KPTsch)   117
Genscher, Hans-Dietrich   178
Gentz, Ingeburg   57, 61, 64, 76,
Georgi, Rudi   176, 204
Gerster, Ottmar   86
Geselle, Max   22
Geyer, Fritz   76, 94, 109, 137, 144, 197f., 204
Gißke, Erhardt (Architekt, 1958–63 Stadtbaudirektor von Berlin)   167
Gläßke, Heinz (Architekt, leitete 1958–61 den Bau der Waldsiedlung bei Wandlitz)   147
Gniffke, Erich Walter (14. 2. 1895–4. 9. 1964, SED-Funktionär, 1945/46 einer der drei Vors. des Berliner SPD-Vorstandes, als Mitglied der SED im PV und ZS, im Oktober 1948 Flucht nach West-

deutschland) 7, 36, 46, 59f., 71, 78, 189
Gold, Blačena (1924–1982, Frau von F. Gold) 99
Gold, Franz 98f., 102f., 144, 155, 173, 204
Goldenbaum, Ernst 193
Gomulka, Wladyslaw 110
Gorki, Maxim 136f.
Gotsche geb. Streschniak, Erika (19. 2. 1921–1998) 180f.
Gotsche, Otto 76, 94, 105, 165, 169f., 181, 197f., 200, 204
Gottwald, Klement 84
Gregor, Kurt 95, 176, 204
Gromyko, Andrej Andrejewitsch 108, 110, 155
Gronewaldt, Carl (Leimfabrikant in Berlin, Schönhauser Allee 147, auch Berliner Stadtverordneter) 20
Gropius, Walter 79
Grotewohl geb. Danielzig, Johanna (1909–1976) 70, 81, 163f., 168, 192, 200
Grotewohl, Hans (Sohn von O. Grotewohl) 77, 79, 81
Grotewohl, Martha 70, 78
Grotewohl, Otto 16, 36f., 59f., 66, 69, 72, 75ff., 90, 93f., 97ff., 101, 105, 108, 115, 120, 123, 125ff., 137, 144ff., 154, 161, 163ff., 169, 191ff., 198, 200, 202
Grünberg, Karl 34f., 39, 72, 94, 188, 207
Grundig geb. Langer, Lea 196
Grundig, Hans 196
Grüneberg, Gerhard 130, 157, 198, 205
Grünstein, Herbert 96, 176, 180, 193, 195, 205
Gusjew (Major der Roten Armee, 1945 Kommandant in Niederschönhausen) 26
Güll, Friedrich Wilhelm 187
Gysi, Klaus 38, 188
Hager, Kurt 160ff., 198f., 205
Hamann, Karl (4. 3. 1903–16. 6. 1973, mit H. Kastner Vors. der LDPD, 1949–52 Min. für Handel) 191
Handke, Georg Ulrich (22. 4. 1894–7. 9. 1962, 1949/50 Min. für Außenhandel) 191
Hannemann, Friedrich 22
Hansen, Bruno 18
Häring, Hugo 79
Hartung, Werner 72
Hauptmann, Gerhart 40
Hauser, Uwe 172
Hecht (SA-Sturmbannführer) 21, 26
Hegenbarth, Josef 196
Heidenreich, Gerhard 114, 205
Helm, Rolf (30. 3. 1896–9. 4. 1979, bis 1950 Generalstaatsanwalt von Berlin) 83
Hell, Georg 187
Hensel, Max (11. 9. 1878–11. 3. 1951, 1910 Firmengründung in Berlin-Wittenau, Hermsdorfer Straße 81–95, Drehbühnenkonstrukteur) 18f., 21, 23, 28, 58, 77f.
Henselmann, Hermann (Architekt, wohnte ab 1949 Güllweg 16, danach Kuckhoffstraße in Berlin-Pankow) 92, 151
Hentges, Pierre 66
Hentschke, Herbert 114, 195, 205
Hermann (Haushaltshilfe bei Fallada) 42
Hermann (1939–44 Stadtkommandant von Pilzen) 25
Hermes, 29
Herrnstadt, Rudolf 46, 59, 120ff., 127, 129, 195f., 199, 205
Herrnstadt, Valentina 120, 198
Herzberg, Clemens 73
Henicke, Elfriede (Ärztin) 154
Heym, Stefan 170
Heymann, Erika 180, 200
Heymann, Stefan 112, 205
Hilger, Gertrud 199
Hitler, Adolf 20, 82, 137, 199
Hoelz, Max 169
Hofer, Karl 40
Hoffmann, Heinz 96, 112, 123, 193, 196, 206
Hoffmann, Willi (Lederfabrikant, Prinzenalle in Berlin-Wedding) 23, 180

Höling, Ann 68
Holtzhauer, Helmut (2. 12. 1912–16. 12. 1973, 1951–53 Vors. der „Staatlichen Kommission für Kunstangelegenheiten") 92
Honecker geb. Feist, Margot 123, 157, 206
Honecker, Erich 34, 59, 87, 122f., 125, 145f., 157, 165ff., 177, 184, 198, 206
Hopp, Hanns 83, 95, 167, 194
Hoppenheidt, Günter 198
Hurt, Douglas Richard 178
Iljitschow, Iwan Iwanowitsch (1905–2. 9. 1983, ab 1945 wichtigster Berater Stalins, ab 1949 Stellv. des politischen Beraters der SKK in Deutschland) 89
Jacobs, Karl-Heinz 170
Jacobsen, Carl (Fabrikbesitzer aus Greifswald) 16
Jahnke, Wilhelm Ferdinand Bertold Emmanuel (7. 3. 1862–14. 3. 1935, seit 1907 Oberpostsekretär beim Postscheckamt Berlin, Dorotheenstraße 23) 18
Jendretzky, Hans (SED-Funktionär, wohnte 1945 Gerstenweg 9a, ab 1947 Ährenweg 50 in Berlin-Biesdorf) 59, 80, 97, 125
Jodel, Markus 78
Jotoff, Nadeja 72
Jotoff, Stefan 72
Jungheim, Marthel 190
Kantorowicz, Alfred 50, 70, 84, 92f.
Kasbaum, Richard (26. 5. 1860–Sommer 1939, Fotograf; Atelier Friedrichstraße 125) 15f., 187
Kastner, Hermann (25. 10. 1886–4. 9. 1957, stellv. Ministerpräs., zusammen mit K. Hamann Vors. der LDPD) 191
Kästner, Erich 128
Keilson, Max 112, 206
Keilson-Fuchs geb. Schnate, Grete 72, 117, 206
Kern, Käthe (22. 7. 1900–16. 4. 1985, 1946–49 Mitglied des ZS der SED) 60, 98
Killisch Baron von Horn, Theodor Hermann Karl Julius (23. 11. 1886–15. 6. 1821, Begründer der Berliner Börsenzeitung, ließ den späteren Bürgerpark in Pankow als englischen Garten anlegen) 54, 189
Kirchstein, Felix (26. 5. 1884–nach dem 25. 1. 1942, Kaufmann) 22
Kirsanow, Alexander Wladimirowitsch (auch Wassiljewitsch, 1903–1985, Juli 1945–50 Chefredakteur der „Täglichen Rundschau", ab 1946–50 Chefredakteur „Neue Welt" in Berlin) 45, 65, 113
Kirsch, Sarah 169
Köberle, Georg 187
König, Hans 112, 206
Kollwitz, Käthe 82
Kopelew, Lew Sinowjewitsch 99
Kosch, Hans (Sohn von T. Kosch) 23, 174
Kosch, Theodor (gest. 1955, Diplomingenieur) 23, 174
Kostoff, Georgij Janakiew (7. 1. 1895–8. 7. 1961, 1950–54 bulg. Botsch. in der DDR, am 17. 7. 1950 akkreditiert) 107, 194
Kotikow, Alexander Georgewitsch (27. 8. 1902–1981, April 1946–Juni 1950 Stadtkommandant des sowj. Sektors in Berlin) 36f., 78f., 94, 105
Krause, Alfred (Abteilungsleiter im Min. für Aufbau) 95
Krause, Wilhelm (1951 Direktor der Wilhelm-Pieck-Schule in Berlin-Pankow) 151
Krebs (Arzt von O. Grotewohl) 154
Krenz, Egon 11, 171ff., 176, 200, 206
Kretzschmar, Bernhard 196
Kreuder, Peter Paul 87
Kreuziger (Bezirksstadtrat für Volksbildung in Berlin Pankow) 151
Krohn, Wilhelm 21, 23, 199
Kroszewski 160
Kuckuck, Emil 22
Kühne, Willi Otto (12. 5. 1893–8. 12. 1955, 1946 Leiter der HA Verkehr der DWK, 1949–53 Oberbürgermeister von Brandenburg) 49
Kuhnert, Erich (Leiter der Verwaltung der Gästehäuser im „Städtchen") 108
Külz, Wilhelm 9, 188
Kundermann geb. Seufert, Änne 112, 207
Kupke, Johannes (12. 11. 1894–19. 8. 1988, Dr. med., ab Ende 20er Jahre allgemeinärztliche Praxis in Niederschönhausen, später Hausarzt von W. Pieck) 26, 45, 54, 113, 154
Kurella, Alfred 198

Küsgen geb. Zeller, Waltraut (Tochter von Ch. Zeller)   66, 91, 166, 190
Küsgen, Günther (Schwiegersohn von Ch. Zeller)   66
Kutschmar, Otto (Architekt)   22
Kutzner, Robert   23, 114
Lacher, Arthur   195
Lange, Johanna   68
Lamberz, Werner   201
Lange, Fritz   152
Langhoff, Wolfgang   73, 92
Langhoff (Gärtner im „Städtchen")   143
Latendorf, Otto (1. 4. 1897–29. 6. 1959, Bauingenieur, Geschäftsführer der Firma Arido, Berlin-Mitte, Wilhelmstraße 122a, eine Tochtergesellschaft der Siemens Bauunion)   23, 27f., 37, 39, 41f., 51, 56, 64ff., 79, 190, 190
Lauter, Hans (*22. 12. 1914, Juli 1950–Mai 1953 Mitglied des ZK der SED, verantwortlich für Kultur)   93
Lechtenbrink, Johann   23
Legal, Ernst   40, 73
Lehmann, Helmut (1. 12. 1882–9. 2. 1959, 1946–50 Mitglied des ZS der SED, 1950 kurzzeitig Mitglied des PB der SED)   60, 191
Lenin, Wladimir Iljitsch   113
Leonhard, Rudolf (27. 10. 1889–19. 12. 1953, Schriftsteller, Vater von W. Leonhard, 1950 Rückkehr aus der frz. Emigration nach Berlin-Pankow)   150f.
Leonhard, Wolfgang   36, 50, 70, 76, 90, 191
Leuschner, Bruno   98, 104, 198, 200
Liebknecht, Karl   49
Liebknecht, Kurt (26. 3. 1905–6. 1. 1994, Neffe von Karl L., ab 1949 Direktor des Instituts für Städte u. Hochbau im Min. für Aufbau der DDR)   80, 98, 151
Limberger   53
Lindau, Rudolf   207
Lingner, Max   81
Lingner, Reinhold (27. 6. 1902–1. 1. 1968)   79, 81f., 147 , 199
Lissig, Fritz Josef   22
Litke, Carl   95, 153, 207
Lobedanz, Reinhold (29. 8. 1880–5. 3. 1955, 1950–55 Präs. der Länderkammer)   95, 149
Loch, Hans   191, 207
Losch geb. Bolzenhagen, Ursula (5. 4. 1921–24. 11. 1958, seit 1940 mit dem 1944 verstorbenen Kurt Losch verheiratet)   41f., 65
Lubawinski, Alex   182
Lukaschewitz, (1945/46 Sekretär u. Dolmetscher des Pankower Bezirkskommandanten Oberstleutnant Petkun)   28
Machol, Israel (Berliner Kaufmann, wohnte Kaiser-Wilhelm-Straße 5, gest. 5. 5. 1906)   14, 19
Majakowski, Wladimir Wladimirowitsch   136
Mann, Thomas   41, 193
Marchwitza, Hans   169
Maron, Karl   46, 56, 61f., 207
Martynow, Boris Petrowitsch (Leiter der Handelsvertretung der UdSSR)   106
Masereel, Frans   128
Matern geb. Pickerodt, Jenny   192, 200
Matern, Hermann   72, 97, 116, 118, 122ff., 146ff., 157, 193, 198, 200, 207
Matschke, Ruth   26, 35
Matschke, Wilhelm (19. 9. 1888–April 1945, Zellenleiter der NSDAP in Niederschönhausen)   23, 26, 34
Mätzchen, Bruno (*13. 6. 1901, 1945/46 Bürgermeister in Pankow)   53, 65, 67, 190
Meckel, Johannes Markus   178
Meier, Otto   9, 60, 70
Meinerßhagen, Wilhelm   22, 52
Meller, Hubert   72
Melnikow (sowj. Oberst, Leiter der 7. Abteilung der polit. HV der 1. Belorussischen Front)   31
Melsheimer, Ernst   95, 97, 113, 120, 142, 197, 207
Merker, Paul (1. 2. 1894–13. 5. 1969, Mitglied des PB der SED, am 24. 8. 1950 aus der SED ausgeschlossen, wohnte seit 1948 in Berlin-Biesdorf, Otto-Nagel-Straße 5)   60, 70, 72, 117f., 120, 191, 195
Mertens (Hausmeister der Gästehäuser im „Städtchen")   108
Mewis, Karl   207

Meyer, Hannes (18. 11. 1889–19. 7. 1954, Architekt, 1928–30 Direktor des Dessauer Bauhauses)   198
Michaelis (Rechstanwalt)   22
Mielis, Günter (*18. 8. 1925, 1954 Direktor der Wilhelm-Pieck-Schule in Berlin-Pankow, 1958 Transportarbeiter, danach wieder Lehrer)   152
Mielke, Erich   32f., 96ff., 102, 105, 113ff., 118f., 124, 155, 175, 183, 207
Mielke, Frank (* 20. 9. 1948, Sohn von E. Mielke)   149
Mielke, Heinz (6. 8. 1910–17. 4. 1955, Bruder von E. Mielke)   32f., 96
Mikojan, Anastas Iwanowitsch   110
Miller, Sepp (27. 8. 1883–23. 3. 1964, SED-Funktionär, 1949–52 Leiter des Personalbüros beim ZK der SED)   197
Minh, Ho Chi   46
Modrow, Hans   172
Mirowa-Florin, Edel   196
Mucke-Wittbrodt, Helga (11. 9. 1910–4. 5. 1999, Direktorin u. Ärztin im Regierungskrankenhaus Berlin-Mitte, Scharnhorststraße, Hausärztin von W. Ulbricht u. H. Matern)   154
Muckenschnabel, Franziska (Haushälterin bei W. Pieck)   35
Mückenberger, Erich   120, 125, 156, 208
Mückenberger, Johanna   123
Müller, Kurt (13. 12. 1903–21. 8. 1990, KPD-Vors. in der Bundesrepublik, MdB.)   114, 118
Müller, Werner   208
Munter, Arnold   80
Namokel, Karl   208
Namslauer, Hugo (25. 5. 1922–1999, Gartenarchitekt, verantw. für die Landschaftsplanung in der Waldsiedlung bei Wandlitz)   147
Naumann, Konrad   168, 170
Neumann, Alfred   198
Neumann, Oskar (1950/51 Direktor Wirtschaftsunternehmen Wohnbauten der Regierung der DDR)   137f., 197
Nickel, Paul (Pankower Handwerker u. Bruder von W. Nickel)   63
Nickel, Walter (Bauleiter im „Städtchen" 1946/48)   63, 133
Nikaschin (Oberst, Mitarbeiter des NKWD, wohnte 1945/46 in Pankow, Homeyerstr. 29)   30f.
Nogradi, Hilde   67
Nogradi, Sandor (1894–1971, ung. Kommunist)   67
Norden, Albert   98
Novotny, Antonin   110
Nuschke, Otto   189
Oelssner, Alfred Franz (30. 8. 1879–13. 5. 1962, 1946–50 Hauptkassierer des SED-PV, Vater von F. Oelssner)   57, 61, 175, 197
Oelssner, Fred   123, 125, 129f., 191, 193, 208
Opitz, Max   83ff., 109, 118, 127, 139ff , 180, 192, 195, 197ff., 208
Orlopp, Josef (29. 8. 1888–7. 4. 1960, Präs. der HV für Interzonen- u. Außenhandel der DWK)   72
Ossietzky, Maud von   187
Quensel, Hans   187
Palm, Gustav   81
Pasternak, Boris   182
Pauker, Ana   46
Pechstein, Max   196
Peters, Ferdinand Ernst   16, 23
Peters, Fritz (*1872, Eigentümer des gleichnamigen Tiefbauunternehmens Pestalozzistr. 9 in Berlin-Pankow)   16
Petkun (russ. Oberstleutnant, 1945 Bezirkskommandant in Pankow)   28, 31, 77
Philipp, Paul   23
Philipp geb. Jacobsen, Hanna   16
Philipp, Wilhelm (Inhaber der Firma „Architektur, Reklame W. & H. Philipp" im Majakowskiring 6)   16
Picasso, Pablo   193
Piechatzek, Maria Florentina Margareta (21. 7. 1888–11. 8. 1945)   27, 30, 58, 187
Piechatzek, Richard Franz (13. 11. 1877–7. 9. 1945, Ingenieur; ab 1902 Leitung der bereits 1885 gegründeten Firma F. Piechatzek, Kran- u. Aufzugwerke KG in Berlin-Wedding, Seestraße 51–56)   16, 22, 27, 31, 58
Pieck, Arthur (28. 12. 1899–13. 1. 1970, Mai 1945–Dezember 1946 Stadtrat für Personalfragen u. Verwaltung im Magistrat von Groß-Berlin, 1949–55 Hauptabteilungsleiter des Verwaltungsamtes der Regierung, wohnte 1945 Gerstenweg 25, seit 1947 Bentschener Weg 26 in Berlin-

Biesdorf) 47, 66, 91, 109, 131, 137, 144, 195, 197f.
Pieck, Johanna (1905–1979) 66
Pieck, Wilhelm 7, 10, 29, 34ff., 43f., 46, 49, 51, 57, 59ff., 65ff., 71ff., 77, 81ff., 97, 100f., 108, 111, 115ff., 125, 135ff., 139ff., 143, 145, 147, 149ff., 155, 163, 168, 182, 188, 191, 195ff., 200, 208
Pisternik 131
Plenikowski, Anton (19. 11. 1899–3. 3. 1971, SED-Funktionär, 1956–63 Leiter des Büros des Präs. des Ministerrates) 144
Poche, Klaus 170
Pohl, Ernst 23
Prawin, Jakub 72
Puschkin, Georgi Maximowitsch (16. 2. 1909–2. 4. 1963, stammte aus der Familie des Dichters A. S. Puschkin, 1949–52 Chef der Diplomatischen Mission der UdSSR in der DDR) 106, 112, 120f.
Rakosi, Matyas 84
Rasnizin (Leutnant, 1945/46 Kommandant des „Städtchens") 51
Rau, Heinrich (Heiner) 59, 72, 97, 115, 125, 191, 198, 200, 208
Rau, Helene, auch Elli 72
Rehbein, Bernhard (Postangestellter, gest. 26. 5. 1953) 23
Reichardt (Betriebsrat bei der Firma Steffens & Nölle) 37
Reimann, Max 97, 114, 118f., 157, 195, 209
Reingruber, Hans (30. 4. 1888–14. 1. 1965, 1949–53 Min. für Verkehrswesen der DDR) 191
Renn, Ludwig 194
Rentzsch, Egon (28. 9. 1915–28. 7. 1992, 1950–53 Leiter der Abteilung Schöne Künste u. Kultur im ZK der SED) 92f.
Reuter, Ernst 113
Richter (Frau von W. Richter und Haushälterin bei H. Benjamin) 142
Richter, Willi (Chauffeur von H. Benjamin) 142
Rieth, Emil Rudolf Otto (9. 8. 1893–25. 4. 1965, Kunstschlosser, leitete seit 1912 die von seinem Vater 1886 gegründete Firma Rieth, Drontheimer Straße 28–31 in Berlin-Wedding, zweites Werk in der Quickborner Straße 30–40, Berlin-Rosenthal, heute Berlin-Lübars) 19, 23, 26f., 31ff., 57, 61, 65, 124
Rodenberg, Hans 73, 92, 160
Röder, Elisabeth (Ehefrau von Fabrikdirektor Röder) 21
Roedel, Edgar (17. 12. 1880–1967, Oberfinanzrat in Berlin) 23, 56, 64
Rohardt, Wilhelm (Arzt) 19
Römer, Max 195
Rosenberg, Max (Fahrer von J. R. Becher, wohnte Hermann-Hesse-Straße 13) 103
Roucaute, Roger 66
Ruegenberg, Sergius (17. 1. 1903–23. 2. 1996, Architekt) 80
Rumpf, Ella (*1908, Frau von W. Rumpf, Schwester von O. Winzer) 133, 149, 156, 180
Rumpf, Willi 95, 133, 195, 209
Rusu, Ichim (1950–53 rum. Botsch. in der DDR, am 14. 11. 1950 akkreditiert) 194
Rutzen, Reinhold (Lehrer, gest. 11. 9. 1943) 23
Ryneck, Erich (Pankower Bürgermeister 1947/48) 63
Sabo 72
Saefkow, Änne (Frau von Anton Saefkow, 1903–1944) 63
Sandberg, Herbert 38
Schabowski, Günter 171, 209
Schäfer (Pförtner im Majakowskiring 71, ab Mai 1945 in der Stillen Straße 1–4) 28
Schälicke, Fritz 90, 94, 193, 209
Scharoun, Hans Henry Bernhard 79ff.
Schenk, Fritz) 104
Schewardnadse, Eduard Amwrossijewitsch 178
Schilde, Hans 209
Schiller, Ernst 23, 96
Schirdewan geb. Schulz, Gisela (* 30. 12. 1922) 105, 130
Schirdewan, Karl 105, 125ff., 151f., 155, 157f., 196, 209
Schirmer-Pröscher geb. Pöser, Wilhelmine 105, 176, 180, 197, 209
Schlesinger, Klaus 170
Schloßhauer (Mitarbeiter im Amt für Grundstückskontrolle, Klosterstraße 47) 138
Schmidt, Gabriela (Erbin von W. Hoffmann, Rudolf-Ditzen-Weg 18/20) 180
Schmidt (Mitarbeiter des Wirtschaftsunternehmen Wohnbauten) 141ff.
Schmidt, Elli 8, 34, 60, 64, 112, 120, 122, 124, 193, 209
Schmidt, W. (Architekt, entwarf die Häuser in der Waldsiedlung bei Wandlitz) 147, 198

Schmidt, Waldemar (7. 2. 1909–1975, 1945 Vors. der KPD in Berlin)   7
Schmitz, Wilhelm   19f.
Schneider, Rolf   170
Schoening, Eduard   23
Schönherr, Alfred   96, 193, 209
Schrader, Karl   49
Schramm, Heinrich   66
Schreiner, Albert   208
Schubert, Dieter   170
Schukow, Georgi Konstantinowitsch   122
Schulz, Erna (*19. 5. 1908, Ehefrau von Hans Schulz – als Mitglied der Anton-Saefkow-Widerstandsgruppe 20. 4. 1945 hingerichtet –, 1950 Direktorin der Wilhelm-Pieck-Schule in Pankow)   149ff.
Schulze, Hans (1951–56 Direktor Wirtschaftsunternehmen Wohnbauten der Regierung der DDR)   145, 197
Schürer, Gerhard   164
Schwab, Sepp   112, 210
Schwabe, Karl (18. 1. 1885–18. 7. 1961)   23, 39f., 58, 67f., 81, 160
Schwanke, Albert (Gemüsehändler in Berlin-Wedding, gest. Ende April 1945)   23, 26, 54, 78
Schwieger (Referent bei F. Ebert)   136f.
Schwierzina, Tino-Antoni   179
Seghers, Anna   196
Seifert, Wolfgang (*18. 6. 1926, 1950–53 Funktionär der FDJ)   122f.
Sékou, Conté   200
Selbmann, Friedrich Wilhelm (Fritz)   128f., 191
Selbmann, Kurt (Bruder von F. Selbmann, angeblich Naziagent)   127, 196
Semjonow, Wladimir Semjonowitsch   72f., 90, 121
Senf, Arthur (ab 1956 Hauptabteilungsleiter des Verwaltungsamtes der Regierung)   47, 66, 91, 109, 131, 137, 144,
Serow, Iwan Alexandrowitsch   29
Seyppel, Joachim   170
Siebert,Ilse (Leiterin des J.-R.-Becher-Archivs)   168
Siewert, Robert   95, 115, 210
Sindermann, Gerda   149, 151, 171, 198
Sindermann, Horst   97f., 149, 156, 170f., 176, 195, 210
Sindermann, Kurt (Bruder von H. Sindermann, angeblich Naziagent)   128, 196
Sindermann, Michael   (*7. 5. 1945, Sohn von H. Sindermann)   149
Slánsky, Rudolf (31. 7. 1901–3. 12. 1952, tschechosl. Kommunist)   117
Smolorz, Josef   96, 189, 210
Snedarek   72
Sobottka, Gustav   28
Sohl, Hermann (Kartenabreißer an der Staatsoper)   22, 148
Sotter, Willi (Metallgestalter in der Chausseestraße 44 in Berlin-Mitte)   153, 199
Sperling, Fritz (11. 10. 1911–21. 4. 1958, 1950 KPD-Vors. in der Bundesrepublik)   114
Stahlmann (eigtl. Illner), Erna (1886–14. 11. 1967)   113
Stahlmann, Richard   113ff., 116, 124, 210
Staimer geb. Pieck, Eleonore (14. 4. 1906–7. 11. 1998, Tochter von W. Pieck, 1939–45 verheiratet mit J. Springer, 1947–54 verheiratet mit R. Staimer, mit dem sie schon in Moskau liiert war)   61, 66, 91
Staimer, Richard (Egon) (25. 1. 1907–24. 10. 1982)   66
Stalin, Jossif Wissarionowitsch   28, 72f., 89, 110, 113, 121, 136, 139
Starck, Heinrich (14. 2. 1908–21. 4. 1955, 1946–48 stellv. Leiter der Magistratsabteilung für Bau- u. Wohnungswesen, danach Magistratsdirektor im Magistrat von Ost-Berlin)   80
Stauss, Emil Georg von   188
Steeruwitz, Marlene   183
Steidle, Luitpold   191
Steimle, Uwe   173
Steinhoff, Hans (Unternehmer der Firma „Steinhoff Colonialwaren engros", Schliemannstraße 40 in Berlin-Prenzlauer Berg)   23, 139ff.
Steinhoff, Karl   95, 125, 191, 210
Steinke, Wolfgang   123
Stephan, Fritz   22
Stibi, Georg (25. 7. 1901–30. 5. 1982, SED-Funktionär, wohnte seit 1946 Hafersteig 13 in Berlin-

Biesdorf) 70
Stoph, Willi 125, 129, 171f., 176, 198, 210
Strampfer, Friedel 149
Strampfer, Herbert 149, 211
Strawinski, Igor 193
Streit, Josef 211
Strube, H. 22, 25
Sucui 72
Süß, Otto Albert 22
Tarakanow, A. A. (Mai 1945 Militärkommandant von Berlin-Schöneberg, später Militärkommandant von Pankow) 31, 43, 65
Taut, Bruno 48,
Thieme, Albert 22
Thorez, Maurice 67
T(j)ulpanow, Sergej Iwanowitsch (1901–1984, Mai 1945–September 1949 Chef der Verwaltung Zensur u. Propaganda bzw. Information der SMAD) 39, 51, 72
Titel, Werner 157, 211
Tito, Josip 76, 88, 167
Trautmann, Georg 22, 27
Trautmann, Marta 27
Treuber verh. Wendt, Charlotte Henriette Marianne (24. 1. 1907–21. 10. 1999, Frau von E. Wendt) 69, 191
Tschetschenko, Alexej Afanasowitsch (1950 Stellv. des Leiters der Handelsvertretung der UdSSR) 106
Tschuikow, Wassili Iwanowitsch 72, 89f.
Turba, Anneliese (Schulleiterin der Wilhelm-Pieck-Schule; Frau von Kurt Turba, dem Chefredakteur der Zeitschrift „Forum" u. Intimfeind E. Honeckers) 152
Tzschorn, Hans 76f., 80, 94, 165, 211
Ulbricht, Beate (eigtl. B. Polkownikowa, Adoptivtochter Ulbrichts) 33, 199
Ulbricht, Lotte 11, 33, 65, 69, 72, 127, 151, 153, 156, 164ff., 168, 172, 175, 180, 188, 198f., 211
Ulbricht, Walter 7, 20, 28f., 32ff., 36, 38, 46f., 54, 56ff., 64f., 69, 71f., 77ff., 90, 94, 97, 99, 101, 104, 110f., 115ff., 119ff., 125ff., 145f., 153ff., 161, 164f., 175, 191, 193, 198ff., 211
Verner geb. Schmidt, Irma 176, 211
Verner, Paul 198f., 211
Verner, Waldemar 96, 125, 193, 212
Walcher, Jacob (7. 5. 1887–23. 7. 1970, 1946–49 Chefredakteur der „Tribüne") 73
Walter, Otto 96, 105, 193, 195, 200, 212
Wandel, Paul 36, 73, 93, 98, 176, 180, 191, 212
Wangenheim geb. Franke, Inge von (1. 7. 1912–6. 4. 1993, wohnte 1945 Gerstenweg 5a, ab 1947 Hafersteig 63 in Berlin-Biesdorf) 47
Wangenheim, Gustav von (18. 12. 1885–5. 8. 1975, auch Hans Huss, 1. 5. 1945–1. 9. 1947 Intendant am Deutschen Theater, wohnte 1945 Gerstenweg 5a, ab 1947 Hafersteig 63 in Berlin-Biesdorf) 47
Warnke, Herbert 119, 145, 198f., 212
Waterstradt, G. 198
Wegener, Paul (1948/49 Mitglied der sächs. Regierung) 40, 191
Wehner, Herbert 113
Weigel, Helene 73
Weinberger, Bernd 96, 193, 212
Wendt, Erich 48, 69f., 97, 159, 212
Weng, Willi 192
Werner, Arthur 51, 66
Wessel, Paul (9. 4. 1904–20. 1. 1967, Mitglied im Kleinen Sekretariat des Politbüros der SED) 191
Wichmann, Erich (Zahnarzt) 23, 28f., 58
Wiegler, Paul 41
Wieland geb. Raschkess, Deba 212
Wildangel, Ernst (22. 1. 1891–6. 4. 1951, 1950 Stadtschulrat in Ost-Berlin; wohnte bis 1949 in Berlin-Rudow, Bahnhofstraße 103 und ab 1949 in Berlin-Biesdorf, Gerstenweg 14a) 151
Willmann, Heinz 38, 43, 67ff., 97, 188, 191, 212
Winkelstein, Georg 23
Winter geb. Pieck, Elly 35, 66, 72, 82, 91f., 117, 141, 163, 166, 197, 212
Winterstein, Eduard Clemens Franz Anna von (1. 8. 1871–22. 7. 1961, wohnte seit 1946 Hafersteig 38 in Berlin-Biesdorf) 47

Winzer, Erna   149
Winzer, Otto   33, 36, 40, 59, 61, 84, 92, 112, 136f., 151, 157, 167, 187, 189, 199, 213
Wisten, Fritz   73
Wittbrodt, Helga (Ärztin)   154
Wittekopf, B.   23
Wittler, August Karl Wilhelm (25. 11. 1881–20. 2. 1946, Geschäftsführer der Brotfabrik Wittler in Berlin-Wedding, Maxstr. 5, belieferte die Olympiade 1936, 1944 Wehrwirtschaftsführer)   20f., 23, 29, 36f., 58, 79
Wolf, Friedrich   199
Wolf, Markus   90, 124, 149, 213
Wolf, Mischa (Sohn von M. Wolf)   149
Wolfram (Lehrerein)   196
Wolffenstein, Richard   188
Wollweber, Ernst   196
Wünsche, Kurt   165, 213
Zaisser geb. Knipp, Elisabeth   96, 213
Zaisser, Wilhelm   77, 96f., 101f., 120ff., 125, 127, 129, 194, 196, 199, 213
Zawadzki, Aleksander (16. 12. 1899–7. 8. 1964, 1952–64 Vors. des Staatsrates der Republik Polen)   109, 195
Zeller, Christian (23. 12. 1876–23. 4. 1945, Gesellschafter der Firma RABOMA – Radialbohrmaschinen in der Holzhauserstraße in Berlin-Borsigwalde)   19, 23, 26, 35, 66, 74, 91, 111
Zeller, Hilde (Tochter von Ch. Zeller)   66, 91, 166, 190
Zeller, Liselotte (Tochter von Ch. Zeller)   66, 91, 166
Zhu De (6. 11. 1886–6. 7. 1976, legendärer Revolutionsführer unter Mao Zedong)   109f., 195
Ziller, Gert   11, 127ff., 155, 193, 211
Zimmering, Max   194
Zinner, Hedda   38
Zuckermann, Leo (12. 6. 1908–14. 12. 1983, 1949–50 Leiter der Präsidialkanzlei)   83, 192, 197

Bildnachweis

Akademie der Künste (S. 87, 93, 105, 117, 160, 161)
Archiv des Autors (S. 35, 37, 43, 47, 56, 72, 77, 96, 107, 118, 120, 142, 154, 158, 159, 166, 168, 169, 173, 181, 182, 183)
Archiv der Bundesbeauftragten für die Unterlagen des Staatssicherheitsdienstes der ehemaligen DDR (S. 99, 174)
Bundesarchiv (S. 50, 51, 63 oben, 70, 73, 80, 83, 89 unten, 91 unten, 111 unten, 119 oben, 121, 127, 129, 135, 141, 148, 164)
Chronik Pankow (S. 61, 89 oben, 101, 113, 132, 134, 145, 157)
Landesarchiv Berlin (S. 21 oben)
Privat (S. 15, 16, 17, 20, 21 unten, 24, 26 oben/unten, 27 oben/unten, 28, 30, 31, 32, 34, 39, 40, 41, 42, 44, 45, 52, 53, 55, 58, 59, 60, 63 unten, 65, 67, 81, 88, 91 oben, 98, 102, 103, 108, 111 oben, 115, 119 unten, 123, 124, 128, 138, 139, 143, 149, 151, 152, 171, 177)
Heimatmuseum Hohenschönhausen (S. 48)
Institut für Landesentwicklung (S. 79, 82)
Museum für Stadtgeschichte (S. 74)
Staatsbibliothek zu Berlin – Preußischer Kulturbesitz. Haus 1, Kartenabteilung (S. 12, 13)